《长白山学术文库》
编委会

长 白 山 学 术 文 库

The Academic Library of
Changbai Mountain

第一辑

中国奴隶社会史

金景芳 著

吉林人民出版社

出 品 人：常　宏
选题策划：吴文阁　赵　岩
统　　筹：李相梅　孟广霞
责任编辑：丁　昊
装帧设计：尤　蕾

图书在版编目（CIP）数据

中国奴隶社会史 / 金景芳著. -- 长春：吉林人民出版社, 2022.8
（长白山学术文库. 第一辑）
ISBN 978-7-206-18350-8

Ⅰ. ①中… Ⅱ. ①金… Ⅲ. ①奴隶社会—研究—中国 Ⅳ. ①K220.7

中国版本图书馆CIP数据核字(2021)第155631号

中国奴隶社会史

ZHONGGUO NULI SHEHUI SHI

著　　者：金景芳
出版发行：吉林人民出版社
（长春市人民大街7548号 邮政编码：130022）
咨询电话：0431-85378007
印　　刷：长春第二新华印刷有限责任公司
开　　本：710mm × 1000mm　1/16
印　　张：30.5
字　　数：430千字
标准书号：ISBN 978-7-206-18350-8
版　　次：2022年8月第1版
印　　次：2022年8月第1次印刷
定　　价：112.80元

与大师们学海重逢

2020 年 7 月，雨后天凉、清风送爽的一天，我与其他专家学者应邀出席吉林人民出版社组织的座谈会，讨论编辑出版《长白山学术文库》事宜。短短一年后，《长白山学术文库》首批的书稿清样摆在案前：《哲学与主体自我意识》《中国奴隶社会史》《中国文学》等。这套书的作者包括高清海、金景芳、杨公骥等。承蒙错爱，吉林人民出版社总编辑吴文阁先生盛情邀请我，为《长白山学术文库》作序。寅夜秉笔，阅卷思人，心潮澎湃，思绪万千！

《长白山学术文库》的作者都是新中国成立 70 多年来吉林省人文社会科学研究的学术代表人物。他们在国内久负盛名，影响深远。高清海先生是国内首批博士生导师，首届国务院学位委员会学科评议组成员，我国著名哲学家，优秀的教育家。金景芳先生是吉林大学教授，国内首批博士生导师，国务院古籍整理出版规划小组顾问、著名历史学家、文献学家、易学大师、国学大师。杨公骥先生是东北师范大学教授，国内首批博士生导师，首届国务院学位委员会学科评议组成员。此外，其他作者也都是国内各领域知名学者、专家、大家。

首批书稿的作者分属新中国成立前后两代学人。金景芳、林志纯、杨公骥等先生出生于清末民初，在民国时代完成教育并开始学术研究，新中国成立后即成为吉林省中国古代思想史、世界史和文学研究的开拓者与代表性学者。邹化政、高清海等先生均生于民国，新中国成立后完成教育，改革开放后在全国产生学术影响，成为西方哲学史、马克思主义哲学等领域的开拓者或代表性专家学者。他们的学术轨迹，集中体现了吉林省人文社会科学从开拓开创、历经坎坷到繁荣发展的辉煌历程。

首批出版的这些著作，都是他们学术思想的代表作，研究领域涉及马克思主义理论、哲学、文学、历史学、经济学、地理学和民族学，研究视域从世界、中国到东北地方，研究对象从思想、历史到田野，充分展示了吉林学人博大的学术视野、精深的学术素养和脚踏实地的治学态度。高清海先生的《哲学与主体自我意识》，根据改革开放的时代变革，运用马克思主义哲学的精神，对哲学与人的主体自我意识的关系、内在逻辑与发展趋势、时代精神与思维方式变革进行了系统阐述，是国内研究哲学变革的开拓性与代表性著作。邹化政先生的《黑格尔哲学统观》，首次以人的存在和意识还原了绝对理念和绝对精神在黑格尔哲学中的本来含义，提出绝对理念作为黑格尔哲学的本体，是有关世界本质和规律的辩证法，是一个共相和精神活动性，其逻辑先在性就是黑格尔说明世界的原则，充分肯定了黑格尔的辩证法思想的深刻性。杨公骥先生的《中国文学》，运用马克思主义历史唯物主义和马克思主义文艺理论，研究了从中国原始社会到春秋战国时期的文学发展进程，探索了中国文学发生发展的规律和特点。

这些学者，或是我的授业恩师，或曾对我耳提面命，或曾学坛相会共同切磋，或久仰盛名与其传人为友。高清海先生是我的硕士生导师和博士生导师，我追随他求学治学凡 26 年。作为身边弟子，几近朝夕相处，情同父子。先生教诲，于今犹记："治学为人，其道一也！"从本科到研究生，一直聆听邹化政先生教授德国古典哲学。邹先生是山东海阳人，身材高大，头发蓬乱，不修边幅。他嗓音洪亮，一口浓浓的胶东话，把"人"读成"印"，把"黑格尔"读成"赫哥儿"。他讲课总是富有激情，讲到激动时，常常伴有板书，且十分用力，粉笔经常被折断。因其激动，难免字迹潦草，以至于难以分辨。放下粉笔，他又因激动，手臂不停地挥舞，以至于头上、襟前，挂满粉笔尘末，弄得灰头土脸。他是我所遇到的老师中，讲课最投入、最富激情的人。做学生时，曾听过金景芳先生的报告，金老治学严谨，记忆力超强，诸多古籍，如数家珍，信手拈来，一字不差。1997 年金老九五寿辰时，我代表学校出席致贺。金老嗓音洪亮，高声宣布："我还要看到 21 世纪！"他真的看到了 21 世纪的来临。作为东北人，我对东北史感兴趣，拜读过张博泉先生的著作，并登门求教过。张博泉先生一口浓重的辽宁口音，"嫩江在通古斯语族读音就是青噻儿（色）的河"。受他的中华一体论启发，我从文化社会学的角度提出了文化复合论的理论。

我曾长期担任吉林省社会科学院院长和吉林省社会科学联合会党组书记，与田子馥、林志纯、孙中田、陈才、富育光诸先生多有交往。1987 年，吉林省召开专家咨询会议，时任省长王忠禹出席，我作为青年学者代表亦出席。就在那次会上，陈才先生建议，根据有关边界条约，中国拥有图们江通海航行权，应以此为契机，推动图们江流域及东北亚国际合作开发。他的建议引起吉林省委、省政府和国务院的高度重视。

这些学者中，只有杨公骥先生无缘谋面。大三暑假，我因发表过短篇小说，参加了长春市作家协会组织的青年作家创作班，在班上结识了东北师大中文系78级的青年女作家杨若木，还是我的中学师姐。从此，我们成为常有联系的好朋友。她是杨公骥先生的女儿，所以，我与杨公骥先生也算间接有缘吧！

星光璀璨，往事如烟。斯人虽去，雁过留声。这些学者的音容笑貌，历历在目。彼此交往，恍如昨日。为作此序，重温名著，如晤其人，百感交集！感谢吉林人民出版社在庆祝中国共产党成立100周年的喜庆之际，支持学术，承传经典，编辑出版《长白山学术文库》，延续吉林文脉，弘扬学术精神。吉林人文荟萃，还有更多的学术著作有待汇集，期待第二批、第三批，乃至更多的著作入库出版。希望把吉林当今在世的学者，在哲学和社会科学领域更年轻、更有建树的专家作品出版面世，更体现时代意义和特征。

吉人有文，鸿著成林。

2021年6月28日晨

金景芳

历史学家、文献学家、易学大师 、国学大师。曾任吉林大学历史系教授、历史系名誉系主任、古籍研究所教授、顾问、博士生导师。兼任国家古籍整理出版工作领导小组顾问、东方易学研究院顾问、中国孔子基金会顾问、国际儒学联合会顾问、中国先秦史学会顾问。出版有关经学、史学、子学著作 16 部，发表学术论文 100 多篇，代表作有《春秋释要》《易通》等。

目　录

第一章　夏——中国由氏族社会向奴隶制国家转变的过渡时期

第一节　中国奴隶制国家产生的前提条件

一、从“五帝”说起

在祖国辽阔的大地上，早在一百六七十万年以前，就有人类栖息。这可由云南元谋、陕西蓝田、北京周口店等地发现的他们的遗骸和遗物得到充分的证明。这些远古人类就是中华民族最早的祖先。他们经过长期的历史发展，在进入文明时代之前，形成了华夏族、苗族以及被华夏族称为蛮、夷、戎、狄的其他兄弟族。他们广泛散布于全国各地。由于各族的历史发展不平衡，居住于黄河流域的华夏族首先进入文明时代。

华夏族在先秦古籍里一般称为“华”或“夏”①，有时也称为“诸华”或“诸夏”②，相传是“黄、炎之后”③。实际上，华夏族正是以黄帝和炎

---

① 《左传》定公十年说：“裔不谋夏，夷不乱华。”

② 《左传》闵公元年说：“戎狄豺狼，不可厌也；诸夏亲昵，不可弃也。”又，襄公四年说：“诸华必叛。”

③ 《国语·周语下》说：“故亡其氏姓，踣毙不振，绝后无主，湮替隶圉。夫亡者，岂繄无宠，皆黄、炎之后也。”

帝为代表的两个有血缘亲属关系的氏族经过长期发展而形成的。大体上说，唐、虞、夏、商、周为黄帝的后裔，共工氏、四岳、申、吕为炎帝的后裔。他们在与大自然的长期斗争中，披荆斩棘，开发了祖国的土地，同时也改造了自己，创造了光辉灿烂的上古文化，对世界文明作出了巨大的贡献。本书准备从文明的入口处开始写起。

我国最早的一部历史著作"《尚书》独载尧以来"，《史记》则上溯至"五帝"。从今天的观点看来，二书的断限，基本上是可取的。

《左传》僖公二十五年说："今之王，古之帝也。"这种把王同帝混同在一起的说法虽然不够科学，不过却也反映了一定的历史真实情况。帝和王这两个称号的出现，绝非偶然。在中国历史上，黄帝、炎帝以前，没有称帝的；夏、商、周三代以前，没有称王的，虽契曾被称为玄王[①]，但那和三代的王根本不同。王和帝代表着两个不同的历史时期。黄帝的帝和帝尧、帝舜的帝一样，实际上是中国原始社会部落联盟时期军事首长的称谓；而夏、殷、周的王则是奴隶社会的专制君主。

说"五帝"时期是中国氏族社会的部落联盟和军事民主制时期，主要证据有四点。

第一，恩格斯说："血缘亲属关系是联盟的真实基础。"[②]我们从黄帝、炎帝同出于少典[③]，以及颛顼、帝喾、尧、舜、禹、契、稷同为黄帝的子孙来看，足以证明这一点。

第二，恩格斯说："这种联盟，一经意识到它所具有的力量，便立刻具有了进攻的性质。"[④]又说："其所以称为军事民主制，是因为战争以及进行战争的组织现在已成为民族生活的正常职能。"[⑤]我国古代从黄帝开始，

① 《荀子·成相》："契玄王，生昭明。"

② 《马克思恩格斯全集》第 21 卷，人民出版社 1956 年版第 109 页。

③ 《国语·晋语》。

④ 《马克思恩格斯全集》第 21 卷，人民出版社 1956 年版第 108 页。

⑤ 《马克思恩格斯全集》第 21 卷，人民出版社 1956 年版第 187 页。

历史上就不断有战争的记载，显然是这种原始部落联盟间战争的反映。

第三，从《史记·五帝本纪》的记载来看，虽然司马迁依据阶级社会嫡长子继承制的原则，有意识地强调黄帝与颛顼，颛顼与帝喾的继承关系是父子或祖孙的关系，但实际上都不是传子。这个时期同后来的尧、舜、禹一样，一直是实行着民主选举的制度。

第四，《国语·楚语下》说颛顼“命火正黎司地以属民”。《郑语》说：“黎为高辛氏火正。”《左传》襄公九年说：“陶唐氏之火正阏伯居商丘，祀大火而火纪时焉。”也就是说，由颛顼至帝尧，都设立有执行社会公共职务的专职“火正”。表明这个时期已经超越氏族、部落的阶段，进入了部落联盟时期。这就朝着国家的形成，跨出了重要的一步。

《史记·五帝本纪》说：黄帝“迁徙往来无常处，以师兵为营卫。”可见黄帝时仍过着以游牧为主的生活。《左传》定公四年提到“少皞之虚”，昭公十七年提到“颛顼之虚”。现在知道少皞之虚在今山东曲阜，颛顼之虚在今河南濮阳。这就证明：自少皞、颛顼以后，已经开始了定居生活。反映这时在生产中农业已取代游牧业而上升到主导地位。

其他古文献记载，黄帝之后，又有少皞，说明所谓“五帝”不止于《史记》所说的黄帝、颛顼、帝喾、帝尧、帝舜五人。实际上，“五帝”同“三王”“五霸”一样，是一个特定的历史时代的称谓。大体上说，黄帝、颛顼是这个时代的初期，尧、舜则是这个时代的晚期。

还应该指出的，就是这个时代的部落联盟，并不限于黄帝一族。根据《礼记·祭法》“共工氏之霸九州也，其子曰后土，能平九州，故祀以为社”的记载，可知共工氏也是华夏族的一个部落联盟的最高军事首长；甚至也不限于华夏族，除华夏族以外，还存在着非华夏族的部落联盟，如蚩尤，马融说他是“九黎之君”。《战国策·魏策》说“黄帝战于涿鹿之野，而西戎之兵不至”，其原因是西戎为蚩尤的互婚部落，证明蚩尤是非华夏族的一个部落联盟的军事首长。不过史籍记载较多的则只有黄帝一族，所以我们不能不从黄帝族谈起。

二、尧舜禹时代的部落联盟

尧舜禹时代的史料就比较多了，主要载在《尚书》的前几篇中。这些史料的真实程度当然比不上地下发掘出来的甲骨卜辞和铜器铭文，也比不上《尚书》的其他部分，如《商书》《周书》中的许多篇。很明显它们出于后人的追记，不是第一手的材料。《尧典》和《皋陶谟》篇首的“曰若稽古”四字，就是证据。不过，我们研究古史，在缺乏第一手材料的情况下，这些第二手第三手材料，也十分宝贵。因为，它总还反映着若干实际情况。如果我们用马克思主义理论作指导，去粗取精，进行细致的研究，总会从中找到反映客观历史发展规律的线索。我们决不可消极等待地下的发掘物，而置这些材料于不顾。下面，我们就依据马克思主义历史唯物论的原则，结合具体史料作一些必要的探讨。

《尚书》里有“四岳”一语，前人解说颇多。《汉书·百官公卿表》说“四岳谓四方诸侯”。郑玄认为“四岳，四时官，主方岳之事”。伪孔传肯定“四岳即上羲和之四子，分掌四岳之诸侯，故称焉”。韦昭主张“四岳，官名，主四岳之祭，为诸侯伯。”[①]蔡沈则谓“四岳，官名，一人而总四岳诸侯之事也。”[②]众说纷纭，莫衷一是。据《尚书·尧典》记载，举凡治水，“巽位”[③]，“宅百揆”[④]，“典三礼”[⑤]等大事的决定，无不“咨四岳”，即取得“四岳”的同意，然后由最高军事首长执行。因

---

① 《国语·周语下》韦昭注。

② 蔡沈：《书经集传》。

③ 《尚书·尧典》：“帝曰：咨！四岳。朕在位七十载，汝能庸命，巽朕位。”《史记·五帝本纪》作：“尧曰：嗟！四岳。朕在位七十载，女能庸命践朕位。”“巽位”是让位的意思。

④ 《尧典》：“舜曰：咨！四岳。有能奋庸熙帝之载？使宅百揆，亮采惠畴。”《史记·五帝本纪》作：“舜谓四岳曰：有能奋庸美尧之事者，使居官相事。”“使宅百揆”，即使居百官之位。

⑤ 《尧典》：“帝曰：咨！四岳。有能典朕三礼。”《史纪·五帝本记》裴骃集解引马融说：“三礼，天神、地祇、人鬼之礼也。”典有掌管之意。

此我们认为《汉书·百官公卿表》的说法比较接近事实。而且其说最早，当有所受，其他说法则没有多大参考价值。当然，“诸侯”是后起的概念，带有深刻的阶级社会的烙印。“四岳”应译为部落首长。“咨四岳”就是召集部落联盟首长议事会。

《尚书大传》说：“尧年十六以唐侯升为天子。”这句话中的“侯”和“天子”同上文的“诸侯”一样，都是后人用阶级社会的眼光看待氏族社会的事物，是不确切的。《大传》所谓的“侯”，实际上是部落的世袭首长；所谓的“天子”，实际上是部落联盟或民族的最高军事首长。用当时的称号，前者应叫做“后”或“伯”，后者应叫做“帝”或“元后”。《大传》所说的“尧年十六”，也不可信据。因为远古传说，不可能这样详细，这样具体。但是，这句话却正确地说出了一个事实：尧是以部落世袭首长的身份被推选为联盟或民族的最高军事首长的。

舜的职位的取得是由选举产生，《尚书》有明确记载，史学界也无争议。不过，应该补充一点，舜是由虞部落世袭酋长继承人的身份被选入联盟或民族的公共管理机构的。这从一些古文献的记载上可以找到根据。

《左传》昭公八年说：“自幕至于瞽瞍无违命，舜重之以明德……”。

《国语·鲁语》说：“幕能帅颛顼者也，有虞氏报焉。”

又《郑语》说：“虞幕能听协风以成物乐生者也，……其后皆为王公侯伯。”

这三条材料明确告诉我们，从幕至瞽瞍，已经变成了部落显贵，他们世世作虞部落的首长。舜是瞽瞍的合法继承人，因而被选入联盟或民族的公共管理机构，并不像某些人所说的他是在下的庶人。

有趣的是，此种情况并非中国古代所独有，古希腊古罗马就有过与中国十分相似的情形。恩格斯在谈到“罗马的氏族和国家”时说：

> 最后，与元老院和人民大会并列的，还有勒克斯，他完全相当于希腊的巴赛勒斯，但决不像蒙森所描述的那样几乎是专制君主。他同样也是军事首长、最高祭司和某些法庭的审判长。……

> 勒克斯的职位不是世袭的；相反地，他大概是由其前任推荐，先由库里亚大会选出，然后在第二次大会上正式就职的。①

中国尧舜的帝位的取得，也正是《礼记・礼运》所说的“天下为公，选贤与能”的结果。这和恩格斯描述的古希腊古罗马的情形完全一致，它反映了氏族制度的本质。罗马的勒克斯，希腊的巴赛勒斯，中国尧舜时代的帝，不仅职位相似，而且产生的过程也相似，这难道是偶然的吗？这是世界各民族的历史都经历过共同的发展阶段，有着共同的规律性的反映。当然，由于国别的差异，它们在名称上和实际作用上会不可避免地存在一些差别。

据《尚书》记载，禹、弃、契、皋陶、益、垂、伯夷、夔、龙等都在联盟或民族的公共管理机构中分担职务。值得注意的是：

第一、他们的职务都是通过民主方式取得的，也就是《礼记・礼运》所说的“选贤与能”。

第二、这些人在担任联盟或民族公共管理机构中职务的同时，又是部落的世袭首长。伯夷、禹、稷（弃）并称“三后”，见于《尚书・吕刑》；夔也称“后夔”，见于《左传》昭公二十八年；禹又称“伯禹”与“崇伯鲧”连叙在一起，见于《国语・周语下》。前边已经说过，“后”和“伯”就是当时部落首长的称号。

第三、他们被选任某一职位之后，这一职位就有变成他们家庭的独占权的倾向。恩格斯在谈到“罗马的氏族和国家”时说：“氏族首长总是从每个氏族的同一家庭中选出的习俗，在这里也造成了最初的部落显贵；这些家庭自称为贵族，并且企求加入元老院和担任其他一切官职的独占权。随着时间的进展，人民容忍了这种企求，这种企求就变成实际的权利，这一点在关于罗慕洛赐给第一批元老及其子孙以贵族身份和特权的传说中得到了反映。”②

---

① 《马克思恩格斯全集》第 21 卷，人民出版社 1956 年版第 145 页。

② 《马克思恩格斯全集》第 21 卷，人民出版社 1956 年版第 144 页。

恩格斯说的这种情况同中国尧舜时代的情况也十分相似。《国语·周语上》说："昔我先王世后稷"；鲧治水无功被放，子禹继父受任治水。从这些事实可以看出，禹、弃、契、皋陶、益、垂、伯夷、夔、龙这些部落的世袭首长就是部落的显贵，并且也就是获得加入元老院和担任其他一切官职的独占权的那类人物。

马克思《摩尔根〈古代社会〉一书摘要》在谈到"易洛魁部落"时有下述一段话：

> 印第安人部落的酋长会议是一权管理机构，它流行于野蛮期低级阶段的部落之间。这是第一个阶段。
>
> 第二个阶段：酋长会议及主要军事酋长相互配合的管理机构；前者执行民政上的职能，后者执行军事职能。这一管理形式，在野蛮期的低级阶段部落联盟形成以后才开始出现，而在野蛮期的中级阶段最后确立。统帅——主要军事酋长——的职权，即国王、皇帝、总统等最高行政权的萌芽；（这是）二权管理机构。
>
> 第三个阶段：由酋长会议，人民大会及最高军事酋长管理人民或民族。这种管理形式出现于达到野蛮期高级阶段的部落中，如荷马时代的希腊人或罗缪勒斯时期的意大利诸部落间。①

这段话所讲的三个阶段应看作是摩尔根总结的并经马克思肯定了的一般规律。

那么，在中国的尧舜时期有没有人民大会呢？这一点尽管在《尚书》的《虞夏书》里没有记载，但在《周礼·小司寇》里却有反映。《小司寇》说：

> 小司寇之职：掌外朝之政以致万民而询焉。一曰询国危，二曰询国迁，三曰询立君。其位：王南向，三公及州长、百姓北面，群臣西面，群吏东面。小司寇摈以叙进而问焉，以众辅志而弊谋。

① 《摩尔根〈古代社会〉一书摘要》，人民出版社 1965 年版第 107 页。

《左传》哀公元年说：

吴之入楚也，使召陈怀公。怀公朝国人而问焉。曰："欲与楚者右，欲与吴者左。陈人从田，无田从党。"

《尚书·盘庚》三篇无疑是盘庚迁殷的文献。上篇说：

王命众，悉至于庭。王若曰："格汝众！予告汝训！"

中篇说：

盘庚乃登进厥民。曰："明听朕言，无荒失朕命！"

这三条材料直接讲的是奴隶制时代的事情。奴隶制社会的专制君主绝不可能实行民主制，他们办事不会征询人民的意见。但是，无庸置疑，这些材料确确实实向我们透露了关于氏族社会人民大会的消息。《左传》讲的陈怀公朝国人，就是"询国危"；《尚书·盘庚》三篇讲的就是"询国迁"。这些徒具躯壳，内容已变，然而源远流长的所谓"询万民"的形式，不正是古老的氏族社会的人民大会的遗迹嘛！可以肯定，中国的氏族社会末期即尧舜时期，已进入野蛮期的高级阶段。这个时期，恰如马克思所说，是"由酋长会议、人民大会及最高军事首长管理人民或民族"的。

尧舜时代的社会经济情况也表明，这一时期，中国历史已发展到文明时代的入口处。

据《尚书》记载，当时在联盟或民族的公共管理机构中设有专管农业的"稷"，专管手工业的"共工"和专管林、牧、渔、猎的"虞"。经济已发展到相当程度。

恩格斯在论述"希腊人的氏族"时说：

在英雄时代的希腊社会制度中，古代的氏族组织还是很有活力的，不过我们也看到，它的瓦解已经开始：由子女继承财产的父权制，促进了财产积累于家庭中，并且使家庭变成一种与氏族对立的力量；财产的差别，通过世袭显贵和王权的最初萌芽的形成，对社会制度发生反作用；奴隶制起初显然仅限于俘虏，但已经开辟了奴役同部落人甚至同氏族人的前景；古代部落对部落的战争，已经开始蜕变为在陆上和海上为攫夺家畜、奴隶和财宝而不断进行的抢劫，变为一种正常的营生，一句话，财富被当作最高福利而受到赞美和崇敬，古代氏族制度被滥用来替暴力掠夺财富的行为辩护。所缺少的只是一件东西，即这样一个机关，它不仅可以保障单个人新获得的财富不受氏族制度的共产制传统的侵犯，不仅可以使以前被轻视的私有财产神圣化，并宣布这种神圣化是整个人类社会的最高目的，而且还会给相继发展起来的获得财产从而不断加速财富积累的新的形式，盖上社会普遍承认的印章；所缺少的只是这样一个机关，它不仅可以使正在开始的社会划分为阶级的现象永久化，而且可以使有产阶级剥削无产者的权利以及前者对后者的统治永久化。

而这样的机关也就出现了。国家被发明出来了。[①]

恩格斯这段话很长，我们所以全部引来，是因为它从财产继承、财产差别、奴隶制和部落战争等几个方面的发展变化，深刻地、具体地、生动地说明了国家产生的原因及其必然性，对于我们研讨国家的产生问题，实在具有指导意义。我们把中国的尧舜时期的情况同希腊英雄时代的情况互相对比了一下，就可以清楚地看出，中国的尧舜时期如同英雄时代的希腊一样，正临近国家诞生的前夜。

讲到这里，我们有必要指出两种错误观点。

一种是传统的说法，认为契封于商，弃封于邰，皋陶之后封于英、六，尧之子封于唐，舜之子封于虞。[②]这种说法混淆了氏族社会和奴隶制社会的界限，把奴隶制时代西周的分封制度硬套在原始社会各个部落的头上，肯定不符合历史实际，因而是错误的。事实上，尧舜时期根本没有分

---

① 《马克思恩格斯全集》第 21 卷，人民出版社 1956 年版第 123—124 页。

② 契封于商见《史记·殷本纪》，弃封于邰见《史记·周本纪》，皋陶之后封于英、六见《史记·夏本纪》，尧之子封于唐，舜之子封于虞见《史记·五帝本纪》“尧子丹朱，舜子商均，皆有疆土”句下裴骃《集解》引谯周语。

封的事情。

《世本·居篇》说："契居蕃"，《左传》襄公九年说："陶唐氏之火正阏伯居商丘（今河南商丘南）……相土因之。故商主大火，商人阅其祸败之衅，必始于火。"又，昭公元年说："昔高辛氏有二子：伯曰阏伯，季曰实沈。……迁阏伯于商丘，主辰，商人是因，故辰为商星。"《荀子·成相》说："契玄王，生昭明，居于砥石迁于商。"这些材料告诉我们，契的故居在蕃，至子昭明迁于砥石[①]，至孙相土始迁于商丘。踪迹明白，历历可寻，哪里有契封于商的事情。

《诗经·生民》追述后稷（弃）之始生，称"即有邰家室"。是稷的家室早已在邰（今陕西武功西南），怎能说是新封？

至于所谓尧之子封于唐，这个唐就是尧所自出部落的名称；所谓舜之子封于虞，这个虞也是舜所自出部落的名称；都不是新封。史称"唐侯""虞幕""虞舜"，就是明证。皋陶之子封于英、六，也应依此作解，方与实际相符。

另一种是近来有几种历史书，对于中国古代族系的划分提出种种说法。例如认为夏是中原的羌族，商和皋陶、益是东夷族，周是羌族的一支，夏部落首先进入阶级社会等等。说法尽管各异，总的倾向却是一个，就是肢解华夏族，从根本上否定华夏族的存在。它们在理论上，同马克思、恩格斯的指导原则不符合；在事实上，是同中国的历史文献相抵触。

先从理论上看。

恩格斯在谈到"易洛魁人的氏族"时，列举联盟的基本特征有十条。在第一条里说：

"五个血缘亲属部落，以在部落的一切内部事务上完全平等和独立为基础，结成永世联盟。这种血缘亲属关系是联盟的真实基础。"[②]马克思在《摩尔根〈古代社会〉一书摘要》里，谈到"易洛魁联盟"时，也有同

① 亦见《世本·居篇》。

② 《马克思恩格斯全集》第21卷，人民出版社1956年版第108—109页。

样的说明。①

恩格斯又指出："凡是部落以外的，便是不受法律保护的。在没有明确的和平条约的地方，部落与部落之间便存在着战争，而且这种战争进行得很残酷，使别的动物无法和人类相比，只是到后来，才因物质利益的影响而稍微缓和一些。""部落始终是人们的界限，无论对别一部落的人来说或者对他们自己来说都是如此。"②

马克思和恩格斯的论断告诉我们，结成一个联盟的各部落，它们之间必然有血缘亲属关系。这是一条由氏族社会的特点决定的一般规律。一个部落就是一个小天地。纵令几个部落结成联盟也必然以血缘亲属关系为基础。因为"他们还没有脱掉自然发生的共同体的脐带"③。倘若以为在氏族社会人们就打破了血缘关系的基础，建立了按地区划分人民的不同族系的联盟，是不可想象的。应当认识到，按地区团体为基础来划分人民是伴随着国家的产生而出现的。这是马克思主义的一条基本原理。因此，那种认为在尧舜时期，同处一个部落联盟的禹、弃、契、皋陶、益等，竟不是属于同一血缘的华夏族，而是什么夷和羌的联合体的提法，显然与马克思主义原则相违背。再从事实上看。

《史记·三代世表》明确地谱列尧、舜和夏、殷、周王室的祖先同是以黄帝为初祖。虽然在细节上不能保证没有缺漏和讹误，但大体上说是有根据的、可信的。

皋陶出于何族，史无明据，但也可以考证求得。《左传》文公五年："臧文仲闻六与蓼灭，曰：'皋陶庭坚，不祀忽诸！'"杜预以为庭坚是皋陶字。纵令其说不确，皋陶、庭坚不是一个人，而是两个人，也必然是同族，不然的话，不会连叙在一起，总称"不祀"。须知当时是"神不歆

① 《摩尔根〈古代社会〉一书摘要》，人民出版社 1965 年版第 109 页。

② 《马克思恩格斯全集》第 21 卷，人民出版社 1956 年版第 112 页。

③ 《马克思恩格斯全集》第 21 卷，人民出版社 1956 年版第 113 页。

非类，民不祀非族”的[1]，何况六、蓼同为偃姓，见于《世本》，灼然无疑。复考同书文公十八年说，庭坚是高阳氏八才子之一[2]，而高阳氏相传即颛顼，为黄帝孙。那么，毫无疑问，皋陶是出于黄帝族的。

关于益，《汉书·地理志》说：“秦之先曰柏益，出自帝颛顼，尧时助禹治水，为舜朕虞，养育草木鸟兽”。足证益也是黄帝之后。

既然禹、弃、契、皋陶和益都是黄帝后裔，怎么能说夏、周是羌族，商、皋陶和益是东夷族呢？可见认为夏、周是羌族，商、皋陶、益是东夷族的说法，从事实上看，也显然不能成立。

三、禹在历史上所起的巨大作用

禹是继尧舜之后活动在部落联盟时代历史舞台上的一个领袖人物。他一生的功绩，给后世留下了深刻的印象和巨大的影响。他在古代人们的心目中是伟大的，无与伦比的。先秦古籍，诸如《尚书》《诗经》《左传》《国语》《论语》《墨子》《庄子》《孟子》《荀子》《韩非子》《吕氏春秋》等，无不对禹交口称颂。禹的功绩主要是治水，但不光是治水。禹在治水过程中，还做了“征有苗”“合诸侯”“画为九州”“任土作贡”等与治水有关的一系列至关重要的事情。如果说，这个时候中国历史在野蛮期的高级阶段又向前迈出一大步，真正达到了“部落的融合”的阶段，从而进入了文明时代的入口处，奴隶制国家的出现已成为真正可能了的话，那么可以肯定地说，这全是在禹的伟大名字下实现的。

下面对禹“征有苗”“合诸侯”“画为九州”和“任土作贡”的进行情况及其重大历史意义分别进行阐述。

① 《左传》僖公十年。

② 原文说：“昔高阳氏有才子八人：苍舒、隤敳、梼戭、大临、尨降、庭坚、仲容、叔达。”

1．征有苗

在中国氏族社会时期，华夏族和苗族属于两个不同的族系，文化发展水平大体相同，两族长期处于战争状态之中。在少皞、颛顼、尧、舜几个时期都曾有过华夏族同三苗的斗争。大约到禹征有苗时，两族间的战争才以华夏族的胜利和苗族的失败而告终，两族持续很长时期的斗争也才得到了总解决。应当认识到，禹对苗族的胜利，恰如恩格斯指出的，意味着部落联盟“这种组织开始崩溃”[①]，因为跨出本部落的界限去征服另一部落，必然带来开始打破氏族制度这种“自然发生的共固体”[②]的结果，必然导致联结氏族的血缘纽带的松弛。

禹征有苗的直接原因，与治水有关。《尚书·益稷》记禹和舜的对话有“苗顽弗即工，帝其念哉！”就是证明。我们知道：在氏族社会时期，“部落始终是人们的界限”，即这时部落和部落联盟都自成一个小天地，除非有战争，部落和部落间几乎没有交往[③]。春秋末期老子讲的“小国寡民”，“邻国相望”，“民至老死不相往来”，当是氏族社会的真实写照。而治水是关系到各部落联盟的共同利益的，要求有全面规划。那种互相隔绝的局面不打破，治水就无从谈起，水患就难望从根本上解决。史称：共工“欲壅防百川，堕高堙庳，以害天下”[④]，“鲧陻洪水”[⑤]。共工和鲧的治水办法，实际上是把注意力只放在自己的部落联盟所在地范围以内，修堤筑坝，“以邻国为壑”，所以没有成功。禹的治水，汲取了前人失败的教训，改变了办法，作出全面规划，不只以自己的部落联盟为限，涉及了其他的氏族、部落联盟。正如孟子所指出的，禹是“以四海为

① 《马克思恩格斯全集》第 21 卷，人民出版社 1956 年版第 112 页。

② 《马克思恩格斯全集》第 21 卷，人民出版社 1956 年版第 113 页。

③ “对野蛮的征服者民族说来……战争本身还是一种经常的交往形式。”《马克思恩格斯全集》第 3 卷，人民出版社 1956 年版第 26 页。

④ 《国语·周语下》。

⑤ 《尚书·洪范》。

壑”[①]。可以想象，禹进行工作时，一定会遇到阻力。有些阻力，经过说服，很容易就消除了。例如《吕氏春秋・贵因》说：“禹之裸国，裸入，衣出”[②]，就属于这一种。还有一种是坚决不合作，如《尚书》说“苗顽弗即工”，就是一个典型的例子。苗自恃强大，带头采取不合作态度，迫使禹不得不诉诸武力，结果导致了征有苗的战争。所以，征有苗与治水有直接关系，征有苗是为了治水。

《战国策・魏策二》说：“禹攻三苗，而东夷之民不起。”这条材料反映两个事实：第一、禹征有苗，不仅依靠华夏族，也有非华夏族参加。第二、东夷没有参加联军，因为东夷和三苗是“婚姻”，而与华夏为“仇国”。禹为治水而征有苗，客观上起到了把这些互为“仇国”的部落推进到“部落融合”阶段的作用。

禹征有苗这一段历史，《墨子・兼爱下》《非攻下》和《战国策・魏策一》等都有记载，而以《非攻下》为最详。《非攻下》说：“禹既已克有三苗，焉历为山川，别物上下”。这个“历为山川，别物上下”与“禹敷下土方”[③]，“帝釐下土方，设居方，别生分类”[④]的说法很相似，肯定也是与治水有关的工作。

2．合诸侯

《左传》哀公七年说：“禹合诸侯于涂山，执玉帛者万国。”这个合万国诸侯，应是治水的副产物。它表明由于治水的需要这时祖国境内已经形成了以华夏族为中心，包括周围各兄弟族的一个最大的联合。这种“合并作用是一种更高的过程，能将诸部落在一个共同地域内联合起来。部落联盟是与民族最近似的东西”。[⑤]毫无疑问，这种联合是国家产生的前提

---

① 《孟子・告子下》。

② 《战国策・赵策二》《淮南子・原道》。

③ 《诗经・商颂・长发》。

④ 《尚书》《汩作》等几篇序。

⑤ 《摩尔根〈古代社会〉一书摘要》，人民出版社 1965 年版第 96 页。

条件。有些人不了解中国原始社会的部落联盟乃至部落的大联合为什么会比古希腊、罗马的部落联盟大得多，从而断言中国的部落联盟实质上是按地域划分的国家，这乃是一种误解。其实，中国、希腊和罗马的部落联盟本质是一致的，其基础都是氏族。中国部落联盟的地域所以辽阔，是由中国的地理环境决定的。值得注意的是，在中国的这个跨族的大联合中已存在不平等。例如《国语·鲁语》说“昔禹致群神于会稽之山，防风氏后至，禹杀而戮之”，就是证明。我们知道，氏族、胞族、部落的本质是民主的。在氏族社会，就一个部落联盟的内部来说，流、放是最大的处罚。（《尚书》说：“殛鲧于羽山”。“殛”本又作“极”[①]，也是流、放的意思。）禹合诸侯竟能轻易杀掉一个部落酋长，这种显然不平等的关系的出现，说明一种在氏族之外并凌驾于氏族制度之上的权力在慢慢地产生。诚然，禹还不是文明时代的专制君主，他诛杀部落酋长的事情也绝不会多见，但是，这种超越氏族的权力既然已在对待联合体中不同族系的部落上首先表现出来，那么真正的国家权力的最终形成，也只是时间问题了。这既是历史发展的必然结果，也是历史发展的客观需要。

3．画为九州

《左传》襄公四年引述辛甲《虞人之箴》说：“芒芒禹迹，画为九州，经启九道。”《国语·周语下》记周灵王二十二年，太子晋论禹治水说：“封崇九山，决汩九川，陂鄣九泽，丰殖九薮，汩越九原，宅居九隩，合通四海。”这两条材料，前一条出于周初（公元前1027—公元前1014年），对于禹的画为九州，言之凿凿；后一条出于春秋中世（公元前550年，孔子生后第二年），虽然没有明白说出禹画九州，但历述“九山”“九川”“九泽”“九薮”“九原”“九隩”，实际上已承认了有画九州的事实。又，《尚书·立政》，大家公认是周初的文献，里边有“其克诘尔戎兵，以陟禹之迹，方行天下，至于海表，罔有不服”的记载，也可与上述两条材料互相参证。当然《尚书·禹贡》所记述的内容是有问题的。因为尧、舜时代的传

① 《尚书·洪范》孙星衍疏引《释文》。

说，留传到后世，不可能如此细致，具体。但综合许多材料加以分析，可以证明禹画九州这个基本事实，是可信的。

禹把当时所了解到的全部土地划为九州，即区分为四正、四隅，加上中央为九块。这在我国古代历史上是一件意义极其重大的事情，它标志着人们的社会实践活动的范围已扩大到足以突破以血缘团体为基础的部落界限，向着更高的阶段发展的程度。恩格斯在《家庭、私有制和国家的起源》一书中谈到国家和氏族制度的区别时，曾指出氏族制度的基础是血缘关系，而国家则“按地区来划分它的国民”[①]，尽管禹画九州只是地理意义上的划分，不是恩格斯所说的行政区域的划分，还不能认为这就是国家的出现，但是这种划分显然为随后到来的由血缘团体向地域团体的过渡准备了条件。

禹为了治水，画为九州，水平治后，还作了一次普遍的疆理土地的工作。《诗经·商颂·长发》中“洪水芒芒，禹敷下土方，外大国是疆，幅陨既长”这一段，说的就是这件事。“禹敷下土方”，《禹贡》简称为“禹敷土”，《荀子·成相》作“禹傅土”，《汩作》等几篇序则作“帝釐下土方”。“敷”“傅”二字含义相同，故可以互易。“傅下土方”，就是疆理土地的意思。因为水平治后，无形中土地增加了很多，需要加以釐正，确定归属，才能避免互相争夺。“外大国是疆，幅陨既长”正是“禹敷土”的结果。

古人的这些记载，无论“方行天下，至于海表，罔有不服”，还是“敷下土方”，都说明了禹以其领导的强大的华夏族为基本力量，推进了部落的大融合，为国家的出现创造了条件。

4．任土作贡

“禹别九州，随山濬川，任土作贡”见于《禹贡》序。近人由于不相信《禹贡》，对于禹的“任土作贡”也持怀疑态度。其实“任土作贡”绝非中国独有的历史现象，在全世界范围内也不乏其例。马克思和恩格斯为我们提供了极其生动的例证。

① 《马克思恩格斯全集》第21卷，人民出版社1956年版第194页。

马克思在《摩尔根〈古代社会〉一书摘要》里有下述一段话：

> 阿兹忒克联盟并没有企图将所征服的各部落并入联盟之内；因为在氏族制度之下，语言上的分歧是阻止实现这一点的不可克服的障碍；这些被征服的部落仍受他们自己的酋长管理，并可遵循自己古时的习惯。有时有一个贡物征收者留驻于他们之中。①

恩格斯在谈到“易洛魁人的氏族”时，也说过：

> 这种联盟②，一经意识到它所具有的力量，便立刻具有了进攻的性质，在1675年前后，当它达到了强盛的顶峰的时候，便征服了它四周的广大土地，把这些地方上的居民一部分驱逐出境，一部分使之纳贡。③

马、恩论述的情况与禹所做的事情有多么相似！可以看出，在禹所处的历史条件下，对被征服的各部落，不可能并入联盟之内，只能让这些部落受他们自己酋长的管理，而让他们缴纳贡物。因此，无论《禹贡》为谁所作，只要承认禹曾治水，也就必须肯定它关于禹“任土作贡”的记载是真实可信的。

总之禹所进行的治水，征有苗，合诸侯，画为九州，任土作贡等一系列伟大的工作，把氏族制度推进到最发达的阶段，预告了氏族制度的灭亡，从而为我国古代国家的产生准备了必要的客观物质条件。禹的功绩是如此巨大，以至于人们不但“敬禹之德，令民皆则禹”④，并且还由于对他的感戴而推恩给他的儿子启⑤。完全可以说，禹为启开创奴隶制国家扫清了道路。

① 《摩尔根〈古代社会〉一书摘要》，人民出版社 1965 年版第 151 页。

② 指易洛魁人“至迟到十五世纪初，就发展为一种真正的‘永世联盟’”。《马克思恩格斯全集》第 21 卷，人民出版社 1956 年版第 108 页。

③ 《马克思恩格斯全集》第 21 卷，人民出版社 1956 年版第 108 页。

④ 《史记·夏本纪》。

⑤ 《史记·夏本纪》有：“禹子启贤，天下属意焉。”

第二节 启是中国奴隶制国家的开创者

过去有些学者认为禹传子，夏代始于禹。这完全是一种误解。实际上禹没有传子，夏代不是始于禹。启才是中国奴隶制国家的真正开创者。关于启开创奴隶制国家的问题，范文澜同志有一段话，接触到了问题的本质。他说：

战国以前书，从不称夏禹，只称禹、大禹、帝禹；称启为夏启，夏后启。这种区别，还保存两人时代不同的意义。①

但是，他接下去又说：

开始居大夏的是启，子孙虽然迁居，夏的名称仍相沿不改。②

这样，范文澜同志就没有把这个正确意见坚持到底，仅把禹、启“两个人时代不同的意义”局限于居住地的不同。对于中国原始社会和奴隶社会的分界，则仍然拘守《礼运》旧说，把禹当作奴隶社会君主的带头人看待。因此，他仍然没有真正解决中国奴隶制国家的开创者的问题。

《礼运》用“大同”“小康”区别两个不同的历史时代，就其主要内容来说，同我们区别原始社会与奴隶社会两个不同的社会经济形态，基本上是一致的。这证明这个文献材料是有根据的，是很宝贵的。但是，也要看到，这个材料是在奴隶制时代形成的，奴隶主阶级不可能认识历史发展的客观规律，决定了它必然存在着阶级的和历史的局限性。一是它没有把氏族社会到奴隶社会的怎样由渐变发展到突变的过程交代清楚，二是它没有也不可能把氏族社会的酋长和奴隶社会的君主区别开来，因而混淆了两个不同历史时代的界限，错误地把禹和汤、武相提并论。我们说，真正开辟中国阶级社会的新纪元，成为奴隶制国家第一个君主的是启，而不是禹。这是一个重大的原则问题，它关系到两个性质根本不同的社会的分

① 《中国通史简编》修订本第一编，人民出版社 1953 年版第 28 页。

② 《中国通史简编》修订本第一编，人民出版社 1953 年版第 28 页。

界，不可任其混淆，必须辨别清楚。

下面从两个重要方面来谈谈这个问题。

一、从取得政权这一方面来看

禹是怎样取得政权的，后来又怎样把政权移交给别人的，史书上有明确的记载，争论不大；有争论的是启如何取得政权的问题。为了阐明我们的观点，现在先征引几条资料，然后加以分析。

《孟子·万章上》说：

昔者舜荐禹于天，十有七年。舜崩，三年之丧毕，禹避舜之子于阳城，天下之民从之，若尧崩之后，不从尧之子而从舜也。

禹荐益于天，七年，禹崩，三年之丧毕，益避禹之子于箕山之阴。朝觐讼狱者不之益，而之启，曰："吾君之子也。"讴歌者不讴歌益，而讴歌启，曰："吾君之子也。"

丹朱之不肖，舜之子亦不肖，舜之相尧，禹之相舜也，历年多，施泽于民久；启贤，能敬承继禹之道；益之相禹也，历年少，施泽于民未久。

《史记·夏本纪》说：

帝舜荐禹于天为嗣，十七年而帝舜崩，三年丧毕，禹辞辟舜之子商均于阳城，天下诸侯皆去商均而朝禹，禹于是遂即天子位，南面朝天下。……帝禹立，而举皋陶荐之，且授政焉。而皋陶卒，……而后举益，任之政十年。帝禹东巡狩，至于会稽而崩，以天下授益。三年之丧毕，益让帝禹之子启，而辟居箕山之阳。禹子启贤，天下属意焉。及禹崩，虽授益，益之佐禹日浅，天下未洽。故诸侯皆去益而朝启。曰：吾君帝禹之子也。于是启遂即天子之位，是为夏后帝启。

《竹书纪年》说：

益干启位，启杀之。[1]

《韩非子·外储说右下》说：

古者禹死，将传天下于益，启之人因相与攻益而立启。

《战国策·燕策》说：

禹授益，而以启人为吏。及老，而以启为不足任天下，传之益也。启与支党攻益而夺之天下。（亦见《史记·燕召公世家》）

仔细分析上述几条材料，《史记》基本上沿袭《孟子》，应为一类；《纪年》《韩非子》与《战国策》的说法略同，而与《孟子》大异其趣，应另为一类。这几条材料都辗转抄述于阶级社会，自然不免打上剥削阶级唯心史观的烙印。他们都认为阶级社会是永恒的，传子制是自古已然的，从而不能不发生若干的偏差和谬误。但是，如果我们运用马克思主义的观点、方法加以鉴别，透过现象看本质，那么它们仍不失为好的史料，通过它们完全可以恢复历史的本来面目。

大体可以这样看：禹的取得政权是由于舜的推荐，后来他准备把政权交给益也是经过推荐，使用的是传统的、民主的方式，根本不存在传子的问题。

《孟子》的“荐于天”的说法是错误的。事实上，所谓“荐”，只能是向酋长会议荐，向人民大会荐，在《尧典》一书的记载，则是向四岳荐，哪有什么荐于天的事情?

从当时产生最高首领的制度来看，民主的方式是合法的，世袭是非法的。《孟子》在转述这一历史情况时，把奴隶制时代的合法继承制——传子制的观念注入到以往的历史中去，勾画出了一幅“舜辟尧之子”，“禹辟舜之子”的想当然的图画，以适应统治阶级的政治需要，显然是与事实相抵触的。

《战国策》和《韩非子》关于启取得政权的说法是正确的。《纪年》

---

① 《晋书·束皙传》载。

为了说明启取得政权的合法性，颠倒了事实。事实上不是益干启位，而是启干益位。因为位是属于益的。益位是经过禹的推荐而取得的，怎么能说是“益干启位”呢？《孟子》说了一大堆什么“启贤”，“益之相禹也，历年少，施泽于民未久”，都是有意为启杀益夺权回护，在我们今天看来，其实无须回护，启杀益是历史发展的必然结果，是合乎规律的事情。

马克思《摩尔根〈古代社会〉一书摘要》中有一段话，恰好可用来说明这个问题。马克思说：

> 世袭继承制在凡是最初出现的地方，都是暴力（篡夺）的结果，而不是人民的自由许可。①

文内用“凡是”二字，表明暴力（篡夺）是一条规律，没有例外。启用暴力夺取政权，开始变民主选举为君主世袭，变“天下为公”为“天下为家”，正是这条规律在中国的两种不同历史时代相互更迭时的反映。所以，启的确是一个关键性人物。而禹则蹈常袭故，何尝变传贤为传子，使政治制度发生根本性变化？

启用暴力夺取政权，变选举为世袭，为什么就看作是社会发生了质的变化，看作是从野蛮到文明，从部落制度到国家的分界线呢？这是有原因的。

马克思《摩尔根〈古代社会〉一书摘要》在谈到“希腊人的胞族，部落和民族”时，有下述一段话：

> 氏族制度本质上是民主的，君主制和氏族制是不相容的。民族、胞族、部落——每一个这样的机构都是完整的自治组织。当若干部落合并为一个民族时，其所产生的共同管理机构必和该民族的各组成部分的原则相协调。②

这段话明确地指出了氏族制度的本质是民主的，也指出了由部落合并而成的民族的共同管理机构也必须和民主的原则相协调。

---

① 《摩尔根〈古代社会〉一书摘要》，人民出版社 1965 年版第 123 页。

② 《摩尔根〈古代社会〉一书摘要》，人民出版社 1965 年版第 176 页。

恩格斯在谈到“雅典国家的产生”时说：

> 国家的本质特征，是和人民大众分离的公共权力。①

这段话扼要地指出了国家的本质特征。

从革命导师马克思和恩格斯的论断中可以看出，启变选举为世袭，变传贤为传子，不是个简单的继承制变化问题，实反映着不同历史时代的变化。启以前的尧、舜、禹时期，虽然部落酋长的职位早已世袭，但在联盟管理机构中任职的公职人员，特别是最高首长的产生方式，则始终保持传统的民主选举，就是所谓“天下为公，选贤与能”。这件事很不简单，反映着氏族制度的民主本质。而且只要对这一问题的处理是民主的，那么与此原则相协调，对其他一切问题的处理必须也是民主的。启一举否定了选举制，就是否定了氏族制度的民主本质，就是否定了氏族制度。启以个人意志代替了人民意志，正反映了这时公共权力已经开始脱离了人民，正反映了国家的本质。从此，不仅对这一问题使用暴力处理，对其他一切问题，都将同样使用暴力处理。它标志着氏族制度向国家的转化开始了。所以，我们说启的夺权是质变，是野蛮与文明、部落制度与国家的分界。

二、从行使政权这一方面来看

《韩非子·五蠹》有一段话，把尧、禹和后世的县令作对比，说明二者之间相去是多么悬殊。《五蠹》说：

> 尧之王天下也，茅茨不翦，采椽不斲，粝粢之食，藜藿之羹，冬日麑裘，夏日葛衣，虽监门之服养，不亏于此矣。禹之王天下也，身执耒臿以为民先，股无胈，胫不生毛，虽臣虏之劳，不苦于此矣。以是言之，夫古之让天子者，是去监门之养而离臣虏之劳也，古传天下而不足多也。今之县令，一日身死，子孙累世絜驾，故人重之。是以人之于让也，轻辞古之天子，难去今之县令者，薄厚之实异也。

① 《马克思恩格斯全集》第 21 卷，人民出版社 1956 年版第 135 页。

韩非不懂历史唯物主义。他指出的尧、禹和县令的“薄厚之实异”，只揭示了事物的表象，没有道出这种差别的时代本质。“王”“天子”是阶级社会的概念，不能用来称呼氏族制度的首领。这些都是这段话论述问题时不确切或不正确的地方。但是，韩非毕竟把这一重要问题提出来了。他用的这个对比方法，对于我们辨明禹、启问题，很有裨益。

恩格斯在谈到“野蛮时代和文明时代”时，也有一段话，把两个不同时代担任公职的人员作一次对比。他说：

> 文明国家的一个最微不足道的警察，都拥有比氏族社会的全部机关加在一起还要大的“权威”；但是文明时代最有势力的王公和最伟大的国家要人或统帅，也可能要羡慕最平凡的氏族首长所享有的，不是用强迫手段获得的，无可争辩的尊敬。后者是站在社会之中，而前者却不得不企图成为一种处于社会之外和社会之上的东西。[①]

这个对比把两个时代公职人员不同的本质，鲜明地揭示出来了。结论就是：“后者是站在社会之中，而前者却不得不企图成为一种处于社会之外和社会之上的东西。”恩格斯的论断为我们提供了一把理解韩非那段话的钥匙。韩非所说的县令和尧、禹，从本质上说，就是恩格斯所说的警察和氏族首长。这样，问题就十分清楚了。禹犹如恩格斯所说，是站在社会之中的，还没有成为一种处于社会之外或社会之上的东西。禹所行使的公共权力，没有脱离人民大众。

而启则与禹完全不同了。《墨子·非乐上》说：

> 于《武观》曰：启乃淫溢康乐，野于饮食，……万舞翼翼，章闻于天，天用弗式。

《楚辞·离骚》说：

> 启九辩与九歌兮，夏康娱以自纵；不顾难以图后兮，五子用失乎家衖。

① 《马克思恩格斯全集》第 21 卷，人民出版社 1956 年版第 195 页。

《山海经·大荒西经》说：

名曰夏后开，开上三嫔于天，得九辩与九歌以下。

又《海外西经》说：

大乐之野，夏后启于此儛九代。

“夏后开”即夏后启，汉人避景帝刘启讳，改启为开。

古人所有这些对启的指责，都证明启不但用暴力夺得了政权，而且又利用这个政权骑在人民头上，过着荒淫无耻的生活。《非乐上》说：“天用弗式”，《离骚》说“五子用失乎家衖”，就是人民反抗他的残酷剥削和压迫的证据。用恩格斯的话来说，禹是“社会公仆”；而启已“成为一种处于社会之外和社会之上的东西”，“变为社会的主人”[①]了。禹和启代表两个不同的社会，禹是氏族社会最后一个最高首领，而启则是中国奴隶社会最初一个君主，界限分明。中国奴隶社会的开创者，自然是启而不是禹。

第三节　夏原为地名，后来用作朝代的名称，中国历史上不存在“夏部落”

夏也叫大夏，原为地名，自启凭借父禹的基业夺取政权在这里建立了一个以华夏族为基础的奴隶制国家后，才变成了历史上一个朝代的名称。夏代自启而下，一姓传了十六世，包括中间被羿、浞夺去政权一个时期，共四百六十年左右[②]，至履癸（桀）为商汤所灭，历史上称为夏后氏或夏

① 《马克思恩格斯全集》第 20 卷，人民出版社 1956 年版第 195 页。

② 《竹书纪年》：“自禹至桀十七世，有王与无王，用岁四百七十一年。”（据《太平御览》八十二引）

代，实际上是中国由氏族制度向奴隶制国家过渡的时期。

有人称“夏”为“夏部落”。这种提法是不恰当的。启是禹之子，鲧之孙。鲧称“崇伯”，见于《国语·周语下》。禹称“伯禹”，不但见于《周语下》，也见于《尚书·舜典》。“伯”，殷虚卜辞通作“白”。伯鲧、伯禹，当与伯夷、伯益一例，在当时是部落首长的一个名称。也就是说，如果作为一个部落来说，鲧、禹、启所代表的部落，应该叫崇，而不应称夏。崇和夏不但名称不同，而且所在的地理位置和所包括的地域也不同。崇代表部落，夏代表王朝，不宜混为一谈。

先谈“崇”。《汉书·地理志》颍川郡，阳翟下注：“夏禹国”。《水经注》：“颍水自堨东径阳翟县故城北，夏禹始封于此，为夏国。”禹并非夏代的始君，阳翟也并非禹的“始封”，所以，处理上述两段文字，应将“夏”和“始封”二义略去不计。这样，这两条材料所说明的事实就是正确的了。即鲧、禹所代表的崇部落，其所在地原在阳翟及其附近地区。《国语·周语上》说：“昔夏之兴也，融降于崇山”与“周之兴也，鸑鷟鸣于岐山”连类相次，证明夏的“崇山”，一如周的岐山，是鲧、禹的发祥地。韦昭注：“崇，崇高山也。夏居阳城[①]，崇高所近。”又《太平御览》卷三十九《崇山》条下引韦昭注说：“崇嵩字古通用，夏都阳城[②]，嵩山在焉。”《汉书·地理志·颍川郡》下引臣瓒注曰：“《世本》，禹都阳城，《汲郡古文》亦云居之”。“崇”字，《汉书·地理志》也作“密高”，颜师古说：“密，古崇字。”《后汉书·郡国志》则作“嵩高”。崇山即今嵩山，在河南省登封县境内，阳城应是今登封县告成镇古名[③]，阳翟则是与登封相连的河南禹县，几地毗邻，夹颍水而连属，其为鲧、禹所在的崇部落的所在地和发祥地，确然无疑。启夺取政权后，崇当然成了夏王朝的一个组成部分。

① 文中“夏”字，是旧史学家误以禹为夏代始君所致，应理解为禹或崇，方符合实际。

② 文中“夏”字，是旧史学家误以禹为夏代始君所致，应理解为禹或崇，方符合实际。

③ 见《1977年上半年告成遗址的调查发掘》，《河南文博通迅》1977年第二期。

再谈“夏”。《左传》昭公元年说：

子产曰：昔高辛氏有二子，伯曰阏伯，季曰实沈，居于旷林，不相能也。日寻干戈，以相征讨。后帝不臧，迁阏伯于商丘，主辰，商人是因，故辰为商星。迁实沈于大夏，主参，唐人是因，以服事夏、商。其季世曰唐叔虞。

是大夏之名，早在高辛氏之世已经存在，并且是实沈所迁，不能认为是禹、启部落的固有名称。夏作为朝代的名称，当在启夺取政权以后。这时，联盟共同管理机构的所在地在大夏，故启的新朝，遂以夏为名。

关于大夏的地理位置，《左传》定公四年说：

“分唐叔以……怀姓九宗，职官五正。命以《唐诰》，而封于夏虚”。服虔曰：“大夏在汾浍之间。”

《史记·吴太伯世家》说：

乃封周章弟〔虞〕仲于周之北，故夏虚。是为虞仲。

又《齐太公世家》说齐桓公“西伐大夏，涉流沙”。《国语·齐语》作“西服流沙、西吴”。

综合上列材料，可以看出，大夏、夏虚、唐、虞、西吴、西虞和唐叔所封，虽然范围有广狭之分，但总的说来，都是同一地域。虞、吴古字通用，虞又称西吴，是与太伯之吴相对而言。所以虞、西虞、西吴三名，完全是指一个地方，即春秋时为晋所灭的虞国。大夏是古地名，夏虚的意思为夏代的故都。唐叔虞所封的唐，原为尧的后裔①，成王灭唐，用以封叔虞。唐叔虞传子燮，改唐为晋②。

《汉书·地理志》太原郡，晋阳下说：

故《诗经》唐国。周成王灭唐，封弟叔虞。

《左传》定公四年，杜预注说：

---

① 《史记·晋世家》《正义》引《括地志》：“故唐城在绛州翼城县西二十里，即尧裔子所封。”在今山西翼城西。

② 《史记·晋世家》：“唐叔子燮，是为晋侯。”

夏虚，大夏，今太原晋阳也。

晋阳今为山西省太原市。

但顾炎武却不同意杜预的说法。他在《左传杜解补正》里说：

“按，晋之始见《春秋》，其都在翼，今平阳府，翼城县也。《括地志》：‘故唐城在绛州翼城县西二十里，尧裔子所封，所谓成王灭唐而封太叔者也。’北距晋阳七百余里，即后世迁国，亦远不相及。况自霍山以北，皆戎狄之地，自悼公以后，始开县邑，而前此不见于传。又《史记·晋世家》曰：成王‘封叔虞于唐，唐在河、汾之东，方百里’。翼城正在二水之东，而晋阳在汾水之西，又不相合。窃疑唐叔之封，以至侯缗之灭，并在于翼。《史记》屡言‘禹凿龙门，通大夏’。《正义》引《括地志》云：‘大夏，今并州晋阳及汾、绛等州是。’然则杜氏专指晋阳者，非也。《吕氏春秋》言：‘龙门未辟，吕梁未凿，河出孟门之上。’则所谓大夏者，正今晋绛、吉、隰之间也。《封禅书》：‘齐桓公西伐大夏’，考之于《传》，则曰：‘至高梁而还。’高梁在今临汾县。”顾炎武考证详明，可以信据。对此，阎若璩虽有驳议，不可从。则大夏故地，实在今山西省的西南角。

夏为朝代名，它的权力所及，就决不以一个部落为限，而是包括原来参加这个联盟的各个部落的。我们只孤立地、抽象地说夏，意义还不够明确。因为夏可以指夏都，可以指夏国，还可以扩大指夏的天下。三者虽同称“夏”，而含义实不相同。

夏都，是指夏的中央政权所在地而言。这样的都城，在《春秋》则称为“京师”。夏都初在大夏，这是夏为朝代名称的由来。后来经过多次迁移。例如，“太康居斟鄩”，“后相即位，居帝丘”，“帝杼居原，自原迁于老丘”。[①]斟鄩，在今河南巩县西南[②]；帝丘，在今河南濮阳市濮阳县

① 俱见《竹书纪年》。

② 《史记·夏本纪》《正义》引《括地志》：“故鄩城在洛州巩县西南五十八里。”

西南[1]；原，在今河南济源西北[2]；老丘，在今河南开封东北[3]。总之，都不出今河南省沿黄河的两岸地。

夏国也称“夏邑”[4]，是指夏王朝的直辖区域而言。《诗经·玄鸟》称“邦畿千里”，即殷商的直辖区域；《诗经·王风》的“王国”和《左传》隐公三年“故周、郑交质”的“周”，指周的直辖区域。夏的直辖区域，当以故崇为基础，又向外进行一定的扩张。《逸周书·度邑解》说：“自洛汭延于伊汭，居易无固，其有夏之居”，《国语·周语上》说：“伊、洛竭而夏亡，证明夏国是一个以伊、洛为中心的不算大的地区。

夏天下所包甚广，它是在过去的部落联盟的基础之上建立起来的，至少，参加启的“钧台之享”的诸部落都应在夏政权所及的范围之内。《大戴礼·用兵》说：夏桀“不告朔于诸侯”。所谓“诸侯”，就是指当时受夏桀统治的具有相对独立性的地方政权。这些地方政权，大约有的还停留在部落阶段，有的则已经转化为国家。

① 《汉书·地理志》东郡·濮阳下说：“卫成公自楚丘徙此，故帝丘颛顼墟。”《左传》僖公三十一年：“冬，狄围卫，卫迁于帝丘。卜曰：三百年。卫成公梦康叔曰：‘相夺予享。’”证明相迁之帝丘，即濮阳。

② 据江永：《春秋地理考实》。

③ 据江永：《春秋地理考实》。

④ 《尚书·汤誓》：“夏王率遏众力，率割夏邑。”此“夏邑”，应指夏国。

第四节　夏代是由氏族制度向奴隶制国家过渡的时期

一、夏代是过渡时期

大约从公元前二十一世纪开始的夏代我国由氏族制度向奴隶制国家过渡的时期。鉴于当前史学界对马克思主义关于由氏族制度向奴隶制国家转化的过渡时期，有着不同的理解，有必要先谈谈什么是马克思所说的过渡时期。

马克思在《摩尔根〈古代社会〉一书摘要》中讲到罗马人时说：

> 以氏族为基础的社会和以领土与财产为基础的国家并存；后一组织在二百年的时期内逐渐代替了前者的地位。[①]

在谈到“希腊政治社会的建立”时，又说：

> 这个{由氏族制度向国家}的过渡时期，修昔的底斯（第1卷第2—13页）和其他著者描写为经常混乱的时期，这种混乱现象则是由权限上的冲突和还未十分明确规定的政权机关滥用职权造成的；旧的管理制度已经无能为力；这也就引起了必须由成文法代替习惯法。这个过渡时代‖延长了数世纪之久。[②]一种制度在逐渐消失，另一种制度在逐渐出现，因此在某一期间内，两者是并存的。[③]

马克思的论断，十分清楚地告诉了我们：所谓过渡时期，是由国家部分地出现开始的，到国家完全代替氏族制度为止。它的内容是以氏族为基础的社会和以领土与财产为基础的国家并存；后一组织在几世纪的时期内逐渐代替了前者的地位。

恩格斯在谈到“雅典国家的产生”时也说过：国家是“部分地靠改造

① 《摩尔根〈古代社会〉一书摘要》，人民出版社 1965 年版第 209 页。

② 《摩尔根〈古代社会〉一书摘要》，人民出版社 1965 年版第 183 页。

③ 《摩尔根〈古代社会〉一书摘要》，人民出版社 1965 年版第 182 页。

氏族制度的机关；部分地用设置新机关的办法来排挤掉它们，最后全部代之以真正的国家权力机关而发展起来的。”[①]并指出：“雅典人国家的产生乃是一般国家形成的一种非常典型的例子。”[②]

显而易见，恩格斯所谈，同马克思一样，正是氏族制度向国家的过渡，或者说是过渡时期。

但是，当前在史学界有一种意见，认为氏族制度向奴隶制国家的转变或过渡，应该由私有制的产生开始。他们说：“私有制的产生，意味着从根底上抽掉了原始社会大厦的砖石，意味着原始社会开始走向解体。”

这种观点是把马克思主义关于“私有制”和“国家”这两个不同的概念混为一谈了。私有制是指生产资料所有制的一种形式，属于生产关系，即经济基础的范畴；国家是阶级压迫的工具，是上层建筑。私有制以及由此而产生的阶级分化是奴隶制国家产生的基础和前提条件，国家则是私有制和阶级对立发展到一定阶段上的产物。我们知道，私有制和阶级的出现是很早的。恩格斯指出，还在野蛮时代的中级阶段，由母权制向父权制转变的时期，伴随着第一次社会大分工，就出现了私有制，而“从第一次社会大分工中，也就产生了第一次社会大分裂，即分裂为两个阶级：主人和奴隶，剥削者和被剥削者”[③]。难道我们能说从野蛮时代的中级阶段起，就“意味着原始社会开始走向解体”，由氏族制度向奴隶制国家的过渡已经开始了吗？显然不能，对于过渡时期来说（只是在这个意义上），私有制的出现和发展只是量的积累，国家的部分出现才是真正质变的开始。说私有制的产生是过渡时期开始的标志，实质上是把在私有制发展到一定阶段上才出现的奴隶制国家，当作了一种与原始社会的父权制一道出现的东西，从而导致了把原始社会的高级阶段当作过渡时期，这就否定了马克思主义关于在原始社会和奴隶社会之间有一个氏族制度与国家并存的“过渡

① 《马克思恩格斯全集》第 21 卷，人民出版社 1956 年版第 125 页。

② 《马克思恩格斯全集》第 21 卷，人民出版社 1956 年版第 136 页。

③ 《马克思恩格斯全集》第 21 卷，人民出版社 1956 年版第 184—185 页。

时期”的原理。

持上述意见的同志忘记了，“氏族制度本质上是民主的，君主制和氏族制度是不相容的”[①]“在氏族制度之上不可能建立一个政治社会或国家”[②]。氏族制度可以在一定时期和一定程度上容纳私有制和阶级对立，也就是说私有制和阶级在一定阶段上是氏族制度内部出现的事物。而氏族制度却容纳不了国家。“国家的本质特征，是和人民大众分离的公共权力，”[③]是凌驾于氏族制度之上的东西。所以，由氏族制度向奴隶制国家的转化，只能由氏族制度准备条件，不能在氏族制度内部完成。不但私有制的产生不能作为由氏族制度向奴隶制国家过渡的开始，就是野蛮时期高级阶段出现的较为充分的私有制和阶级对立，即恩格斯所说的“在前一阶段上刚刚产生并且是零散现象的奴隶制，现在成为社会制度的一个本质的组成部分”[④]的那种情况，也只是由这个文化阶段过渡到更高的阶段的准备。

在中国，国家的部分出现是从启夺权开始的。整个夏代四百多年，都具有这种过渡时期的性质：一方面存在着代表奴隶制的夏王朝；另一方面在夏王朝权力所及的范围内还存在着正向国家转化的以血缘团体为基础的部落。例如，夏代有有穷氏、伯明氏、斟灌氏、斟鄩氏、有鬲氏、豢龙氏、御龙氏、昆吾氏、有仍氏、有虞氏等等。这些“氏”，与伏牺氏、神农氏、无怀氏、葛天氏之以氏名，完全相同。而商代则不然。商汤在文告中，已使用“万方”一词（见《论语·尧曰》《墨子·兼爱下》），而殷虚出土卜辞中称“方”的地方尤多。“方”是国的异称。由称氏而变称方，这不是偶然的，它是由以血族团体为基础转变为以地区团体为基础的反映。又考《周礼·考工记》《礼记·檀弓》《祭义》《论语·八佾》

① 《摩尔根〈古代社会〉一书摘要》，人民出版社 1965 年版第 176 页。

② 《摩尔根〈古代社会〉一书摘要》，人民出版社 1965 年版第 108 页。

③ 《马克思恩格斯全集》第 21 卷，人民出版社 1956 年版第 135 页。

④ 《马克思恩格斯全集》第 21 卷，人民出版社 1956 年版第 187 页。

《孟子·滕文公上》等古籍，谈到夏、殷、周三代时，总是习惯地称“夏后氏”“殷人”“周人”。最显著的例子是《孟子》讲井田制时说：“夏后氏五十而贡，殷人七十而助，周人百亩而彻，其实皆什一也。”这也说明夏、殷、周三代既有相同的地方，又有不同的地方。相同的都是奴隶社会。不同的是殷、周已完成了过渡，成为了真正的奴隶制国家，而夏只是一个过渡时期。

二、夏代的几个重大历史事件

夏代的过渡时期性质在其他有文字可考的重大历史事件上也充分地反映出来了。

1．启的“钧台之享”

启夺取政权，揭开了中国奴隶制时代历史发展的新篇章。但是，君主制代替民主制，传子制代替传贤制，一句话，奴隶制代替氏族制，并不是一帆风顺的。传统是一种巨大的保守力量。一个新的社会制度的出现，不可能不遇到旧的保守势力的反抗。启在夺取政权时，虽然利用了他父亲禹的基业和巨大威望，但这只是一时起作用的因素，而不是维持政权的永久基础。启为对付保守势力的挑战，巩固自己的政权，一方面当然要建立强大的军事力量做后盾，另一方面必须依靠政治力量，必须取得众多部落，至少是旧日联盟内部落新贵们的承认（这些部落新贵正在向列国诸侯转化）。这样举行大会就成为非常必要的了。史称“夏启有钧台之享”，正是适应这个形势的需要出现的。

钧台，《续汉书·郡国志》豫州颍川郡阳翟下说：“禹所都，有钧台。”后汉阳翟，在今河南禹县。钧台是崇部落中的一个重地。《左传》昭公四年记“楚子合诸侯于申”，椒举称引历史上六王二公会诸侯之礼，请求采择。其中列在首位的，就是“夏启有钧台之享”。把这个“钧台之享”与“商汤有景亳之命，周武有孟津之誓”相提并论，等量齐观，可以看出其意义之重大。对这一重大意义，我们可以从两方面分析：第一，它说明君主制和传子制这一刚刚产生的新制度，还很幼弱，因此，不能不通过大会给以承认，使之披上合法的外衣。新的专制制度要涂抹一层旧的民主制度的油彩，恰恰是过渡时期的特点。第二，这个大会表明了“这些因拥有财富而本来就有势力的家庭”，不但“已经开始在自己的氏族之外联合成一种独特的特权阶级”[①]，而且还以阶级大联合的姿态，正式登上了奴隶社会的政治舞台。这个特权阶级的大联合，则正是夏王朝存在的坚实基础。所以，“钧台之享”是一次巩固启的政权，代表新兴奴隶主阶级的利益和要求的成功的大会。尽管这样，代表传统势力的部落还是要起来反对。这就是《史记·夏本纪》所大书的“有扈氏不服”。

2．有扈氏不服，启灭有扈氏

有扈氏，马融说是“姒姓之国”[②]，高诱说是“夏启之庶兄”[③]，均认为是夏之同姓。但是《左传》昭公元年说：“虞有三苗，夏有观、扈，商有姺、邳，周有徐、奄”，把扈与三苗、姺、邳等相提并论，显然认为扈是夏的异姓部落。马、高之说无显据，不足凭信，《左传》之说当属可靠。有扈氏之扈即《春秋》庄公二十三年“盟于扈”之扈。其地即杜预注所说的荥阳卷县西北，亦即今河南黄河北岸原阳一带。

《史记·夏本纪》说：“于是启遂即天子之位，是为夏后帝启。……有扈氏不服，启伐之，大战于甘。……遂灭有扈氏，天下咸朝。”《淮南子·齐俗》说：“昔者有扈氏为义而亡，知义而不知宜也。”什么是有扈氏的“义”呢？具体地说，就是维护旧的民主传统，走尧、舜、禹的道路，亦即走氏族公社制的道路。有扈氏认为这是自古已然的，天经地义的，是不能改变的。他认为启杀了益，夺取了政权，并从根本上改变了政权的性质，变氏族公社制为奴隶制，是反常，是不义，因而起来反对，旨在恢复氏族公社制度。什么叫做“宜”呢？就是说历史是不断发展的，

① 《马克思恩格斯全集》第21卷，人民出版社1956年版第127页。

② 陆德明：《经典释文·尚书·甘誓》音义。

③ 《淮南子·齐俗》注。

义这个概念的内容也随之发生变化，永恒的义是不存在的。在前此的条件下，氏族公社制符合历史的发展规律，因而维护氏族公社制是正当的、是义。今天历史又向前发展，氏族公社制度变成不合理了，奴隶制符合历史发展的客观规律，因而拥护奴隶制是正当的、是义。有扈氏跟不上时代前进的脚步，抱残守阙，坚持走氏族公社制的道路，就是不合时宜，就是不符合历史发展规律。所以，《淮南子》的这句简单的话，正道出了启和有扈氏斗争的本质：这是一场坚持新兴的奴隶制还是坚持旧日的氏族公社制的两条道路斗争。而这种两条道路的斗争正是以“国家代替氏族”为主要内容的过渡时期的特点的集中反映。

在这场两条道路的斗争中，代表旧的氏族社会势力的有扈氏灭亡了，代表新的奴隶制度的启胜利了，结果达到了“天下咸朝”。从此，奴隶制度初步确立下来了。

3．夏代初、中期传子制同传贤制的斗争

夏代初、中期发生的羿、浞搆乱，将在下文用专题来谈，这里只简要地说一下，就是这场王位的争夺战，也具有传子制和传贤制斗争的性质。它与启对有扈氏斗争的区别，在于这场斗争主要是在奴隶主阶级内部进行的。羿取夏而代之，浞取羿而代之，少康又灭浞中兴，这一连串走马灯似的历史事件，颇类似马克思指出的由氏族向国家过渡，处于“经常混乱的时期”的希腊。这种混乱说明了：奴隶制时代的传子制还在形成过程中，“还未享有充分的道义上的威望”①，而传统的传贤制，还有着巨大的影响。所以，羿、浞篡权不需要如后来经常发生的那样取一王族子弟做傀儡，人民也竟然容忍了这种篡夺。它反映着传子制代替传贤制要进行一场多么长期、复杂的斗争。而这正是这个过渡时期斗争的特点。

---

① 《马克思恩格斯全集》第21卷，人民出版社1956年版第135页。

第五节 夏代的阶级斗争

恩格斯说："由于文明时代的基础是一个阶级对另一个阶级的剥削，所以它的全部发展都是在经常的矛盾中进行的。"[①]自启夺取政权，中国进入阶级社会以来，阶级斗争就成为社会的主要矛盾了。夏代的兴起和灭亡，无疑都是阶级斗争的结果。整个夏代四百多年的历史，就是一部阶级斗争史。夏代的阶级斗争，突出地表现在"羿、浞搆乱"、少康中兴和夏桀暴虐、商汤灭夏等几个重大事件上。

一、羿、浞搆乱，少康中兴

恩格斯在谈到奴隶制代替氏族公社制的时候，曾经指出："卑劣的贪欲是文明时代从它存在的第一日起直至今日的动力；财富，财富，第三还是财富，——不是社会的财富，而是这个微不足道的单个的个人的财富，这就是文明时代唯一的、具有决定意义的目的。"[②]新生的奴隶主阶级为"卑劣的贪欲"所驱使，一旦政权到手，必然像恶狼一样，多少财富也填不满他们的欲壑。屈原曾用四句诗形象地概括了启的生平。他说："启九辩与九歌兮，夏康娱以自纵；不顾难以图后兮，五子用失乎家衖。""康娱"是一个复音词。"夏康娱以自纵"，说明启好安逸游乐，终日过着荒淫放荡的生活。"九辩与九歌"，则是纵乐的事实。旧说"夏康"为启子太康，是不正确的。下文"浇身被服强圉兮，纵欲而不忍；日康娱而自忘兮，厥首用夫颠陨。""康娱"重见，用法相同，是其例证。《离骚》四句话，前两句是说启的纵乐生活；后两句则是说由于启的纵乐生活引起反抗，以至使五子遭殃，即导致了历史上有名的"太康失国"和羿、浞搆乱的事件。

关于羿、浞搆乱，少康中兴的事迹，详见于《左传》襄公四年和哀公

① 《马克思恩格斯全集》第 21 卷，人民出版社 1956 年版第 201 页。

② 《马克思恩格斯全集》第 21 卷，人民出版社 1956 年版第 201 页。

元年。兹迻录如下：

《左传》襄公四年说：

昔有夏之方衰也，后羿自鉏迁于穷石，因夏民以代夏政。

恃其射也，不脩民事，而淫于原兽。弃武罗、伯因、熊髡、龙圉，而用寒浞。

寒浞，伯明氏之谗子弟也。伯明后寒弃之，夷羿放之，信而使之，以为己相。

浞行媚于内，而施赂于外，愚弄其民，而虞羿于田，树之诈慝以取其国家，外内咸服。

羿犹不悛，将归自田，家众杀而亨之，以食其子。其子不忍食诸，死于穷门。靡奔有鬲氏。

浞因羿室，生浇及豷。恃其谗慝诈伪而不德于民。使浇用师灭斟灌及斟鄩氏。处浇于过，处豷于戈。靡自有鬲氏，收二国之烬，以灭浞而立少康。

少康灭浇于过，后杼灭豷于戈。有穷由是遂亡。

哀公元年说：

昔有过浇杀斟灌以伐斟鄩，灭夏后相。后缗方娠，逃出自窦，归于有仍，生少康焉，为仍牧正。惎浇，能戒之。浇使椒求之，逃奔有虞，为之庖正，以除其害。

虞思于是妻之以二姚，而邑诸纶。有田一成，有众一旅，能布其德，而兆其谋，以收夏众，抚其官职。使女艾谍浇，使季杼诱豷，遂灭过、戈，复禹之绩。祀夏配天，不失旧物。

上述两段引文，有详有略，从不同的侧面，谈到了羿、浞搆乱，少康中兴这一事件。

“因夏民以代夏政”，是这一事件发生的根本原因。也就是，从根本上说，它是阶级斗争的反映。

“夏民”的用法应同《诗经·云汉》所说的“周余黎民”的“周民”

一例，只指王畿以内的人民而言。夏的畿内人民原来都是氏族成员，现在正向“事实上是奴隶”转化。他们由于不能忍受启和启子太康的残酷剥削和压迫而起来斗争。有穷后羿正是利用了这个机会才闯进来取代夏的政权。

“夏政”的夏与“夏民”的夏含义略有不同。夏民只限于畿内，夏政则包括全部政权，不以畿内为限。后羿又称帝羿①。在部落联盟时期，后和帝二者是有严格区别的。后是部落首长的称号，帝是部落联盟首领的称号。帝羿一名，就表明他至少在名义上已经掌握夏的全部政权。

有穷氏、伯明氏、斟灌氏、斟鄩氏、有鬲氏、有仍氏、有虞氏，都是正处于向奴隶制国家转化边缘的部落。不称方、国而称氏，就表明它们是部落而不是国家。斟灌氏、斟鄩氏、有鬲氏、有仍氏、有虞氏都倾向于夏，说明禹的功绩，深入人心，而启的流毒，仅限于畿内。这一点正是少康中兴的社会基础。

羿、浞都属于奴隶主阶级。羿依靠武力取得政权，而“不脩民事”，浞依靠欺骗取得政权，而“不德于民”，结果都失败了。显然失败的根本原因，在于人民的反对，即由于阶级斗争的结果。

少康中兴固然依靠有仍、有虞、靡和女艾等等的力量，但更主要的则在“能布其德，而兆其谋，以收夏众，抚其官职”，即得到人民的支持。《左传》说：“复禹之绩”，而不说复启之绩；杼是少康之子，《国语·鲁语上》说：“杼能帅禹者也”，而不说帅启，证明少康和杼打的是禹的旗号，但所实行的，还是启所开辟的世袭继承和奴隶制政治。夏代政权是启建立的，但真正能把这个政权巩固下来的，则是少康。

夏初正处于两种制度的更替时期，从奴隶制度看，夏传子为合法，而从传统观点来看，羿代夏，也是合法的。只因羿、浞相继，一个个比启更加凶残，阶级斗争的冷酷现实，唤起了人们对禹及其功绩的怀念，并由思禹转而思禹之后。因此，羿、浞搆乱，或者可以说是从反面帮了少康中兴的忙。少康“复禹之绩”，少康子杼“能帅禹”，自此以后，世袭继承遂

①《左传》襄公四年。

成定制。夏代传世四百多年，少康起了重大作用。

钼，《续汉书·郡国志》东郡濮阳下说："有钼城。"据江永《春秋地理考实》，在今河南滑县东十五里。穷石，《史记·夏本纪》张守节《正义》引《晋地记》说："河南有穷谷，盖本有穷氏所迁也。"按王谟《汉唐地理书钞·王稳<晋地道记>》，"河南"作"河阳"。据《晋书·地理志》河南在河南郡，河阳在河内郡，二者必有一误。但晋河阳县在今河南孟县西，晋河南县在今河南洛阳西，二地相去不远，从当时地理形势来看，此说比较接近事实。大概羿的迁国，其目的在于代夏，故当与夏都相近。

关于斟鄩、斟灌的所在，旧有两说。应劭注《汉书·地理志》，于北海郡平寿下说："故斗寻，禹后，今斗城是也。"于寿光下说："古斗灌，禹后，今灌亭是。"即谓斟鄩在山东潍县西南，斟灌在山东寿光东。[①]臣瓒注《汉书·地理志》于北海郡平寿下说："斗寻在河南，不在此也。"以下接着作了详细考证。他说："《汲郡古文》云：'太康居斗寻，羿亦居之，桀亦居之。'《尚书序》云：'太康失邦，昆弟五人，须于洛汭。'此即太康所居为近洛也。又吴起对魏武侯曰：'昔夏桀之居，左河济，右太华，伊阙在其南，羊肠在其北。'河南城为值之。又《周书·度邑篇》曰：武王问太公曰：'吾将因有夏之居，南望过于三涂，北瞻望于有河。'有夏之居，即河南是也。"即臣瓒不同意应劭意见，认为斟鄩不在平寿，而在河南。《括地志》说："故鄩城在洛州巩县西南五十八里，盖桀所筑也。"唐洛州巩县即今河南巩县。

有鬲，《续汉书·郡国志》平原郡鬲下说："侯国。夏时有鬲君灭浞立少康。"在今山东德州东南。

其他各地，或旧无说，不可考，或有说，不足据，俱从略。

《竹书纪年》说："后相即位，居商丘。"朱右曾说："商当为帝。帝丘即秦、汉之濮阳。"证之以《左传》僖公三十一年所记，卫迁帝丘而

① 《清一统志》。

成公梦康叔曰："相夺予享。"则朱说可信。秦、汉之濮阳今为河南濮阳县。

总之，夏初活动地区主要在今河南省中部一带。

二、夏桀暴虐，商汤灭夏

少康中兴，八传至孔甲，而"夏后氏德衰，诸侯畔之"①；又三传至桀而夏亡。足证从孔甲时代起，夏代的阶级斗争就已日趋尖锐，奴隶主阶级内部也已开始分崩离析。"德衰"二字，屡见史册，考其本意，是历代史学家专门用来说明某一王朝没落时期阶级斗争紧张、激烈的专有名词。

夏桀是中国历史上第一个有名的暴君。桀的暴虐包括两个方面：一是对畿内百姓的暴虐；二是对列国诸侯的暴虐。

《尚书·汤誓》说：

> 夏王率遏众力，率割夏邑；有众率怠弗协，曰："时日曷丧，予及汝皆亡。"

这是在汤灭夏誓师时，从商汤口中讲出来的夏桀罪状。"夏邑"指夏的畿内。三个"率"字都是虚词，无实义。"遏众力""割夏邑"说明夏桀对畿内人民的残酷压迫与剥削，"怠弗协"以下说明夏畿内人民不堪忍受夏桀的暴虐，而进行反抗，并发出了宁肯与桀同归于尽的坚决誓言："时日曷丧，予及汝皆亡。"阶级矛盾已达到了白热化的程度。自今日看来，桀的这个罪状是符合当时实际的，没有多少夸大的成分。《史记·夏本纪》说："夏桀不务德而武伤百姓，百姓弗堪。"基本上和《汤誓》相同，比较起来，不如《汤誓》讲的具体。

《国语·晋语》说：

> 昔夏桀伐有施，有施人以妹喜女焉。

《左传》昭公四年说：

> 夏桀为仍之会，有缗叛之。

① 《史记·夏本纪》。

又，昭公十一年说：

桀克有缗以丧其国。

《楚辞・天问》说：

桀伐蒙山，何所得焉？妹嬉何肆，汤何殛焉？

以上四条材料是夏桀对列国诸侯暴虐的事实。夏桀的残暴政治，一方面招致了畿内人民的激烈反抗，另一方面又招致了列国诸侯的众叛亲离。所以，在商汤的征讨下，坐在阶级斗争的火山口上的夏桀于是国破身亡了。

关于夏桀暴虐的材料，其他古籍也有记载，如《韩诗外传》卷二说："昔者，桀为酒池糟隄，纵靡靡之乐，而牛饮者三千。"《新序・刺奢》说："桀作瑶台，疲民力，殚民财，为酒池糟堤，纵靡靡之乐，一鼓而牛饮者三千人。"等等，都出于后人附会，不足为据。崔述《夏考信录》所作的驳难是对的。

第六节　夏代的农业、手工业、建筑和天文历法

夏代之所以开始进入奴隶社会，决定的因素在于生产力。不过夏代社会生产力的发展水平，由于遗留下来的史料很少，不能做具体的细致的说明。近年来由于地下发掘工作的进展，在河南西部和山西西南部一带发现了一种介于龙山文化和先商文化之间的二里头类型文化。从这种文化分布的地点和时间序列上看，同崇部落（夏代前身）和夏王朝活动的中心地区大致相符。目前，考古学界已初步认定：二里头文化就是夏代文化的遗存。还有一种意见认为龙山文化的晚期也是夏文化。

根据地下提供的资料，结合文献的记载，我们对夏代的农业、手工业和建筑等作一初步的探讨。

一、农业

《尚书·益稷》记禹说：

予决九川距四海，濬畎浍距川。

《论语·泰伯》说：

子曰：禹吾无间然矣！……卑宫室而尽力乎沟洫。

禹是部落联盟时代的最后一个军事首长。他的“决九川”是治水。“濬畎浍”则不仅是治水，也包括治田在内。称“畎浍”与称“沟洫”一样都是简括之词。“濬畎浍”工作基本上就是《考工记·匠人》“为沟洫”所做的工作。可见，在氏族社会末期，农业上已出现了人工灌溉系统。在洛阳矬李的龙山文化遗址中，发现有水渠（宽2米—3米，深1米左右），就是有力的证据。“沟洫”一词，向来学者都以井田的沟洫作解。我们认为：中国的井田制产生于原始社会末期，亦即产生于共产制家庭公社共同耕作开始改为把土地分配给单个家庭并定期实行重新分配的时期。因而，《尚书》和《论语》的两条材料，不但是氏族社会末期存在过人工灌溉系统的证据，也是井田制出现的证据。

到了夏代，这种井田制的性质发生了变化，由氏族社会的井田制逐渐过渡到了奴隶制的井田制。《孟子·滕文公上》所说“夏后氏五十而贡”，就是这种转化的标志。这种“贡”，已经和氏族社会提供给担任社会公职的人们的生活资料的贡有本质上不同了。它是奴隶主阶级对实际处于奴隶地位的庶人和奴隶进行剥削的一种形式。

《世本·作篇》说：“伯益作井”。在矬李和邯郸涧沟文化遗址中，均发现有井。这说明在野蛮期的高级阶段，已出现了井。夏代有井，则是确定无疑的了。井的出现，一则可使居民向远离江河的平原或山区纵深发展，二则也可以用于农业灌溉。所以，说夏代的农业生产是以人工灌溉为特点的井田制，当是事实。

《尚书·益稷》说："暨益奏庶鲜食。"注曰："鸟兽新杀曰鲜食。"又说："暨稷播，奏庶艰食、鲜食。""艰食"，马融解曰："艰又作根。云根生之食，谓百谷。"①《尚书·舜典》也说："汝后稷，播时百谷。"这说明，在原始时代末期，虽然人们还吃鸟兽一类的肉食，但农业已经发展起来，百谷成了人们重要的食物。早在仰韶文化遗址中，已发现有粟米（即谷子）。《史记·夏本纪》说："令益予众庶稻，可种卑湿。"《大戴礼·夏小正》有关于"祈麦实""种黍菽糜时也""剥瓜"等的记载，证明夏代种植的百谷包括：谷、稻、麦、菽、糜、瓜等多种农作物。恩格斯说："农业是整个古代世界的决定性的生产部门。"②它的发展对社会的进步起着巨大的作用。

二、手工业

二里头文化遗址中出土的陶鼎、陶方鼎、陶盆、陶角、陶斝、陶罐等，特点是器物上有发达的堆文，工艺水平较前有所提高。

随同陶器，出土文物还有蚌器和骨器。

此外，在偃师二里头文化遗址中还发现有冶铜作坊，冶炼用的陶锅、陶范、铜渣及小件青铜器，象爵、铃、刀、镞等。在古文献中有关于夏铸九鼎的记载。《左传》宣公三年记周人王孙满对楚王问鼎之大小轻重时说：

> 昔夏之方有德也，远方图物，贡金九牧，铸鼎象物，……桀有昏德，鼎迁于商，载祀六百。商纣暴虐，鼎迁于周。……成王定鼎于郏鄏。

《墨子·耕柱》说：

> 昔者，夏后开使蜚廉折金于山川，而陶铸之于昆吾。是使翁

① 见陆德明：《经典释文》。

② 《马克思恩格斯全集》第21卷，人民出版社1956年版第169页。

难雉乙，卜于白若之龟。曰：“鼎成三足而方，不炊而自烹，不举而自臧，不迁而自行，以祭于昆吾之虚，上乡！”……九鼎既成，迁于三国。夏后氏失之，殷人受之；殷人失之，周人受之。

《战国策·东周策》说：

秦兴师临周而求九鼎。

《吕氏春秋》的《先识》《慎势》《离谓》《适威》《达郁》诸篇具体地谈到鼎上的物象。可见，夏代铸鼎应是事实。因此说，夏代是我国青铜器时代的开端，当不会有多大问题。

陶器的多样性，青铜器的出现及铸鼎的事实，反映了夏代手工业生产已有较高水平，为殷周向着青铜器的鼎盛时代发展奠定了基础。

三、建筑

在二里头文化遗址的中部，发现有面积达一万多平方米的断断续续的夯土基址、柱洞和柱础。在河南登封告成遗址东北部的王城岗上，发现了一座相当于二里头文化类型或更早一些时期夯土筑成的城墙基槽遗址。西城墙长94米，南城墙长97米，城墙基槽保存较好，口宽4.4米以上，底宽2.5米左右，现存深度约2.3米。这些事实说明，《古本竹书纪年》记载夏桀“筑倾宫，饰瑶台”一事，是有根据的。夏代应当已有规模较大的房屋宫室。

四、《夏时》和《夏小正》

伴随着夏代社会生产的发展，和农业息息相关的天文历法也有了一定的发展。《夏时》就是这些天文历法知识的结晶。

我们知道，早在原始社会，人们在同大自然的长期斗争中，就已经积累起来一些观察天象和物候的知识。《尚书·尧典》说：“乃命羲和，钦若昊天，历象日月星辰，敬授人时”，并把鸟、火、虚、昴四宿作为仲春、仲夏、仲秋、仲冬黄昏时中星。《尧典》还说：“在璿玑玉衡，以齐七政”。《左传》襄公九年记尧时部落联盟专门设立有“火正”一职，负责观察心宿二的出没变化规律。这些记载，都是人们用天象作为判断季节和时间的依据，及时教民从事农牧业生产的例证。到了夏代，天文历法知识又前进了一步，已明确划分一年为十二个月。《左传》昭公十七年说：“火出，于夏为三月，于商为四月，于周为五月”，就是明证。《国语·周语》记载：“夏令曰：‘九月除道，十月成梁。’”说明《夏时》不单是历法，也包含着按月安排生产活动的民事内容。这无疑是对古代“观象授时”的发展。《史记·天官书》历数从远古到战国的有代表性的著名天文学家说：“昔之传天数者：高辛之前，重、黎；于唐、虞，羲、和；有夏，昆吾；殷商，巫咸；周室，史佚、苌弘；于宋，子韦；郑则裨竈；在齐，甘公；楚，唐眛；赵，尹皋；魏，石申。”这也说明，我国天文历法的发展是由来已久的。在氏族社会已设有掌察天象四时的社会公职，到了夏代，这一职位转化成了国家的常设官职。这种“传天数”制度，造就了一批有成就的天文历法家。《左传》中还保存了《夏书》上关于世界上最早的一次日食记载，即昭公十七年的“故夏书曰：‘辰不集于房，瞽奏鼓，啬夫驰，庶人走。’”

《夏时》很受古人的重视和称道。《史记·夏本纪》说：“孔子正夏时。”《论语·卫灵公》也记孔子说“行夏之时”。春秋时代鲁国的天文学家梓慎也赞美《夏时》说，“夏数得天”。[①]可见，《夏时》与殷周时代的历法比较起来，仍有独到之处。考《左传》《古本竹书纪年》等古籍，夏帝有胤甲、孔甲、履癸（桀）等名，应是发明了干支纪日法的证明。

相传《夏小正》是夏代的历书。《礼记·礼运》篇引孔子曰：“我欲观夏道，是故之杞，而不足征也。吾得夏时焉。”郑玄注：“得夏四时之书也，其书存者有《小正》。”说明《夏时》和《夏小正》确有一定的关系。《夏小正》虽成书较晚，其内容不可全信，但其中必然包含着夏代在

① 《左传》昭公十七年。

农牧业生产中积累起来的一些天象和物候知识，特别是它与《尚书》《左传》《国语》《诗经》等书互相印证的那部分内容，可信程度就更高一些。我们不应轻率地否定《夏小正》。

附：夏代世系表

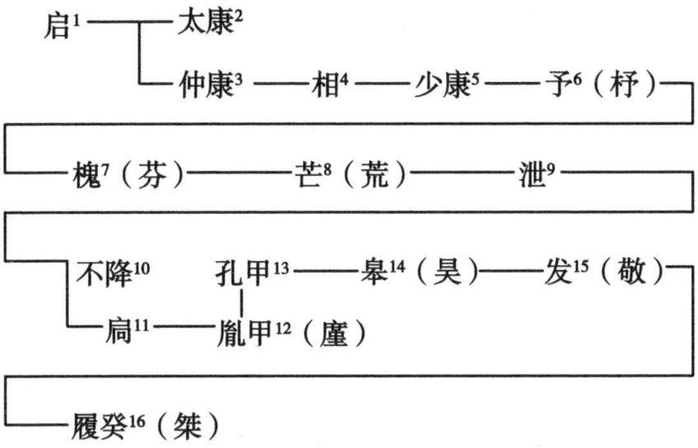

第二章　商——中国奴隶社会国家的形成和发展时期

第一节　商的起源

一、商文化起源于我国北方

1. 砥石

《荀子·成相》说："契玄王，生昭明，居于砥石迁于商。十有四世，乃有天乙是成汤。"这几句话，叙述先商历史，至为明确。

契是殷商的老祖宗，昭明是契的儿子。《世本》说："契居番""昭明居砥石"。那么，番和砥石在现今什么地方呢?

番这个地方，在现今何处，考证比较难些，但也不是不能得其仿佛。至于砥石，则确知在辽水发源处，今内蒙古昭乌达盟克什克腾旗的白岔山，正在我国北方。《淮南子·地形训》说："辽出砥石"。高诱注说："砥石，山名，在塞外，辽水所出，南入海。"惜前人多不注意及此。例如，杨倞注《荀子·成相》说："砥石地名，未详所在。或曰，即砥柱也。"张荫麟《中国史纲》则以今河北泜水流域当之。后人以误传误，给解决商文化起源问题，平添重重障碍。

我们既知砥石所在，又知道商是自砥石迁来，那么，契居的番，位置大体上也是可以确定的了。

契称玄王，不但见于《荀子·成相》，亦见于《国语》的《周语下》和《鲁语上》及《诗经·商颂·长发》。那么，“玄王”是什么，意思呢？它应同九野的“北方曰玄天”[①]，明堂的北堂称玄堂，四象的北方七宿称玄武一样，玄是北方的意思，玄王就是北方之王。韦昭以“契由玄鸟而生”[②]解“玄王”，显然是错误的。

2. 亳

王国维作《说亳》，列举三证，断定汤所居之亳为《汉书·地理志》山阳郡之薄县，其地在今山东曹县有二十里。这个说法是对的。不过，王国维又说：“古地以亳名者甚多。”这是什么原因？这个问题应该怎么解决呢？

关于商人以亳为名的几个地方，不管是哪个亳，商人都曾于其地建过都。皇甫谧说：“蒙为北亳，谷熟为南亳，偃师为西亳。”这三亳，他以为都是商都。春秋时，鲁国有亳社，《左传》定公六年说：“阳虎又盟公及三桓于周社，盟国人于亳社。”又，哀公七年说：“以邾子益来献于亳社。”鲁在商时为奄。《竹书纪年》：“南庚更自庇迁于奄”，证明鲁之有亳社，也是由于它从前曾是商都。《史记·秦本纪》：“宁公二年，……遣兵伐荡社。三年，与亳战，亳王奔戎，遂灭荡社。”徐广说：“荡音汤。”司马贞说：“西戎之君号曰亳王，盖成汤之胤。”可见，这个亳也与殷商有关。《左传》昭公九年说：“王使詹桓伯辞于晋，曰：‘……肃慎、燕亳，吾北土也。’”燕亳与肃慎并列，燕亳当是一地，且与肃慎相邻。这个亳也应该是商人的故都，而且系商人最早的居住地。今试言其详。

《逸周书·作雒解》说：“武王克殷乃立王子禄父俾守商祀。建管叔

---

① 《吕氏春秋·有始览》。

② 《国语·周语下》注。

于东，建蔡叔霍叔于殷。”《汉书·地理志》说：“河内本殷之旧都。周既灭殷，分其畿内为三国，《诗经·风》邶、庸、卫国是也。邶，以封纣子武庚；庸，管叔尹之；卫，蔡叔尹之。”王国维《北伯鼎跋》据河北省涞水县出土北伯器数种，确认“邶即燕”。原文如下：

彝器中多北伯、北子器，不知出于何所。光绪庚寅，直隶（今河北省）涞水县张家洼又出北伯器数种。余所见拓本，有鼎一卣一。鼎文云：“北伯作鼎。”卣文云：“北伯戏作宝尊彝。”北盖古之邶国也。

自来说邶国者，虽以为在殷之北，然皆于朝歌左右求之。今则殷之故虚得于洹水，大且、大父、大兄三戈出于易州，则邶之故地自不得不更于其北求之。余谓邶即燕，鄘即鲁也。邶之为燕，可以北伯诸器出土之地证之。邶既远在殷北，则鄘亦不当求诸殷之境内。余谓鄘与奄声相近。……奄之为鄘，犹焰、阎之为庸矣。

……及成王克殷、践奄，乃封康叔于卫，封周公子伯禽于鲁，封召公子于燕，而太师采诗之目，尚仍其故名，谓之邶、鄘。然皆有目无诗。季札观鲁乐，为之歌邶、鄘、卫，时犹未分为三。后人以卫诗独多，遂分隶之于邶、鄘。因于殷地求邶、鄘二国，斯失之矣。

按，王说“邶即燕，鄘即鲁”，很有见地，足以破旧说之误。试思燕为北土，武庚封邶即封燕，其用意在于让他“守商祀”。那么，邶或燕也是商的旧都无疑了。因此，燕亳之称，就是其地曾为商都的证据。

燕亳究竟是商王朝的哪一个都城呢？我认为就是《世本》所说“契居番”之番。兹说明如下：

《荀子·王霸》：“汤以亳”，《议兵》则作“汤以薄”。《春秋》哀公四年：“六月辛丑，亳社灾”，《公羊传》则作“六月辛丑，蒲社灾”。《尚书序》：“将迁其君于蒲姑”，《史记·周本纪》则作“迁其君薄姑”。是作为地名，亳、薄、蒲三字可通，因为所重在字音，并不在字形。现在再来说番。番为声符，加手旁则为播，加邑旁则为鄱。《史记·赵世家》：“秦攻番吾”。张守节《正义》：“上音婆，又音盘，又作蒲。《括地志》云：‘蒲吾城在恒州房山县东二十里。’”证明亳、蒲、番三字古音同，可以通作。钱大昕以为古无轻唇音，“凡轻唇之音，古读皆为重唇”。然则“契居番”就是“契居亳”了。结合上面所说，“昭明居砥石”，昭明为契之子，所居当去契居不远。可见契居之亳当与燕亳之亳为一地。正是由于亳是契居，为殷商的发祥地，所以后世诸王虽屡经迁徙，而亳名不废。所谓北亳、南亳、西亳，都当由此得名。不然的话，不仅古地以亳名者甚多，不可解，肃慎、燕亳吾北土之亳，也不可解了。

二、殷商称号的由来

成汤灭夏以后所建立的国家，到底称作什么，是个有争议的问题。见于前人称述的，有的称之为商，有的称之为殷，有的则称之为殷商。同时对于殷商这两个称号的解释也不相同。如有的认为契封于商，有的认为契本无封于商之事，商是契孙相土之所迁，那么，在相土迁商之前，是不可能称商的。有的认为成汤灭夏以后，新建的国家称为商，到盘庚迁于殷以后，才改商为殷。此外也还有人认为商人自己并不自称为殷，周人才称商为殷，殷是商王经常去田猎的一个小地方，周人称商为殷，完全是出于敌忾。

既然有这样多不同的说法，那么，我们研究这一段历史，就不能回避它，而是应该认真加以研究，尽量弄明白这一问题的真相。

商，最初是个地名，即今河南商丘，在我国氏族社会时期，是高辛氏之子阏伯所居。进入阶级社会以后，在夏代，契孙相土始迁于此。因此，后来这一民族有了商的称号，实从这时开始。

《尚书序》说：“自契至于成汤八迁。”现在可以考知的有：一、“契居番”；二、昭明迁砥石；三、相土迁商。相土迁商这个事实，见于

《左传》襄公九年，昭公元年和《国语·晋语》，[①]确然可据。因此，其他所谓契封于商，或者以为相土所迁乃是帝丘，这些说法，都是不足凭信的。

殷，作为地名，其地在今河南安阳小屯殷墟。今本《竹书纪年》说："帝芒三十三年，商侯迁于殷。"王国维证以《山海经》郭璞注引真本《竹书纪年》有殷王子亥、殷主甲微，称殷不称商，断为可信。然则殷实为商的先公旧居，他们在迁商地、称商之前，就居住在这里。正因为这样，所以《吕氏春秋》于《慎大览》说："汤立为天子，夏民大悦，如得慈亲，朝不易位，农不去畴，商不变肆，亲郼如夏。"于《慎势》说："汤其无郼，武其无岐，贤虽十全，不能成功。"于《具备》说："汤尝约于郼、薄矣，武王尝穷于毕、裎矣。"于《高义》说："郼、岐之广也，万国之顺也，从此生矣。"这些材料，每提到汤时，都同时提到郼。郼与殷古音相同，故通用。那么，所谓盘庚迁殷改商称殷之说，不攻自破了。至于商人不自称殷，这同春秋时代男子不自称姓，《春秋》为鲁史不自称鲁一样，出于没有必要。齐、晋人称鲁为鲁，鲁人称齐、晋为齐、晋，和战国时魏国迁都大梁后也称梁一样，只是一般的习惯称呼，这里并没有什么"敌忾"意思。殷商并称，也同单称殷、单称商一样，并没有什么新意，这只不过是因为这个国家既可称殷，又可称商罢了。

---

① 《左传》襄公九年："陶唐氏之火正阏伯居商丘，祀大火，而火纪时焉。相土因之，故商主大火。"又昭公元年："子产曰：昔高辛氏有二子，伯曰阏伯，季曰实沈，居于旷林，不相能也。日寻干戈，以相征讨。后帝不臧，迁阏伯于商丘，主辰。商人是因，故辰为商星。"杜注："汤先相土封商丘。"《国语·晋语四》："晋之始封也，岁在大火，阏伯之星也，实纪商人。"

第二节　商代社会概述

一、社会的基本情况

大约公元前十六世纪，商灭夏，在中原建国，第一个王是汤。汤的第十四代祖契，和治水有名的大禹同时，契是中国北方一个强大部落的世袭首领。番是契部落的根据地。契子昭明迁于砥石（在今内蒙古克什克腾旗），孙相土迁于商（今河南商丘）。契六世孙迁殷，至汤又迁于亳（今河南商丘北）。因其地近于商丘，故《书序》说“从先王居”。这个先王，当系指契孙相土而言。

从汤至盘庚共五迁。《盘庚》说：“不常厥邑，于今五邦。”这几次迁徙，见于《史记·殷本纪》的有仲丁迁于隞，河亶甲居相，祖乙迁于邢。但古本《竹书纪年》则云：仲丁“元年，自亳迁于嚣”，河亶甲“自嚣迁于相”，祖乙“居庇”，南庚“自庇迁于奄”，盘庚“自奄迁于殷”。两书对照，《纪年》多庇、多奄；而《殷本纪》则有邢无庇无奄。假如嚣即隞，庇即邢，则此五迁实为嚣、相、庇、奄、殷。有人于庇外又多数一邢或耿，误把庇说成柒，即《书·费誓》之费，这一点尚不能证实，只可存疑。

自盘庚迁殷后，至纣之灭国，都城始终在殷，没有迁徙过。《史记·殷本纪》《正义》说：“《竹书纪年》自盘庚徙殷，至纣之灭，七（二）百七十三年，更不徙都。”

契与舜、禹同族，所以才能在以舜禹为首的部落联盟中担任公职。我国从夏代起，虽进入阶级社会，但仍具有过渡的性质。如相土曾任火正[①]，冥曾任水官[②]，同“仲虺居薛为汤左相”一样，由旧社会沿袭下来的制度仍久行不废。这一事实说明，商在成汤以前，长期以来就是一个不平

---

① 《左传》襄公九年：“陶唐氏之火正阏伯，居商丘。……相土因之，故商主大火。”

② 《国语·鲁语上》：“契为司徒而民辑，冥勤其官而水死。”

常的国家。特别是《诗经·长发》称："玄王桓拨，受小国是达，受大国是达"，又说："相土烈烈，海外有截"。《鲁语》说："商人郊冥而宗汤"。又说："上甲微，能帅契者也，商人报焉。"证明商在夏代的诸侯中，是个北方的大国，同夏的关系较密切，但并没有严格的隶属关系，君臣之分并没定，只是尊奉夏为共主，这又同部落联盟时期部落首领与联盟首领的关系差不多。它不仅没有秦以后的守、令同皇帝之间的关系，也没有西周时期的侯国同王室之间的那种关系。王国维说："自殷以前，天子诸侯，君臣之分未定也。故当夏后之世，而殷之王亥、王恒，累叶称王，汤未放桀之时亦已称王；当商之末，而周之文、武亦称王。盖诸侯之于天子，犹后世诸侯之于盟主，未有君臣之分也。周初亦然。于《牧誓》《大诰》皆称诸侯曰友邦君，是君臣之分亦未全定也。逮克殷践奄，灭国数十，而新建之国，皆其功臣昆弟甥舅，本周之臣子，而鲁、卫、晋、齐四国又以王室至亲为东方大藩，夏殷以来古国，方之蔑矣。由是天子之尊，非复诸侯之长而为诸侯之君。"[①]这种分析无疑是正确的，符合历史实际的。

成汤灭夏，夺取政权之后，不仅尽有夏之民，尽有夏之地，尽有夏之财[②]，而且也同夏后启取得政权后曾有过"钧台之享"[③]一样，也举行过一次类似的大会，即所谓"景亳之命"[④]。这个大会也见于《逸周书·殷祝》和《尚书大传》。《殷祝》说："汤放桀而复薄，三千诸侯大会。"在会上，汤从诸侯之位，三让，三千诸侯莫敢即位，然后汤即天子之位。《史记·殷本纪》说："既黜夏命，还亳作《汤诰》。"《汤诰》也即"景亳之命"。经过这次大会，然后汤才取得共主的地位。但是商汤的政令所及，仍旧只限制在"邦畿千里"之内。至于畿外各国，则叛复不常，

① 见《观堂集林·殷周制度论》。

② 《吕氏春秋·分职》。

③ 《左传》昭公四年。

④ 《左传》昭公四年。

对商王至多不过有些贡纳的义务而已。禹时塗山之会称万国，汤时景亳之会称三千。“万国”“三千”当然不是实际数字，但基本上能反映由夏初至商初这一时期历史发展变化的情况。

《尚书·酒诰》说：“自成汤咸至于帝乙，……越在外服，侯甸男卫邦伯；越在内服，百僚庶尹，惟亚惟服宗工，越百姓里君（今本作“居”误），罔敢湎于酒。”《大盂鼎》说：“惟殷边侯田粤殷正百辟，率肄于酒。”从这两段材料可以看出殷有内服与外服之别。什么叫做服呢？郑玄注《周礼·夏官·职方氏》“九服”说：“服，服事天子也。”这个解释是对的。“服事天子”，就是表明臣下对天子有按照规定所应尽到的职分义务。《荀子·正论》把“五服”之制理解为“称远近而等贡献”，无疑是对的。所谓“内”与“外”，是以王畿为限。王畿以内为内服，王畿以外为外服。内服为百官（百僚、百辟），外服为列国（邦伯）。畿边则是指内外服中间的分界。邦伯亦见《尚书·召诰》《盘庚》和殷虚卜辞，意思如同诸侯，侯甸男卫亦见《尚书·顾命》。《白虎通义·爵》则作“侯甸任卫”。《矢令彝》只作“侯田男”，无“卫”，与《尚书·康诰》同。有人说，男则卜辞所未见，其实，卜辞“男”当作“任”，《殷契粹编》第一五四五乙：“以多田亚任”。这个“任”字，正当理解为“侯甸男”的“男”。侯田男卫在外服的不同，也和百僚庶尹等在内服的不同一样。

《仪礼·士冠礼》说：“古者，生无爵，死无谥。”（亦见《礼记·郊特牲》）这个“古”，正是殷代。这说明殷人生时无爵，死时无谥（郑注误，不可从）。爵与谥，乃是周人的新创。《礼记·檀弓》说：“幼名，冠字，五十以伯、仲，死谥，周道也。”正是说明这个问题。所以《白虎通义》说“殷爵三等”，是错误的。殷人既没有公侯伯子男，也没有卿大夫士，但是内外服的各种等级则是存在的。后来文献，如《国语·周语》《荀子·正论》以及《尚书·益稷》《禹贡》等，都有“五服”之说。《周礼》的《大司马》《大行人》《职方氏》又有“九服”之说。近人有以周文献及铜器铭文为据，把上述这些记载，一律斥为“纸上规模”，说是“后人所伪托”。其实，上述记载，其中有一部分例如《周礼》所说“畿服”，可能是纸上规模；《益稷》《禹贡》当出于后人所伪托；但如《左传》《国语》和《荀子》诸书所记，则不能说完全是“后人所伪托”。历史是不断发展变化的，不能说周初没有的东西，以后就绝对不能有。殷人无爵无谥，周初的一段时间内，也无爵无谥，这是事实；但是认为《春秋》《左传》《国语》诸书所说的爵与谥，完全出于某人所虚构，则很难令人信服。同样，“五服”之制，尽管周初不存在，并不妨如爵、谥一样，周之后继者曾有过一番新的制作。过去有人标榜“书不读秦汉以下”，这当然是不对的；今天研究中国古代史，把眼光只倾注于甲骨文、金文，这同样也是一种偏见。正确的方法，应该是把两者结合起来，作统一的探讨，以期求得基本上符合于历史真实的结论。周人的“五服”，当是以殷的“外服”为基础而发展起来的一种新规定。《史记·殷本纪》说纣“以西伯昌、九侯、鄂侯为三公”。《左传》定公元年说：“仲虺居薛，以为汤左相”，以及周时“郑武公、庄公为平王卿士”例之，是可能的。

成汤之时，有诸侯三千，不仅见于《逸周书·殷祝解》《尚书大传》，亦见于《战国策·齐策》和《吕氏春秋·用民》。这三千诸侯，据《尚书》及殷虚卜辞，已经称“方”、称“邦”、称“国”。方国与“氏”不同，证明它是以地域组织为基础了。古文献提到夏的时候，多称“氏”，例如“有扈氏”“有穷氏”“斟鄩氏”“斟灌氏”“有鬲氏”“昆吾氏”“伯明氏”等等，即使是把夏本身同殷、周相提并论时，也是把夏称为“夏后氏”，而与殷称“殷人”、周称“周人”不同。说明夏代虽已进入奴隶社会，但只是创始时期，还具有过渡性质，其时有很多以血缘组织为基础的部落，还不能立刻就转化成以地域组织为基础的国家，甚至包括“夏后氏”本身，仍有这种过渡性质。到了殷代，则大不相同，虽然殷代仍有氏存在，但殷代的方国，已成为主要社会形态。不过从周初封鲁，分有殷民六族；封卫，分有殷民七族；封唐，分有怀姓九宗[①]，说明终殷一代，氏族部落制度，仍未绝迹，只不再是主要社会形态而已。所以就整个中国奴隶社会来说，殷代应该是奴隶制国家形成和发展时期。

殷代外服的“方”或“邦”，数目多至三千，可以肯定，它们大多数都是“自然长成的结构”，或者是以自然长成的结构为基础而发展起来的，而不是经过王室的分封。王国维说：“商自开国之初，已无封建之事”[②]，是可以信据的。分封虽始于周代，但据《荀子·儒效》所述，不过“七十一国”。《吕氏春秋·观世》虽有“所封四百余”之说，与“服国八百余”相比，仍是少数。正因为这样，商代的外服多是异姓，或异族。它们对于商王的义务，只有入贡或从征，至于各邦或族的内部政治制度和文化水平，则只能任其自由发展，王室既没有统一规定，也没有严格要求。

殷代的畿内，当以殷虚卜辞或《尚书》之《周书》所谓“大邑商”或“天邑商”“中商”等为中心。这个中心主要是政治、军事中心，相对的可以说是地理中心。《吕氏春秋·慎势》说：“古之王者，择天下之中而立国，择国之中而立宫，择宫之中而立庙。”这种说法基本上符合于夏、殷、周三代的情况。

根据《史记·殷本纪》说汤“还亳，作《汤诰》：‘维三月，王自至于东郊’。”《尚书·牧誓》说：“王朝至于商郊牧野。”可以悟出，《尔雅·释地》所说：“邑外谓之郊，郊外谓之牧，牧外谓之野，野外谓之林，林外谓之坰”，是中国古代国家区划的一般情况。这种情况从恩格斯所描绘部落时代每一个部落“人口是极其稀少的；只有在部落的居住地才是比较稠密的，在这种居住地的周围，首先是一片广大的狩猎地带，其次是把这个部落同其他部落隔离开来的中立的防护森林”[③]的一般图景来

---

① 见《左传》定公四年。

② 《观堂集林·殷周制度论》。

③ 《马克思恩格斯全集》第21卷，人民出版社1956年版第180页。

看，可以看到它的源。从《周礼·地官·载师》所述畿内任土之法“以廛里任国中之地，以场圃任园地，以宅田、士田、贾田任近郊之地，以官田、牛田、赏田、牧田任远郊之地，以公邑之田任甸地，以家邑之田任稍地，以小都之田任县地，以大都之田任畺地”来看，可以看到它的流。结合殷虚卜辞所述，大体上可以认为殷的畿内区划是这样：

“大邑商”相当于《尔雅》所说的邑。《尚书》的《召诰》和《多士》称洛为“大邑”，亦同此例。邑有王宫、宗庙、市、朝及百官府和一部分贵族的住宅，为全国政治、经济、文化和军事的中心。

大邑商外划出一定的地域为郊。《尔雅》所说：“邑外谓之郊”。这个郊亦称近郊（杜子春《载师》注说：“五十里为近郊”）。近郊有田有邑，为农田和居民区。殷虚卜辞：王“大令众人曰：劦田，其受年。”（前7.30.2、续2.28.5）当在这个区域以内。卜辞里的“众”，在周则称为“国人”，他们多半是商的同族人，不是奴隶。“劦田”的“田”则是井田。这一点不但《孟子·滕文公上》有“殷人七十而助”的记载，即从卜辞“田”字象形，也可以窥见其形制。井田制是马尔克或农村公社制度在中国的表现形式。它不是某一个人的创造，而是从原始社会的氏族公社、家庭公社发展而来的，它的主要特点是土地公有，它的对立物是土地的个人所有。

郊外划出一定地域为牧。即《尔雅》所说：“郊外谓之牧”。牧又称远郊（杜子春《载师》注：“百里为远郊”）。牧为全公社的公共牧场，相当于恩格斯在《马尔克》一文里所说的“公共马尔克”。在马尔克的制度下，光有分配马尔克，没有公共马尔克，是不能满足人口不断增加，土地定期重新分配的需要的。正因为这样，所以恩格斯说：“原始的土地公有制，……以可用土地的一定剩余为前提。……剩余的可用土地用尽了，公有制也就衰落了。”[①]那种认为井田是分配臣下的，一经分配以后，即永久不许变动的说法，是没有事实根据的，并且是不可能的。

---

① 《马克思恩格斯全集》第 20 卷，人民出版社 1956 年版第 521 页。

据《尔雅》所说，“牧外谓之野”。殷虚卜辞作“埜”，表明原是自然林区，后来经过人工开发的。根据《周礼》《孟子》及其他先秦古籍记载，野人同国人是有区别的。从对立的意义来说，国人称民，而野人则称氓，字也作甿、萌，不称民。孙诒让《周礼正义》于《遗人》说：“羁旅谓畿外客民，与上民为六乡土著异。盖畿外之民来至王国者，皆于六遂外之公邑（这个“公邑”，于《周礼·载师》则为“甸”，所谓“以公邑之田任甸地”。陈梦家《殷虚卜辞综述》说：“卜辞有‘我奠受年’，则奠当在殷王国范围之内，疑即郊甸之甸。”这种推测是对的。）暂时寄居，以乡遂夫家有定，国中四郊，士民萃处，皆无容羁旅之地，故必于野鄙受廛而即以野鄙之委积待之。委人亦以甸聚待羁旅，皆是意也。至客民之留居不反者，则亦于公邑受田，故旅师掌野之兴积，而云凡新甿之治皆听之。暂止则为羁旅，久居则为新甿，其实一也。”孙氏这段话，所谈的虽是周制，但对于我们探讨殷代制度实有很大启发。

周的野人，从《周礼》《孟子》诸书所记来看，同国人有极大的不同。简单说：

第一，住地不同。国人住地在国，野人住地在野；第二，历史不同。国人是土著，野人是客民；第三，国人有姓氏，野人则没有姓氏；第四，国人能受“乡三物”的教育，其贤能者可以登进仕途，野人则只从事农业生产；第五，国人有当兵义务，可为正卒、羡卒，野人则不能当兵。

这是从周人记载所能看到的若干差别。若在殷代，这些野人是什么样子呢？我看他们决不会是什么移民，其中绝大部分应当是在战争中所捕获的俘虏。由于当时是奴隶社会，奴隶主国家出于阶级本性，把用战争手段来抢夺财物、杀人灭国看成是“比进行创造的劳动更容易甚至更荣誉的事情”。卜辞有：“王令多羌坚田。”（粹1222）这个“多羌”与“众”的区别，如与周制相比，《国语·周语》说：“是以人夷其宗庙，而火焚其彝器，子孙为隶，不夷于民。”显然就是野人与国人的区别。“多羌”肯定是俘虏，也只有野人原来是俘虏，才同国人有那样多的差别。国人为公民，而野人是奴隶。这个“子孙为隶，不夷于民”，正说明战败国贵族作了俘虏以后的命运。虽然也从事农业劳动，他和民是不平等的。近人谈中国古代史，一方面肯定了中国的井田制，另一方面则把中国古代的农业奴隶说成同希腊、罗马大庄园主的奴隶一样，不顾自相矛盾，这主要是由于没有细致地研究中国历史的特点，而以外国历史作为模式来生搬硬套所造成的结果。

《尔雅》说，“野外谓之林”。这个林，在殷代畿内当为边界的防护森林。《周礼·载师》有三等采邑俱在野的区域里。殷代畿内有无采邑，不可考。王国维谈到商末之微子、箕子时说，“先儒以微、箕为二国名，然比干亦王子无封，则微、箕之为国名，亦未可遽定也。”纵然说微、箕是畿内采邑，这种制度可能创始不久，还未得到充分的发展。

二、商三十一王的统治概况

商朝从汤开始，到纣灭亡，共传十七世，三十一王，历时六百余年，约当公元前十六—前十一世纪。《史记·殷本纪》所载商王世次，结合殷虚卜辞来考查，除个别有误外，基本上是可信的。

附：商代世系表

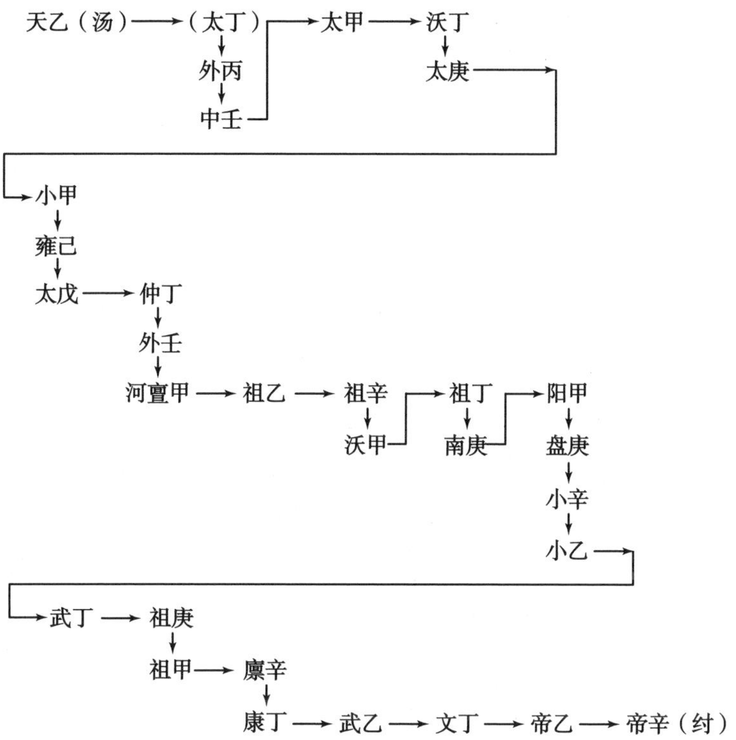

据殷虚卜辞，祖乙为仲丁子，非河亶甲子，此外中壬、沃丁，迄今不见于卜辞。下面，按照历史的顺序，简要地叙述一下商代三十一王的统治概况。

殷人的远祖，可追溯到尧舜时代的契，契曾参加以尧舜为首的部落联盟。到汤时，殷部落开始强大起来，先灭掉近邻的葛，继之灭韦、灭顾、灭昆吾，最后灭夏桀，推翻夏王朝，据有“邦畿千里”之地，建立起奴隶制的商王朝。故《诗经》云：“古帝命武汤，正域彼四方，方命厥后，奄有九有。”（《玄鸟》）又，“昔有成汤，自彼氐羌，莫敢不来享，莫敢不来王，曰商是常。”（《殷武》）

汤，殷虚卜辞作“唐”，也称“成”，后世连称“成汤”或“武汤”。其庙号则称“大乙”（《殷本纪》称“天乙”），是商王朝的第一个王，也是历史上记载的有数明王之一。他曾以解放者的姿态，推翻残暴的夏王朝，“诛其君，吊其民”，“十一征而无敌于天下”。这是说他开国的功劳。

商朝政权的取得与巩固，和王朝的第一个贤宰辅伊尹有极其密切的关系。古人关于伊尹的传说很多，《墨子·尚贤中》《庄子·庚桑楚》《吕氏春秋·本味》《楚辞·天问》诸书说法基本相同，都认为伊尹为有莘氏媵臣，亲为庖人。独孟轲竭力反对此说，认为伊尹耕于有莘之野，汤曾三次使人往聘，然后才来就汤。《史记·殷本纪》两存其说。在今天看来，《墨子》诸书似属可信，而《孟子》说实不足取。

伊尹为有莘氏媵臣，说明他出身微贱。有莘氏嫁女，他是陪嫁的一名奴隶，由于他的职务是庖人（厨师），他乘机用“割烹”作比喻，向汤游说，受到汤的赏识，举以为相。后来协助汤，灭掉夏王朝，建立商王朝。特别是汤死之后，传至孙太甲时，虽已历经三王，时间却不过六七年，政权还很不巩固，而太甲乃“颠覆汤之典刑”，改变了汤的方针政策，这对于新建立的商王朝来说，是十分危险的。在这个极端严重的时刻，伊尹毅然以开国功臣的身份，采取非常措施，起来执掌政权，“放太甲于桐”。经过三年，太甲“悔过自责”，伊尹又把他迎回来，交还政权。《尚书》中《伊训》《太甲》（《殷本纪》作《太甲训》）今虽亡佚，但观其篇名和《书序》所述，可知都是伊尹训诫太甲之词。足见伊尹放太甲，用意主要在教育，而不在打击。正因为这样，太甲能够复位，“卒为明王”（《晋语》），“褒称太宗”。但《竹书纪年》说：“仲壬崩，伊尹放太甲于桐，乃自立。伊尹即位，放太甲，七年，太甲潜出自桐，杀伊尹。乃立其子伊陟、伊奋，命复其父之田宅而中分之。”这条记载与上说矛盾，应出于后人意在强调君权神圣不可侵犯所为，不足为据。因为，伊尹放太甲，又迎回太甲，这件事不但见于《尚书》，也见于《左传》《国语》。《左传》襄公二十一年说：“伊尹放太甲而相之，卒无怨色。”《国语·晋语》说："伊笄放太甲；而卒为明主。"不仅如此，《尚书·君奭》说："成汤既受命，时则有若伊尹，格于皇天。"对伊尹倍加推崇。《吕氏春秋·慎大览》说："……祖伊尹，世世享商。"《楚辞·天问》说："初汤臣挚（伊尹名挚），后兹承辅，何卒官汤，尊食宗绪"，即伊尹在商受到诸王最隆重的祭祀。这一点也可在殷虚卜辞中得到证明。又，《纪年》说："立其子伊陟"，考伊陟为太戊时相，而伊尹相汤，由汤至大戊，中间经历五世，传八王，则谓伊陟为伊尹子，也非事实。可见《纪年》之说，显系出自后人的捏造。其用心或者是好的，大概是想严格维持君臣的名分，防止野心家以伊尹放太甲为借口，而行篡夺之实。岂知历史是不容修改的，也不能修改。伊尹，实是一位了不起的人物，"世世享商"，绝非无故。他对商朝政权的取得与巩固的功绩，是不能抹杀的。

太甲的政绩，《史记·殷本纪》简括为两点：第一，"暑侯咸归殷"；第二，"百姓以宁"。《晏子春秋》则把太甲和商代有数明王，如汤、祖乙、武丁并提，称他是"天下之盛君"。武丁时的甲骨卜辞则有专祭大乙（汤）、大甲、祖乙，"三示"的材料，如"□亥卜，贞，□三示，御，大乙、大甲、且乙，五宰。"（佚917）都肯定了太甲在商代的历史作用。

太甲又四传为雍已，国势衰弱，诸侯有的不来朝贡。

雍已弟太戊立，殷复兴，诸侯归之。《尚书·君奭》说："在太戊时，则有若伊陟、臣扈，格于上帝，巫咸乂王家。"据《书序》说，在太戊时，"亳有祥，桑穀共生于朝"。太戊惧，问伊陟，伊陟劝太戊修德。在贤相伊陟、臣扈和宗教神职人员巫咸等人的密切配合下，终于使王朝的统治转危为安。是后，太戊子中丁由亳迁于隞（亦作嚣），河亶甲由隞迁于相，祖乙由相迁于邢。

河亶甲时，殷复衰。河亶甲死，由中丁子祖乙继承王位①，号称中宗，

① 《史记·殷本纪》以祖乙为河亶甲子。但据甲骨卜辞，祖乙乃中丁子。殷人对自己的祖先当然是了解的，故从卜辞。

殷复兴。这时名臣巫贤为相。

至阳甲时，迁于奄。殷复衰。

盘庚由奄迁殷。“自盘庚徙殷，至纣之灭，二百七十三年更不徙都。”（《竹书纪年》）盘庚有三篇讲话，至今还保存在《尚书》里，这是殷代历史的直接材料，至为珍贵。

盘庚迁殷，两汉学者都以为是“去奢即俭”。从历史来看，历代迁都，总是同政治斗争有直接关系。简单地说，就是有的是为了避难，有的是为了进取。盘庚迁殷，很可能是抱有进取的雄心。殷虚卜辞武丁时代所征伐的方国，多在豫北、晋南，可作为间接的佐证。

盘庚迁殷，开始时遭到人民群众的反对。盘庚了解到人民反对，只是表面现象，实质乃是百官贵族不愿迁都，是他们对人民“动以浮言”，以至“倚乃身，迂乃心”，进行煽动的结果。所以盘庚三篇讲话，首先是对群臣讲的。有人把篇首的“王命众”和“格汝众”的“众”理解为奴隶，是非常错误的。文内有“古我先王，暨乃祖乃父，胥及逸勤”。意思是说，众的祖和父，曾同商王一起勤劳。又有，“兹予大享于先王，尔祖其从与享之。”意思是说，众的祖先能够配享先王。又有，“邦之臧，惟汝众”。意思是说，国家好了是你们众的功劳。这样，怎能说众是奴隶呢？文内道：“今汝聒聒，起信险肤”，则是群臣用“浮言”煽惑人民的证据。总之，第一篇讲话的对象为群臣，里边也讲些道理，但主要是依靠政治力量，用刑罚来威吓。

第二篇讲话的对象是万民。万民也不是奴隶。篇内有“古我先后，罔不惟民之承”，“古我先后，既劳乃祖乃父”等语，就是证明。这个万民，可以断言基本上都是殷本族的群众，否则不会同殷先后有那样亲密的关系。《周礼·秋官·小司寇》：“掌外朝之政，以致万民而询焉。一曰询国危；二曰询国迁；三曰询立君。其位王南乡，三公及州长百姓北面，群臣西面，群吏东面。”这个万民，由同书《地官·乡大夫》说，“国大询于众庶，则各帅其乡之众寡而致于朝”，可以证明他们都是国人，不是野人，即不是奴隶。这是殷以后周朝的制度。

恩格斯论述野蛮时代高级阶段的人民大会时说：“真正的权力集中在人民大会上。王或部落长是大会主席；决定由人民来作：怨声表示反对，喝采、敲打武器表示赞成。”[1]

我们研究了盘庚迁殷三篇讲话、《周礼·小司寇》的询万民和恩格斯所论述的原始时代的人民大会，可以得出结论：恩格斯所述是其原型，《盘庚》三篇和《小司寇》所记为其遗制。那么，参加盘庚这次大会的万民，是平民，而不是奴隶，则是可以断言的。但盘庚对群臣只威胁说：“罚及尔身，弗可悔”；对万民则说：“我乃劓殄灭之，无遗育，无俾易种于兹新邑。”反映奴隶制国家对待人民是何等野蛮、狠毒！

第三篇讲话的对象为“邦伯师长百执事之人”。这是迁殷以后，对群臣的讲话。篇中谆谆以“无总于货宝”相诰戒，反映群臣的不愿迁，是由于舍不得故都的财产。而万民则相反，在故都只是过着“荡析离居”的生活，并没有什么可以留恋的。

总的看来，盘庚迁殷，确有政治远见，这时“殷道复兴”，诚非偶然。

盘庚又三传为武丁。武丁号称高宗，是殷代的有数明王之一。周初，周公诫成王，作《无逸》，提到武丁，曾予以很高的评价，说他“旧劳于外，爰暨小人”。就是说他早先曾在外劳动，同小人生活在一起。继王位后，他从“版筑之间”，即土木建筑工人之间，选出一个名叫傅说的人作相。正因为他自己参加过劳动，了解下情，又能任用有实际经验的人作为自己的辅佐，所以在他统治的时期，能够把一个已经衰败的殷王朝，又重新振作起来，变成一个“天下咸欢”“复兴”的殷王朝。

武丁再传为祖甲。《国语·周语下》说：“玄王勤商，十有四世而兴；帝甲乱之，七世而陨。”《无逸》说：“自时厥后立王，生则逸；生则逸，不知稼穑之艰难，不闻小人之劳，惟耽乐之从。”也就是说，殷代自祖甲以后，日益衰乱，至纣而达到极点，遂为周所灭。

---

① 《马克思恩格斯全集》第21卷，人民出版社1956年版第163页。

第三节　商代的社会生产概况

一、农业

马克思主义经典著作指出：“农业是整个古代世界的决定性的生产部门。”[1]典型的古代的历史，“不过是建立在土地所有制和农业之上的城市的历史；亚细亚的历史，这是一种城市和乡村不分的统一”。[2]但不管是“典型的古代”还是“亚细亚的”古代，都是“以土地所有制和农业构成经济制度的基础”。[3]可见农业在古代的重要性。

商代对农业生产是非常重视的。当时所实行的井田制比夏代又有了很大的进步。殷虚卜辞中田字作  等形，正是井田的象形。商代的井田，已经有了“公田”与“私田”之分。《孟子》说：“殷人七十而助”，又说：“惟助为有公田”。

殷虚卜辞有：

> 甫耤于始，受年。（乙上3212）
>
> 丁酉卜，殻贞，我受甫耤在始年。（乙上3154）
>
> 己卯卜，殻贞，乎雷耤于名，亯不潸。（乙下7808）
>
> 庚子卜，贞，王其雚耤，叀往。（后下28.16）
>
> 己亥卜，贞，王往雚耤，祉往。（甲3420）

这些“耤（古通藉）”字，依据“周宣王不藉千亩”来解释，则是耕于藉田，依据“鄗人藉稻”来解释，则是耕于普通的土地上，不管怎样，都表明殷王重视农业劳动。

殷虚卜辞有：

> □大令众人曰劦田，其受年，十一月。（簠、岁5）

---

① 《马克思恩格斯全集》第 21 卷，人民出版社 1956 年版第 169 页。

② 《资本主义生产以前各形态》，人民出版社 1956 年版第 15 页。

③ 《资本主义生产以前各形态》，人民出版社 1956 年版第 18 页。

殷人的“劦田”当同周人的耦耕一样，都是当时在农业生产中的一种劳动组织。商王对于农业生产非常关心，不仅频繁地卜禾、卜年、卜雨，而且经常亲自省视，一如周代的藉田故事，有时也指派臣下进行监督。如：

戊寅卜，穷贞，王往氐众黍于囧。（前5.20.2）

乙卯卜，㱿贞，王立来，若。贞，王勿立来。（乙上3152）

庚戌卜，贞，王立黍，受年。贞，王勿立黍，弗其受年。（乙下6964）

贞，叀小臣令众黍，一月。（前4.30.2）

商代农业生产，除征集公社成员集体劳动外，有时也驱使奴隶进行劳动。如：

贞，王令多羌坚田。（粹1222）

殷代的农产物品种，见于甲骨文的有：黍、稷、稻、麦、来（小麦）等，在郑州商墓中并发现有稻谷的痕迹。殷代饮酒之风特盛。殷代出土酒器种类之繁多，如尊、爵、角、斝、觚、觯、觥、壶、卣、盉、罍等均为酒器，可以说明殷人对于酒的嗜好。特别是殷代末期尤为严重，《尚书·酒诰》说：“在今后嗣王酣身，……惟荒腆于酒。……庶群自酒，腥闻在上。”《大盂鼎》说：“惟殷边侯田粤殷正百辟，率肄于酒。”甚至达到“靡明靡晦，式号式呼，俾昼作夜”的程度。殷人嗜酒，一方面说明殷代统治阶级的荒淫无度，另一方面也反映殷代的农业生产已相当发展。

殷代已经是青铜器的高度发展时代，有人说，殷人所使用的农业工具，也应该以青铜器为主。这是不对的。尽管殷代贵族日常所使用的生活器具和礼器，绝大部分都是青铜制造的，手工工具和武器也都是锋利的青铜器，但是在农业生产上，却仍然是大量地使用石器、蚌器和木制的耒。只有到铁器时代，铁农具普遍推广后，木耒、石镰才被淘汰。

二、畜牧业和渔猎

畜牧业在殷代经济生活中占着很重要的地位，后世所习称的六畜：马、牛、羊、豕、犬、鸡等，应有尽有。供役使的动物不但有“相土作乘马”[1]的马、“王亥作服牛”[2]的牛，而且还有“商人服象，为虐于东夷”[3]的象。甲骨文“为”字，象以手牵象形，证明殷人服象，确有其事。

由于畜牧业的发展，商代的大贵族都拥有大量的牲畜群。下列卜辞可以看出牲畜数量的大概：

又尞于父丁：百犬，百豕，卯百牛。（掇2.39）

叀牛三百。（续1.10.7）

曹五百牛，伐百□。（库181）

登羊三百。（天51）

五百宰。（乙9098）

▨三百犬。（续2.17.5）

曹千牛。（乙5157年+5398）

□于父丁：犬百，羊百，卯十牛。（京4066）

殷人祭祖，一次用牲就达数百头，而且有时往往是牛、羊、犬、豕合用，没有高度发展的畜牧业是办不到的。卜辞所谓“曹千牛”，即使不是杀掉，一次能够拿出这样大的数量，也是极其不易的。当然，商代的自然环境，气候温暖湿润，杂草丛生，有利于畜牧业的发展。但更主要的是由于当时人们对畜牧业的重视和长期经验的积累。

比如殷人长期用马驾车，作为主要的交通工具，因此，马的名称就有很多分别，如：

---

① 《世本·作篇》。

② 《吕氏春秋·勿躬》。

③ 《吕氏春秋·古乐》。

贞，王其壆大兕，犸罘骝，无灾。禽。

叀䮝罘骜子无灾。

叀左马罘厓无灾。

叀䮵罘小骝无灾。

叀䮾罘骝无灾。

叀并䭾无灾。（前2.5.7+4.47.5）

从这一组卜辞就可以看出殷人给马取的名称有犸、骝、䮝、骜子、厓、䮵、小骝、䮾、䭾等。此外，殷虚卜辞所记，尚有小䭾、犸、驳、䮯、䭹、大犸、䮙、赤玛等名称。

殷人对于牛、羊、犬、豕等牲畜的毛色，也曾加以区别。如：

正白牛。（京4186）

叀幽牛，㞢黄牛。（乙7122）

叀羊（骍）、叀勿（犁）。（甲775）

叀白羊用。（续2.20.7）

弜用黄羊，无雨。（宁1.43）

父甲，三白犬。（粹338）

叀白豕。（南明136）

殷人长期饲养与繁殖肉用牲畜。他们为了育肥，注意到了牲畜的牝牡，如公牛作牡，公羊作羏，公豕作豭，母牛作牝，母羊作䍧，母豕作豝，母犬作犯。此外尚有牝虎作彪，牡鹿作麆等。

殷人为了解决猪的育肥问题，还发明了去势术。如：

㚔三豖，三羊，卯五牛。（后上24.10）

㚔𠕁百羊，百牛，百豖。（金670）

㞢于且乙十白豖。（前7.29.2）

闻一多《释豖》说："许君谓豖为'豖绊足行豖豖，从豖系二足'。此盖不得其解而妄以㹠、㹠等字说之。实则豖之本义当求之于经传之椓及劅、斀等字。……案椓、劅、斀并与豖音同义通。豖去阴通于人，故男子宫刑亦谓之豕。……去阴之豕自无性别可言，故卜辞豭豝二字绝无从豕作者。”这种解释是可信的。

由于殷代畜牧业的繁盛，贵族们用牲已经到了浪费的地步，一次仅仅由于商王耳鸣，就用了一百五十八只羊作为祭品。因此《史记·殷本纪》用“以酒为池，悬肉为林”形容纣王的奢淫无度，并非完全是夸张之笔。不过尽管如此，而劳动人民是不能经常食肉的，只能“攘窃神祇之牺牷牲”。

渔猎作为农牧业经济的补充手段，在商代有其一定的地位，并不像有人说的那样，渔猎在人民日常经济生活中，没有任何意义，只不过是贵族游乐之事而已。

殷人捕鱼主要采用网罟、钓钩、梭标、矢射等方法；狩猎主要用弓箭、刀矛、网罟、陷阱等。在殷王田猎的记录中，获麋有一次至三百四十八至三百五十头的（后下41.12，丙80），获猪有一次至一百四十头的（后下1.4），获兕有一次至七十一头的，获狼有一次至四十一头的。可以看出，当时的华北平原，还是有许多肥沃土地未经开垦，到处是丰林茂草，荆棘遍野，给虎兕狐兔等的生活提供了优越的条件。而当时的狩猎也还是存在着一定的危险性的。如：

> 癸巳卜，㱿贞，旬无祸。王固曰：乃兹亦有祟若偁。甲午，王往逐兕，小臣甾车马，硪馭王车，子央亦陟。（菁3）

这是说：商王武丁率领贵族和小臣去狩猎，追赶野牛，王的车撞在石头上，出了事故，贵族子央也从车上摔下来。

三、手工业

商代的手工业比较发达，分工较细，有冶铜、制陶、制骨、玉石器等许多门类。其中最能反映时代特点和工艺技术水平的是青铜铸造业。商代的青铜制造业，所制造的器物主要是礼器和兵器。这不仅表明它为奴隶主贵族阶级所垄断，也反映出商代和其后继者姬周一样，也是“国之大事，在祀与戎”，也就是说，把祭祀和战争置于一切工作的首位。这种情形，越是到商代晚期表现越为明显。

在商代早期的冶铜遗址中发现有两种炼锅，一种是陶制的缸或大口尊，其内外壁敷上一层较厚的草泥土；另一种是纯用草泥土制成。两种炼锅的容量都不大。晚期炼锅是用草泥土的泥条盘筑而成，容量较大，基本上可以适应大型铜器铸造的需要。铜器的原料为孔雀石（氧化铜矿）、锡和铅，燃料主要是木炭。青铜器的铜与锡的合金比例，早期和晚期是不同的。早期的一件铜尊，经分析：铜占91.29%，锡占7.1%，铅占1.12%；晚期的“司母戊”大方鼎，铜占84.77%，锡占11.64%，铅占2.79%，说明晚期对铜与锡的比例，大体上符合于《考工记》所总结的“六分其金而锡居一”的“钟鼎之齐”。

在铸造青铜器物时，一般是先设计出器物的模型，根据模型制成陶范，注青铜溶液于陶范中，待溶液冷却，撤去陶范，便得到粗制的铜器，然后经过打磨与修饰，就成为精美的青铜器。商代的青铜器作坊遗址，在河南的郑州、安阳、辉县、洛阳，河北的邢台、邯郸，山东的济南、平阴，陕西的华县等地都有发现。所制造的武器有斧、钺、戈、矛、刀、镞、盔等，工具有针、锥、雕刀、钻、铲、锯、削刀等，烹饪与盛食器有鼎、鬲、甗、簋、匕、盘、盂、壶等，酒器有爵、角、斝、觚、觯、尊、盉、卣、罍、瓿、方彝、牺尊、勺、枓等，以及车马器、乐器、生活用具、铜贝等，数量大得惊人。仅青铜容器，总计历年出土，已达数千件之多，至兵器、车马饰器更数以万计。

商代青铜器的制作，具有很高的艺术水平。特别是近世出土的殷代后期青铜器的司母戊大方鼎，标志着我国古代青铜器工艺的高峰。这个大方鼎重达875公斤，通耳高133公分（厘米的旧称，全书同），横长110公分，宽78公分。鼎的结构很复杂，耳、身、足分别铸成部件，每个部件需用范二块到八块不等，各部件分别铸好后，再连接起来，铸成一个整体。很显然，这样高的技巧，没有长期的、丰富的铸造经验和熟练工人，是根本办不到的。

制陶业在商代已经达到了相当成熟的水平。从郑州发现窑场的种类来看，那时已有了固定的内部分工和专业的作坊。当时的陶器除一般灰陶、黑陶、红陶制品为普通平民日常使用之外，还发现有为贵族奴隶主所使用的少量的几何印纹硬陶和釉陶、泥质白陶等，制作精美。

商代的陶器种类繁多，从器形和用途上区分，有烹调用的鼎、鬲、甗；盛水（或酒）用的瓮、罍、瓿、盆、壶、尊、盉；盛物用的簋、豆、盘；饮酒用的爵等等。其中带釉的陶器和白陶器，可以说是我国瓷器的前身。特别是白陶器，是用现在制造瓷器的瓷土（高岭土）制成陶坯，再经过一千一百摄氏度左右的高温烧制而成。它质地坚硬，吸水性差，色泽洁白，制作细腻，形制多仿铜器，刻有美观的花纹，艺术价值很高，是我国陶瓷史上的光辉创作。

殷代的骨器业（包括牙、角）、石器业（包括玉石工艺）、皮革业、丝麻纺织业、舟车业和建筑业等，也相当发达。

制骨业有专业的作坊，已经有了内部的分工。郑州出土有成堆的骨料，半成品、成品，有磨制骨器的砺石。安阳小屯西南约四公里的地方，还有一个当时专门制作骨锥和骨笄的作坊。所用骨料有牛、马、羊、猪、狗等肢骨，而以牛骨和猪骨为最多，另外还有不少用的是人骨。制骨工具除磨石外，还有青铜小锯和刀、钻等。制成的骨器，最多的是束发用的各样装饰品：骨笄，此外还有武器如骨镞，工具如骨锥、骨针，以及生活用品如吃饭用的骨匕等。有一种骨笄，顶端刻有鸟头样式，形态生动，精致可爱。还有一种雕花的角骨版，雕刻十分精美，反映了商代制骨工业的高度水平。郑州出土的象牙觚，尤称绝品。

玉器一般是专为统治阶级制作的奢侈品，种类繁多，雕镂精致。如殷虚出土有各种不同形状的佩玉：玉人、玉虎、玉鱼、玉鸟、玉兔、玉蛙、玉蝉、玉蚕等，姿态生动活泼，玲珑剔透。还有玉璧、玉琮、玉戈等，制作都很精工。值得特别提出的，武官村商墓中出土的青白色大石磬，长84

公分，高42公分，厚8.5公分。正面雕一猛虎，张口呲牙，雄浑有力，虎身轮廓正好布满石磬的正面，线条刚柔得兼，工整而优美。微微敲击，音韵清越。这是我国已发现的最古老最完美的乐器之一，具有很高的艺术价值。

建筑业是一种综合性的手工业，从殷虚王宫的遗迹，可以看出商代建筑技术已达到很高的水平。殷虚已发现王宫建筑基址五十多座，这是我国最早的名副其实的宫殿建筑。当时的宫殿一般建筑在厚厚的夯土台基上，由夯土墙、木质梁柱和门户廊檐以及屋顶等部分构成。木柱下面有天然大石卵作基础，有的柱与础之间还垫有铜片。已发现的夯土台基，有宽达14.5公尺（米的旧称，全书同），长达80公尺以上的，可见建筑规模的宏伟。这些基址的方向都是正南北，或正东西。很多基址遥相呼应，排列成行，开创了我国后代厅堂建筑的独特风格。

随着农业和手工业的发展，在殷虚的墓葬中出土了大量的天然贝。西北冈大墓里就有大量的贝。一般的墓里，少者一枚，多者达二十余枚。此外，殷虚还发现少量铜制贝。贝原来只是一种装饰品，但随着商品交换关系的发展，它同时具备了货币的基本特征，所以能够起到一般商品交换中的等价物的作用。《尚书·盘庚》一再称“具乃贝玉”，“好货”和“货宝”。殷虚卜辞有：“庚戌□，□贞，锡多女有贝朋。”（后下8.5）“丁亥卜，先取贝二朋，在正月取。”（侯27）十贝为一朋。证明殷人是用贝来表示财富。

第四节　商代的阶级斗争和对外邦外族的斗争

一、马克思主义关于奴隶社会阶级斗争特点的论述

奴隶社会的阶级和阶级斗争，有其自己的特点，不应把资本主义社会的阶级和阶级斗争的形式强加在奴隶社会身上。现在让我们先举出马克思主义关于奴隶社会的阶级和阶级斗争的论述作为指导，然后在这个理论指导下，具体地谈殷代的阶级和阶级斗争。

马克思、恩格斯说："在过去的各个历史时代，我们几乎到处都可以看到社会完全划分为各个不同的等级，看到由各种社会地位构成的多级的阶梯。"又说："但是，我们的时代，资产阶级时代，却有一个特点：它使阶级对立简单化了。整个社会日益分裂为两大敌对的阵营，分裂为两大相互直接对立的阶级：资产阶级和无产阶级。"①

列宁说："社会划分为阶级，这是奴隶社会、封建社会和资产阶级社会共同的现象，但是在前两种社会中存在的是等级的阶级，在后一种社会中则是非等级的阶级。"②

以上所引，是马列主义经典作家关于社会阶级的论述。其中最重要的一点，就是在奴隶社会、封建社会中所存在的是"等级的阶级"，而在资产阶级社会中存在的则是"非等级的阶级"。因此，在我们谈奴隶社会的阶级时，如果也用"阶级对立简单化了"的资产阶级时代那种特点来衡量它，即把奴隶主和奴隶说成是"两大相互直接对立的阶级"，显然是不符合马克思主义的观点的。

马克思还说："在古代的罗马，阶级斗争，只是在享有特权的少数人内部进行，只是在自由富人与自由穷人之间进行，而从事生产的广大民

---

① 《马克思恩格斯选集》第 1 卷，人民出版社 1972 年版第 251 页。

② 《列宁全集》第 6 卷，人民出版社 1955 年版第 93 页。

众，即奴隶，则不过为这些斗士充当消极的舞台台柱。”①

恩格斯说：“在奴隶制下，只能有单个人不经过过渡状态而立即获得释放（古代是没有用胜利的起义来消灭奴隶制的事情的），而中世纪的农奴实际上却作为阶级而逐渐实现了自己的解放。”②

列宁说：“我们知道，奴隶举行过起义，进行过暴动，掀起过内战，但是他们始终未能造成自觉的多数，未能建立起领导斗争的政党，未能清楚地了解他们所要达到的目的，甚至在历史上最革命的时机，还是往往成为统治阶级手下的小卒。”③

以上是马列主义经典作家关于奴隶社会阶级斗争的论述。我们应当遵循马列主义经典作家的指示，具体地分析中国古代奴隶社会的阶级斗争。可是，近来某些史学论著，在谈中国奴隶社会的阶级斗争时，并不承认奴隶只是在享有特权的少数人的阶级斗争中充当消极的舞台台柱，而是认为奴隶是阶级斗争的主流和全部，享有特权的少数人在阶级斗争中所起的作用是无足轻重的，甚至只是消极的力量；不承认奴隶甚至在历史上最革命的时机，还是往往成为统治阶级手下的小卒，而是认为奴隶在古代有用胜利的起义来消灭奴隶制的事情。显然，这样叙述中国奴隶社会的阶级斗争，把中国古代奴隶社会的阶级斗争说成同资产阶级社会的阶级斗争没有多大差别，是不符合马列主义的观点的，也是与历史事实相抵牾的。

二、商代的阶级

商代是奴隶制社会，从历史文献所反映出来的商代的阶级，当然也是等级的阶级，这与其他国家奴隶制社会的阶级基本上是相同的，商代并不特殊。不过，由于当时没有爵，等级制并不像周代那样显著。

商代奴隶主阶级的等级，最高的是殷王。殷王在名义上和事实上都是

① 《马克思恩格斯全集》第 16 卷，人民出版社 1956 年版第 405—406 页。

② 《马克思恩格斯全集》第 21 卷，人民出版社 1956 年版第 177 页。

③ 《列宁全集》第 29 卷，人民出版社 1955 年版第 442 页。

政治上的最高首脑，享有绝对权力。但是他的这个权力只是在邦畿之内才能完全行使，对外邦外族，就要受到很大的限制。因为在当时的情况下，殷王还没有完全控制周围其他邦族或部落，他不能不承认外邦外族有相当大的独立性，因而不能对他们行使完全的统治权。

殷王以下的等级，据《尚书·盘庚》说，为“邦伯，师长，百执事之人”。《酒诰》叙述殷制说：“越在内服，百僚庶尹，惟亚、惟服、宗工，越百姓、里君”。《大盂鼎》说：“殷正百辟”。可以看出，其中“邦伯”，属于外服，相当于周代的诸侯。“师长”和“正”，是内服中仅次于王的等级；“百执事之人”“百僚庶尹”和“百辟”等等，则是属于“师长”和“正”以下的若干等级。这几条材料都是以尊卑为次，相当于周代爵位的公卿、大夫、士。同周制对照一下看，大体上可以这样说，“百姓里君”是这些等级中最低的一个等级，它相当于周制的士。这个等级用周制比况，可能没有采地，没有禄田，只有稍食。其余的等级，较高的可能都有采地，尽管采地有大小；中间的等级，则没有采地，只有禄田。《尚书·多士》是周人讲给殷的原任公职人员听的，里边有“尔乃尚有尔土”，又有“宅尔邑，继尔居，尔厥有幹有年于兹洛”，证明商代的高级官吏是有采地的。

殷王畿内的政权组织，已经不是自然长成的氏族部落结构，而是新建立起来的国家。它是在灭夏以后，在夏的废墟上，包括郼薄旧都和韦、顾、昆吾等地区在内的，按地区划分并行使职权的公共权力机关。因此在殷王以下的各级奴隶主，虽都有自己的土地和人民，但是最初都是经过殷王分配的，为殷王臣属，受殷王管辖。

谈到上述等级以下的诸等级，由于史料缺乏，很难确指。现在从《尚书·盘庚》里了解到有“民”“众”“小人”“万民”等几种名称；从《无逸》了解到，殷高宗“旧劳于外，爰暨小人”，祖甲“旧为小人”，这个“小人”是同“勤劳稼穑”有联系的。又，殷虚卜辞除有“众”“众人”外，还有臣、妾、奚、仆等等名目。当然这些名称都属于上述那些等级以下的等级，或者说是被统治阶级。但是如果再做具体分析，就会使我们看到，在商代的阶级关系中，他们都各有自己的特点。这在当前学术界的看法颇有分歧。据我看，商代的“众”“众人”，同“民”和“小人”的区别不大，他们大多数原来是殷商本族的成员，其中有的最初就是劳动群众，有的则由于某种原因，逐渐由贵族地位下降而来的，他们一般都从事农业生产劳动，地位处于下层，但他们是平民，他们的身份是自由的，他们不是奴隶。用周制作参考，就是他们有当兵的权利，有参加政权的机会。例如盘庚迁殷遗留下的三篇讲话，第一篇的对象就是“众”。原文说：“王命众，悉至于庭”，又说：“格汝众，予告汝训”可为证明。《周礼·秋官·小司寇》：“掌外朝之政以致万民而询焉。一曰询国危；二曰询国迁；三曰询立君。”盘庚这篇讲话，应属于“询国迁”之例。“万民”在周为“国人”，这个“众”在殷也自然是国人。如果是奴隶，则像一群牛羊，只用一把鞭子赶一下就可以了，何必费那么多的话呢？所以，有人说“众”是奴隶，甚至不顾上下文义，生硬地制造出“畜民”一词，都是不符合商代的历史实际的。当时实行井田制，即马尔克或农村公社，这个“众”和“万民”，无疑都是郊以内的农村公社的成员。

但是商代有没有农业奴隶呢？当然是有的。“农业是整个古代世界的决定性的生产部门”，假如没有农业奴隶，怎能成为奴隶社会呢？商代不但有农业奴隶，而且应当是占有很大的数量。这个奴隶的来源，主要是战争所捕获的俘虏。我们知道，从军事民主制时期开始，如恩格斯所指出的：“邻人的财富刺激了各民族的贪欲，在这些民族那里，获得财富已成为最重要的生活目的之一。他们是野蛮人：进行掠夺在他们看来是比进行创造的劳动更容易甚至更荣誉的事情。”[1]等到由于生产力的发展而奴隶制被发现了，人们不再把战俘杀掉，让他们活下来，并且占有他们的劳动。于是奴隶制国家把进行掠夺战争更看成是取得财富的一种最主要

①　《马克思恩格斯全集》第 21 卷，人民出版社 1956 年版第 187—185 页。

形式。所谓“古大禹之时，诸侯万国”，“及汤之时，诸侯三千”，[①]那么，七千诸侯都哪儿去了？毫无疑问，这七千诸侯绝大部分都是在掠夺战争中被消灭了。即以成汤而论，“十一征而无敌于天下”，被他灭亡的国家，绝不在少数。《左传》宣公十二年记郑伯对战胜者楚子说：“其俘诸江南以实海滨，亦唯命。其翦以赐诸侯，使臣妾之，亦唯命。”原来的国君及其臣民，在战败后很大一部分都将化为奴隶。当然奴隶也有多种，有的作家内奴隶，有的作工商奴隶，等等。但可以断言，比较大的一部分是作为农业奴隶了。因为当时未开垦的荒地很多，只有农业部门才能容纳大量人口。

应当指出，中国奴隶社会的农业奴隶，和希腊、罗马的农业奴隶不同。区别在于：在古代希腊、罗马，马尔克或农村公社很早就已破坏，土地成为个人的私有财产；而中国古代则农村公社没有破坏，国家或采邑主是土地的实际所有者。我们之所以说中国奴隶社会的农业奴隶是奴隶，一则由于他们的来源主要是战俘；二则由于他们单纯从事农业生产劳动，负担各种徭役，毫无权利，没有服兵役的权利，没有受教育的权利，没有参加政权的机会。一句话，完全丧失了人权，任凭奴隶主的驱使和屠杀。虽然商代这方面的直接史料较少，但毕竟还是有的。如我们在前面农业生产一节中所提到的“王令多羌坚田”的羌人，就是一个例子。殷虚卜辞证明羌人为一与殷人敌对的“方国”，双方经常发生战争，于是大批被俘获的羌人便源源而来；而商王祭祖用人为牺牲时，其中记下邦族名字的，绝大多数也是羌人。因此这些“坚田”的“多羌”，便是中国奴隶社会的农业奴隶，是毫无疑问的。

殷虚卜辞还有臣、妾、奚、仆、刍等名称，这些名称可以断定都是奴隶。

关于商代奴隶的等级，由于史料缺乏，不能质言。《左传》述周制，有庶人、工商、皁、隶、牧、圉的次序。商代当和这差不多。不过庶人是

---

① 《战国策·齐策》。

从事农业生产劳动的，里边包括民和氓（国人和野人）。氓是奴隶，民则并非奴隶而是自由民。周代小人是同君子对立的。小人实质是指广大劳动群众而言，里边包括奴隶，但也包括平民。殷高宗、祖甲都曾作过小人，这个小人实际上是指农民，不是奴隶。

总之，商代的等级的阶级，可以归纳为三类：（1）奴隶主；（2）奴隶；（3）中间的若干等级。

三、商代的阶级斗争

有人说：“殷人耕田，……是在用大规模的奴隶。耕田的人称为‘众’或‘众人’。在卜辞中‘众’或‘众人’又屡用以从事战争。凡是奴隶社会的生产者，在战时也就是战士，这是公例。”[①]这种说法既没有理论的根据，也不符命历史实际情况。恩格斯说：

> 在罗马也是在所谓王政被废除之前，以个人血缘关系为基础的古代社会制度就已经被破坏了，代之而起的是一个新的、以地区划分和财产差别为基础的真正的国家制度。公共权力在这里体现在服兵役的公民身上，它不仅被用来反对奴隶，而且被用来反对不许服兵役和不许有武装的所谓无产者。[②]

这才是真正的“公例”。恩格斯在论述国家和旧的氏族组织不同的时候说过：“第二个不同点，是公共权力的设立，……宪兵队也成为必要了。”[③]不过需要加以说明，这个控制公民的宪兵队，倒是由奴隶组成的。恩格斯在论述“雅典国家的产生”时，就曾说过：

> 雅典人在创立他们国家的同时，也创立了警察，即由步行的和骑马的弓箭手组成的真正的宪兵队，或者如德国南部和瑞士所说的Landjäger。不过，这种宪兵队却是由奴隶组成的。这种警察

---

① 《殷虚卜辞综述》，第633页。

② 《马克思恩格斯全集》第21卷，人民出版社1956年版第147—148页。

③ 《马克思恩格斯全集》第21卷，人民出版社1956年版第194—195页。

职务，在自由的雅典人看来是非常卑贱的，以致他们宁愿叫武装的奴隶逮捕自己，而自己却不肯去干这种丢脸的事。[①]

在中国，《周礼》于《秋官·司隶》职也说："掌五隶之法，辨其物而掌其政令，帅其民而搏盗贼，……凡囚执人之事。"又说："掌帅四翟之隶，使之皆服其邦之服，执其邦之兵，守王宫与野舍之厉禁。"可见，恩格斯所说的才是真正的公例，它也完全符合中国的情况。正是由于卜辞中"众"和"众人"屡用以从事战争，所以，可以断言，"众"和"众人"一定不是奴隶。

《荀子·正名》说："刑名从商"，《韩非子·内储说上》说："殷之法刑弃灰于街者"，证明商代奴隶制国家专政的工具，不仅有武装的人及监狱等，并有一套刑法。商代奴隶主还用大量人牺、人殉，则其刑法也必然是极其残酷的。史称殷纣有炮烙之法，醢九侯，脯鄂侯，囚西伯羑里，可能都是事实。《尚书·盘庚》说："乃有不吉不迪，颠越不恭，暂遇奸宄，我乃劓殄灭之，无遗育，无俾易种于兹新邑。"可见殷代的刑法不仅用于奴隶，即在统治阶级内部，也毫不留情。殷虚卜辞中有许多象形（或会意）字，如"幸"像枷，"圉"像监狱，"执"像带手枷的人，"圂"像囚禁犯人的地方。甲骨文中仅杀人一项，就有多种形式，如"烄"是火焚，"沈"是水溺，"陷"是活埋，"汎"是杀人沥血，"伐"像砍头。商代的统治阶级如此残暴，所以商代的阶级斗争，毫无疑义必然是十分剧烈。《史记·殷本纪》记载商代史实非常疏略，只是"殷道衰""殷复兴""殷复衰""殷复兴""比九世乱""殷道复兴""殷复衰""殷道复兴""殷复衰""殷益衰"等，其中不知包括多少剧烈阶级斗争（这是指等级的阶级之间的斗争，而不能理解为只是两大直接对立的阶级之间的斗争），可惜，已不可考了。只有到纣时，记载较详，现在就把它作为典型，介绍如下：

据古史记载，殷纣亡国，主要由于"淫虐"" 《左传》昭公四年说：

① 《马克思恩格斯全集》第 21 卷，人民出版社 1956 年版第 135 页。

“纣作淫虐，文王惠和。殷是以陨，周是以兴”，是其证。殷纣的淫虐，表现在两个方面。一是对内淫虐；二是对外淫虐。

对内淫虐。据《史记·殷本纪》所载：（1）“好酒淫乐，嬖于妇人，爱妲己，妲己之言是从”；（2）“厚赋税以实鹿台之钱，而盈钜桥之粟”；（3）“益收狗马奇物，充仞宫室，益广沙丘苑台，多取野兽飞鸟置其中”；（4）“慢于鬼神，大聚乐戏于沙丘”；（5）“重刑辟，有炮烙之法”；（6）“用费中为政，费中善谀好利”，“又用恶来，恶来善毁谗”。简单说，就是对内广聚敛，重刑罚，任用坏人，用以满足自己的极端荒淫无耻的生活。对外淫虐。据《左传》和殷虚卜辞等不完全的反映，知道纣举行过一次“黎之蒐”。这“黎之蒐”，用今天的语言来翻译，就是在黎这个地方，举行过一次大规模的军事演习。在这次演习当中，东夷可能是拒绝参加，即所谓“商纣为黎之蒐，东夷叛之”[①]。纣乃大举讨伐东夷。《吕氏春秋·古乐》说“商人服象，为虐于东夷”即指此。结果是“纣克东夷而陨其身”。[②]即东夷是被征服了。但殷王国紧接着也完蛋了。《左传》宣公十二年又有“纣之百克，而卒无后”的说法。看来，纣是贪欲无穷，对外曾经不断地进行掠夺性的战争。对外进行掠夺战争，也是纣淫虐的一种表现。

商纣的淫虐，给其畿内人民和外邦外族造成深重的灾难，由此而引起的畿内外人民的反抗和斗争也愈加强烈。例如，《尚书·微子》说：“殷罔不小大，好草窃奸宄，卿士师师非度。凡有辜罪，乃罔恒获。小民方兴，相为敌雠。”《诗经·大雅·荡》：“咨汝殷商，如蜩如螗，如沸如羹，小大近丧，人尚乎由行，内奰于中国，覃及鬼方。”也就是说，当时天下大乱，整个社会如同沸腾的羹，上下翻滚；如同群蝉的聒耳，一片混乱。这时不仅大小官吏你抢我夺，已经乱了套；小民也奋起作誓死的斗争，殷王朝就是这样在最后一次阶级斗争中灭亡了。当然，殷的最后灭

① 《左传》昭公四年。

② 《左传》昭公十一年。

亡，乃是由于周的侵伐，但殷政一乱至此，即使没有周人，也是不能自存的。

四、商对外邦外族的斗争

成汤之时，号称诸侯三千，到周初诸侯略存千八百，大约六百年间，诸侯之国减少近半。各邦各族之间，兼并战争之剧烈，可以想见。当时殷为大邦，经济和军事实力最为雄厚，与殷相邻与相近的外邦外族，多被征服与吞并。当然由于殷人文化程度最高，物质文明也使周围各族眼馋，因此他们也不断发动战争对殷的周边地区进行军事掠夺。大体说来，住地与殷人邻近的各族，先被征服，其土地划归商王国，因此他们不再称“方”，而是商王直接管辖下的一个地区，其首领则称侯，甚至较近者，不再称为侯。

如犬侯。犬本为一独立部落，被商王征服。殷虚卜辞云：“己酉卜贞，雀往征犬，弗其禽。十月。”（铁181.3）但后来犬终于被征服，并成为商王国控制下的犬侯了。甲骨卜辞云：“己卯卜，允贞，令多子族从犬侯撲周，甾王事。五月。”（前5.2.2）犬侯被派往伐周，并成为主力部队，而且是行的“王事”。殷虚卜辞中发现的侯很多，如倉侯、侯、侯、侯告、侯専、侯奴等。有些邦族与殷人融合在一起，甚至连侯名也被取消了。如沚，卜辞有：“乙酉卜，甫允牵沚。”（林1.30.9）沚被征服后，与商王关系至为密切，成为商王手下的得力大将。卜辞有：“戊午卜，穷贞，王从沚戠伐土方，受有□（又）。”（后上17.5）如望，卜辞有：“癸巳卜，㱿贞，乎雀伐望。”（拾缀252）但望后来一直是商王的大将。卜辞说：“□申卜，㱿贞，王从望乘伐下危，受又。”（粹1113）沚与望均无侯名。

至于与殷人住地较远，商王统治鞭长莫及的地方，基本上是独立的方国，在殷虚卜辞中称为“方”，其首领则称为“白（伯）”。这些方，在武丁时期，基本上都是独立的。见于殷虚卜辞的方国，有土方、井方、召方、巴方、羌方、印方、𢀛方、大方、亘方、尸方、危方、䖒方、盂方、林方、马方、龙方、虎方、鬼方、箕方、缌方等等；见于殷虚卜辞的方白，有井白、易自、丹白、ɤ白、归白、雇白，以及羌方白、危方美、绊白盥、盂方白炎等。见于周原卜辞的有“周方白”。

这些邦族，由于社会发展的不平衡，有的并没有进入奴隶制社会，其中大多数处于原始公社制末期的军事民主制时期，所以掠夺是他们的“正当职业”，主要的是针对着殷王朝的物质文明。请看武丁卜辞有：

五日丁酉，允有来艰自西，沚㦰告曰：土方𢀛于我东鄙，𢦏二邑，𢀛方亦侵我西鄙田。（菁2）

九日辛卯，允有来艰自北，蚁妻姘告曰：土方侵我田十人。（菁6）

七日己巳，允有来艰自西，长友角告曰：𢀛方出，侵我示[illegible]田，七十人五（菁2）

告曰：𢀛方亦𢀛氏我牛五十（王绪祖拓本）

子嫸告曰：昔甲辰，方𢀛于蚁，中又俘人十又五人；五日戊申，方亦𢀛，俘人十又六人。（菁6）

商王为了免除外邦外族的侵扰，同时也为了扩大自己的领土，掠夺财物和奴隶，索取贡纳，也不断对外邦外族用兵。

如卜辞有：

王収人五千征土方，受有祐。（后上31.6）

辛巳卜贞，登妇好三千，登旅万，乎伐羌。（库310）

癸巳卜，王其令五族戍𡆥。（粹1149）

由于经常对外邦外族战争，战俘源源而来，所以祭祀的人牺也就可以大量使用了。如：

三百羌用于丁。（续2.16.3）

戊子卜，穷贞，叀今夕用三百羌于丁，用□。（絜245）

五百𡩁用；㞢用𡩁百。（京津1255）

最多一次，“世千牛千人”。（乙中5157）有时为了表示祭典的隆重，往往用外方的首领作为人牺。如：

羌二方伯其用于且丁父甲。（京津4034）

用危方由于妣庚，王室。（南明669）

奚絴伯盥用于丁。（后下33.9）

其执三封伯于父丁。（南明621）

又白麟于大乙，用魋伯印于祖乙。（续存下915）

其用羌方□（由）于宗，王受又。（甲507）

商王朝从武丁时代起大规模对外邦外族的战争，经过前后一二百年之久的经营，如土方、羌方、巴方、井方、印方、而方、丹方、盂方、周方等都先后被征服或压服。因此廪辛、康丁以后的卜辞，殷王在对外征伐时便有许多“方伯”从征了。乙、辛卜辞有：

余其从多田于（与）多伯，征盂方白炎。（甲2416）

各方国被征服后，对殷王朝则需要负担纳贡的义务。卜辞有：

虎入百。（甲3017）

周入十。（乙5320）

甲辰卜，㱿贞，奚来白马。王固曰吉，其来马五。（乙3449）

丁丑卜，争贞，来乙酉，眢用派来羌，自元。（续存下265）

贞，乎取𣎆臣廿。（乙2373）

商代对外战争，据《周易》说，武丁伐鬼方，长达三年：“高宗伐鬼方，三年克之”（《既济》），“震用伐鬼方，三年有赏于大国”（《未济》）。这里所说的三年，并非指一次战役持续长达三年之久，而是不断地、经常地、随时发动战争，前后陆续三年。因为从殷虚卜辞中所见，武丁时期的对外战斗，是速战速决，没有持续一年以上的，到商代末期，帝乙征人方，往返一次历时几乎长达一年。一次战斗，杀敌最多至二千六百五十六人；俘获最多一次，曾：“禽危美▨人廿人四，而千五百七十，䰜百，▨丙，车二丙，盾百八十三，函五十，矢▨。”（续存下915）可见这种战争有明显的掠夺性质，并且极其野蛮与残酷。当然在开疆拓土方面，在客观上也起了一定积极的作用。

第五节　商代的思想文化

一、文字

在河南安阳小屯出土的大量的甲骨文字，是我们了解商代历史文化的最宝贵的资料。甲骨文字，从1899年被发现后，已经整整八十周年。前中央研究院在安阳陆续进行了十五次发掘。解放后，中国科学院考古研究所更作了科学的发掘，得到大量甲骨。其时间大体是从商王武丁到殷纣亡国前。据1965年出版的《甲骨文编》统计，所见单字约在四千五百字左右，其中能辨识的九百余字。《甲骨文编》出版以后的二十多年来，中国科学院在安阳又有许多新的收获，但新发现的单字数目并未增加多少，当然已识的字，又有所增加。

商代文字，并不仅限于甲骨文，此外尚有刻在陶器上的陶文，铸在青铜器上的金文，以及刻在玉和石上的文字。但其中占绝对多数的则是甲骨文字。甲骨文字绝大多数是占卜的纪录，而且主要是属于王室的遗物。非王室的贵族的卜辞和不属于占卜的记事刻辞只占一小部分。因为是以占卜为主，所以反映的事物受到一定的限制，但内容已相当广泛了，从经济基础到上层建筑，从祭祀、战争到生产、生活以及天文历法、社会意识等各方面，几乎可以说无所不包。两千多年前的孔丘曾感叹说："我欲观殷道，是故之宋，而不足征也。”[①]又说：“殷礼吾能言之，宋不足征也，文献不足故也。足，则吾能征之矣。”[②]由于甲骨文字的发现，我们在今天能够看到古人所看不到的历史材料，在某种程度上，补上了文献之不足，同时也在某些地方纠正了古文献在长期辗转钞录中所造成的谬误。

这些文字，虽然同今日通行的汉字相比较，差异很大，但这只是发展变化上的事，决不是两种不同的文字。只要我们稍加注意，就会看到从殷虚甲骨文字到今天通行汉字之间一脉相承的发展顺序。正因为这样，所以已识的字，都可依照一定规则译成今字。

例如：

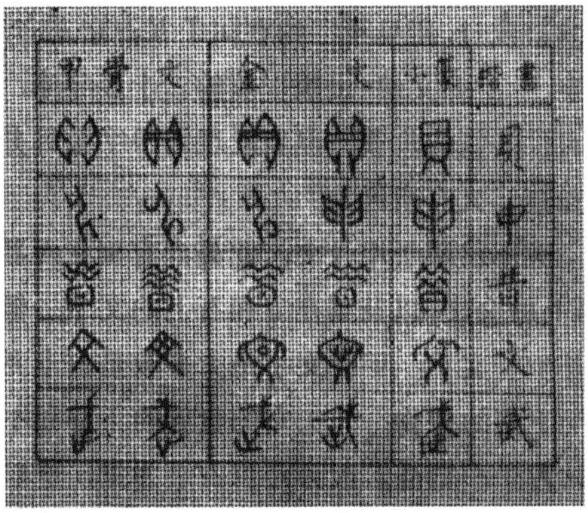

这些文字虽保存着它的原始性，但从汉字构造的几条原则来看，则象形、会意、指事、形声、假借具备，证明它并不是最古的文字。

汉字起源于图画，这大概是没有问题的。如日字写成，月字写成，鱼字写成，羊字写成，山字写成等。由于实用的需要，它们才逐渐符号化，于是由原始图画而发展为象形文字。如日写成，月写成，山写成，鱼写成，羊写成，这就是所谓的象形文字。但有些字无法像其实物，而只能会其意，如得字作，像手持贝；受字作，像持盘与人，

① 《礼记·礼运》。

② 《论语·八佾》。

表示有所受授；逐字作，像追豕，下从止，表示行动；武字作，像荷戈行动，表示勇武。甲骨文凡从止之字，并非表示停止，均为有所行动之意，旧说“止戈为武”，这说法是不准确的。另外还有一类“会意”字，如上与下，甲骨文写作，中间一横画表示一个平面，点加在上面，表示上，点加下面，表示下；亦字作，大字表示人形，旁边两点表示腋窝；刃字作，从刀，小点表示此字的着重处在刃部；肱字作，像手臂，点加在手臂之上，表示重点在臂。这类会意字，就是许慎“六书”所说的“指事”字。有的具体事物大同小异，表面乍一看，相差的部分很难用突出形象来表示，比如犬与狼、狐的区别，实际上从表面看来，是微乎其微的。为了有所区别，于是添加上个标音符号，如犬写成，加声符良作，则变成狼；加声符亡作，则变成犷（即狐）。江与河，为大与小之别，但具体表示则很困难，于是加声符丂，作，则为河；加声符工，则为江。盘与盂，在表意方面，比较困难，于是加声符（般）则为盘；加声符干（于）则为盂。星字作，像满天繁星，但作为象形或会意，很容易使人误解，故加声符（生），就不会使人发生误会了，这就是形声字。另外，有的字，是虚词，无形可象，如其他的“其”；有些虽属实词，如往来的“来”，都没法用象形或会意去表现，只好借用其他字来使用，于是其字只好借用簸箕的箕（）；来字只好借用“来麦（小麦）”的，这便是所谓假借字。以上汉字所见的造字几条原则，殷虚甲骨文字中都已使用，可见殷虚卜辞并非最古的文字。那么，从殷代文字上溯到最古文字，中间应该有一段相当长的距离，《尚书·盘庚》三篇，有可能就是当时的文献记录。《多士》说：“惟殷先人，有册有典”，从殷虚卜辞证之，是有根据的。所以，不仅盘庚迁殷以前，应该已有文字，即夏代也可能有文字，只是比较起来，应当更为原始罢了。

二、宗教

《礼记·表记》评论夏殷周二代社会政治思想异同，指出殷人的特点说："殷人尊神，率民以事神，先鬼而后礼，先罚而后赏，尊而不亲。"这个殷人尊神、先鬼的说法，证以殷虚卜辞，可以相信是事实。河南安阳小屯出土的刻有文字的龟甲兽骨，据1955年出版的《殷虚发掘》统计，多至十六万片以上，差不多全是占卜所用。从卜辞中又可以看到殷人用牲的数目，有多至一次"羊百"（京4066），"羊三百"（天51），"五百窜"（乙9098）；"百牛"（掇2.39），"牛三百"（续1.10.7），"五百牛"（库181），"千牛"（乙5157），"五十豚"（前3.23.6），"百豕"（掇2.39）；"犬百"（京4066），"三百犬"（续2.17.5）。并大量用人为牺牲。其中包括有不同的邦族：羌，大，亘，尸，绊，美，[illegible]，[illegible]，虎，奚，奚，而，印等族；一次可多至"百羌"（续1.10.7），"羌百羌"（粹109），"㞢百羌"（续2.19.3），"伐百羌"（金393），"㳄羌百"（库483），"三百羌"（佚570），"羌三百"（南师1.40），"三百羌用"（续2.16.3），"用三百羌"（絜245）；"㞢用㲋百"（京1255），"五百㲋"（前7.9.2），"五百㲋用"（京1255）；"千人"（乙5157）。杀祭的方法有：俎、伐、𢧀、戕、烄、沈、刍、饮、汎葡、㚇、卯、岁、曹、用、㞢等多种。可以看出殷人尊神先鬼达到何等程度！

大体上说，殷人对自然崇拜，于天神有上帝、日、东母、西母、风、云、雨、雪等等；于地衹有社、方（四方）、山、岳、河、川等等；对祖先崇拜（周人称为"人鬼"的）不仅于先王、先妣有复杂的祀典，而且于名臣又有配享制度，列于祀典的受享名臣有伊尹、伊陟、巫咸、师盘等。《尚书·盘庚》说："兹予大享于先王，尔祖其从与享之"，更直接谈到这个问题。

鬼神观念早在远古时代已经产生。这是由于社会生产力处于低级发展阶段，人们在物质生活生产过程中，人和人之间以及人和自然之间的关系很狭隘的缘故。人们的认识局限于这个狭隘的范围以内，超出这个范围，便是无知的领域。但由于这个无知的领域是极其宽广的，其中种种事物和现象对人们的日常生活经常发生巨大的影响，人们不满足于无知而要求了解它们，于是创造出鬼神等等一系列的不正确的歪曲的概念。恩格斯说：“一切宗教……其根源在于蒙昧时代的狭隘而愚昧的观念。”①又说：“宗教是在最原始的时代从人们关于自己本身的自然和周围的外部自然的错误的、最原始的观念中产生的。”②正是说明这个问题。马克思说：“要知道，宗教本身是没有内容的，它的根源不是在天上，而是在人间。”③所以鬼神世界不是别的，乃是人间世界的幻影。正因为人间有一个帝是最高的统治者，所以天上才有一个上帝也是最高统治者。其他如日、月、风、雨，作为神灵来说，都人格化，各个执行自己的职务，能施赏罚于人民，也不是别的，正是人间百官众职的虚幻的反映。日、月被赋予以妇女的形象，称为“东母”“西母”，反映在人间还保存着母权制的遗迹。

日、月、风、云、雨、雪、社（土地）、方（四方）、山、川等自然和自然现象之所以受到崇拜，是由于它们对人们的日常生活，能给以巨大的影响。这些影响对于人来说，有好的和坏的两种，人们称好的为福，坏的为祸，当时人们在这些自然和自然现象面前，是软弱无力的，既不能了解它们，更不能控制它们。然而由于它们对人有密切的利害关系，人们定要了解它们，控制它们。实际上鬼神就是古人了解自然的方法，崇拜就是古人控制自然的方法。崇拜的意义有二，第一是求福，第二是免祸，这正是古人无力控制自然，用幻想来控制自然的一种表现。

祖先崇拜则是以灵魂不灭的思想为基础而发展起来的。这时人们幻想在人的世界之外，还有一个鬼的世界，认为这个世界虽然看不见摸不着，但能给人以祸福。崇拜祖先；主要也是为求福、免祸。

殷代同鬼神经常打交道的已成为一种专门职业，这就是巫。祝宗卜史等一些名目，则是自巫派生的。我们不要简单地说巫都是骗子，实际当时

---

① 《马克思恩格斯全集》第 21 卷，人民出版社 1956 年版第 316 页。

② 《马克思恩格斯全集》第 21 卷，人民出版社 1956 年版第 348 页。

③ 《马克思恩格斯全集》第 27 卷，人民出版社 1956 年版第 436 页。

的知识分子就是巫。例如，《吕氏春秋・勿躬》说："巫彭作医，巫咸作筮。"《史记・天官书》说："昔之传天数者，……殷商巫咸。"《尚书・君奭》说："在大戊……巫成乂王家。"其他如《楚辞・离骚》《山海经・大荒西经》和《诅楚文》都曾提到巫咸，证明巫不仅婆娑降神，而且天文历法、医药、卜筮等皆出于巫。天文历法自今天看来，纯粹是科学，而在古代并不是这样，里边实夹杂着浓厚的宗教迷信因素。春秋时天文学家禆灶、梓慎都擅长占卜；司马迁为汉太史，是著名的史学家，曾参加制定太初历，仍自谓："文史星历，近乎卜祝之间"，就是证明。

从殷虚卜辞可以看到，殷代历法是一种阴阳历：有闰月，闰月最初置于年终，称十三月，后来改置年中，一年只有正月至十二月。月有大小，大月三十日，小月二十九日，一年之中大小月相错，有频大月的。

关于天文，已有日食、月食的记录。纪日用干支相配的方法，从甲子至癸亥，凡六十天一周，在殷虚甲骨文字中曾发现刻写完整的干支表。

三、医药

殷代医药的详细情况已不可考。但殷虚卜辞里记载着许多疾病名称，武丁有"若药不瞑眩，厥疾不瘳"[①]之语，证明殷代的确已有医药。但殷虚卜辞只见祷神，未见医治和用药。古医书《素问・移精变气论》说："古之治病，惟其移精变气，可祝由而已。"可信巫实源出于"祝由"，就是治病不用医药，专靠祷告，这种治病方法显然就是使用巫术。《周礼・夏官》马医称"巫马"，应看作是医出于巫的一证。

四、哲学

马克思说："哲学最初在意识的宗教形式中形成，从而一方面它消灭宗教本身，另一方面从它的积极内容说来，它自己还只在这个理想化的、

① 详见《国语・楚语》《孟子・滕文公上》。

化为思想的宗教领域内活动。”[①]这一原理，肯定在中国也适用。要了解这个问题，应从卜筮谈起。殷人每事必卜，听命于龟甲、兽骨，这一点当然只能用宗教迷信解释。今天所能考见的卜法、卜辞里也看不到有一点哲学的影子，这确是事实。但《周礼·太卜》提到三兆之法，一曰玉兆，二曰瓦兆，三曰原兆，“其经兆之体皆百有二十，其颂皆千有二百”。它究竟是什么样子，有没有哲学因素，因为不可考，就很难说了。现在不谈卜，且把筮作为一个专题来谈谈。

筮字从竹巫。从巫，表明它起源于巫；从竹，表明它开始用竹。筮之用蓍，当同卜用龟一样，俱为后起。

《周礼·大卜》：“掌三易之法，一曰连山，二曰归藏，三曰周易。其经卦皆八，其别皆六十有四。”《周易》其书现存。《归藏》虽已亡，但《礼记·礼运》记孔丘说：“我欲观夏道，是故之杞，而不足征也，吾得《夏时》焉。我欲观殷道，是故之宋，而不足征也，吾得《坤乾》焉。《坤乾》之义，《夏时》之等，吾以是观之。”有人说《归藏》易其卦以纯坤为首。《归藏》《坤乾》其名虽异，实为一书。其说可从。《坤乾》是筮书，而可用之以观殷道，可以断言，里边定具有哲学思想。

《归藏》或《坤乾》的内容，已不可考。但从其六十四卦的排列是以纯坤为首，乾卦列在坤卦之后这一点来看，不能不说反映“殷道”的特点。《史记·梁孝王世家》褚先生补篇，有“殷道亲亲，周道尊尊”“殷道亲亲者立弟，周道尊尊者立子。……周道，太子死立嫡孙；殷道，太子死立其弟”之语，可据以解释《归藏》首坤的意义。所谓“周道尊尊”，具体说表现在王位继承制上，就是“立嫡以长不以贤，立子以贵不以长”。[②]同“殷道亲亲”对照起来看，表明这时父权已发展到占据绝对统治地位，而在商代，反映在王位继承制上，母权还有一定的残余势力。

---

① 《马克思恩格斯全集》第26卷，人民出版社1956年版第26页。

② 《公羊传》隐公元年。

五、艺术

雕塑在商代后期艺术中占有突出的地位。商代雕塑艺术的发展，实与青铜铸造业的发达有关。冶铸青铜，为雕刻提供了锐利的青铜工具；铸造铜器必先造范，有利于造型艺术的发展；做器物模型，须先雕刻，从而为雕刻艺术开辟了广阔的天地。殷代青铜冶铸业的发达推动了雕刻艺术的发展。尤其在商代后期艺术中，雕刻更具有突出的特色。其种类，有平面的浮雕和浅刻，有半立体的动物雕像，也有立体的雕像与塑像等。

浮雕或浅刻多半是器物上的花纹。最常见的纹饰有饕餮纹、夔龙纹和云雷纹三种。饕餮纹与夔龙纹祥式很多，看去庄严、神秘，给人以森严、可怖的感觉，令人望而生畏，反映了奴隶主阶级的艺术观。云雷纹线条纤细，构成细密而精美、繁缛而富丽的画面。其他如蝉纹、鸮纹、牛头纹、鹿头纹、鹿纹、蚕纹、龟鱼纹等，无不是把动物形象经过巧妙的艺术加工而独具风格。

半立体的动物雕像，多属玉、石、蚌等饰物，有鸟、鱼、蝉、鸮、兔、鹿、蛙及其他不知名的兽面等造型。其特征是：平面似浅刻，侧面似雕像，塑形虽简单，然都小巧玲珑，造型新奇，形象逼真。

商代的动物塑像，除泥（陶）塑像如牛头、鹗形等外，还发现有白石雕像，如大理石虎，大理石鹗，大理石双兽，大理石方座等，这些大的石雕，可能是建筑上作镶饰用的。此外，有些铜器，鸟、兽形尊、觥，异形卣等，都是仿效动物形象而造型。这些动物雕像或塑像，有的经过艺术的加工和改造，刻镂都很工整，塑形十分生动。

人体塑像，发现的有陶俑、抱膝石人以及铜人面具等，数量虽不多，然形象毕肖，是商代少见的写实作品。

六、音乐

殷人的乐器，有磬。磬是悬挂起来的打击乐器。武官村出土青白色大石磬，微微敲击，音韵悠扬清越，近于金属。还有埙，埙是一种小型的吹奏乐器，有石制、陶制和骨制三种。还有鼓和龢（笙之小者）。在大司空村墓葬中，发现一组铜铙，形如铃铎而无舌，是一种敲击乐器。此外在殷虚卜辞中有从丝从木的“乐”字作，可见琴瑟之类的弦乐器，当时或已存在。《吕氏春秋·古乐》说：“汤乃命伊尹作为大护，歌晨露，修九招六列。”《史记·殷本纪》记载，纣王“使师涓作新淫声，北里之舞，靡靡之乐”，说明商代在音乐方面，也有相当的成就。

总之，在商代全部思想文化里边，都渗透着宗教气氛；“殷人尊神，率民以事神，先鬼而后礼”，的确是商代思想文化的一个主要特点。

第三章　西周——中国奴隶社会的全盛时期

第一节　周的兴起

周是在以禹为代表的崇部落和以契为代表的番部落分别于我国中原和北方活动的同时，[①]在我国西部，即现今陕甘一带活动和发展的另一个古老的部落。《诗经·大雅·生民》说周的始祖弃“即有邰家室”，证明周最早的活动地区是在邰（今陕西武功县境内）。司马迁说“封弃于邰”，他把后世的分封观念应用到上古，是错误的，但确认周起源于邰，则是对的。

周的始祖弃，不仅在邰部落中是氏族组织的首领，因而同后夔、后羿、后寒一样拥有“后”的称号；而且，他还在以舜、禹为首领的华夏族部落联盟中担任了主管农业的官职。稷，就是这个官职的名称。

传说后稷知有母不知有父，这同殷商的祖先契具有同样的历史，说明这时邰的氏族组织也和契一样，还处在以女系计算亲属关系的阶段。正因为这样，所以《诗经·大雅·生民》毛传用后稷之母姜嫄来代表后稷之

① 《国语·周语》，鲧称“崇伯鲧”，《逸周书·世俘解》，禹称“崇禹”。《世本》说，“契居番”。

国，说，“邰，姜嫄之国也。”但周的祖先所实行的母系氏族制度到这时已告结束。《史记·周本纪》说：“号曰后稷，别姓姬氏。”这个“别姓姬氏”，就说明从后稷起，亲属关系已按男系计算，即周人这时已进入了父系社会。当然，这比起禹之为鲧子，其亲属关系很明显地是按男系计算，要落后了一步。

尽管夏、商、周的历史发展进程有先后，活动的地域也不相同，但是应当承认他们是有血缘关系，而不是没有血缘关系的三个不同的族。有些历史书认为“夏是中原的羌族”，“商和皋陶、益是东夷族”，“周是羌族的一支”，进而否定以夏、商、周为骨干的华夏族的存在。这显然既不符合历史实际，也与马克思主义关于原始时代部落联盟的理论相悖。

从古文献看，禹、契、弃三人生于同时，并同在以尧、舜为首领的部落联盟中担任公职。这就说明他们是有血缘关系的。“血缘亲属关系是联盟的真实基础”。[①]不能设想，没有血缘关系的氏族、部落会结合成一个部落联盟。有人说，“尧舜禹时期，存在着以黄帝族为主，以炎帝族、夷族为辅的部落大联盟”。这种说法有两个错误。一个是认为黄帝族与炎帝族同黄帝族与夷族一样，彼此都没有血缘关系。另一个是认为没有血缘关系的部落可以结成一个联盟。实际上，炎、黄二帝之有血缘关系，是有确凿证据的。《国语·晋语》说“昔少典娶于有蟜氏，生黄帝、炎帝”，就是一例，即黄帝族与炎帝族是有血缘关系的。至于夷和夏，我国古文献向来都认为是不同的族类。直到春秋时期，二者之间还存在极深的种族之见。他们之间肯定没有血缘关系。这怎么可以说黄帝族、炎帝族和夷族同在一个部落联盟之中呢？同样，夏、商、周三个族既然同在一个部落联盟之中，就应当承认它们之间有着共同的血缘关系。何况《史记·三代世表》明确地把禹、契、弃列入黄帝后裔，其细节虽不尽可信，但至少说出了夏、商、周具有共同祖先这个基本事实。正因为它们有共同祖先，是一个族，所以无论文献或是地下材料，都表明它们有着相似的文化和生活方

① 《马克思恩格斯全集》第21卷，人民出版社1956年版第109页。

式。已知道的商、周文字，基本上是一个系统，说明商、周有着共同的语言。这就使我们有更充分的理由来肯定，周同夏、商都属于同一个族，即华夏族。只是在历史的进程中，夏和商相继取得了当时已经产生并发展了的国家权力，周则长期作为臣属于夏朝和商朝政权的地方组织而存在，经历着自己发展的艰难历程。但决不能把周说成夷、狄，视为是夏和商的异族。

在周的发展道路上，后稷以后的几代是比较顺利的。那时，稷成为后稷子孙的世袭职务。但是到不窋的时候，夏朝衰落了，不重视农业，废除了稷的官职。不窋只好回到故土。他似乎遇到一些挫折。《国语·周语》说不窋“自窜于戎狄之间”。这个“戎狄之间”，大概就是指邰地而言。不过周的发展并未被打断，到了不窋孙公刘的时候，由于尽力农垦，人口日渐增多，也有了阶级的分化，而且粗具国家规模，有了“三单”军队。这时周由邰迁到了豳（今陕西旬邑西南）。公刘成为周历史上的重要人物之一。公刘之后九世，周又产生一个杰出人物公亶父。他“复修后稷、公刘之业”，受到国人拥戴。后来迫于狄人的侵逼，公亶父决然率周人“去豳，度漆、沮、踰梁山，止于岐下”。岐下，就是岐山之下（在今陕西岐山县东北）。岐山之南有周原，土地肥沃，适于发展农业。周人在这里定居，开辟田野，悉心经营。公亶父并“营筑城郭室屋”，“作五官有司”，国势日趋强盛，对当时的中国产生了很大的影响，《史记》说“及他旁国”“亦多归之“。周已真正跨入了文明时代。周为国号，即从这时开始。《诗经·鲁颂·閟宫》说：“后稷之孙，实为大王，居岐之阳，实始翦商。”这当然不是说公亶父时已萌灭商的念头，而是说周灭商的整个事业基础是在这时奠定的。前人对此纷纷致辩，甚属无谓（详见崔述《丰镐考信录》）。

由于公亶父的功绩，周人尊之为大王。公亶父传少子季历，是为公季（后来周人追号王季）。公季时周进入一个新的发展时期，即向外扩张的时期。当时主要是对戎狄用兵。据《竹书纪年》记载，周“伐西落鬼戎，俘二十翟王”，“伐余无之戎，克之”，“伐翳徒之戎，捷其三大夫”，都是胜利的。但也有一次失利，即“伐燕京之戎，周师大败”。周的扩张虽然付出了一定代价，但周毕竟显示了它蓬勃崛起的气势。正如《诗经·大雅·皇矣》所说，“维此王季……受禄无丧，奄有四方”，周已成了商王朝境内的一个危险的潜在对抗力量。

周在夏朝和商朝政权下逐步兴起，到周文王时（约当公元前十一世纪）达到顶峰。周文王是公季之子，名昌。《尚书·无逸》说：“文王受命惟中身，厥享国五十年。”《吕氏春秋·制乐》说：“凡文王立国五十一年而终。”总之，文王治理周的国家，大约有五十年的时间，这使他能够从容地、持续不断地推进周的事业。

所谓“文王立国五十一年”，包括两个阶段。一、未称王阶段；二、称王阶段。《论语·泰伯》说文王“三分天下有其二，以服事殷”，《左传》襄公四年说“文王帅殷之叛国以事纣”，当是指称王以前的事情。《诗经·大雅·文王有声》说“文王受命，有此武功，既伐于崇，作邑于丰”，当是称王后的事情。《尚书·无逸》的“文王受命惟中身”，“中身”一语，正好说明了文王受命称王在文王立国的五十一年之中。前人坚执“三分天下有其二，以服事殷”一语以否定文王有“受命称王”之事，是不对的。《尚书·康诰》说：“惟乃丕显考文王，克明德慎罚，……用肇造我区夏，越我一二邦，以脩我西土。惟是怙冒闻于上帝，帝休，天乃大命文王”。《公羊传》隐公元年释“春王正月”说：“王者孰谓？谓文王也。”文公九年说：“继文王之体，守文王之法度。”这些史料都可以证明周的开国之君是文王。《泰誓序》说：“惟十有一年，武王伐殷。”说者认为这十有一年是从文王受命之年算起，是有道理的。

《尚书大传》说：“文王受命……七年而崩。”证明文王称王前实已立国四十四年。四十多年的经营，成就是不可低估的。不仅在国力上同文王之前相比，有了前所未有的增强，而且在同商政权的关系上，也酝酿着根本的转变。正是在这四十多年中，文王使周人树立了明确的灭殷目标。

而文王受命称王，实际上是周在政治上宣布独立，脱离殷朝中央政权。这就使周由商的臣属而终于变为公开与殷纣相对抗的势力。自此，周鉴于自己力量的壮大和殷商政治的腐败，已完全抛掉了“以服事殷”的假面具。周的历史发展到了一个转折点。

第二节　周人是怎样夺取政权的

一、文王准备灭商

周人推翻殷朝统治，夺取全国政权的实际准备工作，是在周文王称王后的七年中，也就是在他生前的最后七年中完成的。《尚书大传》说：“文王受命一年断虞、芮之讼，二年伐于，三年伐密须，四年伐畎戎，五年伐耆，六年伐崇，七年而崩。”①“断虞、芮之讼”是周在外交上和政治上对殷取得优势的一个重要标志。虞（今山西平陆北）、芮（今陕西潼关西北）都是殷的属国。两国相邻，发生了领土争端。有了争端，本应找他们的共主殷给解决。可是据《诗经·大雅·緜》“虞、芮质厥成，文王蹶厥生”句下毛传说，二国之君因慕周文王的威名，不朝殷，却“相与朝周”，求周文王审断。而且据毛传说，二国君入周境之后，所见所闻，很受感动。他们看到周国“耕者让畔，行者让路”，“男女异路，斑白不提挈”，“士让为大夫，大夫让为卿”的景象，内心感到羞愧，回国后自动地将所争地作了闲田处理。毛传对周国景况的描述未免过于理想化，它绝

① “二年伐于”，从《史记·周本纪》应为“二年伐犬戎”。伐于应在“伐耆”之后，“伐崇”之前。

不会如此恬静美好，但在殷的这两个小小属国的心目中，周是可以信赖的，比他们的共主殷要好得多，他们在事实上承认它，拥戴它，却一定是事实。

对于有些小国，周文王则采取武力解决的办法，一个一个地加以扫荡。首先是伐犬戎，伐密须。当时周在岐下，犬戎在它的北方，密须（今甘肃灵台西南）在它的西方。文王用武力征服了这两个小国，解除了后顾之忧，他可以放心地向东方前进了。

接着是伐耆伐于。耆亦作黎（今山西长治西南），于亦作邗（今河南沁阳西北），都在周的东方，距殷较近。伐耆伐于，实际上是开始了对殷的正面进攻，构成了对殷都朝歌的直接威胁。无怪乎当耆和于被周灭掉时，殷统治者大为惊慌，祖伊在向纣王报告这个消息时竟然失声惊呼：“天既讫我殷命！”[①]（“上天已结束我们殷朝的命运啦！”）

耆和于毕竟还是地处殷王畿的郊野之外的小小属国，而到伐崇，则等于把战争推进到殷的心腹地带了。崇，旧说由于把“既伐于崇，作邑于丰”[②]看作一件事，而认为在今陕西户县。其实，“伐崇”和“邑丰”，事虽相因，却非一事，崇与丰亦非一地。近人张荫麟《中国史纲·上古篇》认为崇在今河南嵩县附近，比较可信。这个崇，就是崇伯鲧的崇。《国语·周语》说：“夏之兴也，融降于崇山。”崇山即嵩山，是鲧所在部落的地望，故鲧为崇伯。作为国名来说，殷之崇当即夏之崇。这个崇国肯定在嵩山附近。崇是殷属下的一个大国，是周人向殷进攻的最后一个也是最大一个障碍。《诗经·大雅·皇矣》说：“崇墉言言”“崇墉仡仡”，足见崇的防御设施庞大而坚固。崇侯虎也是殷人中头脑比较清醒的人物。他早已看出了周人的企图，曾在殷纣面前谮西伯说：“西伯积善累德，诸侯皆向之，将不利于帝。”[③]因此周文王伐崇打的是一场硬仗，

① 《尚书·西伯戡黎》。

② 《诗经·大雅·文王有声》。

③ 《史记·周本纪》。

“军三旬而不降”[①]，费时最长。但崇终于被周击灭。

周文在相继灭黎，灭邗，灭崇，完成了对殷都朝歌的包围之后，把国都由岐迁至丰（今陕西户县东北），为灭殷做好了最后一项准备工作。但就在这时，文王去世。周文王由于他的卓越业绩，在周的历史上具有特殊的、崇高的地位。他不仅使周具备了灭殷的力量，也为后来武王伐纣时长驱直入扫除了障碍。

二、武王伐纣灭商

面临周人强大攻势的严重威胁，不但纣王的臣下普遍感到了覆灭的危险，一再向纣王惊呼，纣王自己也没有睡大觉，也采取了应急的措施。《左传》昭公四年说：“商纣为黎之蒐，东夷叛之。”很显然这是纣为了对付周对黎的攻势而采取的军事部署。由于“东夷叛之”，纣便毅然对东夷进行讨伐，并也取得了成功。《左传》昭公十一年说：“纣克东夷而陨其身。”其实，从战略上看，纣在宿敌面前，尽力巩固后方，并不是没有道理的。纣的覆灭不在于克东夷，而有其更深刻的原因。他刑罚酷虐，政治腐败，人民不堪忍受，纷纷起来斗争。而纣对这一点似乎没有充分估计。《尚书·西伯戡黎》说：“今我民罔弗欲丧”。《微子》说：“小民方兴，相为敌雠”。在这种众叛亲离的局面下，殷纣王当然无力同新兴的周人相周旋了。

周武王继位时，伐纣的条件已经成熟，周人灭殷的大业进入了最后实现的阶段。但是武王仍然小心谨慎，惨淡经营。《史记》说后来牧野大战时纣王“发兵七十万人”，[②]《诗经》说当时“殷商之旅，其会如林”。[③]说“七十万”，说“如林”，肯定有所夸大，不过，也说明战前两国兵力相差悬殊，殷众周寡。武王对此并未掉以轻心，他争取与国，联合反殷力

① 《左传》僖公十九年。

② 《史记·周本纪》。

③ 《大雅·大明》。

量，取得了极大的成功。即位两年，他“东观兵至于盟津”，“诸侯不期而会盟津者八百”[①]（盟津在今河南孟县西南）。所谓观兵，其实是一次军事大演习、大检阅，也是一次外交盟会。武王赢得如此众多的盟军，说明周在政治上、军事上都取得了对殷的优势。人心向周，殷纣陷于孤立。于是，周武王进军伐纣，进行灭殷的决战。

周武王大军向朝歌进军，据《荀子·儒效》说，是在“兵忌”日出发，行军时又迎太岁星，在汜水遇到洪水泛滥，到怀城遇到城坏，到共头山遇到山崩，都是不吉利的事。但周公说：“刳比干而囚箕子，飞廉、恶来知政，夫又恶有不可焉！”他们充满着革命的朝气，抱着必胜的信心，连鬼神也不相信，“朝食于戚，暮宿于百泉，旦压于牧之野”，长驱直入，一往无前。

到牧野，周武王首先向全军发表誓词（即《尚书·牧誓》），略谓：

古人有言曰：牝鸡无晨。牝鸡之晨，惟家之索。今商王受，惟妇言是用；昏弃厥肆祀，弗答；昏弃厥遗王父母弟，不迪。乃惟四方之多罪逋逃，是崇是长，是信是使，是以为大夫卿士，俾暴虐于百姓，以奸宄于商邑。今予发，惟恭行天之罚。

今日之事，不愆于六步、七步，乃止，齐焉。夫子勖哉！不愆于四伐、五伐、六伐、七伐，乃止，齐焉。勖哉夫子！尚桓桓，如虎如貔，如熊如罴，于商郊。

弗迓克奔，以役西土。勖哉夫子！尔所弗勖，其于尔躬有戮。

周武王的战前讲话，对于周军早已高涨的士气起了“引爆”的作用。它使战士更加了解殷纣的罪恶，更加懂得了这次远征作战的目的，掌握了作战的方法（人自为战改为编队作战）和纪律，而使他们同仇敌忾，勇敢地投入战斗。

战斗的场面是壮观的。广阔的牧野战场上，到处是周的明亮辉煌的战

---

① 《史记·周本纪》。

车，犹如《诗经·大明》所说，“牧野洋洋，檀车煌煌”。决战一开始，“武王使师尚父与百夫致师”，即让吕尚率勇士前去挑战，一方面观察敌阵虚实，另一方面也是打击敌人威风。接着，便“以大卒驰帝纣师”，“戎车三百辆，虎贲三千人”，如疾风暴雨般向纣军勇猛冲击。“纣卒易乡”而大溃。绝望的殷纣王逃回王宫，登鹿台自焚。新兴的周人及其盟军赢得了战争的胜利，殷朝宣告灭亡，周人终于夺取了全国政权。

1976年陕西临潼出土了西周青铜器利簋，该器铭文记载了武王伐纣的史实。据铭文了解，簋是武王灭商后第七天赏赐给右史利的。关于利簋全部铭文，各家的解释不尽一致。但是，对“珷征商，隹（唯）甲兇（子）朝，……飒（夙）又（有）商”等重要字句的理解，则是没有疑义的。就是：珷，是周武王。甲子朝，即甲子日天刚亮的时候。夙有商，是说一个早上就灭了商。可见，《尚书·牧誓》关于牧野之战的记载，基本上是符合实际的。

三、周政权的建立

殷亡周兴，社会性质并没有改变。周依然是奴隶主阶级专政的政权。像这样朝代更迭，在历史上，除个别的情况外，一般地是具有新陈代谢作用，促进历史发展的。殷朝立国六百年，走完了它发生、发展、衰老、灭亡的过程，于是新兴的周王朝取而代之，又按照历史的辩证法走它发生、发展、衰老、灭亡的过程，但这已不是旧过程的重复。《左传》昭公四年说：“纣作淫虐，文王惠和，殷是以陨，周是以兴。”周朝的建立，是以比较进步的新王朝代替已经腐朽的旧王朝，这是历史的进步。马克思主义认为，社会变化的根本原因是社会内部矛盾的发展，即生产力和生产关系的矛盾、阶级之间的矛盾、新旧之间的矛盾的发展。把这些矛盾发展的过程同王朝更迭看作一回事，固然是错误的，反之，把二者看作绝无关系，也不能说是正确的。武王伐纣的胜利和周朝的建立，并没有改变原有的奴隶制度，但它多少解决了当时中国社会的某些矛盾，顺应了历史发展的客观要求。毛泽东同志称武王领导的这场战争为“人民解放战争”是有道理的。

周人夺取政权的斗争，还应包括周武王进入朝歌后随即在政治上实行的一系列重要措施。这首先是举行了即位仪式，宣告政权更替，周家从此为天下共主。这种仪式，在心理上的作用是极为重要的。

接着，在被占领的殷畿内建立新的政权，这是当时最关重要的一项任务。周人的办法是把原来的殷畿内地划分为三个区域。在北的叫做邶，亦作鄁、北。在东的叫做东，亦作鄘、庸。在西的叫做殷，亦称卫。在这三个区域中进行了分封和治理。

关于邶、鄘二地所在，旧说多误。王国维《观堂集林·北伯鼎跋》认为“邶即燕，鄘即鲁”，其说至确，可以信据。

鲁地，从《诗经·鲁颂·閟宫》有“乃命鲁公，俾侯于东”，《逸周书·作雒》“建管叔于东”的记载来看，可以称东。从《汉书·地理志》说“周既灭殷，分其畿内为三国，《诗》《邶》《鄘》《卫》是。邶，以封纣子武庚，鄘，管叔尹之，卫，蔡叔尹之”，知鲁又可称鄘。《左传》定公四年说：“因商奄之民。”《墨子·耕柱》说：“古者，周公旦非关（管）叔，辞三公，东处于商盖。”《韩非子·说林上》说：“周公旦已胜殷，将攻商盖。”则鲁又可称商奄、商盖（古奄、盖音同。《史记·吴太伯世家》：“公子盖余”。《左传》昭公二十三年作“掩余”，是其证）。

燕可称北，则由《左传》昭公九年说“及武王克商，蒲姑、商奄，吾东土也；肃慎、燕亳，吾北土也”得到证明。同时对鲁地称东，也可以在此得到一个佐证。

殷、卫一地，证据很多。《逸周书·作雒》：“建蔡叔、霍叔于殷”。《汉书·地理志》：“卫，蔡叔尹之。”《左传》定公四年记封康叔说：“命以《康诰》而封于殷虚。”等等，都说得很明白。

实际上，北、东，都是以方位得名。北，谓在殷之北；东，谓在殷之东。《帝王世纪》说："自殷都以东为卫，殷都以西为鄘"，它指西为东，指东为西，断不可从。

应该指出，历史上的康叔封卫，伯禽封鲁，召公奭之子封燕，并不在此时，而是平殷叛以后的事。《诗经·鲁颂·閟宫》明白说："王曰叔父，建尔元子，俾侯于鲁。"《左传》定公四年也明白说："因商奄之民，命以伯禽，而封于少皞之虚。"足以证明不是武王所封。故《史记·周本纪》说：武王"封弟周公旦于曲阜曰鲁，封召公奭于燕"，是未加深考，不可从。

周武王当时，是以邶封纣子武庚，使奉守先祀，不绝殷后。又使管叔鲜治鄘，蔡叔度治殷。管叔、蔡叔、霍叔三人还同时为武庚傅相，号称三监。显然这是一种权宜的但也是急需的办法。《尚书·大诰》中周人自称为"小邦周"，而在《召诰》中则称殷为"大邦殷"，可见周的胜利是小国对于大国的胜利，这固然已经不易，而以小国统治大国，就更加不易。紧接着军事上的胜利之后，武王用封纣子武庚的办法迅速地在殷畿内地建立政权，这并非出于仁慈，实在是因为要在当时就对殷余民实行全面的直接统治，是周人的力量所办不到的。这正是武王的明智之处。

释放囚犯，振济贫民，是使周朝政权迅速为人民所接受的又一重要措施。《史记·周本纪》说："命召公释箕子之囚，命毕公释百姓之囚，表商容之闾，命南宫括散鹿台之财，发钜桥之粟，以振贫弱萌隶。"按"百姓"指国人，即自由民，"萌隶"指野人，即奴隶。这时我们看到周武王灭殷，在当时中国确乎呈现出某种解放的景象。

周武王还论功行赏，以便调整统治集团内部的关系，以适应建立政权的新形势的需要。《尚书》有《分器》篇，《书序》说："武王既胜殷，邦（封）诸侯，班宗彝，作《分器》。"所记载的就是这件事。可惜《分器》已亡，武王论功行赏的细节——封了哪些诸侯，分给什么彝器，就不得而知了。但推想大概应与《左传》定公四年所记封鲁、封卫、封唐（晋）的内容相仿。《史记·周本纪》说："封弟叔鲜于管，弟叔度于蔡”，是有可能的。因为管、蔡原为殷有，属于周人的征服地区。但《逸周书》《汉书》都说“建”“尹”而不说“封”，故不可肯定。其余说法则更是不尽可信。最明显的是康叔、伯禽、召公奭之子的被封，肯定是在“黜殷”之后，不应记在这里。

周朝政权的建立，周武王有直接的功绩，而他确也表现出不凡的军事和政治才能。这就使他继文王之后，成为在周的历史上占有特殊地位的人物。

第三节　周人是怎样巩固政权的

灭殷后两年，周武王死。他死之后，如何巩固已经取得的政权，是摆在周人面前的一个大问题。武王传子诵，是为成王。成王年幼，内有管、蔡，怀抱野心；外有武庚、徐、奄，不忘复辟，形势十分严重。在这个关键时刻，肩负起巩固政权的大任，起了决定性作用的，则是武王的母弟周公旦。

《荀子·儒效》说：“武王崩，成王幼，周公屏成王而及武王，以属天下，恶天下之倍周也。履天下之籍，听天下之断”。这就是说，在成王年幼的一个时期内，周公旦是把成王放在一边而直接继承武王权力，即天子之位、行天子之事的。这同伊尹之于商的处身行事，非常相似。对于伊尹，后来有“太甲潜出桐杀伊尹”的谬说；而对周公旦，在当时就有管叔及其群弟散布的“公将不利于孺子”的流言。伊尹、周公二人都表现出不畏人言的英雄气概。他们的作为，使殷、周政权巩固下来，为长达几百年的统治大业奠定了坚实基础。他们不愧是我国历史上杰出的政治家。

周公旦的事迹《尚书大传》有记载说："周公摄政：一年救乱，二年克殷，三年践奄，四年建侯卫，五年营成周。六年制礼作乐，七年致政成王。"这种说法基本上是可信的。

一、救乱、克殷、践奄

武王死后，对周朝政权的最大威胁，是来自企图复辟的殷余民和附合他们的内部分裂势力，以及东方的一些异族。这些势力果然很快就酿成一次大叛乱。《左传》定公四年记录了这次叛乱，说："管、蔡启商，惎间王室。"周公旦对这次叛乱给以坚决而有力的镇压。所谓"救乱""克殷""践奄"就是周公平叛的三个阶段。

1. 救乱

救乱就是诛管、蔡。《史记·鲁周公世家》说："周公恐天下闻武王崩而叛。周公乃践阼，代成王摄行政当国。"周公"践阼"，也就是即天子之位，这一点对于自以为具有武王次弟的身份，应当继承王位的管叔来说，显然是一个不小的刺激。《尚书·金縢》说："管叔及其群弟乃流言于国曰：公将不利于孺子。"管叔为此言，怀有"践阼"的野心，昭然若揭。因此，管、蔡二人，管叔是首恶。他们附殷叛国之后，如《尚书·金縢》所说的："周公居东二年，则罪人斯得。"即在周公东征的打击下，他们遭到可耻的失败。《左传》定公四年记载了管、蔡的下场："王于是乎杀管叔而蔡蔡叔。"管叔被杀，蔡叔被放。管叔首恶，处罚最重，结局最惨。《尚书·金縢》还说："于后，公乃为诗以贻王，名之曰《鸱鸮》。"《诗经·豳风·鸱鸮》序说："《鸱鸮》，周公救乱也。"可见管叔被杀，蔡叔被放，在周人看来是罪有应得。

2. 克殷

在周初按武王的权宜之计安置下来的殷余民，与周有亡国之仇，很自然地成为叛乱的中坚。《尚书大传》说："奄君蒲姑谓禄父（武庚）曰：'武王既死矣，今王尚幼矣，周公见疑矣，此百世之时也，请举事。'"

周初政治上的某些困难，给各式各样的复辟势力提供了可乘之机。他们果然利用这个机会，联合起来，发动一次叛乱。这次叛乱名为殷乱，根据《逸周书·作雒解》的记载，实际上包括“三叔及殷、东、徐、奄及熊盈”在内，亦即除周的根据地和附属国而外的整个东方。这是一次规模很大的叛乱，它对于刚刚建立起来的周政权的政治力量和统治者的决心，是一个严峻的考验。对于这次叛乱，有些诸侯开始时不以为然，认为不过是王室内部的小事，不愿意参加平叛的战争。周公为了团结内部，统一思想，发了一个重要文告。这文告就是后来收在《尚书》中的《大诰》篇。《大诰》中说的“多邦”“友邦君”，所指的就是站在周室一边的众诸侯。周公告诫他们说：“若考作室，既厎法，厥子乃弗肯堂，矧肯构？厥父菑，厥子乃弗肯播，矧肯穫？”“天惟丧殷，若穑夫，予曷敢不终朕亩。”周公的坚强决心和中肯的利害分析，使众诸侯认识到平叛是巩固周政权所必需，愿意为东征出力。于是，平叛大军终于组织起来，周公亲自帅师东征。东征的结果，“殷大震溃，降辟三叔（管叔、蔡叔、霍叔），王子禄父北奔，管叔经而卒。乃囚蔡叔于郭凌。”[①]“周公旦承成王命，伐诛武庚，杀管叔而放蔡叔。”[②]殷乱至此宣告平定。周初在重重困难的情况下，能够胜利地平息一次大乱，既表明周公作为一个政治家，具有卓越的才干和魄力，也表明周政权具有在政治上保持稳定的力量。可见，取得并巩固一个政权，光有军事上的胜利远远不够，还必须有能力保持政治上的稳定。

3．践奄

践，郑玄说：“读如翦。翦，灭也。”所以，践奄实际上就是讨平奄地。这显然是因为奄参与了殷乱。《尚书大传》记此事说：“周公以成王之命杀禄父，遂践奄。践之云者，谓杀其身，执其家，潴其宫。”可见，践奄是在克殷后紧接着进行的。

---

① 《逸周书·作雒解》。

② 《史记·管蔡世家》。

按《韩非子·说林上》说：“周公旦已胜殷，将攻商盖。辛公甲曰：‘大难攻，小易服。不如服众小以劫大。’乃攻九夷，而商盖服矣。”也就是说践奄之初，直接打击的是东部的一些异族。这同《逸周书·作雒解》的说法是一致的。《作雒》说：“凡所征熊盈族十有七国，俘维九邑。”“熊盈族”应该就是《韩非子》所说的“九夷”。由于附奄叛乱的异族被一一击败，奄只得投降。《孟子·滕文公下》说：“周公……伐奄三年讨其君。”这个“三年”实际是指《诗经·豳风·东山》序所说的：“周公东征三年。”也就是说，周公率领的旨在巩固新生的周朝政权的东征，经过救乱、克殷、践奄这三个阶段，历时三年，最后取得完全胜利。

二、建侯卫

东征的胜利，使周人在更大的地域内以更巩固的方式建立政权，不仅成为必要，也具备了可能。周公旦在这方面适时而成功地采取了措施，那就是“建侯卫”。其内容主要是封宋、封卫、封鲁、封齐、封燕。

封宋事见《史记·宋微子世家》。原文说：“周公既承成王命，诛武庚，杀管叔，放蔡叔，乃命微子开（启）代殷后，奉其先祀，作《微子之命》以申之，国于宋。”微子启之所以被封，固然是因为他没有参加叛乱，而在周公来说，显然是出于安抚殷余民的政治需要。这种安抚前朝臣民的政策，是中国古代社会特点之一。宋都商邱（今河南商丘市），是商人的老根据地，自契孙相土即迁此。故宋国的国土是割取了殷商畿内地的一部分。

封卫事见《史记·康叔世家》。原文说：“周公旦以成王命兴师伐殷，杀武庚禄父、管叔，放蔡叔。以武庚殷余民封康叔（武王弟）为卫君，居河淇间故商墟。”《左传》定公四年和《尚书·康诰》序亦有详细记载。据《左传》定公四年说，封康叔的殷余民有“殷民七族”，即陶氏、施氏、繁氏、锜氏、樊氏、饥氏、终葵氏。这同武王时相比有两点值得注意：一是把姬周王族封在殷地，使周朝中央与地方政权的关系有了新的布局；二是把殷余民分割在各个封国治理，这无疑是吸取了武庚率殷余民叛乱的教训。

封鲁事，《左传》定公四年记载甚详。鲁也分有“殷民六族”，即条氏、徐氏、肖氏、索氏、长勺氏、尾勺氏。此外还有“商奄之民”，其意义与封卫当相同。鲁分予周公子伯禽，显然因为周公对周朝建立的特殊功勋。鲁都曲阜为商奄故地。奄也是殷商故都之一。故鲁国的国土也是割取殷畿内地的一部分。

封燕，封齐，《史记》以为是武王时的事。其实不然。燕即郾，封燕只能在诛武庚之后。封于燕的是召公奭之子。至于齐，《左传》昭公二十年记晏子对景公说：“昔爽鸠氏始居此地。季萴因之，有逢伯陵因之，蒲姑氏因之，而后大公因之。”就是说太公望居齐在蒲姑氏后。既然蒲姑氏曾与武庚联合叛周，则太公封齐怎么能在武王时？《汉书·地理志》根据《左传》纠正了《史记》的错误，说：“少昊之兴，有爽鸠氏，虞夏时有季萴，汤时有逢公柏陵，殷末有薄姑氏（古时薄、蒲音同），至周成王时，薄姑与四国共作乱，成王灭之，以封师尚父。”这就很清楚地说明，封齐是在诛武庚后，周公“建侯卫”里边自然包括封齐。

“建侯卫”从根本上解决了武王以来的殷人复辟的问题，是东征在政治上的总结。同时，周公也吸取了管、蔡叛乱的教训，在建侯卫时，把最可靠的和最有力量的亲属分封到最要害的地区，并使他们同中央政权有较密切的关系。太公之为太师，周公之为太傅，召公之为太保，显然是保证齐、鲁、燕忠于周王室的一个因素。这就使周朝政权终于摆脱《诗经·豳风·鸱鸮》中所描写的那种“予室翘翘，风雨所漂摇”的困境，而开始巩固下来。周朝中央政权对全国的有效统治，正是由这时起开始得以顺利地实现的。

三、营成周

还在周武王时，营成周的设想就已经形成。《左传》桓公二年说：

“武王克商，迁九鼎于雒邑（即成周）。”其意图很明显是以洛邑为周之新都。《逸周书·度邑》有一段文字，被司马迁采入《史记·周本纪》，更明确地提到武王出于巩固政权的考虑，与周公讨论在洛邑建都的问题，甚至于睡不着觉。周由老根据地岐下而经文王迁丰（今陕西户县东）、武王迁镐（今陕西长安西南），步步东移，在当时显然是为了夺取政权的需要。而在夺取政权之后，又进一步计划迁都洛邑，无疑是为了便于对新拥有的东部广大地区实行有效的统治。由于客观条件的限制，周武王这个宿愿，至周公东征以后始得以实现。周公营成周的经过，可从《尚书》中的《召诰》《洛诰》和《多士》三篇窥见大概。《左传》昭公三十二年说：“昔成王合诸侯，城成周以为东都，崇文德焉。”指的就是这件事情。洛邑称为成周即由这时开始。

在这里有两点值得特别注意。

一是合诸侯。《尚书》说：“惟三月哉生魄，周公初基，作新大邑于东国洛，四方民大和会。侯、甸、男邦、采、卫，百工播民和见士于周。”[①]这是合诸侯营成周的明证。周公利用营成周的机会合诸侯，目的在于检验一下新政权的政令能否在诸侯当中贯彻。《尚书大传》说，周公将作礼乐，三年未能作成，于是“营洛以观天下之心”，而“四方诸侯率其群党各攻位于其庭”，因此“周公曰：‘示之以力役且犹至，况导之以礼乐乎？’然后敢作礼乐。”这段话是否真的出于周公之口，我们可以不去管它，但说周公经过合诸侯、营成周，看出周天子与诸侯之间的统属关系的牢固程度已大大超过了夏、商二代，则是有道理的。正如王国维所说，这时的天子已经不是诸侯之长，而是诸侯之君了。

二是迁殷民。周公克殷后，对于殷民的处理，一大部分殷余民分给了新建的宋，《史记·宋微子世家》说：“微子故能仁贤，乃代武庚，故殷之余民甚戴爱之”。《左传》定公四年则记载了在封鲁、封卫时，也都分给了一部分殷民。剩下的多半就是所谓“多士”了，他们在原来的殷政权

① 这条文字，今本《尚书》列入《康诰》。

下应是有深厚基础的权门、势族，这些人则被迁于成周。《尚书·多士》就是为处理这部分所谓“殷顽民”而发布的软硬兼施的移民文告。周公所实行的这种办法，后世秦始皇、汉高祖都当作成功的经验来采用。《史记·秦始皇本纪》说：“二十六年……徙天下豪富于咸阳十二万户。”这是秦始皇时的事。《高祖本纪》说：“九年……是岁徙贵族楚昭、屈、景、怀，齐田氏关中。”这是汉高祖时的事。《史记·刘敬传》记载娄敬首倡：“徙齐诸田，楚昭、屈、景，燕、赵、韩、魏后及豪杰名家居关中。无事，可以备胡；诸侯有变，亦足率以东伐，此强本弱末之术也。”这里所说的“强本弱末”，就是加强中央，削弱地方。可见，被周公迁徙到成周的殷多士，也决不是平民百姓，而是有雄厚实力和重大影响的权门、势族一类。

周公营成周为东都，但后来并未迁都成周。直至幽王时，整个西周二百五十七年，周的国都仍然是镐。不过，成周经过周公营造，已成为东方重镇，其功效是使周人对东部地区的统治有了强大的据点。到平王时正式迁都洛邑，则为东周。

关于成周地点，《汉书·地理志》于河南郡雒阳下说：“周公迁殷民，是为成周。”于河南下说：“故郏鄏地，周武王迁九鼎，周公致太平，营以为都，是为王城，平王居之。”周公营成周，实际上筑有二城，一名成周，一名王城。成周故址即今河南洛阳市白马寺东的汉代雒阳故城。王城故址在今王城公园一带。

四、制礼作乐

周公制礼没有？制礼，制的是什么礼？自来有不同意见。我的看法，周公肯定制过礼，而且这是周公为了进一步巩固周朝政权而采取的又一项重要措施。它的意义远远超出了周公自己所处的时代，是整个中国古代史上有重大影响的文化遗产。但是，如果认为周公所制的就是今天行世的《周礼》《仪礼》二书，则是不对的。

《周礼》非周公所作，已为今天的学术界所公认，无须赘述。至于《仪礼》，则如崔述所说："其文繁，其物奢"，与周公的"享多仪，仪不及物，惟曰不享，惟不役志于享"的主张相违背，也肯定不是周公所作。像《仪礼》十七篇那样周详细密的书，也不是某一个人短时间内所能作出来的。

那么，说周公制礼有什么根据呢？《左传》文公十八年中记载季文子使太史克对鲁宣公说："先君周公制周礼。"这是一个直接的证据。《国语·鲁语》说："若子季孙欲其法也，则有周公之籍矣。"[①]这里说的"籍"，也是间接指周礼而言。此外，《论语·为政》说"周因于殷礼，所损益可知也"。《论语·八佾》又说"周监于二代，郁郁乎文哉"。孔子论及周礼，每每与周公相联系。正因为这样，所以他说："甚矣，吾衰也！久矣，吾不复梦见周公。"[②]孔子所说的损益殷礼，"监于二代"的不是别人，正是周公。

至于周公制礼的时间，《尚书·洛诰》说："周公曰：'王肇称殷礼，祀于新邑，咸秩无文。'"是营成周时尚用殷礼。所以《尚书大传》说："五年营成周，六年制礼作乐"，应是当时实际的情况。

古代所谓礼，实际是一系列政治的社会的制度，而以政治的制度为主。这些制度的创立在一定意义上反映古代社会的某种成熟性。以下，从几个方面来探讨一下周公制礼的具体内容。

1．畿服

郭沫若同志有《金文所无考》[③]，指出畿服"并非地域之区划"，《尚书·禹贡》和《周礼》之《大司马》《职方氏》《大行人》诸职所述畿服之制"乃后人所伪托"，并谓《尚书》中的《康诰》《酒诰》《召诰》《君奭》诸篇所说"侯甸男邦采卫"，"均商代官制之孑遗"，"《酒

① 《左传》哀公十一年作"则周公之典在"。

② 《论语·述而》。

③ 《金文丛考》，第29页。

诰》之外服、内服即外官、内官”等等，都极为精确，不可移易。但《国语·周语》中亦有关于服制的记载。它同《尚书·康诰》等篇及《矢令彝》《大盂鼎》所述服制有很大差异。对于《国语》所述服制，应当怎么看？是看作“商代官制之孑遗”呢？还是看作“后人所伪托”呢？郭沫若同志没有说明。在这里愿意谈谈我的看法。

首先说什么叫做“服”。郑玄《周礼·夏官·职方氏》注说，“服，服事天子也”。这个解释是正确的。《论语·泰伯》说“三分天下有其二，以服事殷”，就是说周文王尽管有三分天下有其二的势力，依旧要遵照所处的服等来事殷纣。所以，服，实际上是关于地方政权与中央政权关系的一种规定。古文献中所有畿服的服，无论是“九服”还是“五服”都应作此解。

如上所述，《尚书·康诰》等篇和金文所说的“侯甸男卫”，是殷商的旧服。那么《论语·泰伯》中的“服”，无疑也是《酒诰》所说“越在外服”的“侯甸男卫”等殷商旧服。《周语》记载祭公谋父说：“夫先王之制，邦内甸服，邦外侯服，侯卫宾服，蛮夷要服，戎狄荒服”①。祭公谋父所说的服制，为什么与殷商的服制不同，最合理的解释只能是，其为周人所新制。《国语·周语》还有“昔我先王之有天下也，规方千里以为甸服”。《左传》襄公二十五年说：“且昔天子之地一圻，列国一同，自是以衰。”与祭公谋父及荀况所说的服制皆相吻合，证明这些记载都不是伪造而是可信的，因而可以肯定在殷商旧服制之后周人又有了新的改革。如果抱定刘歆改窜《左氏》内外传的成见，认为凡是宗周以后之文献，举不足信，其结果必然否定历史的发展，把商制、周制看作一样，而不承认周人在夺取政权之后，在政治、经济等很多方面，都有较大改革，这样做，恐怕离开历史真实就更远了。

祭公谋父是周穆王时人，他所说的“先王之制”的“先王”是谁呢？是昭王吗？不是，因为《史记·周本纪》说“昭王之时，王道微缺”，不

① 亦见于《荀子·正论》，惟邦作封，古邦、封通。

能有制礼的业绩。是康王吗？也不像，因为《左传》昭公二十六年说“康王息民”，似乎也没有什么改革的迹象。这样，就只有成王了。所以《周语》所述五服之制，定是周公制礼的一个重要内容。它是为了调整周朝中央和地方的关系，为了加强中央政权的统治而制定的。

2．爵、谥

《仪礼・士冠礼》说：“古者生无爵，死无谥。”《礼记・檀弓》说：“死谥，周道也”。证明爵、谥是周人的新创，原为殷商所无。

什么是爵？《周礼・大宰》郑玄注说：“爵为公侯伯子男卿大夫士也。”因此，诸侯有爵为五等，就是公、侯、伯、子、男。诸侯以下有三等，就是卿、大夫、士。所谓爵，就是统治阶级内部的等级关系在法律上的规定。郭沫若同志否认周有公、侯、伯、子、男五等爵禄，说：“五等爵禄实周末儒者讬古改制之所为”。这种说法我看未免武断。因为五等爵不仅见于《周礼》《王制》《孟子》，也见于《国语》《左传》。例如《国语・周语》记周襄王拒绝晋文公“请隧”时说：“昔我先王之有天下也，规方千里以为甸服，……其余以均分公侯伯子男。”《楚语》说：“天子之贵也，唯其以公侯为官正也，而以伯子男为师旅。”《左传》襄公十五年说：“王及公、侯、伯、子、男、甸、采、卫、大夫，各居其列”。所有这些不约而同的记载，充分证明周人确有五等爵制。孔子作《春秋》，其在政治上之所以是反动，就在于他幻想恢复西周原有的政治秩序。而这种思想实渗透在他固守旧有的爵制之中。这也说明周礼所说的爵制是信而有征的，不能一概加以否定。至于金文中所记载的复杂情况，在文献里又何尝没有？我们只应细心研究，找出其真正的原因。那种把金文作为绝对尺度，凡是不符合金文的，即断为不可信的作法，在史学研究中是有害无益的。

关于谥，王国维说过“周初诸王若文、武、成、康、昭、穆，皆号而非谥”。这种说法可能是对的。王氏所说的号、谥，其区别在于号以施之生，谥以施之死。假如我们仅从别人加给的美称这一意义来看，则号、谥实是一种东西。西周诸王，从文、武、成、康，至夷、厉、宣、幽，其中当有号，亦有谥。若是谥，则非夏、殷所有，而是周人的新创。至于死谥之法起于何时，郭沫若同志坚执“谥法之兴当在战国时代”，而指《左传》襄公十三年“楚子疾”一段文字为伪讬，是不足为训的。若襄公十三年那段文字为伪讬，那么《左传》文公元年说“王（楚成王）缢。谥之曰灵，不瞑。曰成，乃瞑”，又作何解释？而且这件事比襄公十三年记楚共王之死还要早六十六年。又《史记·秦始皇本纪》述始皇制说：“朕闻太古有号无谥，中古有号，死而以行为谥。”果真谥法出于战国时代，秦始皇不应不知，为什么他说“中古有号，死而以行为谥”呢？可见郭说不能成立。

爵、谥二制是何时何人所制定，依我看，不能说是别人，足能归之周公。这是他为巩固周政权而制礼的一个组成部分。当然制定与贯彻执行，不是一回事。不妨说制定者是周公，而贯彻执行的则是另一个人。

3．田制

周公对于田制的改革，在史料中是有记载的。《孟子·滕文公上》说：“夏后氏五十而贡，殷人七十而助，周人百亩而彻。”因此，周的田制确是在夏、殷之基础上又作了改革。《国语·鲁语》说：“先王制土，籍田以力，而砥其远迩；赋里以入，而量其有无，任力以夫，而议其老幼。于是乎有鳏、寡、孤、疾，有军旅之出则征之，无则已。其岁收，田一井，出稯禾、秉刍、缶米，不是过也。”这个“先王制土”的办法，应当就是“周人百亩而彻”的若干细节。下文将谈到，周的彻法是兼采贡、助而用之，也就是“监于二代”。这种改革是始于谁呢？《国语·鲁语》说：“则有周公之籍矣”。可见这田制的改革也是周公的业绩，应属于周公制礼的一部分。

4．法制

《左传》文公十八年说：“先君周公制周礼曰：‘则以观德，德以处事，事以度功，功以食民。’作誓命曰：‘毁则为贼，掩贼为藏，窃贿为盗，盗器为奸。’”这里所说的，应是周公制礼有关法制的部分。

5．嫡长子继承制

殷商君位继承多半是兄终弟及，没有实行嫡长子继承制。周之先人公亶父有子三人，不传位于太伯、仲雍，而传位于季历，证明这时周人也还未确立嫡长子继承制。周的嫡长子继承制应自成王始。《荀子·儒效》说：“周公屏成王而及武王以属天下，恶天下之离周也；成王冠成人，周公归周反籍焉。明不灭主之义也。”从这看，周的嫡长子继承制实在也是周公的创造。所说“明不灭主之义”，就是指维护嫡长子继承制的原则而言。但认真讲来，在时间上，实行嫡长子继承制并不在《尚书大传》所说制礼作乐的第六年中，而是在第七年，详见下文。

6．乐

无论就形式或实质来看，古代宫室、庙堂、音乐和舞蹈，都是礼制的重要组成部分。这种程式化了的艺术，已经完全脱离人民，成为统治阶级政治活动的音响和形象的外壳。它起源可能很早，而内容总的来说是僵化的。但殷亡周兴，从记载看，周乐的内容几乎都是新作的。保存在《诗经·周颂》里的乐词，例如著名的《大武》，完全以周人事迹为内容。它说明朝代的更替，是这种僵化音乐的一线生机。因而，在周初，周乐还是新鲜的。周乐曲调早已失传，乐词基本上保存在《诗经·周颂》里。《大武》乐是其中最有名的。关于它的作者历来有不同的说法。有的说武王作，有的说周公作。从《大武》诗词中有“成王不敢康”，“於皇武王”来看，应定为周公作。

《大武》乐，周人极为重视。拿今天的眼光看，《大武》实际上是以周武王克殷为题材的一出大型歌舞剧。王国维有《周大武乐章考》，[①] 阐述至为详确。大体上说，全剧共分六部分，每一部分各为一成。据《乐记》记载，第一成像“北出”。即周人由汜水渡河，向纣都进军，是为北出。其中有一个场面，叫做“总干而山立”。“总干”是持盾，“山立”

---

① 《观赏集林》卷二。

是像山一样巍然不动。这当是牧野誓师时部队听誓的情景。第二成像“灭商”，舞容为“发扬蹈厉”。这个“发扬蹈厉”当是奋勇杀敌的表现。第三成像“南”，即南向用兵。第四成像“南国是疆”，即对南方诸国重新划定疆界。第五成像“周公左、召公右”，即所谓“自陕而东者，周公主之；自陕而西者，召公主之”。[①]第六成像“复缀以崇天子”，即全部演员回到原来位置，向天子表示最高的礼敬（想象如后世的高呼“万岁”）。

《大武》诗词，据王国维考定，第一成用《武宿夜》（今《诗经·周颂·昊天有成命》），第二成用《武》，第三成用《酌》（亦作《勺》），第四成用《桓》，第五成用《赉》，第六成用《般》。《武》《酌》《桓》《赉》《般》都在《诗经·周颂》中。

五、致政成王

周公是武王之弟，他屏成王而及武王的做法，根据他为周王室建立嫡长子继承制的设想，只能是特殊情况下的一种变例。周公决心在他生前就结束这种局面，使国家政权走上嫡长子继承制的正轨，以垂范后昆。他确实这样做了。他摄政六年，精心治国，周朝政权巩固下来了，成王也已成人，实行嫡长子继承制的条件成熟了。于是，周公在他摄政的第七年，把天子权力正式交给王位的法定继承人武王的嫡长子成王，这就是历史上传为美谈的周公“致政成王”。这个举动不简单，它表现出周公的伟大和深谋远虑，对周朝数百年的王业无疑奠定了一块牢固的基石。

周公不是简单地把政权交给成王了事，而是从国家利益出发，对成王负责到底，把治国的经验也传给他。周公作为一个政治家，恪守的信条是：“人无于水监，当于民监”[②]。监就是鉴，也就是镜子。这两句话的意思是说，作为统治者，不要拿水做镜子去照自己的形象，而应当用被统治

① 《公羊传》隐公五年。

② 《尚书·酒诰》。

者的反应做镜子去了解自己的统治情况。周公十分重视借鉴历史的经验教训。《尚书·召诰》说："旦曰……我不可不监于有夏，亦不可不监于有殷。"《酒诰》说："今惟殷坠厥命，我其不可不大监。"周初制度无一不是周公吸取夏殷两代的经验教训的结果。周公把他这个"当于民监"的信条传给了成王。他作《无逸》，谆谆告诫成王，要知"稼穑之艰难"，不要"淫于观，于逸，于游，于田"，走殷纣覆亡的道路，提醒成王勿忘"其监于兹"。

周公对事业忠心耿耿，料事多谋而审慎，善于从前人的得失利弊中寻出自己的道路，对于有周一代，甚至整个中国社会的历史，做出了卓越的贡献。三千年前这样一个头脑清醒的政治家，我们称他是一个伟大人物，实不为过。

第四节　中国奴隶社会全盛时期的若干特点

商灭周兴，经过周初几代人的持续努力，中国奴隶制度在经济基础和上层建筑两个方面都逐渐臻于完善。如果说夏代是中国奴隶制度的发轫阶段，而商代是它的形成和发展时期的话，那么，西周便是中国奴隶制度的全盛时期。这一时期同夏、商两代相比，有许多新特点。

下面，我们从井田制、分封制、宗法制和礼四个方面谈谈这些新特点。

一、井田制

西周的井田制度同夏、商两代相比较，有其显著的不同之处。第一，西周的土地分配单位，已不是“五十亩”或“七十亩”，而是“百亩”

第二，在剥削方法上，采用“彻”法，即“贡”“助”兼用，而不是只用单一的“贡”法或“助”法。

先谈周人分配土地的单位是一百亩的问题。

周人是以百亩为单位分配土地，所以《孟子·滕文公上》说“周人百亩而彻”。不足百亩的，则以百亩的二分之一或四分之一计算。《孟子·滕文公》说的“圭田五十亩，余夫二十五亩”和《周礼·地官·遂人》说的“莱五十亩”，就是证明。多于百亩的，则也必须是百亩的倍数，如《周礼·地官·大司徒》和《遂人》所说“一易之地，家二百亩，再易之地，家三百亩”，“莱二百亩”，就是证明。耐人寻味的是，中国古代这种按一定单位分配土地的做法竟与德国的马尔克公社的情形不谋而合。恩格斯在《马尔克》一文中说：“每一社员……当初都分到了同样大的一块土地。现在，这块土地，由于分遗产、出卖种种原因，已经大小不等了，但旧有的整块土地，仍旧是一个单位，根据这个单位，才能决定这块土地的二分之一、四分之一、八分之一等等的大小。”[①]一个是中国，一个是欧洲，土地分配的办法竟能如此相似，绝非偶然。它有力地证明了所谓“豆腐干块”的井田制，同恩格斯所说的马尔克公社一样，不是出于什么人的虚构，而是古代土地公有制度的客观反映。

夏、商、周三代分配土地的单位为什么会有五十亩、七十亩、百亩的不同呢？

这个问题，顾炎武认为“特丈尺之不同，而田未尝易”。有人不同意顾说，但没有说明白不同意的道理。顾炎武的说法显然不对。试想，如果只是三代丈尺大小有变，而分地多少“未尝易”，那么古人为什么把五十亩、七十亩、百亩放到一起提？古人所以强调“周人百亩而彻”，正反映出周人分地单位同前代不同。至于为什么不同，只能从社会生产发展水平上找原因。在我国奴隶社会的初期，人们的生活不单纯依靠农业，渔猎和

① 《马克思恩格斯全集》第19卷，人民出版社1956年版第355页。

采集还占有一定的比重。这从《尚书·益稷》记禹治水时说的“暨益奏庶鲜食”和“暨稷播，奏庶鲜食、艰食”两句话中，可以窥见大概。随着生产力水平的不断提高，使扩大土地的耕种面积成为可能。在人们的生活当中，渔猎和采集的作用日益缩小，并逐步为农业所代替。这才是夏、商、周三代分配土地的单位出现五十亩、七十亩、百亩不同的根本原因。

必须指出，所谓“周人百亩而彻”，只是一般的原则，在土地的实际分配上要复杂得多。由于人口有长幼多寡的不同，土地有高下肥瘠的区别，常常把“田”和“莱”结合起来分配，而用“莱”进行调剂。这在古文献中不难找到说明。

在引用古文献以前，需要说明一个问题。这就是研究西周这段历史，怎样对待史料的问题。从真实性的角度来看，自应以传世或出土的西周青铜器铭文为第一，以见于《尚书》《诗经》的为第二；从完整地系统地记述有周一代的制度来看，则莫如《周礼》。然而《周礼》一书的真实性，向来是有不同的看法的。那么，怎么办才好呢？就实际工作来说，引用史料当然要先考虑真实性问题。研究西周历史，必须重视西周青铜器铭文和《尚书》《诗经》中的有关材料，这是没有问题的。但是涉及西周的一些典章制度问题，光靠这些材料是很不够的。以井田为例来说吧，过去胡适坚决不承认我国古代有井田制。你应用青铜器铭文和《尚书》《诗经》的记载吗？说明不了问题。你应用《周礼》《孟子》等书吗？他斥为后人所作，不足信。因此，无论如何也说服不了他，致使这一问题长期得不到解决。那么，今天怎样呢？是不是也不能解决呢？我看今天可以解决了。解决的办法不是别的，还是靠引用《周礼》《孟子》诸书。为什么前此应用《周礼》《孟子》诸书，说服不了他，而今天应用《周礼》《孟子》诸书，可以说服他呢？原因在于今天有马克思主义。马克思主义告诉我们，历史是按照客观规律向前发展的。人类社会历史上的土地制度，都要经过氏族公社、共产制家庭公社和农村公社（或称马尔克）这几个发展阶段。井田制就是农村公社在我国的具体表现形式。这一点，从马克思、恩格斯关于农村公社或马尔克的论述同中国的《周礼》《孟子》诸书所述的井田制的对照中可以看得清清楚楚。假如《周礼》《孟子》所述的井田制果如胡适所说是乌托邦，它们怎么会同马、恩所论述的相一致，怎能符合历史发展规律呢？因此我认为，说《周礼》是周公致太平之书，固非事实，指为刘歆伪作，也不是一个不抱成见的人所能首肯。近人有说《周礼》是周宣王中兴以后的人所作，我看比较接近事实。《周礼》一书很可能是西周乱亡时某氏得见大量官方档案所作，其不完整不系统处，则以自己的主观设想补苴其间。这是一部非常宝贵的古史料。读书贵在善于分析，悍然予以完全否定，是错误的。根据这个观点，我讲西周井田制，甘冒众议，引用《周礼》作为史料。

《周礼·地官·遂人》说："辨其野之土：上地、中地、下地，以颁田里。上地，夫一廛，田百亩，莱五十亩，余夫亦如之；中地，夫一廛，田百亩，莱百亩，余夫亦如之；下地，夫一廛，田百亩，莱二百亩，余夫亦如之。"上地是上等的即肥沃的土地。下地是下等的即瘠薄的土地。莱是草地。上地所分得的莱，为中地的二分之一，为下地的四分之一。这就是因土质不同而用莱作为调剂的一种办法。"夫"，表明是已经结婚的男性劳动力。妇女不分土地。妇女所应分的土地，包括在男劳动力所分得的百亩之中。《孟子·滕文公上》说："方里而井，井九百亩，其中为公田，八家皆私百亩，同养公田。"这里受田的对象不称夫而称家。又《周礼·地官·大司徒》说："凡造都鄙，制其地域而封沟之，以其室数制之。不易之地家百亩，一易之地家二百亩，再易之地家三百亩。"这里也不称夫而称家。同是讲土地分配问题，有时称夫，有时称家，说明家、夫所指实为一事。称家则包括了夫妇，举夫则夫为家的代表，两者并无矛盾。所谓不易之地，是指上等土地，年年耕种，不休耕；一易之地，是指中等土地，耕一年，休一年，休耕轮作；再易之地，是指下等土地，耕一年，休二年，以恢复地力。《大司徒》和《遂人》所讲的调剂土质肥瘠的不同方法，是由于地区不同，条件不同，习俗不同造成的。在原则一致的基础上，各地区出现因地制宜的不同情况，正是历史的真实性和复杂性的反映。恩格斯在《马尔克》一文中曾说过：“在那里，虽然不再一年分配一次，但是每隔三年、六年、九年或十二年，总要把全部开垦的土地（耕地和草地）合在一起，按照位置和土质，分成若干大块，每一大块，再划分成若干大小相等的狭长带状地块，块数多少，根据公社中有权分地者的人数而定；这些地块，采用抽签的办法，分配给有权分地的人。所以，每一社员，在每一个大块中，也就是说，在每一块位置与土质各不相同的土地上，当初都分到了同样大的一块土地。”[①]恩格斯所说的土地分配办法，与《遂人》《大司徒》所说的办法，形式虽有所不同，但实质却是完全一致的。因此，我们对《遂人》和《大司徒》的记载，不能是此非彼，或者抓住它们的矛盾方面而一概予以否定。正确的态度应当是，在马克思主义原则的指导之下，对史料加以细致的分析，既研究它的一般规律，又要研究它的特殊现象，并找出造成这些差别的历史的原因。

在土地的分配中，除有土地肥瘠差别问题外，还有各家人口多少不等的问题。据古文献记载，周人解决这个问题，采取两个办法，一个是实行余夫授田。所谓“余夫”，《汉书·食货志》说：“农民户人已受田，其家众男为余夫”。即一户人家除了一个劳动力受田百亩外，其余劳动力，则为余夫。余夫受田二十五亩。在土质差别问题上，对余夫所采取的调剂办法同正夫一样。《周礼·地官·遂人》所说的“余夫亦如之”，即指此而言。另一个是用受田质量不同的办法来使各家实际所得达到平衡。《周礼·地官·小司徒》说：“上地家七人，可任也者，家三人；中地家六人，可任也者，二家五人；下地家五人，可任也者，家二人。”即人口劳力多的受上地，次多的受中地，少的受下地。

井田的土地是实行定期重新分配的。《周礼·地官·遂人》说：“以岁时稽其人民而授之田野。”说的就是土地实行定期重新分配。这种办法又叫做“换土易居”或“爰田易居”。《周礼·地官·均人》说：“三年

---

① 《马克思恩格斯全集》第19卷，人民出版社1956年版第355页。

大比则大均。”又《公羊传》宣公十五年何休注：“司空谨别田之高下善恶，分为三品。上田一岁一垦，中田二岁一垦，下田三岁一垦。肥饶不能独乐，垅埆土不得独苦，故三年一换主易居，财均力平”。从这些记载中我们看到，在井田制度下，土地每三年就要重新分配一次。其所以要定期重新分配土地，一则因为土地的不断变化必须与人的不断变化相适应；二则为了保证“财均力平”，必须使“肥饶不能独乐，垅埆不能独苦”。

再谈周代对农业劳动者的剥削方法——“彻”法。

周代利用土地对农业劳动者的剥削是采取“彻”法。所谓彻法就是贡、助并用，在国中用贡，在野用助。《孟子·滕文公上》所说“请野九一而助，国中什一使自赋”，就是实行“彻”法的具体说明。

什么是贡？用郑玄的话来说，就是“税夫无公田”[①]；具体说，就是按照古代什一的税率，在一夫分得土地的产品当中抽取十分之一。这是实物地租的一种。

什么是助？用郑玄的话来说，就是“制公田不税夫”[②]，即《孟子·滕文公上》所说的“方里而井，井九百亩，其中为公田，八家皆私百亩，同养公田”的办法。助法实际上是劳役地租的一种。

周代所以实行彻法，贡、助并用，则是吸取夏、商二代经验的结果。《礼记·檀弓》说：“仲宪言于曾子曰：夏后氏用明器，示民无知也；殷人用祭器，示民有知也；周人兼用之，示民疑也”。《论语·八佾》记载孔子说：“周监于二代，郁郁乎文哉！”又《礼记·王制》说：“凡养老，有虞氏以燕礼，夏后氏以飨礼，殷人以食礼，周人修而兼用之。”证明不仅彻法兼用贡助，是吸取夏商两代的经验，其兼用明器、祭器，兼用燕礼、飨礼、食礼等等，也都是吸取前代的经验。孔子说“周监于二代”，正说明周人制定礼仪制度吸取前代经验是一条基本原则。

至于为什么彻法于国中用贡，于野用助，是由于国和野是两个不同的

---

① 《周礼·考工记·匠人》注。

② 《周礼·考工记·匠人》注。

地域，国人和野人具有两种不同的身份。国人称民，野人称氓，正鲜明地反映这个问题。孙诒让著《周礼正义》辨别民氓的异同，说民是土著，氓是客民。这种说法虽然还没有越出文字训诂的范围，但已接触到问题的实质。土著，表明它是以本族人民为基础而发展起来的；客民，则表明它不是本地本族人民，而是从外地或外族迁移来的。为什么从外地或外族迁移来的人不居国中而居于野呢？据我了解，当时实行井田制是一个重要原因。当时无论王畿或诸侯的封疆以内，都有国野之分。国中的土地又有郊牧或近郊远郊之分。郊牧或近郊远郊也统称为郊。近郊又称农郊。《诗经·卫风·硕人》“说于农郊”，所谓“农郊”即此。“农郊”用恩格斯的名著《马尔克》一文里的话说，就是“分配的马尔克”。《诗经·邶风·静女》说“自牧归荑”，《诗经·小雅·出车》说“我出我车，于彼牧矣”，这个牧亦即远郊，用恩格斯《马尔克》一文里的话来说，就是“公共马尔克”。正由于国中的土地不是分配的马尔克，就是公共的马尔克，没有容纳移民的地方，所以移民不能在国中而必在野中居住。

这里应当指出，所谓移民迁来应是后起之事。在初时居野的只能是战俘，而决不会是移民。《左传》宣公十二年说“其俘诸江南，以实海滨”，可以证明它是古时处理战俘的通例。正因为这样，所以国人和野人具有两种不同的政治身份。从本质上说，野人是奴隶，而国人是自由民。国中用贡，野用助，是基于两地人民的政治身份有这样的区别而采取的不同的办法。

但是由于当时是实行井田制度，国人同野人比较，只是国人享有当兵、受教育、有姓氏几种特权，此外的差别不大。由于历史不断发展，到后来，庶人一词只表明它“力于农穑”[①]，不复区别它是国人或是野人，是民或是氓。《孟子·万章下》说“在国曰市井之臣，在野曰草莽之臣，皆谓庶人”，就是证明。

---

① 《左传》襄公九年。

二、分封制

分封是周人为巩固政权而创立的一种新制度。有人说纣时有箕子、微子，是商代已有分封。即或如此，当也只限于畿内，并且为数不多，并没有像周代那样把它作为巩固政权的一种重要政治措施，在全国范围内大规模实行。周代实行分封制以后，虽然并没有从根本上改变由部落时代遗留下来的以分散和割据为特征的众国林立的局面，但却大大加强了天子对诸侯的统属关系，向着后来形成中央集权的专制国家迈进了一大步。

周初新封了多少诸侯国，原有多少诸侯国，很难找到确实数字。根据《左传》昭公二十八年说："昔武王克商，光有天下。其兄弟之国者十有五人，姬姓之国者四十人"。《荀子·儒效》说："周公……兼制天下，立七十一国，姬姓独居五十三人焉"。《吕氏春秋·观世》说："此周之所封四百余，服国八百余"。看起来，周初封国数字，以见于《吕氏春秋》的为最多，多达四百余。但与服国八百余比较，只占半数。这说明从虞、夏时代保留下来的旧国还占大多数。《左传》文公五年说："臧文仲闻六与蓼灭，曰：'皋陶、庭坚，不祀忽诸。'"成公十三年说，文公"征东之诸侯，虞、夏、商、周之胤"。又僖公二十一年说："任、宿、须句、颛臾，风姓也，实司大皞与有济之祀，以服事诸夏。"由上述这些材料足以证明，部落时代的所谓"万国"，以及后来所谓汤之时"诸侯三千"，同分封制并不是一回事。因为部落是"自然长成的结构"①，而封国则是经过人工由上而下造成的。

周初所封者，基本上都是周天子的子弟、同姓及戚属。很明显，这是旧的氏族社会的痕迹，在人们的思想和政治生活中的反映。但是周代毕竟不是氏族社会了，所以既封之后，就强调血缘关系服从政治关系，政治关系第一，血缘关系第二。古书上所说的"门内之治恩揜义，门外之治义断

① 《马克思恩格斯全集》第21卷，人民出版社1956年版第179页。

恩”[①]，“公子不得祢先君”，“公孙不得祖诸侯”[②]，“大义灭亲”[③]，以及《丧服》诸侯为天子斩衰三年等等，就说明这个问题。同时也说明了周人虽重视血缘关系，但同氏族社会的重视血缘关系，是有着本质区别的。

分封制的具体内容，用《左传》桓公二年的话来说是“天子建国，诸侯立家”，用《礼记·礼运》的话来说是“天子有田以处其子孙，诸侯有国以处其子孙，大夫有采以处其子孙”。

诸侯受封，要举行一定的仪式，由司空授土，司徒授民。《左传》定公四年记周初封康叔时说：“聃季授土，陶叔授民”；《大盂鼎》铭文也有“受民、受疆土”之事，均即其证。诸侯受封后即成为相对独立的诸侯国的国君。诸侯国除按照规定向天子纳贡、朝觐、出兵助征伐外，一切内政都由诸侯自理。诸侯依照天子，“有国以处其子孙”，大夫依照诸侯，“有采以处其子孙”，次第分封的结果，造成了由天子、诸侯、卿和大夫所组成的各级的所谓“君”[④]。这些大小封君有着严格的尊卑等级。下级封君一方面有相对的独立性，另一方面又臣属于上级封君。最后总统于天子。王国维在《殷周制度论》一文中说，周代天子之于诸侯，已不是“诸侯之长”，而是“诸侯之君”了。这一看法，无疑是正确的。《诗经·小雅·北山》说：“溥天之下，莫非王土；率土之滨，莫非王臣。”正是从这个意义上说的。尽管实际上周天子所直接控制的土地，不过“邦畿千里”[⑤]，但是，周代的这种由上而下的分封制，还是造成了比夏、商二代更为统一的国家，更为集中的王权。所以，说分封制是商、周间政治上发生的一大变革是不过分的。周代这种由分封制造成的天子、诸侯、卿和大夫的严格臣属关系，在以等级制为内容的其他种种规定上，也可以看得出

① 《礼记·丧服四制》。

② 《仪礼·丧服传》。

③ 《左传》隐公四年。

④ 《仪礼·丧服》郑玄注。

⑤ 《诗经·商颂·玄鸟》。

来。

周初，包括周公制礼在内，都作了哪些规定呢？在古文献中，尤其是在《周礼》中有很多记载。当然，《周礼》不是周公致太平之书。但是，如果认为《周礼》所记大部分是姬周旧制，似乎问题不大。我们把散见于《左传》《国语》中春秋时士大夫口中所讲出来的“先王之制”“周之制”作为基础，再用《周礼》作参考，有些问题是能够说明的。

首先，谈畿服。据《国语·周语上》记载，祭公谋父讲述畿服之制是在周穆王时，其目的决不是想作伪骗人，而是利用这个大帽子来压穆王。因此，他所讲的，是可以信据的。那么，在穆王时说的“先王之制”，无疑是指周公、成王时所定的制度而言。

祭公谋父所说的畿服，是“邦内甸服，邦外侯服，侯卫宾服，蛮夷要服，戎狄荒服”。甸服为畿内，侯服、宾服为诸夏，要服、荒服为夷狄。其意义与《春秋》的“内其国而外诸夏、内诸夏而外夷狄”的原则基本一致。不难看出，这是以尊卑、亲疏、内外、远近为标准的等级制度在政治地理区域方面的反映。其中贯穿着周代一贯奉行的强本弱末的统治政策。假如没有分封制，这种规定是不可设想的。

可能有人会怀疑，蛮夷戎狄古称“四夷”，不应更有要服、荒服的区别。其实，这是不了解当时的形势。因为“四夷”情况复杂，在与周的地理、政治关系上也有一个远近亲疏的问题。《周语上》说：“蛮夷要服……要服者贡”。而《鲁语下》说：“昔武王克商，通道于九夷、百蛮，使各以其方贿来贡，使无忘职业。于是肃慎氏贡楛矢、石磐，其长尺有咫。”从这一点足见《周语》所述，信而有证，是不容怀疑的。

其次，谈五等爵。接受爵命，等于接受统治。这在没有实行分封制以前，在天子还是诸侯之长的时候，是不可能的。

《国语·楚语上》说：“天子之贵也，唯其以公侯为官正也，而以伯子男为师旅。”这就说明公、侯、伯、子、男五等爵，都是天子所设。公、侯、伯、子、男都是天子臣属，不过级别有高低的不同罢了。《左传》昭公十三年说："昔天子班贡，轻重以列，列尊贡重，周之制也。"这就说明了公、侯、伯、子、男按照级别高低，对王室纳贡。级别高的，贡相对重些，级别低的，贡相对轻些。这些制度应是周初规定的。

其余，如《国语·鲁语上》说："是故先王制诸侯，使五年四王、一相朝。终则讲于会，以正班爵之义，帅长幼之序，训上下之则，制财用之节，其间无由荒怠"。《左传》成公三年说："次国之上卿当大国之中，中当其下，下当其上大夫。小国之上卿当大国之下卿，中当其上大夫，下当其下大夫，上下如是，古之制也。"《左传》昭公二十三年说："列国之卿，当小国之君，固周制也。"又，隐公元年说："先王之制，大都不过参国之一，中五之一，小九之一。"《国语·周语》说："周制有之曰：'列树以表道，立鄙食以守路。国有郊牧，疆有寓望，薮有圃草，囿有林池，所以御灾也。其余无非穀土'"。这都可证明周人随着分封制度的实行，在上层建筑领域内，进行了一系列的重大改革，大的如设置了畿服制、爵位制，小的如都城、郊、牧、野、疆、车、服、旌、旗各有制度，连道路两旁要"列树"都作了明确要求。这些制度大大巩固和加强了西周的政权，推动了奴隶制度的发展。因此，我们说中国的奴隶社会至西周已发展到了全盛时期。

三、宗法制

周代的宗法制度是以血缘关系为基础的。很明显，它是氏族社会的血缘关系在新的历史条件下继续存在和演化的反映。不过氏族社会的血缘关系和阶级社会的血缘关系有着本质的区别：前者是氏族社会民主的基础，而后者则成了阶级社会专制的工具。

由氏族社会的血族关系发展到周代宗法制度是有个过程的。我们前面已经说过，夏代是中国由氏族社会向奴隶制国家转变的过渡时期。这一时期的特点，是氏族制度和专制国家并存，因而作为氏族社会基础的血缘关系，在许多地方仍被保留着。到了殷代，奴隶制度已经最后形成，国家代替了氏族，地域团体代替了血族团体，阶级关系代替了血缘关系。但是，血族关系并没有因此而消亡，作为一种旧社会的势力它仍然顽强地存在着。例如《左传》定公四年说：“分鲁公以……殷民六族：条氏、徐氏、萧氏、索氏、长勺氏、尾勺氏，使帅其宗氏，辑其分族，将其类丑，以法则周公……。分康叔以……殷民七族：陶氏、施氏、繁氏、锜氏、樊氏、饥氏、终葵氏……。分唐叔以……怀姓九宗。”这里说的氏、族、宗就是殷代血族团体存在的证据。到了周代，由于奴隶制度的充分发展，统治阶级重新利用了这一使氏族社会延续了无数世代的有力纽带——血缘关系，把它改成了完全适应奴隶主阶级需要的，有完整的体系和严格等级的宗法制度，并成为中国奴隶社会全盛时代的特点之一。因此，周代宗法制的本质，已经不是古代那种平等的血族关系，而是血缘关系遮掩下的不平等关系，即阶级关系。

周人创建宗法制度的主要目的在于维护嫡长子继承制。所以谈宗法制必须先谈嫡长子继承制。

在中国的奴隶社会里，王位的继承问题是关系到每个王朝兴亡盛衰的大问题。因此，每个王朝的统治者都绞尽脑汁，总结历史经验，希望找出最好的解决办法。例如夏代的王位继承是传子，商代则不但传子也传弟，至周则建立了严格的嫡长子继承制。这正是不断总结经验的结果。

《史记·梁孝王世家》褚少孙补，对殷、周两代王位继承制的不同，作过很好的说明。它先说：“殷道亲亲，周道尊尊，其义一也。”然后加以解释说：“殷道亲亲者立弟，周道尊尊者立子”；“周道，太子死，立嫡孙；殷道，太子死，立其弟”。那么，周人为什么要改立弟为立嫡孙呢？“殷道亲亲，周道尊尊”这两句话应当怎样理解呢？关于前一个问题，从历史上来看，《史记·殷本纪》说：“自中丁以来，废嫡而更立诸弟子，弟子或争相代立，比九世乱。”又，《梁孝王世家》说：“方今汉家法周。周道不得立弟，当立子。故《春秋》所以非宋宣公。宋宣公死，不立子而与弟。弟受国死，复反之与兄之子。弟之子争之，以为我当代父后，即刺杀兄子。以故国乱，祸不绝。故《春秋》曰：‘君子大居正，宋之祸宣公为之。’”[1]也就是说，殷、宋由于立弟的结果，酿成祸乱。汲取这一历史教训，所以周人改行嫡长子继承制。《吕氏春秋·慎势》记载慎到一段话，深刻而又形象地论述了这个问题。他说：“今一兔走，百人逐之，非一兔足为百人分也，由未定。由未定，尧且屈力，而况众人乎？积兔满市，行者不顾，非不欲兔也，分已定矣。分已定，人虽鄙不争。故治天下及国，在乎定分而已矣。”嫡长子继承制的特点和优点恰恰在于定分。所谓嫡长子继承制，具体些说就是，在奴隶社会，奴隶主阶级实行多妻制。按照等级制的原则，多妻中有一个是正妻，叫做“嫡”，其余的统称为“庶”。庶也有贵贱的差别。但不论嫡庶都可能生子。依照周制，继承王位的，必须是嫡妻长子。至于这个嫡长子是贤与不贤，不在考虑之内。假如嫡妻没有生子，这样就不能不立庶妻之子。但原则上要立贵妾之子（即庶妻中级别高的）。至于这个贵妾之子的年岁是不是在诸子中为最长，则不在考虑之列。这就是《公羊传》隐公元年所概括的那两句话：“立嫡以长不以贤，立子以贵不以长”。因为嫡长子只有一个，所以实行这种继承制度，使储君确定，杜绝诸子和诸弟的继承权，从而避免争端。

“殷道亲亲，周道尊尊”是保存在《春秋》中的一种见解。恩格斯有一段话，对于我们理解这两句话的意义，会有很好的启示。恩格斯说：“在历史上出现的最初的阶级对立，是同个体婚制下的夫妻间的对抗的发展同时发生的，而最初的阶级压迫是同男性对女性的奴役同时发生的。”[2]从“殷道亲亲”到“周道尊尊”的变化过程，在中国奴隶社会里，就是阶级关系深入到家庭，深入到血缘关系领域的过程，父权制逐步完全取代母权制的那一点残余的过程，也就是阶级关系逐步支配并彻底改造了血缘关系的过程。下面让我们较详细地说明一下。《春秋》隐公七年说：“齐侯使其弟年来聘”。《公羊传》说：“其称弟何？母弟称弟，母

---

① 详见《公羊传》隐公三年。

② 《马克思恩格斯全集》第21卷，人民出版社1956年版第78页。

兄称兄。”何休注说：“分别同母者，《春秋》变周之文，从殷之质。质家亲亲，明当亲厚异于群公子也。”用马克思主义历史唯物论的观点来剖析一下，可以明显地看到，所谓“亲亲”同母权制有关，“尊尊”同父权制有关。董仲舒《春秋繁露·三代改制质文》中有一段话，更可以帮助我们弄清这一问题。它说：“主天法质而王，其道佚阳，亲亲，而多质爱，故立嗣：予子，笃母弟，妾以子贵。……主地法文而王，其道进阴，尊尊，而多礼文，故立嗣：予孙，笃世子，妾不以子称贵号。”这里的阴阳字样，是董仲舒受汉代谶纬学的影响给古制套上的一种神秘光圈，不关古制内容，可以不去管它。那么，质、亲、爱和文、尊、礼这几个相对的概念，正是汉代人对殷、周两代两种制度不同特点的概括。“立嗣：予子，笃母弟，妾以子贵”，是殷代继承制的特点。诸子和诸弟都有取得嗣位的权利。妾子立为天子，妾便得称后；妾子立为国君，妾便得称夫人。十分明显，“亲亲”制反映着带有一定民主性的浓厚的母权制残余。而“立嗣：予孙，笃世子，妾不以子称贵号”，则是周代的嫡长子继承制。根据这种制度，王位君位有定分，排除了诸子和诸弟取得嗣位的资格，后和夫人也有定分。妾子立为天子、国君，妾仍旧称，不得称后和夫人。由此可见，“尊尊”制反映父权制已取得了绝对的地位，排除了一切带有民主性质的残迹。嫡长子继承制的这种具有专制性质的特点，不但是周代宗法制的思想基础，也是整个周代专制制度的思想基础。周代的这种思想，虽然不能说完全摆脱了氏族社会的影响，但与夏、商二代比较，无疑它是阶级关系继续深入发展，渗透到上层建筑其中包括意识形态各领域的表现，是周代的奴隶制比殷代发展得更为成熟的标志。

但是，周代嫡长子继承制的确立，还不能说就是宗法。王国维说：“周人嫡庶之制本为天子诸侯继统法而设，复以此制通之大夫以下，则不为君统而为宗统，于是宗法生焉。”[①]这个讲法是正确的。

宗法是适应改造氏族社会的血缘关系以维护阶级社会嫡长子继承制的

① 《观堂集林·殷周制度论》。

需要而产生的。第一，它不再具有氏族社会那种普遍性，而只适用于有封土和财产可继承的奴隶主阶级。第二，由于天子和诸侯有以嫡长子继承制为原则的继统法，所以，它在奴隶主阶级中只适用于大夫、士这一阶层。《荀子·礼论》说“大夫、士有常宗”，正明确地指出了这一点。

天子、诸侯无宗法，庶民也无宗法。

为什么天子、诸侯不行宗法呢?

先说天子。天子是政治上的最高首脑。在他统治的范围以内，都是他的臣民。《诗经·小雅·北山》说：“溥天之下，莫非王土；率土之滨，莫非王臣。”说明天子处于至高无上的地位。天子的嫡庶兄弟，由于没有继承王位，只能称王子，不能称王。王子弟有的封为诸侯，有的任命为公卿大夫，不管他们处在什么政治地位，对于王来说，都是臣属，不能用亲属关系去否定君臣关系。《礼记·大传》说“君有合族之道，族人不得以其戚戚君位也”，可为证明。因为王族对于王，需要论君臣关系，不能论血亲关系，所以王无宗法。

其次说诸侯。诸侯是一国之君。诸侯的嫡庶兄弟没有继承君位，只能称公子，不能称公。公子对于公，也要论君臣关系，不能论亲属关系。《穀梁传》隐公七年说“诸侯之尊，弟兄不得以属通”，就说明了这个问题。正由于公族对于公不能论亲属关系，只能论君臣关系，所以诸侯也无宗法。

过去有人不能辨别这个问题，错误地以为天子、诸侯也论宗法。程瑶田为此在《宗法小记·宗法述》中作了详细剖析，已经解决了这一问题。不知为什么近人在一些著作中，竟置程说于不顾，仍旧说天子、诸侯有宗法，给宗法制的研究，造成了不必要的混乱。我们不禁要问，如果说天子、诸侯有宗法，那么，在宗法中所说的“别子为祖”应当怎样解释呢?其实，“别子为祖”有两种含义：一是“自卑别于尊”；二是“自尊别于卑”。宗法的“别子为祖”正有取于前者。《仪礼·丧服传》说：“诸侯之子称公子，公子不得祢先君；公子之子称公孙，公孙不得祖诸侯，此自卑别于尊者也。”正由于公子不得祢先君，公孙不得祖诸侯，才以别子为祖，另立宗法。而宗法的别子，也正是以自别于诸侯而得名。怎么能说诸侯有宗法呢？诸侯无宗法，天子当然也无宗法了。

庶人为什么无宗法呢？这首先要从周人创立宗法的意义上来理解。周代宗法不是自然发生的，而是人为创立的。创立宗法的目的，一方面是利用宗法的族权来维护君权，另一方面，又要防止族人利用族权来侵犯君权。所以，在周代，仅王族、公族立宗法，在王族、公族之外不闻有宗法。《礼记·大传》说：“公子有宗道。公子之公，为其士大夫之庶者，宗其士大夫之嫡者，公子之宗道也。”郑玄注：“公子不得宗君。君命嫡昆弟为之宗，使之宗之，是公子之宗道也。”这是宗法由君授命产生的证据。《左传》隐公八年说：“无骇卒。羽父请谥与族……公命以字为展氏。”命氏就是命族，也就是立宗。《礼记·大传》说：“其庶姓别于上”；又说：“系之以姓而弗别”。郑玄注，以“系之以姓而弗别”的“姓”为正姓，是对的。可见，“庶姓”即是氏。对于无骇来说，则展为庶姓，姬为正姓。庶姓所以为别，而正姓则所以为同。正姓是本，庶姓是枝。《诗经·大雅·文王》说：“文王孙子，本支百世。”《左传》文公七年说：“公族，公室之枝叶也，若去之则本根无所庇荫矣。”都是从这个意义上来说的。这又证明宗法是王族、公族即贵族的组织。因而庶民当然不能有宗法了。这一点，单从“别子为祖”这个“别”字，就可以看得非常清楚。

其次，当时是“礼不下庶人”。[①]《仪礼·丧服传》说：“大宗者，尊之统也。禽兽知母而不知父。野人曰：父母何算焉？都邑之士，则知尊祢矣；大夫及学士，则知尊祖矣。”这段话是说野人没文化，不懂礼义，所以不能有宗法。这当然是对劳动人民的肆意诬蔑。但在这种辱骂声的背后，却使我们发现了周代统治者的真正意图：他们害怕广大劳动人民利用宗法这种血缘组织的形式联合成为对抗自己统治的力量。所以，十分明

① 《礼记·曲礼》。

显，周代统治者是不会在庶民中推行宗法的。

周代宗法制度的具体内容到底是什么呢？《礼记》之《丧服小记》及《大传》两篇记载较详。略述如下：

《礼记·丧服小记》说："别子为祖，继别为宗"。这是讲宗法最根本的依据。"别子"之所以称"别"，就是表明他同君统相区别，自立宗统。"别子"则为这一宗的始祖。上文所引的"公子不得祢先君，公孙不得祖诸侯"，就是这种同君统相区别的证明。具体来说，假定一个国君有几个儿子，只有嫡长子一人能继承君位，为国君。其余诸子，不论嫡庶同这个为君的就有双重关系：一是兄弟关系；二是君臣关系。依据上面我们讲过的宗法不行于诸侯的原则，为了保持君权的不可侵犯性，诸子同为君的，只能论君臣关系，不能论兄弟关系。也就是说，在这里血缘关系要服从政治关系，宗统要服从君统。国君既属君统，不能同时又是宗统。诸子要同君统区别，另立宗。这个新建的宗，是从别子开始的，所以叫做"别子为祖"。

"继别为宗"就是继承别子自成一宗。在这个宗里也实行嫡长子继承制。在宗法中有大宗、小宗之分也是由嫡长子继承制中发生的。继别子的嫡长子叫宗子。这个由别子的嫡长子世代相袭的宗，就是"百世不迁"的大宗。大宗的宗子是统率全族的，在宗族中享有最大的权力。

"继祢者为小宗"。[①]祢是先父之称。别子的嫡长子以外的诸子，是不能继别的。诸子之子就更不能继别，只能继祢，即继诸子，叫小宗。在小宗中也是实行嫡长子继承制。嫡长子以外的其余诸子不继祢，他们要尊继祢的为宗子。而这个宗子又要尊继别的为宗子。为区别这两个宗子，则称继别的为大宗，称继祢的为小宗。

按照周代宗法制的规定，一个庶子同时最多只能有四个小宗、一个大宗。因为，首先，作为庶子他要尊继祢的嫡长子为宗。其次，假如这个庶子的祢也是庶子，那么，这个继祢的宗子，又要尊继祖父的嫡长子为宗

① 《礼记·丧服小记》。

子。第三，假如这个庶子的祖父也是庶子，那么，他又要尊继曾祖的嫡长子为宗子。第四，假如这个庶子的曾祖也是庶子，那么，他又要尊继高祖的嫡长子为宗子。这样，这个庶子有继祢的宗，同时又有继祖父的宗，继曾祖的宗，继高祖的宗，是为同时有四个小宗，再加上继别的大宗，共为五宗。

一个宗族，同时只能有四个小宗，不能多于四。原因是小宗至继高祖而止。《礼记·大传》说："宗其继高祖者，五世则迁者也。"所以小宗又叫"五世则迁之宗"。①

综上所述，宗法制是按照等级制度的原则创立起来的一种血缘组织。嫡长子继承制是宗法制创建的基础和核心。这是周人对殷人继承制的发展。王国维说："是故由嫡庶之制而宗法与服术二者生焉。商人无嫡庶之制，故不能有宗法。藉曰有之，不过合一族之人奉其族贵且贤者而宗之；其所宗之人，固非一定而不可易，如周之大宗小宗也。"②见解至为精确。宗法的严格等级性，表现的方面是很多的。如大宗宗子之丧，族人虽无五服之亲，也要服齐衰三月，与"庶人为国君"之服同。又如《仪礼·丧服》齐衰三月章下，有"大夫为宗子"条，子夏传说："何以服齐衰三月也？大夫不敢降其宗也。"这说明论政治地位，大夫虽然高于士，但在宗法中如果宗子是士，而庶子是大夫，这个大夫依然要按照宗子身份尊礼这个士，而不能要求这个宗子按照政治等级来尊礼自己。证明宗子享有的族权同国君享有的政权二者十分相似，等级十分森严，宗子俨然是个小封君。这清楚地说明，周代行于大夫、士间的宗法制度，是西周奴隶社会的重要支柱。

---

① 《礼记·大传》。

② 《观堂集林·殷周制度论》。

四、礼

礼是西周奴隶主阶级意识形态的集中表现。它鲜明地反映奴隶制的生产关系。谈礼，必须记取周代社会的下述两条原则：一是“君子劳心，小人劳力”；二是“礼不下庶人，刑不上大夫”。

《左传》襄公九年说：“君子劳心，小人劳力，先王之制也。”《国语·鲁语下》说：“君子劳心，小人劳力，先王之训也。”可见，这条原则最迟在周初已经明确地规定了。《孟子·滕文公上》说：“劳心者治人，劳力者治于人，治于人者食人，治人者食于人，天下之通义也。”“治人”就是压迫人。“食于人”就是剥削人。在当时，君子是指贵族主要是奴隶主，小人是指劳动人民主要是奴隶，是再明白不过的了。马克思、恩格斯说：“分工只是从物质劳动和精神劳动分离的时候起才开始成为真实的分工。”[①]而这个“开始成为真实的分工”，则只有奴隶社会才会实现。恩格斯指出：“当人的劳动的生产率还非常低，除了必需的生活资料只能提供微少的剩余的时候，生产力的提高，交换的扩大，国家和法律的发展，艺术和科学的创立，都只有通过更大的分工才有可能，这种分工的基础是，从事单纯体力劳动的群众同管理劳动、经营商业和掌管国事以及后来从事艺术和科学的少数特权分子之间的大分工。这种分工的最简单的完全自发的形式，正是奴隶制。”[②]正说明了这个问题。

《礼记·曲礼上》说：“礼不下庶人，刑不上大夫”。这句话告诉我们，从基本意义上说，礼、刑都有各自的适用范围。礼在庶人以上适用，刑在大夫以下适用。礼之所以不下庶人，因为当时庶人以下是奴隶，不被看作是人。这是周代奴隶主阶级从维护自己既得利益的立场出发所制定和贯彻执行的阶级路线。谈礼，只有把握住这一点，才不致迷失方向。

关于周礼，西周直接留下来的材料很少，我们只可以从儒家的作品中

---

① 《马克思恩格斯全集》第 3 卷，人民出版社 1956 年版第 35 页。

② 《马克思恩格斯全集》第 20 卷，人民出版社 1956 年版第 197 页。

寻出踪迹来。因为，春秋战国时，在百家争鸣中，周礼不但是儒家的思想武器，也是儒家为之奋斗的最高政治纲领。

《论语·为政》说："殷因于夏礼，所损益可知也；周因于殷礼，所损益可知也。"这就是说，周礼中有因袭部分，也有创造部分。我们谈周礼，主要谈周人创造的那一部分，因为只有这一部分才反映周礼的特点。

礼包括内容和形式两个方面，其形式方面叫仪，多为繁文缛节，不是我们研究的重点。我们着重研究礼的内容方面。《礼记·郊特牲》说："礼之所尊，尊其义也。失其义，陈其数，祝史之事也。故其数可陈也，其义难知也。知其义而敬守之，天子之所以治天下也。"又《左传》昭公五年说："晋侯谓女叔齐曰：'鲁侯不亦善于礼乎？'对曰：'鲁侯焉知礼！'公曰：'何为自郊劳至于赠贿，礼无违者，何故不知？'对曰：'是仪也，不可谓礼。'"在这里，"礼"和"义"，就是指礼的内容，"数"和"仪"，就是指礼的形式。

周礼的内容包括两个方面，一是"亲亲"，一是"尊尊"。"亲亲"，就是亲其所亲，反映这个社会的血缘关系方面。"尊尊"就是尊其所尊，反映这个社会的政治关系，即阶级关系方面。在亲亲和尊尊中，贯彻着严格的等级制的原则。所以，从本质上说，礼是周王室维护奴隶制度的工具，凭借这一工具，他们在庶人以上的范围内建立起符合统治阶级利益和意志的秩序。

《礼记·中庸》说："仁者人也，亲亲为大。义者宜也，尊贤为大。亲亲之杀，尊贤之等，礼所生也。"这段话正确地阐明了周礼的基本内容和仁、义、礼这三个概念之间的区别和联系。

贯穿在"亲亲"中的等级制原则，用儒家的话来说就是"亲亲以三为五，以五为九，上杀、下杀、旁杀而亲毕矣"①。所谓"以三为五，以五为九"，是说直系亲属关系，以自身作为起点、上亲父，下亲子，合起来是为三；由父而上亲祖父，由子而下亲孙，合起来共为五。由亲祖父而更上

① 《礼记·丧服小记》。

亲曾祖父、高祖父，由亲孙而更下亲曾孙、玄孙，把这些亲等统统合在一起，是为九。

“杀”是递减的意思。“上杀”，是说父最亲，表现在丧服上亦最重，往上则亲属关系渐次疏远，丧服亦渐次减轻。

“下杀”，是说关系最亲丧服亦最重，往下则亲属关系依次渐疏，丧服亦渐次减轻。

“旁杀”，是就旁系亲属说的。例如兄弟最亲，丧服最重。其余如从兄弟、再从兄弟、族兄弟，血缘关系以次递疏，丧服以次递轻。

丧服以五为限。超出五服，则亲尽。只有宗子负有收族的责任，故族人对宗子服齐衰三月。

在周人的词汇里，尊贤、尊尊、贵贵三词的意义差不多，究其实质，都是用来说明政治关系，即阶级关系的。在周人的眼里，凡是居于高位的，都是尊，都是贵，也就是贤，应该被别人（低于他们级别的）尊之，贵之。

“尊贤之等”也同“亲亲之杀”一样，里边贯穿着严格的等级制度。《左传》庄公十八年说：“名位不同，礼亦异数。”同书襄公二十六年说：“自上以下，隆杀以两，礼也。”就是尊贤之等的具体表现。《周礼·天官·小宰》说：“听禄位以礼命。”同书《春官·典命》说：“掌诸侯之五仪，诸臣之五等之命（郑玄注：“或言仪，或言命，互文也”）。上公九命为伯，其国家、宫室、车旗、衣服、礼仪皆以九为节；侯伯七命，其国家、宫室、车旗、衣服、礼仪，皆以七为节；子男五命，其国家、宫室、车旗、衣服、礼仪，皆以五为节。王之三公八命，其卿六命，其大夫四命，及其出封，皆加一等。其国家、宫室、车旗、衣服、礼仪亦如之。凡诸侯之嫡子，誓于天子，摄其君，则下其君之礼一等。未誓则以皮帛继子男。公之孤四命，以皮帛视小国之君，其卿三命，其大夫再命，其士一命。其宫室、车旗、衣服、礼仪各视其命之数。侯伯之卿大夫士亦如之。子男之卿再命，其大夫一命，其士不命。其宫室、车旗、衣服、礼仪各视其命之数。”当然《周礼》所说的不见得都是事实，但其绝大部分是有根据的，可作参考。

由此可见，亲亲和尊尊的实质都是等级制度。可以说，离开等级制度就没有周礼。这表明了周礼的本质。

这个以亲亲、尊尊为内容的等级制度是以父权制为基础而发展起来的。《礼记・丧服四制》说：“资于事父以事君，而敬同。贵贵、尊尊，义之大者也。故为君亦斩衰三年”。又说：“资于事父以事母，而爱同。天无二日，土无二王，国无二君，家无二尊，以一治之也。故父在为母齐衰期者，见无二尊也。”这两段话对于我们了解周礼的思想、理论有极其重要的意义。自今人的一般见解来看，父母的恩情是一样的。但早在母系氏族公社时期，母权独尊。《丧服四制》的思想则不然，是以突出父权为一切思想、理论的基础。“资于事父以事母，而爱同”，是说事母之爱是从事父之爱引伸出来的。“资于事父以事君，而敬同”，是说事君之敬是从事父之敬引伸出来的。父是一身兼具爱、敬，兼具尊、亲的。所以，把亲亲、尊尊作为一个完整的思想体系来考察，父权制无疑是其唯一的基础。同时，“资于事父以事君”，意味着君权是父权的发展。“资于事父以事母”，意味着母权要屈从于父权。这表现了礼即父权制的等级制是以“以一治之”为最高原则的。《荀子・致士》说：“君者，国之隆也；父者，家之隆也。隆一而治，二而乱。自古及今，未有二隆争重而能长久者”。这是对“以一治之”的最好说明。

周礼号称“经礼三百，曲礼三千”①，剖开它的外壳，看看它的实质，不过如此而已。用现代的话来说就是，它是奴隶主阶级的意志和利益的反映，是服务于奴隶主阶级的政治和维护奴隶制生产关系即阶级关系的工具。

综上所述，可以这样说，井田、分封、宗法、周礼是西周奴隶社会全盛时期的几个特征。这四者之间的关系，井田制是基础，是奴隶制的生产

---

① 《礼记・礼器》。

关系；分封制、宗法制则是在井田制的基础上产生的上层建筑；周礼是分封这种政治制度和宗法这种血族制度在意识形态上的反映。这几个方面在西周都得到了充分发展，所以，我们说西周达到了中国奴隶社会的全盛时期。历史的辩证法决定它再向前发展，必然否定自己，走向它的反面。所以，从西周以后，历史不能不发展到奴隶社会的衰落以至灭亡时期——春秋战国时期。

第五节　西周时期的阶级斗争和民族斗争

首先对西周时期的阶级作具体分析，然后再谈这个时期的阶级斗争。

一、西周时期的阶级

1．奴隶主阶级

（1）王室

周王是当时社会最大的奴隶主，是奴隶主阶级政治上的总代表。

现在有一种最通行的说法，说当时“一切土地在名义上都属于周王，周王把土地分赐给诸侯臣下，让他们世代享用。但他们只有享有权而无所有权”，并引《诗经·北山》说“溥天之下，莫非王土”作为证明。我们认为这种说法是不对的。它既不符合历史实际，也同马克思主义理论相抵触。

这种观点最明显的矛盾之处在于：一方面说，诸侯和臣下对于土地——主要生产资料，没有所有权；另一方面又承认诸侯和臣下是奴隶主阶级。试问，哪有不占有生产资料的奴隶主阶级？显然，这是不符合马克思列宁主义基本原理的。

其实，《北山》诗句“溥天之下，莫非王土；率土之滨，莫非王臣”的本义，只在于说明当时天子在政治上是天下共主，王权是最高的，绝对的。《荀子·君子》用它作为“尊无上矣”的证明，无疑是正确的。所以我们不能把这两句诗认作是谈土地所有制问题。实际在周人的典籍中，有不少明白地谈所有制的材料。例如，《国语·周语中》记周襄王说：

昔我先王之有天下也，规方千里以为甸服，以供上帝山川百神之祀，以备百姓兆民之用，以待不庭不虞之患，其余以均分公侯伯子男，使各有宁宇，以顺及天地，无逢其灾害。

《左传》襄公二十五年说：

且昔天子之地一圻，列国一同，自是以衰。

这两条材料我们认为是可以信据的。事实上，天子之地仅是“一圻”，或者说是“规方千里”，并不是“溥天之下”；即便是在这“一圻”的土地里，还有公、卿、大夫三等采地。否认这个事实，只凭自己的臆想，对《北山》诗作任意解释，其结果必然导致周代只有一个奴隶主（即天子），历史上哪有只有一个奴隶主的奴隶社会呢？

（2）公室

公室包括公、侯、伯、子、男，是周代社会第二等的大奴隶主。

周室曾成批成批地分封过诸侯。这个事实，上文已经谈过，这里不多说。不过，应当指出，就当时诸侯的总体来说，新封的只占少数，大多数还是从古老的氏族社会沿袭下来的。不能认为当时所有诸侯，都是周室新封的。

从古文献来看，夏、商、周三代都有诸侯。夏初号称万国，商初号称三千，周初号称千有八百。这些诸侯是怎样产生的呢？是历代天子分封的吗？不是，没有这回事。根据《左传》僖公二十一年“任、宿、须句、颛臾，风姓也，实司太皞与有济之祀”和文公五年“皋陶、庭坚，不祀忽诸”的记述，可以断言，中国奴隶社会初期的诸侯是由原始社会的部落首长转化而来的。而原始时代的部落，乃是“自然长成的结构”[①]，决不是出于新封。即便是周室新封的，也如《左传》定公四年所说“聃季授土，陶叔授民”。也就是说授土授民之后，这块土地和人民即为受封的诸侯所有，同旧有的诸侯一样。这一事实也证明了那种认为诸侯对于土地“只有享有权而无所有权”的看法，是站不住脚的。

现在最通行的说法还认为：井田之所以要把土地划分出有一定亩积的等量的方块，是用它作为规定俸禄多寡的标准，以便分配给诸侯和臣下。诸侯和臣下分得土地以后，必须永久保持原来的方块，不许改动，并且要按分得土地的多寡向公家上税。其实，这种说法也是没有史实根据的。

事实上，井田划分为有一定亩积的方块，是分配给农民的，不是分配给诸侯和臣下的。井田的特点之一，恰恰是定期重新分配，土地不能不经常变动。诸侯对王室只有按期纳贡或朝觐的义务，决无按田亩上税之事。周初封国，例如《诗经·鲁颂·閟宫》说：“乃命鲁公，俾侯于东，锡之山川，土田附庸。”《左传》定公四年说：封鲁于少皞之虚，封卫于殷虚，封晋于夏虚，等等，记载昭昭，哪里有用井田作为规定诸侯俸禄多寡标准之事。诸侯是一国的国君，封疆以内，土地民人，皆其所有。那种认为分封的只是开垦出的井田部分，未开垦部分仍为王室所有的说法，缺乏史实根据，不能成立。

（3）卿大夫

卿大夫之有采地者是次于公室的第三级奴隶主。

《左传》桓公二年说：“诸侯立家”，杜预注：“卿大夫称家”。春秋时鲁三家，季孙氏都费，叔孙氏都郈，孟孙氏都成，俨然是鲁国中的三个独立小王国。这个事实，第一，证明采地之制，子孙得以世世继承，不能认为只有享有权而无所有权；第二，证明采地兼山泽林麓之利，不能认为只分配给可耕的方田。

桓公二年说：“天子建国，诸侯立家。”天子既可建国，当然也可以

① 《马克思恩格斯全集》第21卷，人民出版社1956年版第179页。

立家了。在有采地称家的大夫之外，又有无采地的大夫。

无采地的大夫有禄田。采邑与禄田的区别在于，“采邑食邑，食其田并主其邑，治以家宰私臣，又子孙得世守之。禄田不世守，且仅食其田之租税而不得主其邑，各就近属乡遂或公邑王官治之。”①例如，春秋时郰邑大夫叔梁纥，就是无采地的大夫。

卿大夫除了有采地或禄田之外，有时还有“赏田”“加田”。《周礼·夏官·司勋》说：“凡颁赏地，参之一食。唯加田无国征。”同书《地官·载师》说：“赏田在远郊”。孙诒让《周礼正义》于《司勋》疏说：“此言加田，则受者全食之，与赏地食参之一异也。”又，西周青铜器《卯𣪕》有：“锡于丩一田，锡于宖一田，锡于队一田，锡于𢧵一田。”《敔𣪕》有：“锡于敋五十田，于早五十田。”《大克鼎》有：“锡汝田于埜，锡汝田于渒，……”这些青铜器铭文里所说的锡田，当即赏田、加田之类。

（4）士

士包括命士、不命之士和庶人在官者，范围广泛，成分复杂。有些有采地，大多数则没有采地。

孙诒让《周礼正义》“大宰以八则治都鄙”疏说：“凡命士有功德者，或功臣之后，亦间有采地。《祭法》注云：‘置都立邑为卿大夫采地及赐士有功者之地’是也。然士有采地者甚少，且里数亦大减，其余则唯颁禄田而已。故《国语·晋语》云：‘大夫食邑，士食田’，明恒制士不得有采邑。”这个说法可能是对的。

有采邑的士，自然也是奴隶主，是最小的奴隶主。

中国奴隶社会是以井田制为基础的亚细亚类型的社会。亚细亚类型社会的特点，用马克思的话来说，就是“不存在土地私有制”②。当然这个不存在土地私有制的提法是从不存在个体的私人土地所有者来说的。所以，恩格斯在《反杜林论》里说：“在整个东方，公社或国家是土地的所

① 见孙诒让：《周礼正义》“大宰以八则治都鄙”疏。

② 《马克思恩格斯全集》第28卷，人民出版社1956年版第256页。

有者。”[①]马克思在《资本论》里说：“如果不是私有土地的所有者，而像在亚洲那样，国家既作为土地所有者，同时又作为主权者而同直接生产者相对立。”[②]把马克思和恩格斯的论断落实到中国的奴隶社会，则天子、诸侯、卿大夫有地者，他们一方面自然是各级奴隶主，如古文献《仪礼·丧服》子夏传说：“君谓有地者也。”郑玄注说：“天子、诸侯及卿大夫有地者，皆曰君”。这种说法无疑是正确的。另一方面，他们又是各级政权的代表，是天下、国家和采邑的化身。所以，说中国奴隶社会属于亚细亚类型，既符合历史实际，又符合马克思主义理论。

2．自由民和奴隶阶级

庶人、工商、皁隶、牧圉，这些人在周代社会属于被剥削被压迫阶级。他们就是所谓“劳力者治于人，治于人者食人”的“小人”。在这些“小人”里，也有等级差别。为了进一步说明问题，先引几条材料如下。

《国语·晋语》说：

公食贡，大夫食邑，士食田，庶人食力，工商食事，皁隶食职。

又《周语》说：

庶人工商各守其业，以供其上。

《左传》襄公九年说：

其庶人力于农穑，商工皁隶不知迁业。

又，襄公十四年说：

庶人工商皁隶牧圉皆有亲昵以相辅佐也。

又，哀公二年说：

克敌者，上大夫受县，下大夫受郡，士田十万，庶人工商遂，人臣隶圉免。

根据上述材料，大体上可以说，“庶人工商”为一等，“皁隶牧圉”

---

① 《马克思恩格斯全集》第20卷，人民出版社1956年版第192页。

② 《马克思恩格斯全集》第25卷，人民出版社1956年版第891页。

为一等。

对“庶人工商遂”，杜预注说：“得遂进仕。”说明庶人工商必须“各守其业”，“不知迁业”，在平时一般是不能“进仕”的。“人臣隶圉免”则是取消奴隶身份，给予自由民待遇。

“庶人力于农穑”，证明庶人是从事农业生产劳动的。在庶人中又有民、氓之分。具体说，民是自由民，氓是奴隶。上文已经谈过。但从受剥削受压迫这一点来看，民和氓的差别并不很大，而且越到后来，差别越小。从这个意义上说，民也就是马克思所指出的“事实上他本身就是财产，即是公社的统一体人格化的那个人的奴隶”。①

工商和庶人的政治地位基本上是相同的。

从现存的文献考察，工商似可分为两类：一类是民间工商；一类是官府工商。

《周礼·天官·大宰》说：“以九职任万民：……五曰百工，饬化八材；六曰商贾，阜通货贿。”又《地官·闾师》说：“凡任民：……任工以饬材事，贡器物；任商以市事，贡货贿。”《地官·司市》说：“夕市，夕时而市，贩夫贩妇为主。”这里所说的工商贩夫贩妇就是民间工商。《左传》昭公十六年记子产说：“昔我先君桓公，与商人皆出自周。”这也是西周有民间商人的证据。

《周礼》记载有由官府掌管的制造礼器、乐器、玉器、衣服、车旗和兵器的诸工。又《国语·周语上》说：“百工谏”。注曰：“百工，执技以事上者也。”《左传》记载春秋时代各诸侯国几乎都设有管理百工的“工正”“工师”“匠人”“工尹”等官职，当是西周旧制。在工正、工师等管理下的百工，是属官府百工。这种工，地位低下，在春秋时还可以当作礼物送人。例如：《左传》成公二年记载鲁贿楚“以执斲、执鍼、织纴皆百人。”《国语·晋语》说：“郑伯嘉来，纳女工妾三十人。”就是证明。这些工人的社会身份实际就是工奴。

---

① 见《资本主义生产以前各形态》，人民出版社1956年版第30页。

《周礼》一书在《天官》：《庖人》《大府》《玉府》《职币》《典妇功》《典丝》和《地官》：《泉府》，《夏官》：《马质》《羊人》《巫马》诸职下，都有“贾”，这是官府商贾。周代“工商”并称，足见官府管理下的商贾身份，不会高于“百工”。

官府工商应是西周工商的主体。因为当时商品经济不发达，所以民间工商为数很少。

皁隶牧圉是最卑贱的奴隶等级。但是《左传》昭公七年说：“皁臣舆，舆臣隶，隶臣僚，僚臣仆，仆臣台。马有圉，牛有牧。”可见他们中间也有细微的差别。

西周时代的奴隶来源主要有二：一是罪隶，二是战俘。

罪隶，即犯人家属被籍没为奴的。《周礼·秋官·司厉》记载“掌盗贼之任器、货贿，辨其物，皆有数量，贾而楬之，入于司兵。其奴，男子入于罪隶，女子入于舂槀”即其证。籍没犯人家属为奴隶是从中国奴隶社会开始以来就实行过的老办法。《尚书·甘誓》记启伐有扈氏，说：“用命赏于祖，弗用命戮于社。予则孥戮汝。”所谓“孥戮”，就是罚罪人家属为奴隶。这个办法直到春秋时代还存在。《左传》襄公二十三年说：“初，斐豹隶也，著于丹书。”就是例证。

在西周时期，战俘仍然是奴隶的一个来源。《周礼·秋官》载有《蛮隶》《闽隶》《夷隶》《貉隶》，总称“四翟之隶”。郑玄说他们是征蛮夷所获的俘虏。上文我们引证过《左传》宣公十二年记载郑伯向楚投降时说：“其俘诸江南以实海滨，亦唯命。其翦以赐诸侯，使臣妾之，亦唯命。”郑伯的这个说法是奴隶社会有把战俘当作奴隶处理的传统习惯的反映。

以上我们所谈的，是周代社会各个阶级的具体情况。由于这个社会的阶级是等级的阶级，所以考察它的阶级斗争，也必须注意这个特点，不能把它同现代社会的非等级的阶级一律看待。那种一律看待的简单作法，是不符合历史实际，也不符合马列主义理论的。

二、西周时期的阶级斗争

周初，特别是周公东征以后，统治阶级很注意巩固政权，曾制定了一系列推动社会发展的正确政策，造成了一个政治上相对稳定的时期。因此可以认为，在这一段时间内，社会上两大对立阶级及各阶级内部的不同等级之间的关系不那么紧张。不过，《竹书纪年》和《史记·周本纪》说“成康之际，天下安宁，刑错四十余年不用”，则同说“唐虞之时可比屋而封”一样，都是虚美之词，断不可信。在阶级社会里，阶级斗争是不会熄灭的。奴隶社会是人类历史上第一个最野蛮、最残暴的制度。奴隶主使用“野蛮的，几乎是野兽般的手段”[①]对付奴隶，怎么会有“刑错四十余年不用”呢?

西周社会的阶级斗争，由于史文缺略，自武王至幽王十二王中，只有夷王以后，始可称述。不过，《尚书》有《吕刑》一篇，反映早在穆王时期，阶级斗争的烈火已开始燃烧起来。否则，就不需要制定“五刑之属三千”了。

《竹书纪年》说夷王“三年，王致诸侯，烹齐哀公于鼎”。这件事情，也见述于《公羊传》庄公四年。《礼记·郊特牲》说：“觐礼，天子不下堂而见诸侯。下堂而见诸侯，天子之失礼也，由夷主以下。”从这两条材料可以看出，从夷王开始，天子和诸侯之间的矛盾，已趋于激化。

《左传》昭公二十六年说：“至于厉王（夷王子），王心戾虐，万民弗忍，居王于彘。”这一事实，也见述于《国语·周语上》。《诗经·大雅》有《民劳》《板》《荡》《桑柔》诸篇，均为当时召穆公、凡伯、芮伯等奴隶主阶级有识之士的伤时之作。证明西周到厉王时期，阶级斗争已发展到白热化程度。《荡》诗序称诗作的时代背景是“周室大坏”；内容则借古讽今，把周厉王比作殷纣王，甚至惊呼形势是：“如蜩如螗，如沸如羹，小大近丧，人尚乎由行，内奰于中国，覃及鬼方。”可见当时阶

① 《马克思恩格斯全集》第 20 卷，人民出版社 1956 年版第 197 页。

级斗争是何等广泛而激烈。据《周语》记载，具体情况是周厉王好利，又信用个好利的荣夷公作王朝卿士，执掌大权。人民不堪重赋，群起责难。厉王不但不自悔改，反而变本加厉，采取高压政策，找来一个卫巫监督人们的言行，发现有非议的，即处以极刑。厉王自以为得计，岂不知正是在沉默中酝酿了一次大的风暴。用暴力禁止反对意见，结果是人民一下子发动起来，把周厉王从宝座上赶跑了。这就是历史上有名的“流王于彘”（彘，地名，在今山西霍州东北）。“万民”和“国人”都指自由民，不包括野人（即奴隶）在内。

宣王继厉王即天子位，重用方叔、召虎诸贤臣，号称中兴。至今在《诗经》《大雅》《小雅》中还保存不少称颂宣王功烈的篇章。在这一时期阶级斗争又呈现某种缓和趋势。然而好景不长，据《国语·周语》所记，宣王晚年政治上举措失当之处很多，埋下了破败的种子。至宣王的儿子幽王继位仅仅十一年，便危机四起，终于导致了西周的灭亡。

《左传》昭公二十六年说：“至于幽王，天不吊周，王昏不若，用愆厥位。”毛诗序于《诗经·小雅》《谷风》之什计十篇，《甫田》之什计四篇，《鱼藻》之什计十四篇，皆指为刺幽王，然陈义空泛，疑不可信。但是说《大雅》《瞻印》《召旻》两篇为“凡伯刺幽王大坏”；《小雅》《节南山》之什为刺幽王，则似有据。此外，《国语》的《晋语》和《郑语》都谈到幽王。具体地说，幽王立国十一年，从任人方面看，如《节南山》所说的“尹氏大师”，《十月之交》所说的“皇父卿士，番维司徒，家伯维宰，仲允膳夫，棸子内史，蹶维趣马，楀维师氏，艳妻煽方处”，以及《郑语》所说的虢石父，几乎是从上到下，从内到外，所有在位的没有一个好人，真所谓“人之云亡，邦国殄瘁”。从政治方面看，如《瞻印》所说：“人有土田，汝反有之。人有民人，汝复夺之。此宜无罪，汝反收之；彼宜有罪，汝复脱之。”就是肆意掠夺，善恶颠倒，奴隶主阶级的贪残本性全部暴露出来了。其结果如《召旻》所说：“民卒流亡”，“日蹙国百里”。从人心方面看，有的是懔懔危惧，如《正月》所说：

“谓天盖高，不敢不局；谓地盖厚，不敢不蹐。维号斯言，有伦有脊。哀今之人，胡为虺蜴。”有的怒不可遏，如《巷伯》所说：“取彼谮人，投畀豺虎；豺虎不食，投畀有北；有北不受，投畀有昊。”这样的政权，最终结果将怎样？当时的有识之士，早已预见到了：“赫赫宗周，褒姒灭之”①；“周宗既灭，靡所止戾”②。幽王的腐败，政权完全丧失了继续存在的条件。所以，当他一旦废嫡立庶，犹如向干柴上投了一把火，漫天的大火随即燃起。在申、缯和犬戎的联兵进攻下，幽王兵败被杀于骊山之下，结束了可耻的一生。

三、西周时期的民族斗争

中国是一个多民族的国家。中华民族的主体是以炎黄冑裔为中心的华夏族，即后来发展成的汉族。但是，各个少数民族在长期的发展过程中，也对中国历史做出过贡献。从历史上看，在华夏族和各兄弟族的交往中总是互相影响的。不过华夏族的文明程度发展得较高一些，所以往往起着带头的作用。

当着以炎黄冑裔为主体的华夏族已经进入奴隶社会时，其他各族多数还停留在原始公社阶段。在夏、商两代，华夏族和各兄弟族就在或和或战中，进行着交流和融合。我们知道，奴隶社会是以奴隶主阶级占有生产资料和占有生产者——奴隶为基础的。奴隶主阶级根本不把奴隶当作人看待，当然对各少数民族则更不会当人看待了。在这样的历史条件下，奴隶主阶级在实行阶级压迫的同时，必然对各少数民族实行民族压迫，而不可能实行民族平等的政策。“蛮、夷、戎、狄”这些少数民族名字的本身，就反映着历代统治阶级对他们的诬蔑。直到春秋时期，有些奴隶主阶级的代表人物还辱骂说：“戎狄豺狼，不可厌也；诸夏亲昵，不可弃也”③；

---

① 见《诗经·小雅·正月》。

② 见《诗经·小雅·雨无正》。

③ 见《左传》闵公元年。

“戎，禽兽也”①；“狄，豺狼之德也”②；“夫戎狄冒没轻儳，贪而不让。其血气不治，若禽兽焉”③。因此，在西周时代，如同夏、商二代一样，在各民族的和平交往以外，经常发生民族矛盾和民族斗争，是毫不奇怪的。各民族正是在这和平交往和复杂斗争交织的形势下，进行着政治、经济和文化交流；也正是在这种形势下，华夏族的先进文明通过各种渠道传播到各兄弟族地区。

西周时代，华夏族自称“中国”“诸夏”“诸华”，而把其他民族一律贬称为“夷狄”，或者用方位来区别，在南方的称为“蛮”，在东方的称为“夷”，在西方的称为“戎”，在北方的称为“狄”，简称“四夷”。其实，当时各族种类繁多，不只有四，如“狄”，就有长狄、赤狄、白狄等多种。很多少数民族居住地同华夏族犬牙交错，不都在华夏族的外围。不过，当时华夏族统治阶级对其他族的政策是能征服者则征服之，不能征服者，则驱逐到四周的边远地方。

大体上说，武王、成王时期，民族关系比较缓和，和平交往较多。康王以后，渐趋紧张，戎狄势力日渐增强。宣王时代稍能挽回颓势，及至幽王则一蹶不振。春秋初年，“南夷与北狄交，中国不绝若线”④，民族斗争的剧烈程度可想而知。

《尚书·牧誓》说参加武王伐纣联军的，有“庸、蜀、羌、髳、微、卢、彭、濮人”，注释家以为是西南夷，即居住在中国西方和南方的各兄弟族。《国语·鲁语下》说：“昔武王克商，通道于九夷、百蛮，使各以其方贿来贡，使无忘职业，于是肃慎氏贡楛矢、石砮，其长尺有咫。”这两条材料反映各兄弟族在武王时期，一则由于他们当中许多族曾和周室联合反对殷纣，二则由于周室强大统一并实行怀柔政策，而乐于接受周室号

① 见《左传》襄公四年。

② 见《国语·周语中》。

③ 见《国语·周语中》。

④ 见《公羊传》僖公四年。

令，所以民族关系比较和协，远方来贡，华夏族的文明也得以向边远地区传播。

《逸周书·作雒解》记载：武王崩，“三叔（管叔、蔡叔、霍叔）及殷东徐、奄及熊盈以略”；又说：“凡所征熊盈族十有七国，俘维九邑”。《尚书·费誓》叙述鲁公伯禽誓师词说：“淮夷、徐戎并兴。”证明由于武庚的煽动挑拨，周室与东方各族之间发生过大规模战争。不过时间不长，战事就以周王室胜利，各族失败而告终。随后，由于齐、鲁两大诸侯国的建立和影响不断扩大，东方各族也渐次接受了华夏族的文明。

据《逸周书·王会解》记载，成王时有一次大盟会，很多兄弟族都来参加。又《国语·晋语八》说：“昔成王盟诸侯于岐阳，楚为荆蛮，置茅蕝，设望表，与鲜卑守燎。”证明尽管在成王初年出现了与东方各族的战争，但周室保持了武王时代的巨大威望，各族羡慕西周文明，纷纷归服，民族关系基本上是和睦的。当然，这种和睦关系不能理解为现代意义上的各民族团结和平等的关系。它是以周室的强大武力和各兄弟族服从周室统治为条件的，本质上是压迫与被压迫，剥削与被剥削的不平等关系。

康王时代的青铜器《小盂鼎》铭文说：“王□盂以□□伐鬼方……获馘四千八百□二馘，俘人万三千八十一人。”王国维有《鬼方、昆夷、玁狁考》，认为“其族西自汧、陇，环中国而北，东及太行常山间，中间或分或合，时入侵暴中国。其俗尚武力而文化之度不及诸夏远甚。又本无文字，或虽有而不与中国同。是以中国之称之也，随世异俗，因地殊号。至于后世，或且以丑名加之。其见于商、周间者，曰鬼方，曰混夷，曰獯鬻；其在宗周之季，则曰玁狁；入春秋后，则始谓之戎，继号曰狄；战国以降，又称之曰胡，曰匈奴。综上诸称观之，则曰戎、曰狄者，皆中国人所加之名；曰鬼方，曰混夷，曰獯鬻，曰玁狁，曰胡，曰匈奴者，乃其本名。而鬼方之方，混夷之夷，亦为中国所附加。当中国呼之为戎狄之对，彼之自称决非如此。其居边裔者，尤当仍其故号。”王说清楚明晰。《易·既济》说：“高宗伐鬼方，三年克之。”《未济》说：“震用伐鬼方，三年有赏于大国。”此“高宗”为殷武丁。证明鬼方是当时中国西北部的一个最强悍的民族。自殷以来，它同华夏族的矛盾和斗争，不断发展成为战争。

《左传》僖公四年说：“昭王南征而不复。”《竹书纪年》记此事说：“昭王十六年，伐楚荆，涉汉，遇大兕。”“十九年，……丧六师于汉。”“昭王末年，……王南巡不反。”证明昭王时，同南方各族的矛盾和斗争，已经很激烈，并在斗争中经常失利。《公羊传》僖公四年说：“楚有王者则后服，无王者则先叛。”说明当时南方各族的地方性也是很强的。

《后汉书·西羌传》记载：“至穆王时，戎狄不贡，王乃西征犬戎，获其五王，又得四白鹿，四白狼。王遂迁戎于太原。”此“太原”与《诗经·小雅·六月》：“薄伐玁狁，至于太原”之“太原”，当是一地。清初顾炎武的《日知录》和胡渭的《禹贡锥指》对太原一地都有考证，大约在今甘肃平凉一带，不是今山西太原。

《汉书·匈奴传》说：“至穆王之孙懿王时，王室遂衰，戎狄交侵，暴虐中国，中国被其苦。诗人始作，疾而歌之。曰：靡室靡家，猃允之故。岂不日戒，猃允孔棘。”按此诗见《诗经·小雅·采薇》。

《竹书纪年》说：夷王“命虢公率六师伐太原之戎，至于俞泉，获马千匹。”

《后汉书·东夷传》说：“厉王无道，淮夷入寇，王命虢仲征之不克。”同书《西羌传》说：“厉王无道，戎狄寇掠，乃入犬丘，杀秦仲之族。王命伐戎，不克。”

从上述材料可以看出，西周自昭、穆王到夷、厉王，随着阶级斗争的发展，民族斗争也发展了。穆王时期，王室还比较强大，在民族斗争中尚能处于支配地位。《左传》昭公四年说：“穆有涂山之会”，即其证。但是从《左传》昭公十二年的记载“昔穆王欲肆其心，周行天下，将皆必有车辙马迹焉”和《国语·周语》里祭公谋父谏征犬戎的一大篇文字看，穆王也是屡次挑起民族矛盾和斗争的罪魁祸首。昭、穆两王，尤其是穆王不断挑起民族冲突，破坏各民族间的团结和和睦。但从客观上看，周代的文明也因此传播更远，为后来的民族融合准备了条件。懿王以后，伴随着国内阶级矛盾的加剧，王室势力衰弱了，民族矛盾也加剧了，出现了一个“戎狄交侵”的局面。这一方面固然是少数民族乘势对华夏族进行侵掠，但另一方面，更主要的则是各民族对西周奴隶主阶级的残暴压迫和剥削的反抗。毛泽东同志说：“民族问题，说到底，是一个阶级斗争问题。”①这一教导，是我们理解古代民族斗争的一把钥匙。

宣王在位四十六年，号称中兴。今保存在《诗经·小雅》中的《六月》篇说：“薄伐猃狁，至于太原；文武吉甫，万邦为宪。”《采芑》篇说：“蠢尔蛮荆，大邦为仇！方叔元老，克壮其犹。方叔率止，执讯获丑。”《大雅·江汉》说：“江汉汤汤，武夫洸洸，经营四方，告成于王。”又说：“江汉之浒，王命召虎，式辟四方，彻我疆土。”《大雅·常武》说：“王犹允塞，徐方既来。徐方既同，天子之功。”这些诗篇虽然不无夸大成分，但从《召旻》诗有“昔先王受命，有如召公，日辟国百里”之句来看，基本上还是有事实根据的。也就是说在宣王即位初期，由于任用得人，在民族斗争中，稍能挽回颓势。无论对西方的猃狁，南方的荆蛮，东方的淮夷、徐戎，在战争中都曾占过上风，保持了宗周威严，但从《古本竹书纪年》“四年，使秦仲伐西戎，为戎所杀。王召秦仲子庄公，与兵七千人，伐戎，破之。”三十一年，“王遣兵伐太原戎，不克。”三十六年，“王伐条戎、奔戎，王师败绩”，以及《国语·周语上》“三十九年战于千亩，王师败绩于姜氏之戎”，“宣王既丧南国之师，乃料民于太原”等记载来看，则宣王后期在民族斗争中，总的说，是失败的。

幽王时期，不但阶级矛盾空前激化，民族矛盾也空前激化。《左传》

---

① 见《呼吁世界人民起来反对美帝国主义的种族歧视，支持美国黑人反对种族歧视的斗争》。

昭公四年说："周幽为大室之盟，戎狄叛之。"《召旻》说："今也日蹙国百里。"周幽王的统治陷入了内外交困的绝望境地，终于使武王灭商后传国十一代十二王的西周灭亡了。

总之，西周到了幽王时期，社会的阶级矛盾和民族矛盾都空前激化，王室已经完全丧失了统治能力。这标志着中国奴隶社会的全盛时期已经结束，奴隶制的生产关系已转而成了生产力进一步发展的桎梏，社会即将发生大的变革，奴隶制度进入了衰落时期，即以五霸为主要内容的春秋时期。

附：西周世系表

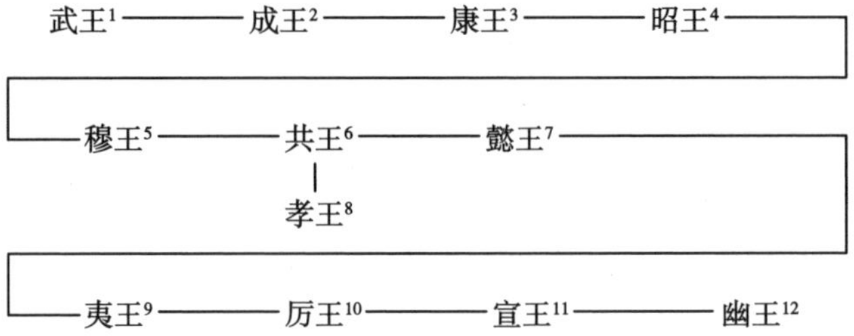

第六节 西周的生产工具和生产技术

西周的生产，同夏、殷一样，也还是农业和手工业这古代两大生产部门的生产。只是无论在生产工具或是生产技术上，西周都有了比夏、殷更高的水平。

一、农业

周人素以擅长农业见称。现存的古文献——《周易》和《尚书》《诗经》的一部分，都含有或多或少的关于西周农业生产的记载。尤其《诗经》中若干篇，涉及西周农事，写的生动具体，有声有色，更是研究西周农业生产的珍贵资料。

从《诗经》看，西周农业生产的工具有耜、钱、镈、铚、艾各种。

耜和耒本来是一种东西。为了在播种之前把土挖开，在早是只用木制棍棒一类的简陋工具来承当的，这类挖土工具就是古书上所说的耒。以后随着农业生产在人们生活中的重要性日益增加，以及人们生产经验的积累，简陋的工具便很自然有改进的必要和改进的可能。于是在耒的接触土的一端，首先安装上木制的平板或歧头板（考古学家称为单齿耒、双齿耒），以后，再改进为石制的或金属制的，就成了古书上所说的耜。耜，《说文・木部》作“枱”，又作“鈶”，证明耜原是木制，后来才改为金属制。耜为犁的前身，是最主要的农业生产工具。《诗经》上写到使用耜从事农业生产的地方很多：

《周颂・载芟》：“有略其耜，俶载南亩。”

《周颂・良耜》：“畟畟良耜，俶载南亩。”

《小雅・大田》：“以我覃耜，俶载南亩。”

《豳风・七月》：“三之日于耜，四之日举趾。”

“略”“良”“覃”这几个形容词讲的都是耜的锋利。这也可启发我们对耜在当时可能已用青铜制造的想象。

钱、镈、铚、艾均见《诗经·周颂·臣工》：

庤乃钱镈，奄观铚艾。

据注释家说，钱同铫、斛、锹、锸，肯定是一类东西。今通作锹，是挖土的工具。

镈，《释名》作镈，据注释家说：镈同耨（亦作槈）、鉏是一类东西。今通作锄，是除草的工具。

铚、艾，既指收割的动作，亦作收割的工具解。

铚，《说文》说是“穫禾短镰”。艾与刈通。韦昭《国语·齐语》注说：“刈，镰也。”镰，今通作镰。铚、艾都是收割的工具。

总起来看，西周的农业生产，是耕地用耜，除草用钱、镈，收割用铚、艾。钱、镈、铚三字皆从金，说明当时的农业生产工具已用金属制造。当然还不能排挤掉石器，因为当时还不知道冶铁，而青铜昂贵，很难普遍应用。

西周农业的生产技术，以休耕制和耦耕的盛行为特点。

休耕制，就是文献中所说的菑，新、畬。对这种耕作制的记载，计《周易》一处：

《无妄·六二》：“不耕穫，不菑畬，则利有攸往。”

《尚书》两处：

《大诰》：“厥父菑，厥子乃弗肯播，矧肯穫。”

《梓材》：“若稽田，既勤敷菑，惟其陈修，为厥疆畎。”

《诗经》两处：

《小雅·采芑》：“薄言采芑，于彼新田，于此菑亩。”

《周颂·臣工》：“如何新畬。”

《尔雅·释地》说：“田，一岁曰菑，二岁曰新田，三岁曰畬。”而许慎《说文》则说：“二岁治田曰畬。”（《经典释文》：《周易·音义》引）郑玄《礼记·坊记》注也说：“田一岁曰菑，二岁曰畬，三岁曰新田。”都与《尔雅》不同。但菑、新、畬乃指一块土地在连续三年中的不同状况则可以确定。

至于菑、新、畲的具体含义，注家说法不一。有释菑为“始灾杀其草木”（孙炎），也有释为“初耕地反草”（郭璞）。有释畲为“和”（孙炎），也有释为“悉耨”（董遇）。因而对“一岁”，“二岁”，“三岁”各指的是什么，解释也就不同。大体上，一种看法是从开垦荒地这个角度来看问题，就是说，开荒的第一年叫“菑”，第二年叫“新”，第三年叫“畲”。另一种看法是从休耕制的角度来看问题，就是说，“畲”是“不易之地”，岁岁种；“新”是“一易之地”，三岁中，种二岁，休耕一岁；“菑”是“再易之地”，三岁中，种一岁，休耕二岁。我同意这后一种意见。就上面所引的《周易》《尚书》《诗经》的原文看，菑、新、畲都只关乎日常农事，而没有特别说出是垦荒。再看《周礼·地官》中《大司徒》和《遂人》两职所述，是把菑、新、畲当作农事中的常制来讲，有参考意义。而垦荒，毕竟不是农事之常制，因为需不需开荒，能不能开荒，什么时候开荒，等等，都是不会有定制的，怎么能形成菑、新、畲这样关系十分固定的概念？所以应该说，菑、新、畲讲的是耕作制度问题，也就是休耕制。

耦耕是西周乃至春秋时期盛行的主要耕作方法。不过，什么叫耦耕，历来说法不一致。大体上可以概括为三种：一是二人并耕说。郑玄《周礼·考工记》注说：“古者耜一金，两人并发之”，程瑶田《耦耕义述》说：“二人并二耜而耕”，应属此类。二是二人对耕说。孔颖达《诗经·小雅·大田》疏说：“计耦耕事者，以耕必二耜相对，共发一尺之地。”林希逸《考工记解》说：“耦者，二人对耕也。”应属此类。三是二人同耕说。贾公彦《周礼·考工记》疏说：“二人虽共发一尺之地，未必并发。”孙诒让《考工记》疏说：“耦耕但二人同耕，不必同发径尺之地”，应属此类。近人还有用“二人共踏一耒或耜”或“两人一组面对面一蹠一拉共发一耜的耕地”来解释耦耕的。

上述三类说法究竟哪一种对呢？经过仔细研究，我认为第三类说法，即耦耕是二人同耕是对的。其余诸说，都难以成立，他们都是从《考工记》“匠人为沟洫：耜广五寸，二耜为耦。一耦之伐，广尺深尺谓之甽”这段话出发来考虑问题的。其实耦的意义，并不以耕地为限。例如《诗经·周颂·载芟》说：“千耦其耘。”《左传》昭公十六年说：“庸次比耦，以艾杀此地，斩之蓬蒿藜藋，而共处之。”《国语·吴语》说：“譬如农夫作耦，以刈杀四方之蓬蒿。”由此观之，二人共同锄草，也可以叫做耦。不仅如此。《论语·微子》把桀溺一个人的“耰而不辍”也看成是与长沮“耦而耕”。《周礼·地官·里宰》说：“以岁时合耦于耡，以治稼穑，趋其耕耨”。《礼记·月令》说“季冬之月……命农计耦耕事，修耒耜，具田器。”上述材料证明，“合耦”以后，这两个人就结成一个长年的劳动小组。它虽以耦耕为命名，实际上稼穑、耕耨，统统包括在内，而不能单纯地用《考工记》“匠人”那段话来解释。农耕的耦同“乡射”“大射”之耦，有某些相似之处。《周礼·夏官·大司马》说：“若大射则合诸侯之六耦”，《仪礼·乡射礼》说：“遂以比三耦于堂西。”郑玄注：“比选次其才相近者也。”是《里宰》所说的“合耦”，应和射之合耦或比耦一样，当如程瑶田《耦耕义述》所说，也要“察其体材，齐其年力，比而选之”。射之合耦，显然不是二人共一把弓；耕之合耦怎能说是二人共踏一耜呢？《淮南子·主术》说：“一人跖耒而耕，不过十亩”。这个“一人跖耒而耕”同《诗经·豳风·七月》所说：“三之日于耜，四之日举趾”实无二致。（《七月》毛亨传：“于耜，始修耒耜也。四之日，周四月也，民无不举足而耕矣。”）所以，耦耕虽然是二人共同耕作，但不会像宋人理解的“拐子马”一样，“一马仆，二马不能行”。工作起来，应是个人单独进行。

那么为什么当时普遍实行耦耕这种耕地方式呢？据我推测，可能有两个原因：一、同射的作耦一样，带有竞赛性质；二、还保留着自氏族公社、家庭公社以来所存在的共耕制的痕迹。

上面谈了耕作方式，那么，西周一般的田间技术如何呢？这在文献中也有反映。

疆理工作。由于西周实行的是井田制，疆理工作就成为农业生产中的一项首要任务。

《诗经·小雅·信南山》说：

我疆我理，南东其亩。

又《大雅·緜》说：

乃疆乃理，乃宣乃亩。

这个疆理工作，实包括《周礼·地官·遂人》的“治野”，和《考工记·匠人》的“为沟洫”，即对整个耕地作全面的规划和整治。不但整治畎亩，也整治“五沟五途”。显而易见，这种疆理工作在土地为个人所占有的条件下，是做不到的。

播种。从西周的诗篇中透露出当时已经知道选种，并注意掌握播种时间。

《诗经·大雅·生民》有：“诞降嘉种，维秬维秠，维穈维芑。”毛亨传：“秬，黑黍也。秠，一稃二米也。穈，赤苗也。芑，白苗也。”秬、秠是黍之异种，穈、芑是粟之异种。黍，今俗称黄米；粟，今俗称小米。从《生民》这个诗句可以看出，当时已知道挑选良种。

又《豳风·七月》有“黍稷重穋，禾麻菽麦。”毛亨传说：“后熟曰重，先熟曰穋。”重、穋字亦作穜稑。郑众《周礼·内宰》注说：“先种后熟谓之穜，后种先熟谓之稑。”这就反映当时不但知道选择良种，而且有了晚熟、早熟、先种、后种等不同品种的概念。《豳风·七月》说：“亟其乘屋，其始播百谷。”郑玄笺释“亟其乘屋”为“急当治野庐之屋”，即为播种做准备。这证明当时对什么时候播种已有了明确的认识。

除草和中耕。《诗经·周颂·良耜》说：“其镈斯赵，以薅荼蓼。”又《小雅·甫田》说：“或耘或耔，黍稷薿薿。”镈是锄，“荼蓼”是田间杂草。耘是除草。耔，毛亨传说：“壅本也”，实际上就是在作物的根部进行培土的工作。上述诗句，反映当时的农业生产已掌握了除草和中耕这个重要环节。

灌溉。《诗经·小雅·白华》说："滮池北流，浸彼稻田。"这很明显已有了引水灌溉的技术。

施肥。《诗经》谈到施肥的地方很少。不过，也不是没有一点踪迹可寻。如《周颂·良耜》说："荼蓼朽止，黍稷茂止。"把杂草的腐烂同黍稷的茂盛联系起来，可见当时已意识到绿肥的作用。

治虫。《诗经·小雅·大田》有："去其螟螣，及其蟊贼。"说明当时已有了防治病虫害的知识。

总的来说，当时的农业生产技术和知识虽然还相当粗浅，但是对农业生产的几个基本环节都注意到了，并作了适当的处理。它是劳动人民长期与自然界作斗争而积累的宝贵经验，应予以足够的重视。

二、手工业

西周的手工业生产种类繁多，生产技术，从某些方面说，也相当精巧。但它的产品不是用来交换，主要是为了满足奴隶主阶级寄生性的需要，与广大人民群众无关。当时的奴隶主阶级从吃喝穿住到各方面的人事交往，所有需要，除了属于农业生产范围，由农业生产满足外，其余的基本上都由手工业生产来满足。举例说，诸如城郭、宫室、饮食、衣服、车旗、兵器、乐器以及其他一切生活用具，无不由手工业生产来供应。光是王室的饮食、衣服两项，据《周礼·天官》记载：膳夫"掌王之食饮膳羞，以养王及后、世子。凡王之馈食用六谷，膳用六牲，饮用六清，羞用百二十品，珍用八物，酱用百有二十瓮。"《周礼·春官》：司服"掌王之吉凶衣服，辨其名物，与其用事。王之吉服，祀昊天上帝则服大裘而冕，祀五帝亦如之，享先王则衮冕，享先公、飨、射，则鷩冕，祀四望山川则毳冕，祭社稷五祀则希冕，祭群小祀则玄冕。凡兵事，韦弁服。视朝，则皮弁服。凡甸，冠弁服。凡凶事，服弁服。凡吊事，弁绖服。凡丧，为天王，斩衰；为王后，齐衰；王为三公六卿，锡衰；为诸侯，缌衰；为大夫士，疑衰；其首服皆弁绖。大札、大荒、大灾，素服。”我们现在没有必要用很大篇幅给这些服装作详细解释，光看这些五花八门的名目，就可以想象出当时奴隶主阶级的生活是多么穷奢极欲。所以，当我们从文献记载和出土文物看到西周手工业生产的成就时，我们固然为古代劳动人民的无穷智慧和伟大创造力所折服，但同时也必须体察到在奴隶主阶级残酷压榨下进行生产的广大奴隶的血和泪。

关于记述西周手工业的生产工具，很难找到直接材料。但《尚书·吕刑》里已谈到墨、劓、剕、宫、大辟等五刑，结合《国语·鲁语》臧文仲所说“大刑用甲兵，其次用斧钺，中刑用刀锯，其次用钻笮，薄刑用鞭扑”来看，西周的手工业生产工具一定有斧、刀、锯、钻、凿等。这些东西很可能都是用青铜制造的。

1975年宝鸡茹家庄出土的青铜器中，有铜斤六件，铜斧二件，铜凿二件，铜刀一件。可见，西周已确实开始用青铜来制造手工业生产工具。

关于西周的手工业生产技术，我们从《诗经》所说的“出车彭彭”“其车三千”“约軝错衡”“鞗革金厄”“玄衮及黼”“朱芾斯皇”“筑室百堵”“作庙翼翼”“敦弓既坚，四鍭既钧”，等等，可以想见大概。不过，谈得详尽具体，则莫如《考工记》所述。

前人根据《考工记》言“秦无庐”“郑之刀”，断为东周时书，无疑是对的。但是，《考工记》的功绩，不在于创造，而在于撰集。如果把它所谈的内容，一古脑儿都归之于东周，恐怕也不见得符合事实。我们知道，周制是“工商食官”。这本书很可能是在官失学散之后，某人掇拾丛残，得到一批官方考工档案而写成的，其中无疑保存着西周以来广大手工业工人长期积累的宝贵经验。《考工记》说“周人上舆”，这是对“有虞氏上陶，夏后氏上匠，殷人上梓”来说的，显然不专指东周，一定包括西周在内。

现在单就车来说一说。《尚书·顾命》说：“大辂在宾阶面，缀辂在阼阶面，先辂在左塾之前，次辂在右塾之前。”《诗经·小雅·采芑》

说："方叔涖止，其车三千"。《小雅·六月》说："元戎十乘，以先启行"。《小雅·采菽》说："虽无予之，路车乘马"。《大雅·韩奕》说："百辆彭彭，八鸾锵锵"。《小雅·无将大车》说："无将大车，祇自尘兮"。这些记载证明《考工记》里所述的各种车，在西周不但应有尽有，而且数量非常之多。因此，当时工人的技巧自可用《考工记》来说明了。

《考工记》所记的车，大别之有两类，一类是一辕（辀）驾四马的用于战争、田猎、行旅等；另一类则是两辕驾一牛的，用于平地或山地的运输。细别之，前者为兵车、田车、乘车；后者为大车、柏车、羊车。在乘车之中，又有饰车、栈车之分，种类纷繁。这就需要有大量的手工业工人来制造。

当时的车，全是木制，靠胶筋漆革加固，不用或很少用金属。因此，要求有很高的工艺水平。不然的话，别说用于战争，就是用于一般运输，也大成问题。

《考工记》说："周人上舆，故一器而工聚焉者，车为多。"《淮南子·主术》也说："故古之为车也，漆者不画，凿者不斲，工无二技，士不兼官，各守其职，不得相奸。"证明周人造车，分工是比较细的。有了细致的分工，工人们才能专心致志，使技术更加精益求精。据《考工记》记载，光木工就分好几种，兵车、田车、乘车的车轮由轮人制造，车箱由舆人制造，车辕由辀人制造。在车的轮、舆、辀这三个组成部分当中，轮尤为重要，所谓"察车自轮始"。

车轮又是由毂（今名车"葫芦头"）、辐（辐条）、牙（车辋）三部分构成的。《考工记·轮人》对毂、辐、牙这三部分要求都非常严格，明确指出，毂的作用在于"利转"，辐的作用在于"直指"，牙的作用在于"固抱"。毂、辐、牙所使用的木材都要经过精心挑选，并规定斩伐的时间。牙要求极其圜，辐要求极其直，毂用筋革包上以后，要求极其紧。而天然木材不会有直接合用的，这就要求工人具有较高的技术水平。例如做毂的木材，事先要标出阴阳面。工人们从实践中了解到，木材的阳面纹理细密就坚固，木材的阴面纹理稀疏就柔软。所以当使用时，要在木材的阴面用火烤，使木材的阳阴面的坚硬度达到一样。这就可以避免以后柔软的那一面，因风干而瘦损，从而影响皮革胶筋的加固作用。1975年宝鸡市茹家庄西周墓出土的文物中，有铜制车軎和车辖（辖，轴端键也），是当时已用铜制车辖之证。

辐数三十，用同一间隔安装在毂和牙的中间，不但要求接榫坚牢，直皆中绳，而且要求每一条辐的大小、轻重都一样，所谓“揉辐必齐，平沈必均”。这无疑需要有高超技术。牙是用三块木材构成的。做成之后，不但要求其圆中规，而且要求“外不廉而内不挫，旁不肿”。

《考工记》所述，“凡攻木之工七，攻金之工六，攻皮之工五，设色之工五，刮摩之工五，抟埴之工二”，除了金工的段氏，皮工的韦氏、裘氏，设色工筐人，刮摩工楖人、雕人，六职已亡，不知内容说的是什么外，其余诸职所述，在不同程度上都反映当时的生产技术水平是相当高的。

纺织业。在近些年来的考古发掘中，泾阳早周墓曾发现平纹麻布，组织密度每平方厘米经线十三根，纬线十二根。从宝鸡茹家庄墓葬的丝织物印痕来看，原品系斜纹提花织物，经纬排列是$\overset{31}{\underset{11}{\leftarrow}}$，花纹是菱形图案，用提花机具织成。可见，西周已能生产绮。此外，茹家庄墓葬中还发现了精美的刺绣印痕。从织物和刺绣印痕的颜色来看，当时已使用朱砂、石黄等矿物染料。①总之，西周的纺织业和染色业，已达到了一定的水平。

① 《有关西周丝织和刺绣的重要发现》，《文物》1976年第4期。

第七节　西周的思想文化

在谈西周的思想文化这个问题以前，首先应当指出的是，在阶级社会里，统治阶级的思想是占统治地位的思想。西周是奴隶社会。在奴隶社会里，奴隶主阶级不仅垄断了物质生产资料，同时也垄断了精神生产资料，奴隶们创造的物质财富和精神财富被窃夺了。正因为如此，我们在这里所谈的西周的思想文化，就不能不是西周奴隶主阶级的思想文化。下面，就从宗教、哲学、科学、文学、艺术等几个方面简要地谈一谈。

一、宗教

《礼记·表记》载："夏道尊命，事鬼敬神而远之"；"殷人尊神，率民以事神"；"周人尊礼尚施，事鬼敬神而远之"。这些话是孔子评论夏、商、周三代社会思想得失时说的，其中指出周人的特点之一是"事鬼敬神而远之"。这种说法同《礼记·檀弓》说的"夏后氏用明器，示民无知也；殷人用祭器，示民有知也；周人兼用之，示民疑也。"以及"之死而致死之，不仁，而不可为也；之死而致生之，不知，而不可为也。……其曰明器，神明之也"的说法是一致的，因而是可信的。今传世的周初文献，一方面说"皇天上帝，改厥元子，兹大国殷之命，惟王受命"（《尚书·召诰》），另一方面又惊呼"惟命不于常"（《尚书·康诰》），"天命靡常"（《诗经·大雅·文王》），足证对天怀疑的思想是周人从克殷以来所形成的基本思想。可见他们在宗教这个问题上，并不是真信鬼神的存在。那么，为什么又把鬼神当作真正存在一样来崇拜呢？说穿了就是把它作为统治的工具，作为镇压和欺骗互为补充的两手来使用。《国语·周语》说："古者，先王既有天下，又崇立于上帝明神而敬事之，于是乎有朝日、夕月以教民事君。"《礼记·中庸》说："郊社之礼所以事上帝也，宗庙之礼所以祀乎其先也。明乎郊社之礼，禘尝之义，治国其如示诸掌乎！"祭祀鬼神和治国的关系这里说得再明白不过了。因此，西周的社会生活同殷商一样，也把对鬼神的崇拜作为国家政权的头等大事，《左传》成公十三年王室刘子说：“国之大事在祀与戎。”

马克思说：“宗教本身是没有内容的，它的根源不是在天上，而是在人间”①。一语道破了宗教的本质：上帝是由人造出来的。把马克思主义经典作家的这个理论运用到西周的具体历史实际，可以想见，周时的鬼神也是分等级的。鬼神世界的等级，正是人间世界等级的反映。当时不但鬼神有等级，对鬼神的崇拜，也有等级上的限制。例如，《国语・楚语》说：“天子遍祀群神品物，诸侯祀天地、三辰及其土之山川，卿、大夫祀其礼，士、庶人不过其祖。”韦昭注云：“‘祀天地’谓二王之后；非二王之后，祭分野星、山川而已。”显然人们祭祀鬼神的等级是极其鲜明而且严格的。这些等级恰恰表现了人世间的等级制度：天子、卿大夫、士、庶，各有自己祭祀的对象。天子为政治上的最高首脑，具有至高无上的权力，天地、山川、日月星辰都列入祭典；但是卿大夫、士庶则要受到一定的限制，如祭非所祭就是“非礼”，在政治上则为“僭越”，如同犯了罪过一样。《公羊传》僖公三十一年说：“鲁郊何以非礼？天子祭天，诸侯祭土。天子有方望之事，无所不通；诸侯，山川有不在其封内者，则不祭也。”《礼记・礼运》说：“鲁之郊禘非礼也，周公其衰矣。杞之郊也，禹也；宋之郊也，契也，是天子之事守也。故天子祭天地，诸侯祭社稷。”《左传》哀公六年：“初，昭王有疾。卜曰：‘河为祟。’王弗祭。大夫请祭诸郊。王曰：‘三代命祀，祭不越望。江、汉、睢、章，楚之望也。祸福之至，不是过也。不穀虽不德，河非所获罪也。’遂弗祭。”以此与前条相印证，则知韦昭的说法是对的。

所谓郊、社、宗庙之祭，只有统治阶级才能享有，劳动人民是没有份的。同劳动人民有关联的，只有蜡祭。它是一年中关于农事的一个最大的祭典和节日。据《礼记・郊特牲》说：蜡祭所祭的为先啬（农业的首创者）、司啬（前代主管农业的）、百种、农、邮表畷（当是井田的

① 《马克思恩格斯全集》第27卷，人民出版社1956年版第436页。

疆界）、猫虎、坊（堤坝）、水庸（沟洫）等八种神，都是同农业生产有重要关系的。又说："伊耆氏始为蜡。"伊耆氏，前人说是"古天子号"。很明显，它是从原始社会流传下来的一种宗教仪式，在很大程度上反映当时的万物有灵论。《礼记·杂记下》说："子贡观于蜡。孔子曰：'赐也乐乎？，对曰：'一国之人皆若狂，赐未知其乐也。'子曰：'百日之蜡，一日之泽，非尔所知也。张而不弛，文武弗能也；弛而不张，文武弗为也；一张一弛，文武之道也。'"这个"一国之人皆若狂"说明劳动人民庆祝自己的节日是何等的热烈！他们终岁勤劳，难得在一起聚会，这一天，除了序年齿之外，可尽情畅饮酣醉，享受人生少有的欢乐。然而对于统治阶级来说，之所以允许保留这样一种宗教仪式，是有其政治目的的——表面上显示君恩之浩荡，实际上是为了更多的榨取奴隶们的血汗。子贡光看到"一国之人皆若狂"的表面现象，并不解其中的奥妙。孔子说"一张一弛，文武之道也"，可谓一语破的。

当时，掌管祭祀鬼神的部门长官是宗伯，执行这项具体工作的人员则有祝、宗、卜、史等。正由于当时把祭祀鬼神看作是国家的头等大事，所以这项工作不简单。据《国语·楚语下》说"使先圣之后之有光烈，而能知山川之号、高祖之主、宗庙之事、昭穆之世、齐敬之勤、礼节之宜、威仪之则、容貌之崇、忠信之质、禋絜之服，而敬恭明神者，以为之祝。使名姓之后，能知四时之生、牺牲之物、玉帛之类、采服之仪、彝器之量、次主之度、屏摄之位、坛场之所、上下之神、氏姓之出，而心率旧典者为之宗"，可以想见其大概。

二、哲学

西周在中国哲学史上有两个巨大的贡献，一个是存在于《周易》一书里的阴阳说，另一个是存在于《尚书·洪范》里的五行说。前者代表古代的朴素的辩证法思想，后者代表古代的原始的唯物论思想。

1.《周易》里的阴阳

关于《周易》成书的年代，《周易·系辞下》说："《易》之兴也，其当殷之末世，周之盛德邪？当文王与纣之事耶？"从本书内有"王用亨于岐山"（《升卦·六四》）和"箕子之明夷"（《明夷卦·六五》）来看，这种说法是对的。《易传》是专为解释《周易》而作的。里边对于《周易》所作的种种说明，都只称《易》，不称《周易》。证明《周易》这个名称同《周书》《周礼》一样，"周"字都是用来标明朝代的。所以，《周易》一书断是西周的作品。

"易为卜筮之书"，这是千真万确的事实。在《左传》中就可以看到很多筮人应用《周易》来决定吉凶的具体例子。但是，如果因此而否定它内部包含的哲学思想，那就不能不说是表面地、形而上学地看问题，因而不能看到问题的本质。《庄子·天下》说："易以道阴阳"，我们认为，这种说法真正说到了问题的本质。马克思说："哲学最初在意识的宗教形式中形成，从而一方面它消灭宗教本身，另一方面从它的积极内容说来，它自己还只在这个理想化的，化为思想的宗教领域内活动。"[①]马克思所揭示的这条原理，又一次在中国最初哲学的形成中得到证实。卜筮，无疑属于宗教迷信的范围，但是中国最初的哲学思想——阴阳说，就是从卜筮这个宗教迷信里产生出来的。奇怪吗？一点也不奇怪。它既是活生生的事实，又符合于马克思主义理论，一个坚持唯物论的历史学者是不应否认这一点的。

阴阳，这个古人所创造的哲学术语，就其基本意义来说，就是对立的统一，就是矛盾，就是辩证法的核心。当然，必须指出，它是古代的辩证法，是原始的朴素的辩证法，同现代的马克思主义的辩证法是有本质上区别的。

《周易》的思想是用六十四卦来显示的。而六十四卦是由八卦组成的。组成八卦的元件则是阴阳两画。即用--来代表阴，用—来代表阳。

① 《马克思恩格斯全集》第26卷，人民出版社1956年版第26页。

用⚋⚊这两个符号来代表阴阳，同用+-来代表数学中的正负，物理学中的阳电和阴电一样。它的意义不在于符号本身，而在于符号所代表的东西。

《易传》论述《周易》六十四卦的结构说：“易有太极，是生两仪，两仪生四象，四象生八卦”。又说“八卦成列，象在其中矣；因而重之，爻在其中矣”。这几句话，不大好懂，需要加以说明。

首先说什么叫做“太极”。太极又称“大一”。这个一不是一二三四的一，而是一个整体的一；不是相对的一，而是绝对的一。《老子》说：“道生一，一生二。”抛开“道生一”不管，光说“一生二”，则和《周易》太极生两仪的观点是一致的。《老子》所说的“一”也不是相对的一，而是绝对的一。同样，“二”也不是一二三四的二，而是一分为二的二。不过，从表达方式来说，《周易》更确切些。因为“太极”本身含有绝对的意思，“仪”可以作匹配解，则“两仪”决不是一二三四的二，而是表示它是矛盾的统一体。所以太极生两仪的本义，毫无疑问，相当于现代辩证法中的一分为二的观点。

“两仪生四象”，这个“四象”用符号来表示，就成为⚏（象太阴）⚎（象少阳）⚍（象少阴）⚌（象太阳）。很明显，太阴、少阳两象是两仪中阴仪（⚋）一分为二的结果，少阴、太阳两象，是两仪中阳仪（⚊）一分为二的结果。

“四象生八卦”，这个“八卦”的符号是☷（坤）☶（艮）☵（坎）☴（巽）☳（震）☲（离）☱（兑）☰（乾）。从八卦的卦画中可以看出，八卦又是由四象一分为二所产生的。由此可见，阴阳，即对立的、统一的观点，实是四象八卦的基础，并贯穿在两仪、四象、八卦之中。

《周易》把八卦看成是“小成”。那么，“八卦成列，象在其中矣”，是什么意思呢？要知道，《周易》对于八卦的处理办法是，首先人工的给加上八个固定的名称。即乾（☰）坤（☷）震（☳）巽（☴）坎（☵）离（☲）艮（☶）兑（☱）。当然，这八个名称同八卦卦画本身是有联系的。根据《周易》认为阳刚阴柔这个基本“理论”，所以八卦的名称实代表八种不同的性质。《说卦》说：“乾，健也；坤，顺也；震，动也；巽，入也；坎，陷也；离，丽也；艮，止也；兑，悦也。”正说明了这个问题。

从《周易》的观点看，八卦有了名称以后，就成为一个公式，无论自然界或人类社会，所有一切事物，都可以套用这个公式。《说卦》为此举过很多例子，如说“乾为马，坤为牛，震为龙，巽为鸡，坎为豕，离为雉，艮为狗，兑为羊；乾为首，坤为腹，震为足，巽为股，坎为耳，离为目，艮为手，兑为口。……”等。所谓“象在其中”的真正含义，就是如此。《周易》所以这样做的目的，在于把它的理论应用于卜筮，而这一点当然是唯心的了。

“因而重之，爻在其中矣”是什么意思呢？“因而重之”讲的是六十四卦怎么形成的。“因”是以八卦为基础，“重”是在八卦的基础上又分别重以八卦，这样就成了六十四卦。六十四卦形成之后，则六十四卦中的每一卦不但包含八卦的卦象，还有六爻的爻象。六爻的相互关系，如王弼《周易略例》所揭示的，又创造出承、乘、远、近、内、外、初、上，等等义例，因而用于卜筮，就可说明复杂的问题了。这就是所谓“爻在其中”。

我们把涉及卜筮的部分抛开，专谈《周易》的思想，可以看到，关于阴阳的观点在《周易》一书里，并不是偶尔闪烁出的几朵火花，而是贯穿在一切方面的基本思想。这表明《周易》的作者已经明确地认识到这条真理，并有意识地假借卜筮的外壳把它体现出来。

阴阳观点在《周易》里的表现，并不限于上述几个方面，还可以再谈两点。

第一，从《周易》六十四卦的结构来看，它是用八卦“因而重之”的方法组织起来的。因此六十四卦中的每一卦都包含八卦中的两个卦。这两个卦一个叫内卦，一个叫外卦，它们共处于一个统一体中。这里边很明显地体现出阴阳的观点。六十四卦的排列顺序从乾坤两卦开始，到既济、未济两卦结束。每两卦自成一组。两卦卦画，不反则对，无一例外（例如乾☰与坤☷叫做对，因为乾卦六画皆阳，坤卦六画皆阴，两两相对。屯䷂与蒙䷃叫做“反”，因为把屯卦的卦画倒过来看就成了蒙卦）。不消说，这里边也暗含对立统一的观点。又，把六十四卦作为一个有组织的序列来看，则以《乾》《坤》二卦居首，《既济》《未济》二卦居末，这决不是随便的安排，而是有意识地用以表述它的哲学观点的。《易传》说：“《乾》《坤》其《易》之缊耶？《乾》《坤》成列而《易》立乎其中矣。”又说：“《乾》《坤》其《易》之门邪？”又说：“阖户谓之坤，辟户谓之乾，一阖一辟谓之变，往来不穷谓之通。”[①]又说：“《既济》定也。”[②]“物不可穷也，故受之以《未济》终焉。”[③]上述这些话，就是《易传》作者对《周易》六十四卦排列次序所反映的观点的正确说明。这些话的大意是说：《周易》六十四卦的体系，不是别的，乃是乾坤两卦的变化发展过程。如果说乾象天，坤象地，则《周易》六十四卦的乾坤两卦，正象开天辟地之时。那么，开天辟地以前是什么呢？当然是混沌不分了。这一个混沌不分就是太极。乾坤就是太极的一分为二。《序卦》从“有天地然后万物生焉”谈起，这说明，乾坤就是天地。《周易》以乾坤居首，其义在象开天辟地之时。《系辞》说：“天尊地卑，乾坤定矣。……在天成象，在地成形，变化见矣。”也是说的这个问题。本应太极一分为二才生乾坤，太极不可象，故从乾坤开始。

《屯》《蒙》以下，对于《周易》六十四卦安排本意来说，则是乾坤二卦变化发展的产物。“乾坤成列而《易》立乎其中矣”这句话就是说明这个问题的。《系辞》于“在天成象，在地成形，变化见矣”下紧接着说：“是故刚柔相摩，八卦相盪；鼓之以雷霆，润之以风雨；日月运行，

① 以上均见《周易·系辞》。

② 见《周易·杂卦》。

③ 见《周易·序卦》。

一寒一暑；乾道成男，坤道成女”，则是对这一问题又一次作了生动、具体的说明。“乾坤其《易》之门耶”也不是别的，乃是用另一种语言说明这个问题。

《序卦》一篇，当说明两卦相次的时候，基本上采用“……必有……，故受之以……”或“……不可以……，故受之以……”这样的公式，显然这是表示由一卦变化为另一卦，其间有必然性。当变到最后两卦时，《既济》六爻刚柔皆正而当位（阳爻在初、三、五阳位，阴爻在二、四、上阴位），这在《杂卦》，即所谓“《既济》定也”。表明从乾坤以来的变化发展，到此已是尽头。但是同它共处一个小的环节中的《未济》，就立即变成六爻刚柔皆不当位。《序卦》解释说：“物不可穷，故受之以《未济》终焉。”从《既济》《未济》两卦所处的地位，并结合《杂卦》《序卦》两条说明来看，我们只能这样说，《周易》作者之所以把《既济》《未济》安排在六十四卦之末，是认为前一过程的终结，正是后一过程的开始。六十四卦只是作为一个链条存在，从这个链条以前来看，是无限的，从这个链条以后来看，也是无限的。

当然，从六十四卦作为一个链条的每一个环节来看，所谓“必然性”，纯粹出自主观虚构，并没有科学依据。这一缺点，对于原始的朴素的辩证法来说，是无法克服的。在当时的历史条件下，能认识到事物是变化的，不是不变的；是发展的，不是循环的；事物发展的根本原因在于自身的矛盾性，这已经很了不起了。我们不应低估这一成就，也不应超越历史实际有过高的要求。

第二，从筮法来看。《易传》有一段文字说明蓍和卦的关系。它说：“蓍之德圆而神，卦之德方以智。……神以知来，智以藏往。”这一段话的大意是说，蓍主要表现在筮法上，它和卦代表一个矛盾的两个方面。《周礼・春官・筮人》有“三易”“九筮”之说。今保存在《易传》中的筮法，不知属于哪一种。很可能从一开始，它就同《周易》有着相互依存的关系。

现将《易传》里讲筮法的两大段话，抄录在下面。

大衍之数五十有五（有五原缺，兹根据下文和《易乾凿度》校补），其用四十有九。分而为二以象两，挂一以象三，揲之以四以象四时，归奇于扐以象闰。五岁再闰，故再扐而后挂。

天一地二，天三地四，天五地六，天七地八，天九地十。（原在别处，我认为是错简，故移此。）天数五，地数五，五位相得而各有合。天数二十有五，地数三十，凡天地之数五十有五，此所以成变化而行鬼神也。[①]

这就是说，筮法的第一步在先取蓍五十五策作为大衍之数。这个大衍之数是怎么来的呢？“天一地二”以下那段文字，就是专为这个问题所作的说明。从这段说明可以看出，蓍和卦在形式上虽然不同，但思想内容则是一致的。卦用画来表示，蓍用数来表示。画有- -—，取名为阴阳；数有奇偶，取名为天地。阴阳、天地，名称不同，在本质上是一回事，都表明互相矛盾的两个方面。卦由两仪发展到八卦，是为“小成”。蓍由天一地二发展到天九地十，也可以看作是“小成”。《左传》庄公十六年说：“使以十月入，曰：‘良月也，就盈数焉’。”春秋时人把十看作是“盈数”，同筮法把由天一地二发展至天九地十，看作是“小成”的思想是一致的。下文的“五位相得”就是说天一与地二相得，天三与地四相得，以下可以例推。“相得”表明两个对立的东西，共处在一个统一体中。“五位相得”表明它们是在发展中的五个相对独立的环节。“各有合”就是说天数与天数合在一起，地数与地数合在一起。结果就成了“天数二十有五，地数三十”。天地之数共为五十有五，就成了大衍之数。《周易》的六十四卦是由八卦因而重之构成的。筮法的大衍之数是由十个数字的奇数与偶数合在一起构成的。二者构成的方法既相似，其思想也是一致的，里边都贯穿着对立统一这个辩证法的基本观点。

“其用四十有九”的意思是，当卜筮时，大衍之数五十有五不全用，

① 《周易·系辞上》。

只用四十有九。其所以不全用，是因为全用，则分二、掛一、揲四、归奇、再扐以后，不能按照预期的结果得出七八九六来。四十有九当未分时，是象太极，“分而为二”则象太极生两仪。这里边也贯穿着一分为二的辩证法思想。

总之，《周易》是为卜筮服务的。无论卦或蓍，中间都夹杂着很多宗教迷信成分，这是不可否认的事实。但是，如果透过它的宗教迷信外壳，而看它的思想内容，不承认它是道阴阳的，即应用对立统一这个辩证法思想作为一条红线贯穿始终和各个方面，也是不对的。

2．《尚书·洪范》里的五行

谈到《洪范》，有一个问题要先解决，即它是不是西周的作品。我认为，尽管在文字上可能有某些讹夺，例如“王极”误为“皇极”，但认定它是西周的作品决不会错。其理由如次：

近人已经提到的春秋战国时的作品，如《左传》（文公五年、成公六年、襄公三年）、《墨子》（《兼爱下》）、《吕氏春秋》（《贵公》）、《荀子》（《修身》《天论》）、《韩非子》（《有度》）等都曾引用过《洪范》里的词句。

《诗经·小雅·小旻》有“或圣或否，……或哲或谋，或肃或艾”等词句，这里的“圣”“哲”“谋”“肃”“艾”五个词，和《洪范》五事的“恭作肃，从作乂，明作哲，聪作谋，睿作圣”等五逗的下一个词完全相同。这决不是巧合，而是引用《洪范》的结果（郑玄笺已见及此）。又《尚书·吕刑》说：“惟敬五刑，以成三德”。这“三德”自来都用《洪范》正直、刚克、柔克等“三德”来解释，无疑是对的。这就证明不但春秋战国时很多著作引用过《洪范》，即作于西周的《诗经》《尚书》也引用过《洪范》。

有以上这样大量的佐证，怎能说《洪范》不是西周的作品呢？

现在专谈《洪范》里的五行。

五行作为一个集合名词来应用，并不始于《洪范》，早在原始社会就出现了。例如《左传》昭公二十九年有魏献子和蔡墨的一段对话就是证明。蔡墨说："故有五行之官，是谓五官。实列受氏姓，封为上公，祀为贵神。社稷五祀，是尊是奉。木正曰句芒，火正曰祝融，金正曰蓐收，水正曰玄冥，土正曰后土。"又说："少皞氏有四叔，曰重，曰该，曰脩，曰熙，实能金木及水。使重为句芒，该为蓐收，脩及熙为玄冥。……颛顼氏有子曰犁，为祝融，共工氏有子曰句龙，为后土。"不过，原始社会虽然有了五行这个名词，但是这个五行原出于五官，五官原出于生产斗争的需要，并没有哲学含义。当作哲学概念来应用，当由《洪范》开始。

五行又称"五材"（《左传》襄公二十七年说："天生五材，民并用之，废一不可。"五材，杜预注："金木水火土也"）、"五部"（《史记·历书》"起五部"，应劭说："五部，金木水火土也"），表明这个"行"字有类别的意思。古人为什么习惯用"五"这个数字来概括事物（诸如：五声、五色、五味，乃至五帝、五霸等等），过去很少有人谈及，这里略作分析。

《左传》昭公三十二年载晋人史墨说："物生有两，有三，有五，有陪贰"，随即又举"天有三辰，地有五行，体有左右，各有妃耦"的实例加以论证。史墨这种说法是有根据的，虽然他只是讲了当然而未讲其所以然。我们今天有了民族学的知识，就可以看出，这种思想实正确地反映了人类计数知识向前发展所经历的几个不同的阶段。

一般说，人类计数知识的发展曾经历了下述几个阶段。第一，仅知道有二。二是作为一整个东西的两半来认识的。这可由许多落后部落的语言中得到证明。《老子》说的"一生二"的二，也是一个例证。第二，仅知道三。即计数到三为止，三以上则用表示多的概数来称谓。这也可用民族志材料来证明。如《老子》说"二生三，三生万物"。说到三为止，再多就称万了。万即是众多的意思。第三，知道有五。至今仍有很多语言把"五"和"手"用一个字来表示。刘师培《左盦外集·论小学与社会学的关系》曾谈到过这个问题。他说："日本岸本氏《社会学》引告尔敦之说曰，达马拉人之举数也，以左手撮右手之指而计之，故数至五以上，则不能举。观《说文》一二三四五诸字皆有古文，而六七八九十诸字则无古文，岂非上古造字，至五而止，自五而上，上古无此语言，亦无此文字？盖古者以指计数，指止于五，故数亦止于五。”刘氏这段话，很有参考价值。第四，知道有十。安达曼人和其他一些落后的部落能够计数到十，十以上的数目，就一概称之为“多”或“很多”。中国的《左传》庄公十六年称十为“盈数”，也是一证。第五，知道有万。《左传》闵公元年说：“万，盈数也。”是其证。

由此可见，古人每用三、五等数目字概括一切，并不是偶然的。虽然我们不能说当时人们的数学概念都至三或五为止，但它是受了更古的人的思想影响，则是没有问题的。

《洪范》是对于当时社会问题进行全面总结而形成的一个纲领性文献。由于受时代的限制，也同《周易》一样，在正确的思想外面蒙上了一层宗教迷雾。五行思想也不能避免这一点。总的看来，它是把自然界的无限多样性概括为水火木金土五种基本元素，认为自然界便由这五种元素构成。这正是一种原始的素朴的唯物主义自然观。

《洪范》全篇共分九章。第一章讲五行，第二章讲五事，第八章讲庶征，都是把五行思想作为一个先验的公式而推演出来的。

五行章原文说：“一、五行：一曰水，二曰火，三曰木，四曰金，五曰土。水曰润下，火曰炎上，木曰曲直，金曰从革，土爰稼穑。润下作咸，炎上作苦，曲直作酸，从革作辛，稼穑作甘。”这段文字谈到五行的名称、次序、性质和作用，但还没有涉及五行之间的关系。《左传》昭公三十一年说：“火胜金”，又哀公九年说：“水胜火”，《墨子·经下》说：“五行毋常胜”，看来五行生克说，则是自春秋以后出现的。至战国中期邹衍创“终始五德”之说，把五行说用于解释人类历史的发展。《史记·孟子荀卿列传》讲“称引天地剖判以来，五德转移，治各有宜，而符应若兹”。刘歆《七略》更具体地作了说明，他说，“邹子有‘终始五德’，言土德从所不胜，木德继之，金德继之，火德继之，水德继之”。显然都是唯心主义的，毫无科学根据。但五行说用于医药方面则应当承认里边包含有唯物论的因素。

总之，《周易》的阴阳说和《洪范》的五行说，在中国历史上是有过极大的影响的。

三、科学

西周的科学，今天只能就很少的一些文献中所反映的有关天文历法方面的知识，粗略地谈一谈。

1. 天文

《洪范》五纪：“四曰星辰。”这个星辰主要是指恒星即二十八宿。因为古人视日躔、月离，与治历有关。二十八宿各星宿之名称，见于《诗经》西周诗篇的有：毕（《小雅·渐渐之石》：“月离于毕，俾滂沱矣”），心（《小雅·苕之华》：“三星在罶。”三星即心星），织女（《小雅·大东》：“跂彼织女，终日七襄”），牵牛（同上：“睆彼牵牛，不以服箱”），箕（同上：“维南有箕，不可以簸扬”），斗（同上：“维北有斗，不可以挹酒浆”）。又《国语·周语》有：“农祥晨正，日月底于天庙，土乃脉发”。“农祥”，房星；“天庙”，营室星。

至于行星，则当时至少知道木星（古人称为岁星。《洪范》五纪：“一曰岁”。又说：“王省惟岁”。这个岁，就是由观测木星得来的），金星（《小雅·大东》：“东有启明，西有长庚”，启明、长庚是一个星，都是指行星中的金星，古人一般称为太白星）。

当时对日食还不理解，对月食则看作是正常现象。《诗经·小雅·十月之交》“彼月而食，则维其常；此日而食，于何不臧？”就是证明。

2. 历法

由于实际生活的需要，我国自古以来就重视历象上作。《史记·天官书》说：“昔之传天数者，高辛之前重黎，于唐虞羲和，有夏昆吾，殷商巫咸，周室史佚、苌弘。”史佚即周武王太史尹佚。史佚对历法有什么新的贡献已不可考。《洪范》五纪：“五曰历数”，是西周重视历法的明证。《周社·春官·太史》说：“正岁年以序事，颁之于宫府及都鄙，颁告朔于邦国”。这条记载，以《春秋》文公六年：“闰月，不告月，犹朝于庙”，同书文公十六年：“公四不视朔”，《论语·八佾》：“子贡欲去告朔之饩羊”和《史记·历书》：“幽、厉之后，周室微，陪臣执政，史不记时，君不告朔”等证之，是可信的。应当指出，我国历史在治历问题上有一个优良传统，这就是自尧以来，历代相承的所谓“观象授时”。观象就是由国家设置专职人员，采取实测的办法，使历法得以不断改进。授时就是由国家规定一种告朔制度，使不断改进的历法同生活实际紧密地联系起来。

西周的观象详情，已不可晓，现在只谈谈告朔制度。

蔡邕《明堂月令论》说：“古者诸侯朝正于天子，受月令以归，而藏诸庙中。天子藏之于明堂。每月告朔朝庙，出而行之。”[①]《公羊传》文公六年何休注：“礼：诸侯受十二月朔政于天子，藏于太祖庙，每月朔朝庙，使大夫南面奉天子命，君北面而受之。”这两份材料是讲告朔制度的权威性材料。从这两份材料可以看出，告朔、朔政、月令虽有三名，所谈的实际上是一回事。就《周礼·太史》的那段话来分析，“正岁年”是历法上的事，“序事”则是按照太史所制定的时历来部署一年十二个月的工作，这自然是政治上的事。这个部署工作的大权，掌握在政治上最高首脑天子的手里。所制定出的这个文书就叫做“朔政”“月令”。颁发到官府（中央政府机关）、都鄙（畿内的采邑主，所谓“内诸侯”）和邦国（畿外各诸侯国，所谓外诸侯），要求一律遵照执行。朔政每年制定一次。天子收藏在明堂，诸侯则收藏在太祖庙。每月朔日，把本月的月令拿出来执行。这就是“告朔”。今日保存在《礼记》中的《月令》，可以看作就是西周朔政的一个标本。有人看到《逸周书》中有“月令”（今亡），就以

① 《蔡中郎集》。

为是周公作，看到《吕氏春秋》十二纪中有这种东西，就以为是吕不韦作，看到《淮南子》里边有《时则》，就以为是刘安作，其实都不对。告朔制度，春秋时已不实行，吕不韦、刘安怎能作出这种东西。至于说《逸周书》是周公作，则更是诬妄之谈，不足征信。

当然，今存的“月令”里边夹杂有很多宗教迷信的东西。可是，不应因此加以非难、怀疑，因为它正反映当时社会的特点。在当时的历史条件下，不能有纯正的哲学，也不能有纯正的科学。

四、文学

西周文学主要有散文、诗歌两种。散文今保存在《尚书》中的，有《牧誓》《洪范》《金縢》《大诰》《康诰》《酒诰》《梓材》《召诰》《洛诰》《多士》《无逸》《君奭》《多方》《立政》《顾命》《康王之诰》《吕刑》《费誓》等十八篇，多为政府文告，纯系官方作品。诗歌今保存在《诗经》中的有《周颂》三十一篇，《小雅》七十四篇，《大雅》三十一篇，《豳风》七篇（包括有私人作品）。总的看来，诗歌里有表扬有揭露，形式也多种多样，生动活泼，较之上述那些散文更富有文学价值。

《墨子·公孟》说：“诵诗三百，弦诗三百，歌诗三百，舞诗三百。”今于先秦人著作中，常看到称引一些逸诗，证明西周社会非常重视诗歌。诗歌创作的数量很大，选入《诗经》的，仅仅是其中的一小部分。

《礼记·王制》说：“天子巡守，命大师陈诗以观民风。”汉人刘歆、扬雄、班固、何休都曾提到采风。证之以《孟子·离娄下》“王者之迹熄而诗亡，诗亡然后《春秋》作”，则西周有采风之事，应当是可信的。采风当然是向民间采访。这里边有一个问题，应当弄清楚。这就是当时的风诗，是不是都是劳动人民的作品？据我看，风诗只能说是私人作品，非官方作品，不能认为就是劳动人民的作品。因为从《诗经》十五国风看来，绝大部分仍然是士大夫阶级写的。这是由当时社会性质决定的，因为奴隶主阶级对劳动人民的呼声不会那样重视。

关于风、雅、颂的名称和三者之间的区别，当以下述《诗大序》一段话为据。它说："是以一国之事，系一人之本，谓之风；言天下之事，形四方之风，谓之雅。雅者正也，言王政之所由废兴也。政有小大，故有小雅焉，有大雅焉。颂者，美盛德之形容，以其成功告于神明者也。"

这就是说，风和雅都是政治影响在诗歌上的反映，但在范围和性质上有所不同。具体说，风代表地方，反映一国政治的得失；雅代表周室，反映王朝政治的盛衰。

风和雅都有美有刺，颂则只有美，没有刺。所谓美盛德之形容，这个"形容"，应表明它是舞诗，与风、雅为歌诗者不同。《礼记·乐记》说"武始而北出，再成而灭商，三成而南，四成而南国是疆，五成而分，周公左，召公右，六成复缀以崇天子"，正足以证明今《周颂》中的"武"，是"美盛德之形容"，即是舞诗。《续汉书·祭祀志》说："汉立灵星祠。……舞者象教田，初为芟除，次耕种、芸耨、驱雀及穫刈舂簸之形，象其功也。"所说如在周时，当也是属于颂之类。风和雅则不然，例如《仪礼·乡饮酒礼》："工歌《鹿鸣》《四牡》《皇皇者华》"，"合乐《周南》：《关雎》《葛覃》《卷耳》，《召南》：《鹊巢》《采蘩》《采蘋》"，《左传》襄公四年："工歌《文王》之三"，所歌都为风、雅中诗，足以证明风、雅是歌诗，而非舞诗。

今传世的《诗经》是春秋时鲁人孔丘所编辑，在中国诗歌选集中实为最古并对后世有巨大影响的一种。其中《周颂》多是早期作品，《小雅》《大雅》则包括西周各个时期的作品，《风》较晚，除《豳风》外，其余很大一部分是东周作品。

西周早期作品有不用韵的，句式也不尽四言。但从总的看来，西周诗篇实以四言有韵为主。就内容而盲，《风》诗比较接近人民，更能反映社会生活。《雅》《颂》则保存很多历史事实。所以，保存在《诗经》里的西周诗歌，不但是很好的艺术品，对于古史研究，也应看作是一份很重要的资料。

五、音乐

乐在西周，特别受重视，并不是单纯为了娱乐，而是利用它作为思想政治统治工具。《礼记·乐记》说："礼以道其志，乐以和其声，政以一其行，刑以防其奸，礼乐刑政，其极一也，所以同民心而出治道也。"正说明了这一点。

在当时，乐同礼一样，是不下庶人的。就是在统治阶级当中，周乐也是有等级的。《礼记·曲礼下》说："大夫无故不彻悬，士无故不彻琴瑟。"什么叫做"故"呢？郑玄注说："故，谓灾患丧病。"什么叫做"悬"呢？郑玄注说："悬，乐器钟磬之属。"整个这句话的意思是说，只有在"灾患丧病"这些不幸的事件发生的时候，才彻去乐悬和琴瑟。否则，要经常演奏这些东西。

周制有一条通则，叫做"上得兼下，下不得僭上"。所以，大夫以上设悬，同时也得设琴瑟。至于庶人，当然设琴瑟也谈不到了。

周人奏乐基本上如凌廷堪《礼经释例》所概括的，"凡乐：瑟在堂上，笙管钟磬鼓鼙之属在堂下。"

> 凡乐皆四节：初谓之升歌，次谓之笙奏，三谓之间歌，四谓之合乐。

凌氏又用实例加以说明。略谓："案《乡饮酒礼》'工入升自西阶'，'工歌《鹿鸣》《四牡》《皇皇者华》'，此升歌也，谓瑟与人声歌于堂上也。又云，'笙入堂下，磬南北面立，乐《南陔》《白华》《华黍》'，此笙奏也，谓笙入奏于堂下也。又云，'乃间歌《鱼丽》，笙《由庚》，歌《南有嘉鱼》，笙《崇邱》，歌《南山有台》，笙《由仪》'，此间歌也，谓'堂上之歌与堂下之笙间作'也'。又云，'乃合乐《周南》：《关雎》《葛覃》《卷耳》，《召南》：《鹊巢》《采蘩》

《采蘋》’，此合乐也，谓堂上堂下众声俱作也。”

凌氏又引李光地说作补充说明。李氏说：“据《仪礼》作乐凡四节。升歌一也，笙入二也，间歌三也，合乐四也。盖堂上之乐，工鼓琴瑟而歌。堂下之乐，或主笙，或主管，各以所宜，故曰歌者在上，匏竹在下，即笙管之谓也。上下迭作，则谓之间；上下并作，则谓之合。”

金鹗《求古录礼说·古乐节次等差考》论述较详。他说：“间考古乐上下所用，其节共有六：一曰金奏，堂下用钟镈，兼有鼓磬，以奏《九夏》，舂牍、应、雅以节之，此乐之始也。二曰升歌，堂上鼓琴瑟歌诗，阶间以拊节之，堂下钟磬应之，亦乐之始事也（原注：“无金奏者，以升歌为始，有金奏者，升歌亦为始事。盖金奏为堂下乐之始，升歌为堂上乐之始也”）。三曰下管，堂下以管奏《象》或《新宫》，鼗鼓柷敔以节之，亦钟磬应之，此乐之中也。四曰笙入，堂下笙奏《南陔》《白华》《华黍》，亦用鼗鼓柷敔节之，钟磬应之，此亦乐之中也。五曰间歌，堂上歌《鱼丽》，堂下笙《由庚》，歌《南有嘉鱼》，笙《崇邱》，歌《南山有台》，笙《由仪》，此亦乐之中也。六曰合乐，堂上歌诗，琴瑟与堂下之乐合作，其诗或《雅》或《南》，其器八音毕奏，此乐之终也。后又有无算乐，其诗惟所欲，其乐不限几终，此不在正乐之数，且惟《乡饮酒》《燕礼》有之，飨、食则否。盖无算乐乃无算爵所用，非燕饮不得有无算爵也。”

又说：“天子诸侯之乐，以金奏为第一节，升歌为第二节，下管为第三节，合乐为第四节，每节皆三终。大夫士之乐以升歌为第一节，笙入为第二节，间歌为第三节，合乐为第四节，每节皆三终，两两相当也。然金奏所以迎宾送宾，祭祀以迎尸送尸，始终皆有之，故非乐之正，则止三节九终而已。”

如有舞，则在合乐之后。舞，有文舞，有武舞。文舞执羽籥，武舞执干戈。

第四章　春秋——中国奴隶社会的衰落时期

《春秋》本是一部史书的名称。孔丘所作的鲁国历史，名字就叫《春秋》。由于这部《春秋》所记载的历史事实，其起止年代，大体上与一个客观的历史发展时期相当，故历代史学家便把《春秋》这个书名作为一个特定历史时代的名称，这就是通常所说的春秋时代。

当然，说大体上相当，就不是完全等同。具体讲，孔丘所作的《春秋》，自鲁隐公元年（公元前722年，周平王四十九年）写起，至鲁哀公十四年（公元前481年，周敬王三十九年）结束。而春秋时代，作为客观的历史时期，却应从周平王东迁（公元前770年）算起，至韩、赵、魏三家灭智伯而分其地（公元前453年）为止。

关于春秋时代的起点，目前史学界的看法基本上是一致的。但在终点的看法上，还有分歧。例如郭沫若同志即以周元王元年（公元前475年）作为春秋战国的分界线。郭老的这个看法是以《史记·六国年表》为依据的。另外，司马光的《资治通鉴》则以周威烈王二十三年（公元前403年）作为战国历史的起点，这是对春秋时代终点问题的又一种看法。

其实，《史记·六国年表》起自周元王元年，用意只在于同孔丘所作的史书《春秋》衔接。这在《六国年表》序文里是有明确说明的。而司马光《资治通鉴》始于周威烈王二十三年，其意在于“谨名分”。胡三省注对此已经讲的很清楚了。也就是说，上述两种看法，都是主观的和随意的，并不是以客观历史发展的阶段性为依据。

我们知道《左传》《国语》二书的下限和《战国策》的上限，时间都是韩、赵、魏三家灭智伯而分其地。即便是《史记·六国年表》，在序文里也说："三国终之卒分晋，田和亦灭齐而有之，六国之盛自此始。"《资治通鉴》实际上也是从韩、赵、魏三家灭智伯而分其地叙起。所有这些，并不能说是巧合，只能说它们都意识到客观历史发展的阶段性。大家都知道，春秋时期历史在政治上的特点是五霸，而战国则是七雄，如果春秋、战国以周元王元年作为分界线，则五霸便不能包括越勾践。《荀子·王霸》说五霸为齐桓、晋文、楚庄、吴阖闾、越勾践。《墨子·所染》关于五霸的观点与荀子同。关于五霸为谁的说法虽然很多，荀子、墨子乃是先秦旧说，自可依据。现在把勾践去掉，五霸便残缺不全了。说到七雄则更成问题，因为周元王时只有晋，还没有韩、赵、魏。显然，这样划分是不符合历史实际的。

周平王东迁是中国历史上一个重大的转折点。它不仅标志着周王室从此已失去对诸侯的统治，也标志着中国奴隶社会从此走下坡路。《史记·周本纪》说："平王之时，周室衰微，诸侯强并弱，齐、楚、秦、晋始大，政由方伯。"这是一个非常正确的概括。根据孔丘的说法，周平王东迁以前，基本上应属于"礼乐征伐自天子出"的时期。自平王东迁以后则进入"礼乐征伐自诸侯出"的时期。具体说，这个时期又包括继续发展的"自大夫出"，以至于"陪臣执国命"。

春秋初期，诸侯之存者据说还有一百四十多国。但随后这一数字便急剧下降。据《荀子·仲尼》说：齐桓公"并国三十五"。《韩非子·难二》说：晋"献公并国十七，服国三十八"。又《有度》说："荆庄王并国二十六，开地三千里。"《十过》说：秦穆公"兼国十二（《史记·李斯传》作"二十"），开地千里"。《吕氏春秋·直谏》说：荆文王"兼国三十九"。而司马迁述董仲舒之说，曾为《春秋》一书作大略统计，说"《春秋》之中，弑君三十六，亡国五十二，诸侯奔走不得保其社稷者不可胜数”。由于出现这种王纲解纽、诸侯兼并的局面，可以想象这一时期内的阶级斗争和民族斗争是何等激烈！这种斗争的根本原因，肯定是由于社会生产力的发展，要求旧有的生产关系乃至上层建筑随之改变，以与新的生产力相适应所引起的。

关于古代社会生产力的状况，根据已知材料，大体上可以这样说，殷商和西周已用青铜生产工具于农业，但只是少量的。大量使用的还是石器、骨器和蚌器。就出土器物看，属于商代的只有一把铜镬，一把铜铲，属于西周的只有一些铜镰。在劳动组织上，殷商主要是“劦田”，西周主要是耦耕。但进入春秋以后，则铁制农具和牛耕逐渐通行，社会生产力有了飞跃发展。另方面，经过在西周政权下二百五十余年的长期相对稳定，人口增长很快。旧日一国的人口主要聚居在郊以内，后来则不但野有无数公邑，新兴的采邑更是星罗棋布，直达于边境。人口和财富的剧增，使人们的社会生活和思想状况不能不发生变化。恩格斯说：“卑劣的贪欲是文明时代从它存在的第一日起直至今日的动力；财富，财富，第三还是财富，——不是社会的财富，而是这个微不足道的单个的个人的财富，这就是文明时代唯一的、具有决定意义的目的。”[①]显然，这个“文明时代唯一的、具有决定意义的目的”，造成了整个春秋时代阶级斗争和民族斗争的复杂局面。

① 《马克思恩格斯全集》第21卷，人民出版社1956年版第201页。

第一节　五霸迭兴和政权下移

恽敬说："夫五霸，更三王者也；七雄，更五霸者也；秦兼四海，一切皆扫除之，又更七雄者也。"[①]恽敬这样划分古代几个历史阶段，很有参考价值。五霸应代表一个历史时期。

前面说过，关于五霸为谁的各种说法中，墨子、荀子的说法为先秦旧说，是可取的。也就是说五霸应为齐桓、晋文、楚庄、吴阖闾、越勾践。从他们发展变化的总过程来看，似可分为四个阶段，即：序幕阶段、高潮阶段、持续阶段和尾声阶段。

一、序幕阶段（公元前770年—公元前720年）

从周平王东迁（公元前770年）至平王死去（公元前720年），共五十一年，可看作是五霸的序幕阶段。这个阶段的特点，在于齐、晋、秦、楚四霸已崭露头角。《国语·郑语》说"及平王之末，而秦、晋、齐、楚代兴，秦景（景应作庄）、襄于是乎取周土，晋文侯于是乎定天子，齐庄、僖于是乎小伯，楚蚠冒于是乎始启濮"，正是这个时期的实际情况。

春秋初期中国境内的一百四十多个诸侯国，主要分布在黄河上游和中、下游区域以及江汉区域。在黄河中、下游区域有：周、郑、卫、齐、鲁、宋、杞、陈、蔡、曹、滕等国，约当今河南、山东两省之地。在黄河上游的有：秦、晋、虞、虢、梁、芮等国，约当今山西、陕西两省之地。在江汉区域的有：楚、随、申、息、邓、徐、郧、绞、州、蓼、巴等国，约当今湖北、安徽两省及四川省东部。这些国家在最初受封时都不是很大的。《左传》襄公二十五年说："且昔天子之地一圻，列国一同，自是以衰。今大国多数圻矣，若无侵小，何以至焉？"这种说法实正确地反映了当时的历史实际。"一圻"是方千里，"一同"是方百里，"自是以衰"

① 《大云山房文稿·三代因革论一》。

则又不同程度地小于百里了。当时不但一国的领土不是很大，而且一国之内，多半人口稀少，人民多半聚居在有武装保卫的城郭内及其附近，周围有很多的空地。国与国之间，空地更多。《左传》哀公十二年说："宋、郑之间有隙地焉，曰弥作、顷丘、玉畅、嵒、戈、锡"，即其显证。被称为夷狄的各少数民族往往错居其间。因此，国与国之间经济联系比较少，因为首先交通不发达就是一个很大的障碍。当然，发展到春秋时代以后，就远远不是这样了。

大体上说，当时处在黄河中、下游地区的各国，多半是所谓"虞、夏、商、周之胤"，为当时的文化中心。历史上所说的诸华、诸夏或中国，所指的主要就是这个地区。特别是周、鲁、宋三国，它们对于旧文化、旧制度的保存，尤为丰富而深厚。这在文献上有很多反映。例如《左传》襄公十年说："诸侯，宋、鲁于是观礼。"闵公元年说：鲁"犹秉周礼"。昭公二年说："周礼尽在鲁矣。"文献中还记载吴公子季札聘鲁观周乐，孔子适周问礼等事迹。这里说的礼、乐，就是西周以来的旧文化、旧制度的集中体现。但处在黄河上游地区和江汉流域的诸侯国家，则与此有很大区别。他们大多与文化发展阶段较低的蛮夷戎狄为邻。例如，居黄河上游区域的晋，即自称"居深山，戎狄之与邻，而远于王室。王灵不及，拜戎不暇"。[①]秦则自襄公始为诸侯，受赐居西周旧地，而这片土地因遭戎族蹂躏，中原文化之遗迹，已荡然无存。至于处在江汉流域的楚国，自称"我蛮夷也"，其文化发展程度之低更是可想而知。然而历史的辩证法恰恰在于，因为春秋时代社会处在大变革之中，所以受旧文化、旧制度束缚较深的黄河中、下游诸国，传统变为包袱，反而成了前进中的后进者。而黄河上游区域及江汉流域诸国却正相反。这些国家如秦，如晋，如楚，由于没有或很少旧传统的包袱，加之背临空旷地带，与所谓蛮夷戎狄等少数民族为邻，有充分发展的余地，入春秋后很快膨胀起来，成为大国和强国，是争夺霸权举足轻重的力量。齐虽是黄河下游区域的国家，但

① 《左传》昭公十五年。

它东北土地多旷，亦与文化发展较慢的少数民族为邻，也有发展的余地，所以齐的强盛也是很快的。

现在来看看这个时期几个主要国家的基本情况。

1．周

平王东迁后，周在名义上虽然依旧是天下的共主，实际上已下降到众诸侯国的地位，不复有控制诸侯的力量。东周之初还拥有土地方六百里，略有今河南省洛阳、原阳、济源、修武、孟县、温县、沁阳、武陟、偃师、巩县、嵩县、登封、新安、宜阳、孟津、汝阳、鲁山、临颍等地，包括虎牢、崤函一些险要地区。平王在位五十一年，其详细事迹已不可考，但从保存于《诗经·王风》中的《君子于役》《扬之水》《中谷有蓷》诸篇来看，平王在位时期，政治并没有得到改善。周的急剧衰败，使霸权逻辑地替代王政成为历史上支配的因素。

2．秦

秦祖非子，在周孝王时因养马有功受封于秦（今甘肃清水东北），本是附庸小国。数传至襄公，适值周末危机，襄公将兵力救幽王，后又护送平王东迁洛邑，战功赫赫，始得列为诸侯。周平王赐之岐以西之地，实际上是让秦从戎族手中夺回岐丰之地。秦襄公和他的儿子文公为此进行了历时两代的战争，终于打败犬戎，占据了以歧丰为中心的广阔地域，为后来秦穆公称霸西戎奠定了基础。

（关于秦文公以后的世系，《史记·秦本纪》《汉书·古今人表》与《史记·秦始皇本纪》的记载不同。考1978年陕西宝鸡太公庙村发现的秦公钟铭文“剌剌卲文公、静公、宪公不豢于上”，与《秦始皇本纪》的文公——静公——宪公——出公——武公世系相同。《秦本纪》《十二诸侯年表》《汉书·古今人表》关于秦先公世系的记载均有差误，应以《秦始皇本纪》和秦公钟铭文的记载为是。）

3．晋

始封君叔虞为周成工的同母弟。初封时国号唐，至了燮始改为晋。

关于晋始封时的地点，《汉书·地理志》太原郡晋阳下说：“故《诗》唐国，周成王灭唐，封弟叔虞”。郑玄《诗谱》从之。其实《左传》定公四年有明白的记载，说：“命以《唐诰》而封于夏虚。”这个“夏虚”就是《史记·吴太伯世家》所说的“乃封周章弟虞仲于周之北故夏虚”，绝对不是在晋阳。《世本》说：“唐叔虞居鄂。”宋忠说：“鄂地今在大夏。”张守节释“大夏”说：“与绛州夏县相近”。这些说法应该是对的。晋在献公之前北有杨（今山西洪洞东南）、霍（今山西霍县西南），西有耿（今山西河津东南），南有虞（今山西平陆东北）、魏（今山西芮城东北），东有赤狄别种潞氏（今山西黎城西南）、留吁（今山西屯留南）、铎辰（今山西长治市）等。晋在当时实偏处于今山西省西南一隅，怎能越过杨、霍而有晋阳？不过，史称晋穆侯伐条，伐千亩，至文侯时又有“定天子”之功，证明晋的霸业，倒是早在平王时就有了基础的。

4．齐

始封君为太公望，氏吕名尚，以辅佐周文王、武王灭商有功封齐，都营丘（今山东临淄北），其后胡公迁薄姑。薄姑亦作蒲姑（今山东博兴东南），至献公复迁至临淄。春秋初期，齐国略当今山东省的北部，南以泰山山脉与鲁为界，东与纪（今山东寿光南）为邻国，东南则为莱（今山东黄县东南）与莒（今山东莒县）、阳（在今山东沂南南），西南还有遂（今山东肥城南）、谭（今山东济南东）、郕（今山东东平东北）等几个小国，北至河。《左传》桓公六年记郑太子忽说：“齐大，非吾耦也。”但当时齐的国土不过如此。虽然这样，齐终是东方的强国。《国语·郑语》说：“齐庄、僖于是乎小伯。”证明齐国的地位确已不同一般了。

5．楚

始封君熊绎，周成王时受封，居丹阳（今湖北秭归）。楚始封时是很微弱的。《国语·晋语八》说：“昔成王盟诸侯于岐阳，楚为荆蛮，置茆蕝，设望表，与鲜卑守燎，故不与盟。”可见当时周室把楚视同蛮夷。但正由于楚的周围多是文化发展程度较低的所谓“群蛮”“百濮”，有广大的未垦辟的地区，反而给它向外扩张准备了良好的条件。传至熊渠（当周夷王时），楚在江汉间已形成一个相当大的力量。熊渠先后伐庸（今湖北竹山西南）、杨粤（亦作扬越，《史记·南越列传》有“秦时已并天下，略定扬越，置桂林、南海、象郡”，则扬越实包括今中国南部广大地区），至于鄂（今湖北鄂城）。有子三人：长子立为句亶王（句亶，今湖北江陵），仲子红为鄂王，少子执疵为越章王。至周平王时，楚君最著名的是熊仪（若敖）、熊眴（蚡冒）和熊通（楚武王）。《左传》宣公十二年说：“若敖、蚡冒，筚路蓝缕以启山林。”文公十六年说：“先君蚡冒所以服陉隰也。”《国语·郑语》：“楚蚡冒于是乎始启濮。”都记载了若敖、蚡冒时期楚向外进一步扩张的事迹。但《左传》昭公二十三年说：“若敖、蚡冒至于武、文，土不过同。”看来，这时楚还没有超过北方大国。

6．郑

始封君桓公友，是周宣王母弟，于宣王二十二年（公元前806年）受封。初封时本在宗周畿内。幽王时，桓公为司徒，目睹周室政治日非，危在旦夕，因预先把他的家属和财富迁移到东方的两个小国虢（东虢，文王弟虢叔所封，今河南荥阳东北）和郐（今河南密县东部）。后来桓公死于幽王之难，子武公掘突随平王东迁，灭虢、郐等十邑，建立新的国家，仍名为郑，都新郑（今河南新郑）。武公传子寤生，是为庄公。武公、庄公都做过周室的卿士，是执政的重臣。可是他们实际上都没有尽心维护周的统治。相反，却带头拆王室的台。春秋初期，郑在众诸侯中，最为桀骜不驯。它不但公然吞灭虢、郐等国，而且竟发展到“周、郑交质”的程度。但郑是处于四战之地。它要向外发展，地理上的条件极为苛刻。所以，纵然郑庄公以枭雄之姿，称雄一时，毕竟不能同齐桓、晋文相比，仅仅在争夺霸权的序幕中算得一个突出人物而已。

二、高潮阶段（公元前719年—公元前632年）

争霸高潮阶段从周桓王即位起，至践土之盟止，共八十八年。这个时期最显著的标志，是中国北方先后出现齐、晋、秦三霸，南方出现荆楚一霸。北方三霸与南方一霸有一点不同。北方三霸都打着“尊王攘夷”的旗号，自认为是华夏族的代表，而南方一霸则不然。它不把周室看在眼里，公然以“蛮夷”自居。

孟轲说：“霸必有大国”[①]，这个说法是对的。齐、晋、秦、楚四霸没有一个不是大国。当然它们也并非始封时就这么大，而是在不断吞并四周小国的过程中逐步膨胀起来的。所以在字义上，霸同伯，不过是诸侯之长的意思。但从实际上看，所有的霸都是以武力起家，并依靠武力来维持的。霸的出现，意味着周室权力的最终消亡。北方诸霸尽管打着“尊周”的旗号，可是事实上正是它们在明目张胆地挖周室的墙脚。

1．齐桓公

齐桓公被称为五霸之首。这有两重含义，一是说他最先称霸；二是说他的霸业最为显赫。

齐桓公名小白，僖公之子。公元前685年即君位，公元前643年死去。在政治舞台上活动时间为四十三年。前此僖公已有“小伯”之称。传子襄公，又以“复九世之雠”为借口，灭了同姓纪国，向东南扩张。后来襄公为公子无知所杀，无知又为人所杀，齐国大乱。小白以襄公弟由莒入齐即君位，是为桓公。

桓公既即君位，任用大政治家管仲为相，首先对内政进行大幅度的整顿。整顿的主要内容，用管仲的话来说，是“参其国而伍其鄙”。我们已经知道，当时的诸侯国内一般都有国、野之分。所谓“参其国”，就是分国为三个部分，分别为工、商和士居住。所谓“制国以为二十一乡，工商之乡六，士乡十五”，就是“参其国”的具体情况。

这里所说的“士乡”的士，应据韦昭释为军士。因为在士乡中，用居民组织的眼光来看，是“五家为轨，轨为之长；十轨为里，里有司；四里为连，连为之长；十连为乡，乡有良人焉”。但它同时又完全同军事组织

① 《孟子·公孙丑上》。

的编制吻合：“五家为轨，故五人为伍，轨长帅之；十轨为里，故五十人为小戎，里有司帅之；四里为连，故二百人为卒，连长帅之；十连为乡，故二千人为旅，乡良人帅之；五乡一帅，故万人为一军，五乡之帅帅之。三军，故有中军之鼓，有国子之鼓，有高子之鼓。春以蒐振旅，秋以狝治兵。”①这样，寓军队的编制于居民的编制之中，被称作“作内政而寄军令”。管仲制“士乡十五”，使齐国拥有三万人的大军，由齐桓公、高子、国子分别率领。齐桓公率中军，高子、国子率左、右两军，春秋两季利用蒐、狝（田猎）时间进行军事训练。在当时，这样的军事大国是绝无仅有的。

鄙，是野的异名。“伍其鄙”，就是《齐语》所说的制鄙“三十家为邑，邑有司；十邑为卒；卒有卒帅；十卒为乡，乡有乡帅；三乡为县，县有县帅；十县为属，属有大夫。五属，故立五大夫，各使治一属焉；立五正，各使听一属焉。”这也就是把居住在鄙里的农民逐级组织起来，亦即邑三十家，卒三百家，乡三千家，县九千家，属九万家，五属为四十五万家。

前面说过，国为二十一乡。乡以二千家计算，则国有四万二千家。国、鄙合计为四十九万二千家。一家按五人计算，总人口达二百四十六万人，应该说是不小的国家了。

管仲实行“参其国而伍其鄙”这种政策的用意，是所谓“定民之居，成民之事”，令士、工、商三民在国居住，农民在鄙居住，均不得相混杂。这固然表现了国人和鄙人的政治身份不同，同时也同当时的实际情况相适应。就军事说，当时一般只能是城郭设防，野鄙不设防，故国内设士乡十五。而对农、工、商各业，管仲的政策又有“少而习焉，其心安焉，不见异物而迁焉”的好处。管仲说“成民之事”，实际上是促进了社会生产力的发展。这对齐国国力的强盛无疑产生了深远的影响。

齐桓公任用管仲整顿内政，使齐国在政治、军事和经济上都取得极大

① 《国语·齐语》。

的优势，扩张的势头咄咄逼人。据《春秋》一书记载，齐桓公继位的第二年（公元前684年）灭谭，五年（公元前681年）灭遂，二十二年（公元前664年）降鄣，二十六年（公元前660年）迁阳。对齐国的扩张，小国无力抵御，但是人民表现了反抗的精神。齐灭遂后，派兵驻守。四年后遂国遗民因氏、颌氏、工娄氏、须遂氏佯装犒劳齐军，将他们灌醉，然后全部杀死。《春秋》为此大书特书："齐人歼于遂。"这种斗争，显然是小国人民对于大国征服者的报复性的惩罚。这暴露出大国争霸战争的反人民的性质。拥有强大实力和雄心勃勃的齐桓公正是用这样的血腥战争开辟了他建立春秋第一霸的道路。

但是齐桓公的霸业毕竟是在历史上起过相当大的作用的。它具体表现在：

第一，他在很长一段时间内，以东方集团国家盟主的资格，多次主持会盟。

例如《国语·齐语》说："兵车之属六，乘车之会三。"《论语·宪问》说："桓公九合诸侯不以兵车。"《谷梁传》庄公二十七年说："衣裳之会十有一，……兵车之会四。"诸书记载互有出入，但齐桓公当时多次主持会盟则可以肯定。

这些会盟以公元前679年鄄之会（鄄，在今山东鄄城北）为霸业的起点，以公元前651年葵丘之会（葵丘，在今河南兰考）为霸业的极盛。那么这些会盟有什么意义呢？《孟子·告子下》说："五霸桓公为盛。葵丘之会，诸侯束牲载书而不歃血。初命曰：诛不孝，无易树子，无以妾为妻。再命曰：尊贤育才，以彰有德。三命曰：敬老慈幼，无忘宾旅。四命曰：士无世官，官事无摄，取士必得，无专杀大夫。五命曰：无曲防，无遏籴，无有封而不告。曰，凡我同盟之人，既盟之后，言归于好。"《谷梁传》僖公九年说法稍有不同，它说："葵丘之会，陈牲而不杀，读书加于牲上，壹明天子之禁，曰：毋雍泉，毋讫籴，毋易树子，毋以妾为妻，毋使妇人与国事。"《公羊传》僖公三年写阳谷之会的盟书时也有类似的记载："桓公曰：无障谷，无贮粟，无易树子，无以妾为妻。"这里各种说法并不完全一样，但大体上还是一致的，因而是可信的。具体说，"无曲防""无雍泉""无障谷"是一回事，就是水利问题。《战国策·东周策》记有"东周欲为稻，西周不下水。"这种截止水源的做法，应该就是"曲防""雍泉""障谷"的含义。"无遏籴""毋讫籴""无贮粟"也是一回事，就是买卖粮食的问题。《左传》僖公十四年记有"秦饥，使乞籴于晋，晋人弗予。"这就是所谓"遏籴""讫籴""贮粟"的实例。会盟中在这些问题上所达成的协定，鲜明地反映了日益发展的经济已经迫切要求改变原有的那种各自为政的割据局面。在《孟子》中所记录的这五条禁令，前四条属于政治问题，用意在挽救旧有制度的危机；后一条主要是讲经济问题，而且多少对于旧有的经济壁垒有所打破。这样看来，齐桓公主持的会盟是做了些顺应时代潮流的事的。

第二，他在推行强权政治的基础上，成功地实现了"尊王攘夷"的战略和政策。

"尊王攘夷"，是齐桓公在强权政治基础上，用来取得霸权的最主要也是最重要的战略方针和政策。"尊王"，可以收到挟天子以令诸侯的效果；"攘夷"，能煽动民族情绪，从而取得广大华夏族的拥护。不管齐桓公的真实动机是什么，这种战略和政策迎合了当时中原人民的共同心理。《论语·宪问》所说"管仲相桓公，霸诸侯，一匡天下，民到于今受其赐。微管仲，吾其被发左衽矣"，正反映了齐桓之霸在华夏族文化的发展过程中，有着特殊作用。

周室东迁后，虽然天子徒有虚名，没有实力，但由于传统的影响，这个虚名还有一定的作用。《左传》隐公四年说：卫州吁弑君自立，而人心不服，因派人请教于老臣石碏。石碏说："王觐为可。"意思是说得到周王的认可就可以了。又公元前707年周、郑繻葛之战，周桓王本来是打了一个大败仗，并在战场上被敌人射中肩膀，但作为敌方的郑庄公不但不追击，反使人在夜里慰问桓王及其左右。这说明周王至少在心理和道义上还是不可随意侵犯的。齐桓公正是看到了这一点，所以他虽然真正依靠的是实力，但表面上还要打起尊王的旗号。

齐桓公“尊王”的史实有很多记载。首先在所有会盟中，齐桓公都只是以诸侯之长的身份出现，无有僭越。其他如：《史记・齐太公世家》说，齐桓公救燕，“命燕君复修召公之政，纳贡于周，如成康之时”。《左传》僖公四年记齐桓公以诸侯之师伐楚，提出用兵的理由是“尔（指楚）贡包茅不入，王祭不供，无以缩酒”，以及“昭王南征而不复”。《左传》僖公九年记周惠王使宰孔赐齐侯胙，齐桓公坚持臣礼，“下拜登受”。这些事实表明齐桓公无论在战争发动之初，或是战争结束之后；无论在同各诸侯国的交往之中，或是在与周室的直接关系上，都有意识地突出王权在道义上的权威，而这无疑是被他作为一种有力的工具来利用的。

齐桓公时，在中国境内的一些少数民族同华夏族之间的矛盾尖锐起来。《公羊传》僖公四年说：“南夷与北狄交，中国不绝若线，桓公救中国而攘夷狄，卒怗荆。”这概括而正确地反映了齐桓公当时所处的环境。

所谓南夷，主要是指楚国。《史记・楚世家》记楚武王说过：“我蛮夷也。”《齐太公世家》也说：“楚成王初收荆蛮有之，夷狄自置。”是其证。

北狄则主要是指赤狄。顾栋高《春秋大事表・春秋四裔表叙》说：“盖春秋时戎狄之为中国患甚矣，而狄为最。诸狄之中，赤狄为最。赤狄诸种族，潞氏为最。晋之灭潞也，其君臣用全力以胜之。荀林父败赤狄于曲梁，遂灭潞，而晋侯身自治兵于稷以略狄土。稷在河东之闻喜（今山西闻喜西），而曲梁在广平之鸡泽（今河北鸡泽），绵地七百余里。旋复得留吁（今山西屯留南）之属，晋之疆土益远。狄所攘夺卫之故地如朝歌（今河南淇县）、邯郸（今河北邯郸市）、百泉（今河南辉县西北），其后悉为晋邑。班氏所谓河内殷虚更属于晋者，盍自灭狄之役始也。然狄之强莫炽于闵、僖之世。残灭邢、卫，侵犯齐、鲁。其时只称狄，未冠以赤白之号。其后乃稍稍见于经传，意其种豪，自相携贰，更立名目。如汉之匈奴分为南北单于，而其后遂以削弱易制。《传》云：‘众狄疾赤狄之役，遂求成于晋’，此其征也。”顾氏此说，深得当日情势。因此，《公羊传》所说的“北狄”，实指赤狄潞氏而言。当时赤狄潞氏役属众狄，成为北方大国。其疆域西起晋之蒲（今山西隰县北）、屈（今山西吉县北），东与齐、鲁、卫为界，绵延千里，邢、卫、宋、鲁、齐、晋、郑诸国，都曾遭到它的侵犯。对于当日的华夏族来说，确实构成严重的威胁。

齐桓公在南北两个方向上都发动了“攘夷”的战争。其中最大的几仗：

一是救邢。公元前661年狄人伐邢。管仲主张救邢。因为“戎狄豺狼，不可厌也。诸夏亲暱，不可弃也。宴安酖毒，不可怀也。”[①]意思是说戎狄贪得无厌，像豺狼一般；诸夏则与自己有同族关系，同族遭遇祸患，不应坐视不救；在这种关头，安逸就是毒药，是万不能怀恋的。这实际上是把敌我友三方面的关系都作了具体的分析。照管仲看来，毫无疑问对敌人要反对，对友邦要团结，对自己则力戒苟且偷安。这样简单明了的分析，在当时并非容易达到，它表明管仲作为政治家，在整个春秋时期确实是第一流的。

按照管仲的意见，齐桓公出兵救邢。公元前659年，齐、宋、曹三国联军驻扎在聂北（今山东聊城境内）。这时邢人已经溃败，如流水似地向联军驻地奔逃。联军一方面为之驱逐狄人，一方面又治备各种用具，帮助邢人迁居夷仪（今山东聊城西南），建立一个新的国家。

二是封卫。公元前660年，狄人灭卫。齐桓公于二十八年（公元前658年）春率诸侯城楚丘（今河南滑县东）而立卫君，使卫得以新生。

《左传》对救邢、封卫两件事都给以很高的评价，说“邢迁如归，卫国忘亡”。

三是救燕。公元前664年，山戎伐燕。齐桓公救燕，北伐山戎。打这一仗是很艰苦的。《韩非子·说林上》说：“管仲、隰朋从于桓公而伐孤

① 《左传》闵公元年。

竹，春往冬返，迷惑失道。管仲曰：‘老马之智可用也。’乃放老马而随之，遂得道。行山中无水。隰朋曰：‘蚁冬居山之阳，夏居山之阴，蚁壤寸而有水。’乃掘地，遂得水。”可见在地理条件上对齐桓公是很不利的。但救燕的目的达到了。《国语·齐语》记载这一仗的结果说：“制令支（今河北迁安西），斩孤竹（今河北卢龙南）而南归。”

四是伐楚。公元前656年齐桓公亲率齐、鲁、宋、陈、卫、郑、许、曹等八国联军伐楚。楚这时已占有江汉区域的大片土地，而且北灭申（今河南南阳北），灭邓（今湖北襄樊西北），灭息（今河南息县西），并进而争郑（今河南新郑），其势汹汹，成为华夏族南方的一个大敌。郑是齐的与国，根据管仲的战略思想，郑不能不救，楚不能不反。但是齐桓公率领八国联军，浩浩荡荡，远道伐楚，当楚成王派人责问齐桓公何故涉楚地时，管仲却不说出本意，而只是翻出当年的老账，说一些“尔贡包茅不入”，“昭王南征而不复”之类冠冕堂皇的漂亮话。这是什么道理呢？可以想象，管仲的策略是计出万全。这次伐楚主要不是要取得军事上的胜利，而是要取得政治上的胜利。因为管仲明知楚是新兴大国，并非好惹的。所以齐桓公表面上摆出要打的架势，而实际上并不真想打仗。从楚这方面说，也不敢同联军拼命。管仲既说得堂而皇之，楚也就多少给了点面子，承担“贡包茅”的义务，作了些让步。于是结成召陵之盟。像这样的“战争”，无疑是齐桓公、管仲采取现实主义态度的结果。从事实上看，楚并未因此而停止向北扩张的计划。

2．晋文公

晋文公是继齐桓公之后的又一个赫赫有名的霸主。史书上常把齐桓公、晋文公两霸并称为“桓文”。所以齐桓、晋文两霸，在某种意义上可以说是春秋霸权高潮阶段的主要内容。

晋文公与齐桓公相比，二人的称霸有相同处，也有不同处。相同处是两人都打着“尊王攘夷”的旗号，都把阻止楚北进作为自己的政策；不同处是齐桓公的霸业及身而止，他一死，齐国的霸主地位立即衰落，而晋文公则不然。文公死后，晋国的霸业继续维持了很多年。因此，如果说齐桓之霸是以召陵之盟为其顶峰的话，则晋文之霸只是以城濮之战为晋国全部霸业的奠基而已。同时，召陵之盟，齐桓公并未在军事上取得胜利，所以未能阻止楚的北进；而城濮之战，晋文公在军事上取得很大胜利，从此形成八十多年的晋、楚争霸局面。这也是齐桓、晋文两霸的不同之处。

晋文公名重耳，是献公的庶子。春秋初年，晋文侯仇死后，子昭侯伯立，封文侯弟成师于曲沃，是为曲沃桓叔。曲沃（今山西闻喜东北）大于晋都翼（一名故绛，在今山西翼城南），依靠实力，长期与公室为敌。经过六十一年（公元前740年—公元前679年），至曲沃武公时终于灭了公室。公室既灭，曲沃武公便以晋室所有的宝器向周僖王行贿，被周僖王正式列为诸侯，全有晋地，是为晋武公。武公为晋君，二年而死，子献公继位。晋献公对外实行扩张政策。晋国就是从献公开始将原先一军扩充为二军的。于是晋国先后吞并周围的霍、魏、耿、虢、虞等十几个小国，统一了今山西省的南部，并且对黄河以西以南继续取明显攻势。晋开始成为北方的一个强国。

但是晋献公在内政问题上处理不当。起先是惩于强宗之为害，听信谋臣士蒍之计，尽杀群公子，意欲使政权集中于公室，实际上造成贵族集团的分裂。继而又宠信骊姬，废嫡立庶，引起长时期的内乱。公子重耳在这次内乱中逃亡在外。首先跑到狄，在那里住了十二年。以后又经卫到齐，经曹到宋，经郑到楚，由楚到秦。当时齐、宋、楚、秦四国都给重耳以优厚的礼遇。公元前636年，重耳终于借秦国的力量回到晋国，立为晋君，是为晋文公。

晋文公称霸并不是偶然的。他有一些有利条件。首先，晋国经献公时期的努力经营，已粗具大国规模。而晋文公即位时，已经是六十二岁了。他在外十九年，周历八国，备尝艰难险阻，了解了晋国内外的情势，经验相当丰富。同时，随从流亡的人员中，有狐偃、赵衰、贾佗等，都是杰出的人才，也使晋国在政治上和军事上具有优越的条件。其次，国外形势对晋也是有利的。齐桓公死后，诸子争立，齐国已开始走下坡路，不能保持霸主地位。这时有一个宋襄公，不自量力，蔑视强楚而妄想称霸。为盂之会（盂在今河南睢县西北），身执受辱；为泓之战（泓在今河南柘城北），兵败身亡，成为历史上的笑柄。而楚自此却意气更高，胃口更大了。前此参加召陵之盟的八国，其中大部分这时已投靠楚国或受楚侵陵，中原诸国岌岌可危。根据当时的正统观念，中原各国都希望有一个华夏族国家首脑出来重新主持会盟，以抵挡楚的北进。而这个首脑真的出来了，那就是晋文公。

晋文公在争得霸权的斗争中表现出他的才干。在内政上，他摒弃晋献公的极为狭隘的政策，“昭旧族，爱亲戚，明贤良，尊贵宠，赏功劳，事耇老，礼宾旅，友故旧”，重新团结了贵族集团。同时在经济上严格实行“公食贡，大夫食邑，士食田，庶人食力，工商食官，皁隶食职，官宰食加”，[①]调动各阶层的积极性。对农商，则“轻关易道，通商宽农”，使它们得到发展。所有这些，为晋国继续向外扩张准备了条件。

这时发生了周襄王被弟太叔带赶跑的事件。晋文公极为敏感地抓住了这个时机，公然亮出“尊王”的旗帜，拒绝秦兵，独立勤王。晋兵分二路，以“左师”迎回襄王，以“右师”拿获太叔带而处以极刑。自然，周襄王对晋文公感激莫名。这一下，周室将南阳的阳樊（今河南济源西南）、温（今河南温县西）、原（今河南济源西北）、州（今河南沁阳东南）、陉（一名丹陉，今河南沁阳西北）、絺（今河南沁阳西南）、组（或谓同鉏，今河南滑县东）、欑茅（在今河南获嘉西北）等八邑土地全部赏给晋。不消说，晋文公这次出兵是名利双收了。

晋文公于是意识到自己的政治基础已经足够稳固，因而全力整军经武，大蒐于被庐，作三军，积极寻求扩张的机会。公元前632年，晋楚城濮之战就在这样的情况下爆发了。

城濮之战（城濮，今山东鄄城西南）的导火线是公元前633年冬楚对

---

① 《国语·晋语四》。

宋的围困。前面说过，晋文之霸也同齐桓一样，以“尊王攘夷”为旗号。蛮夷的楚自是晋的宿敌。楚围宋，是楚北进的严重步骤，对晋的刺激是很大的。同时，宋襄公在晋文公过宋时对他的优待也使晋文公愿意承担保卫宋国的责任。于是晋对楚的北进，采取了“报施救患，取威定霸”的决策，准备同楚打一场大仗。

晋文公对于这次战役做了充分准备。他把小心谨慎的军事行动同积极主动的外交攻势巧妙地结合起来，取得了相当的成功。公元前633年冬，楚派令尹子玉帅师伐宋围缗（今山东金乡），同时以其附庸申叔的部队进占齐国的谷（今山东东阿南）。宋告急于晋，晋并不出师趋宋，而先取楚的与国曹和卫。公元前632年春正月，晋师自卫国的西部边境渡河，攻克卫的五鹿（今河南清丰西北），随即与齐侯盟于敛盂（今河南濮阳东），把齐拉到自己一边。三月，晋军入曹（今山东定陶）。宋再次告急于晋，晋仍不南下解宋围。晋文公听先轸的计谋，一方面让宋把送给晋的礼物转送给齐、秦，请齐、秦劝楚退兵；一方面执曹伯，分曹、卫之田给宋人，以激怒楚。齐、秦因劝楚不成，为了顾全面子，也为了在晋文公这边有好处，便站到晋一边参加对楚作战。

晋文公步步小心，全力以赴。楚成王则犹疑不定，首鼠两端，自己既不想打，退到后方申地去躲避，却又赌气留下一部分兵力让子玉在前线应付。骄而无谋的子玉不是晋文公及其谋士们的对手。他傲慢地派出使节赴晋军，要求晋复曹、卫，做为楚释宋围的交换条件。晋扣留楚使，私许复曹、卫，曹、卫与楚绝交。一向盛气凌人、目空一切的子玉，哪里禁得住这般刺激，一怒之下，向晋军进击。晋文公见子玉被牵住了鼻子，乃于四月间自曹北撤，退避三舍（三十里为一舍），而与齐、秦、宋的军队同次于城濮。子玉率楚师踵进，背酅（今山东东阿南）而舍。晋文公退避三舍，表面上是报答楚成王在他出亡在楚时所给予的礼遇，实则是运用“卑而骄之”“怒而挠之”的计谋。子玉中计而不自知，反而狂妄地宣称：“今日必无晋矣！”至此晋文公欲联合齐、秦，激怒强楚的两个目的都达到了。

城濮交战时双方的阵容是，晋三军：先轸为元帅，将中军，郤溱佐之；狐毛将上军，狐偃佐之；栾枝将下军，胥臣佐之。楚也是三军：令尹子玉将中军，子西将左军，子上将右军。楚的附属国陈、蔡在右军。

当时的战争，主要是用车战。晋下军佐胥臣以虎皮蒙马，先向陈、蔡军发动进攻。陈、蔡部队是楚方的薄弱部分，不堪一击，刚一接触就吓跑了。楚右军因此崩溃。晋上军将狐毛高举两杆大旗佯装退却。下军将栾枝以车曳柴令尘起，迷惑楚军。楚信以为真，急起直追。正当楚军轻进之际，晋先轸、郤溱以中军横击，狐毛、狐偃以上军夹攻，楚左军崩溃。楚军只好认输了。

城濮一战，使晋文公牢固地建立起霸权，而楚的北进计划受到挫折，齐、秦二国也无力向中原伸手。从此，处于中间地带的郑、宋诸国，便成为晋、楚长期争夺的战场。

楚在城濮之战中所以失败，首先是因为不认识这次战争的重要性而举棋不定，而晋国却充分意识到这次战争的意义，下定决心，全力以赴。其次，整个战争过程，楚吃亏在一个骄字上。就实力对比来看，显然晋不如楚。但晋深知楚是强敌，于是临事而惧，始终保持警惕性，兢兢业业，每走一步都三思而行，经过精心策划。楚则不然。自战胜宋襄公以来，一意北进，所向无敌，官兵上下，一片虚骄之气。对这样的大战，竟掉以轻心，表现出盲目被动，听人摆布。城濮之战以晋胜楚败告终，是毫不奇怪的。

胜楚第四天，晋文公撤军，二十一天后到达衡雍（今河南原阳西，当时在黄河南岸），旋即作王宫于践土（郑地，距衡雍较近，当时亦在黄河南，今在河南花园口黄河北岸），献楚俘于周襄王。周襄王策命晋文公为侯伯。于是如同齐桓公一样，在“尊王”的旗帜下，晋文公如愿以偿地登上了霸主的地位。

晋文公胜楚后，立即把主要力量转用于北方，以对付所谓“北狄”。

公元前632年，四月胜楚，同年冬即“作三行以御狄”。其后三年（公元前629年），又蒐于清原（在今山西稷山东南），“作五军以御狄”。狄是晋的东、北两方的近邻，严重威胁晋的生存。晋胜楚后，狄对晋来说，又变成了好似送到嘴边的一块肥肉，不能不吃。吃下这块肥肉的好处，一则可以扩大领土，二则又有“攘夷”美名，晋文公当然毫不犹豫要吃了。所以“御狄”本身不是目的，在这个口号下继续扩张才是晋文公的真正战略意图。正是在“御狄”的口号下，晋又“作三军”，“作五军”，在军事上更加膨胀起来。至于狄本身，确也是个劲敌，足足经过三十多年的反复较量，至公元前595年，才最终为晋所灭。

3．楚成王

在春秋争霸的高潮阶段，楚、秦两国实际上也是仅次于桓、文的两个霸主。关于它们的情况我们想简单介绍一下。

前面讲过，楚起自丹阳，自熊渠父子及若敖、蚡冒以来，不断向外扩张。在争霸的序幕阶段，楚已北至庸，东至鄂，南更远及南海。东、西、南三面都成了楚的后院，无一强国能与分享。到楚武主，楚国势力大张。楚武王三次伐随（今湖北随县），会合巴师围鄾（今湖北襄樊东北），伐郧（今湖北安陆），伐绞（今湖北郧县西北），伐罗（今湖北宜城西），又灭掉权国（今湖北荆门东南）。除了伐罗受挫外，其余则无役不胜。楚文王嗣位，又灭邓（今湖北襄樊西北），灭申（今河南南阳北），灭息（今河南息县西）。申、息两国为中原各国的屏蔽，申、息亡则中原诸国随时有被楚吞并的危险。尤其是郑国，因为地处战略要冲，成为强楚长期争夺的目标。至楚成王，东向灭弦（今湖北息县南），伐徐（今江苏泗洪南），西向灭夔。但主要力量依然用在北方。计伐郑四次，又围许（今河南许昌东）、灭黄（今河南潢川西北）、围陈（今河南淮阳）、伐宋、侵蔡（今河南上蔡西南）。甚全有鲁以楚帅伐齐取穀（今山东东阿南）之事。所以楚的势力已经深入北方直至齐、鲁了。假如没有齐桓公的召陵之师和晋文公的城濮之战，则所谓“诸夏”各国悉为楚有，也未可知。然而自今日看来，当时所谓华夷，都是中华民族的组成部分；齐桓公、晋文公、楚成王都是奴隶主阶级的首脑人物，都是霸权主义者。在他们之间，是此非彼，强分功罪，自然是多余的和无谓的。

4．秦穆公

秦穆公名任好，德公子，公元前659年，立为秦君，公元前621年死去，在位三十九年。以前史书有的把秦穆公列入五霸，有的则否。我们认为，如果把霸看作是诸侯之长和诸侯盟主，那秦穆公是不够格的。但就秦穆公实际上称霸西戎，又以大国姿态东向与晋、楚争衡来看，把他说成是春秋五霸之一，也未为不可。

秦在襄公、文公时期，攻逐西戎，全有岐、丰，粗具强国规模。自武公以来，又灭掉一些西周残余小国，在政治、经济、文化各方面都有很大进步。至秦穆公，更广招贤俊，锐意图强。正如李斯所说："西取由余于戎，东得百里奚于宛，迎蹇叔于宋，来丕豹、公孙支于晋，……并国二十，遂霸西戎。"①

秦穆公从其本意来说，并非不想争霸中原；就其战略表现看，矛头所向实以东进为主。正因如此，才有重任蹇叔、百里奚，和再立晋君，灭梁，灭芮，参加城濮之战，乃至袭郑、灭滑等等事情。但是由于晋有桃林之塞，扼其咽喉，使其终未能如愿。特别是崤之一役，秦国匹马只轮不返，实在是受了沉重的一击，从此不得不把注意力转向西方。

总起来看，春秋争霸的高潮阶段是桓、文两霸最出风头的时期，也是社会阶级斗争急剧发展的时期。当然，齐桓、晋文、楚成、秦穆，都是奴隶主阶级的代表，他们所追求的目的，不过是为了攫取更多的土地和利益，以维持和满足他们侈靡淫佚生活的需要。他们口头上讲一套，实际上做的是另一套。他们是春秋时期最大的压迫者和剥削者。关于这一点，我们应当予以揭露和批判。但是，正如我们已经分析的那样，春秋时代的这一段声势烜赫的霸业，决不是历史的偶然。它们在客观上所具有的进步意

① 《史记·李斯列传》。

义，也是应当给以肯定的。

三、持续阶段

自城濮之战（公元前632年）至宋之盟（公元前546年），共八十六年，为霸权斗争的持续时期。在这个时期里，晋借城濮之战战胜强楚的余威，长期成为北方霸主。而楚在城濮战役中虽失利于晋，然只是偏师折衄，并不影响国力，依然是南方大国。它依然不断北进，蚕食中间地带的弱小国家。这样，晋、楚二强，南北对峙，形成长期争霸的局面，成为这个时期的总特点。

在这个时期里，秦自崤之战（公元前627年）为晋击败以后，虽屡图报复，攻战不息，但始终为晋所阻，不能东进。最后，不得已转而南向联楚，以期与晋抗衡。齐这时已由于内乱频繁，国力大不如前。但仍以强国自居，不甘寄人篱下。自鞌之战以后（鞌，今山东历城西），虽然经常保持局外中立，终因强弱悬殊，不得不屈服于晋。狄从北方接连侵晋，侵卫，侵宋，侵齐，侵鲁，横行一时，但亦因用兵不休，众叛亲离，最后为晋所灭。处于中间地带的郑、许、陈、宋、蔡等中等国家，常年受兵，人民十分痛苦。特别是郑国，“介居二大国之间”①，处境尤为困窘，以至萌“牺牲玉帛，待于二境”②的念头，成为大国争霸的牺牲品。至处于东北的滕、薛、杞、莒、邾、小邾等小国，则俱役于晋，仅能自保而已。及至晚期，吴崛起东南，常为楚患，楚以是不竞于晋。

这个阶段终于宋之盟，从表面上看，是因为宋向戌与晋赵武、楚屈建二人并相善，倡导弭兵生效，实际上则是晋、楚二国都忙于内部事务，无暇外顾。如果说前一阶段是礼乐征伐自诸侯出，那么，在这个阶段，或在这个阶段以前的一个时期，就已经下降为礼乐征伐自大夫出了。《公羊传》襄公十六年所说“诸侯皆在是，其言大夫盟何？信在大夫也。何言乎

---

① 《左传》襄公九年。

② 《左传》襄公八年。

信在大夫？遍刺天下之大夫也。曷为遍刺天下之大夫？君若赘旒然”，正好说明这种情况。

以上是这个阶段的总的情况，下面分别加以论述。

1．晋楚争霸

晋楚两强，雄视南北，势均力敌，构成两个互相抗衡的对立面。不过由于这时各自国内问题的日趋尖锐，双方谁都不能也不想倾全力同对方决一雌雄，只是在争夺和控制中间地带诸中小国家上互争雄长而已。所以，尽管他们有时摆出主力决战的姿态，仿佛要迎头相撞，到头来却又只是轻轻擦过，甚乃礼让而去。公元前六世纪最初十几年发生的两国邲之战和鄢陵之战就是如此。战前，双方都不曾有同对方决战的决心，更不曾做认真的准备。本来是主力抗衡，打起来却像无可奈何的遭遇战。虽有胜负得失，但对于两国的影响极小，其意义同当年晋文楚成的城濮之战相比，是远远不如了。

然而，为了争夺中间地带，仗是毕竟要打。最倒霉、最吃苦的是中小国家的人民。

（1）邲之战

城濮之战后三十五年，即公元前597年，发生晋、楚邲之战（邲，在今河南荥阳东北）。邲之战算不上一次主力决战，充其量不过是双方在对郑、陈、宋、蔡诸中小国家长期反复争夺过程中的一次较大的遭遇战而已。它本身对于晋、楚双方的霸业均不曾发生决定性的影响，但是，从它发生前后的来龙去脉中，我们却可以充分了解这一时期晋、楚两国争霸的主要特点。

公元前628年，晋、楚两国曾互通使节，有过一段极为短暂的和好时期。这一年冬天，晋文公死，襄公立。第二年，即公元前627年，就发生了晋、楚争夺蔡国的战事。先是晋、陈、郑三国军队攻许，接着是楚出兵征服陈、蔡，然后伐郑。晋当然不会置之不理，乃派大夫阳处父率军攻蔡，楚亦派令尹子上救蔡。两军对峙于泜水（即滍水，今沙河）两岸，似乎要进行一场决战，但是双方主将均无决战的决心。阳处父要求楚军渡水决战，子上不但不渡，反而率军后撤。阳处父宣布“楚军遁矣”，乃率军归去，子上亦率楚军归去，两军不战而撤。子上回国后因此受谗而被杀。这一仗，晋并未占到什么便宜，蔡在此后数年中依然服于楚。直到十五年之后，即公元前612年，晋郤缺率军入蔡，才逼蔡订了城下之盟。

公元前626年，楚太子商臣弑其父成王而自立，是为穆王。楚穆王（公元前625年—公元前614年在位）极力向外扩张，不数年之内，灭掉了江（今河南正阳南）、六（今安徽六安东北）、蓼（今河南固始东北）诸小国。他的战车甚至到过远在今陕西白河的麇和今安徽巢县的巢。楚大夫范山说，“晋君少，不在诸侯，北方可图也”。[①]这句话正投合楚穆王图霸北方的雄心。

楚穆王的着眼点是争夺中间地带的郑、陈、宋、蔡等中小国家，而不在于同晋正面交锋。公元前618年，楚穆王率军伐郑，军于郑国境内的狼渊（在今河南许昌西），郑服于楚。接着伐陈，陈亦服于楚。宋、蔡未及伐而服。第二年，楚与被它征服的郑、陈、宋、蔡盟于厥貉（今河南项城西南）。

公元前613年，楚庄王立（公元前613—公元前591年在位）。楚庄王继续扩张和北进，使晋楚两国争夺中小国家的斗争达到十分激烈的程度。这一时期，楚先后灭掉庸（今湖北竹山西）和舒蓼（今安徽舒城南）两个小国，在与晋争夺中小国家的斗争中曾一度得手。它甚至于公元前606年借伐陆浑戎的机会，“至于雒，观兵于周疆……问鼎之大小轻重”。[②]

但是，楚的北进并非一帆风顺，晋仍是它的强大对手，对于它的势力从不示弱。被它们争夺的中小国家为了在两大国争夺当中求得苟存，采取“居大国之间而从于强令”，“铤而走险，急何能择”[③]的态度。楚强则

① 《左传》文公九年。

② 《左传》宣公三年。

③ 《左传》文公十七年。

服楚，晋强则服晋。这就决定了争夺是长期的、激烈的，任何一方都不能稳定地占上风。

晋于公元前612年、公元前610年、公元前608年先后三次同诸中小国家盟于扈（今河南原阳西）。除郑认为“晋不足与也”[1]未与晋盟以外，其他小国这时都服于晋。

在此后的数年中，晋、楚两国对于陈、宋、蔡诸国继续不断地进行拉锯战，然而争夺最激烈的是郑。邲之战就是在争郑的过程中发生的。

从公元前608年至公元前606年的三年当中，晋四次伐郑，郑服于晋。从公元前606年至公元前598年的八年当中，楚七次伐郑。郑认为“晋、楚不务德而兵争，与其来者可也。晋、楚无信，我焉得有信”[2]，于是由服于晋而服于楚。服于楚也罢，却又慑于晋的压力，求好于晋。

楚发觉它连续八年伐郑并未真正达到目的，决定对郑进行一次更大的打击。

公元前597年春，楚出兵围困郑的都城，围了三个月，郑伯“肉袒牵羊”，卑辞乞降。楚自知它有力伐郑而无力灭郑；灭郑，晋必来救，乃退兵三十里，受郑降，与郑和。

当荀林父率领晋军迟迟赶来时，已是夏六月，郑已降楚，楚军也正打算以饮马黄河为名而去。晋军的统帅部，有主将荀林父将中军，士会将上军，赵朔将下军，先縠、郤克、栾书分别佐之，还有韩厥为司马，赵括、赵婴齐、巩朔、韩穿、荀首、赵同分别为中、上、下三军大夫，阵容可谓不弱，但是意见不一致，指挥不统一，直到他们站在黄河北岸与楚军隔河相望的时候，还在讨论是打还是不打。主将荀林父主张不打，他说：“无及于郑而剿民，焉用之？”上军将士会赞同荀林父的意见，说什么“兼弱攻昧，武之善经也……犹有弱而昧者，何必楚？”中军佐先縠坚决反对不打而撤，他不待将令，指挥他所属的部队擅自渡河。荀首指出，“有帅而

① 《左传》宣公元年。

② 《左传》宣公十一年。

不从”，“果遇必败”。[1]司马韩厥劝荀林父，与其先縠偏师陷敌，不如全军同进，还可以减轻主帅的罪过。晋军将佐意见如此不一致，主帅如此举棋不定，说明晋人打这一仗完全出于勉强。

楚人一方，楚庄王和令尹孙叔敖以及诸将佐亦无心与晋决战，仅仅由于嬖人伍参的挑动，才不得已而北辕待敌。

晋师渡河之后，楚军先发制人，“遂疾进师，车驰卒奔”[2]。荀林父不知所措，竟发出“先济者有赏”的错误命令，造成士兵争舟抢渡，仓惶溃逃的局面。到了傍晚，楚军进于邲（在今河南荥阳北）时，晋师已溃不成军，争舟渡河的喧嚣声，彻夜不断。

邲之战以楚胜晋败而告终。晋吃了一点亏，但意义无法与城濮之战和召陵之盟相比。它不过是两国长期争郑激流中的一个不大不小的浪花而已，晋既未因此而丧元气，楚也未因此而占上风。两国争夺中间地带，特别是争郑的斗争继续进行。

（2）鄢陵之战

邲之战后二十二年，即公元前575年，晋楚发生鄢陵（今河南鄢陵北）之战。这二十二年中，晋、楚国内矛盾日趋严重，既要维持强国的局面，继续进行扩张与争夺，又不能完全不顾于内忧，所以双方都感到对方“未可与争”，却又不能不争。这样，一方面有弭兵盟会之举，另一方面，战争亦连绵不断。战争行动与和平愿望互相交织在一起，构成了这一段时间晋楚争霸的一个重要特征。鄢陵之战就是在这种情况之下发生的，并且充分反映了这一特征。

邲之战中，晋并未丧失元气，仍不失为北方一大强国。邲之战后不久，晋就对郑进行了几次教训性的战争。公元前595年，晋景公伐郑，“告于诸侯，蒐焉而还”，目的是“示之以整，使谋而来”[3]。真是气势

---

① 《左传》宣公十二年。

② 《左传》宣公十二年。

③ 《左传》宣公十四年。

汹汹，颇有一决雌雄的味道。这时，就连宋国也仗着晋的势力，竟敢于杀死过境的楚国使者，气得楚庄王暴跳如雷。但更为关系重大的是，晋在公元前594年和公元前593年两年中，连续灭掉了它身边的潞氏（今山西黎城南）、甲氏（今河北邢台东南）、留吁、铎辰诸赤狄小国[①]。公元前589年大败齐师于鞌（今山东历城县西），迫齐服于晋[②]。公元前588年，又击溃另一小国廧咎如（今河南鹤壁西北）[③]。十年之后，即公元前578年，晋以诸侯之师在麻隧（今陕西泾阳县北）大败秦师，使秦亦不得东进[④]。甚至于远处东南的吴国，晋也拉了过去。《左传》成公七年记晋使巫臣“以两之一卒适吴，舍偏两之一焉。与其射御，教吴乘车，教之战阵，教之叛楚。置其子狐庸焉，使为行人于吴。吴始伐楚，伐巢，伐徐……子重、子反于是乎一岁七奔命。蛮夷属于楚者，吴尽取之。”

晋在灭狄、服齐、败秦、联吴方面可谓得手，但它仍不能奈楚何，楚依然有力与晋抗衡。公元前597年冬，楚灭萧（今安徽萧县西北）。公元前591年楚庄王死，楚共王立（公元前590年—公元前560年在位）。公元前589年，楚、郑联军侵卫。《春秋》载鲁成“公及楚人、秦人、宋人、陈人、卫人、郑人、齐人、曹人、邾人、薛人、鄫人盟于蜀”。诸侯国一时纷纷倒向楚一边，造成“晋辟楚，畏其众也”的局面[⑤]。对于楚的势力，早在邲之战后不久，晋的有识之士就指出过。公元前594年，宋人因楚围宋，告急于晋，晋侯欲救之，伯宗说：“不可。古人有言曰：‘虽鞭之长，不及马腹。’天方授楚，未可与争。”[⑥]晋景公听了他的话，未出兵救宋。

① 事见《左传》宣公十五年、十六年。

② 《左传》成公二年。

③ 事见《左传》成公三年。

④ 《左传》成公十三年。

⑤ 《左传》成公二年。

⑥ 《左传》宣公十五年。

晋之所以“辟楚”，除了楚是它的一个强大对手以外，还有其更为深刻的内在原因。这在范文子（士燮）的言论中反映得十分清楚。范文子说：

“我若群臣辑睦以事君，多矣。”

“若逞吾愿，诸侯皆叛，晋可以逞。若唯郑叛，晋国之忧，可立俟也。”

“吾先君之亟战也，有故。秦、狄、齐、楚皆强，不尽力，子孙将弱。今三强服矣，敌楚而已。唯圣人能外内无患，自非圣人，外宁必有内忧，盍释楚以为外惧乎？”[①]

范文子的话至少透露出两点消息：

第一，晋国群臣有不“辑睦”之事；

第二，晋人已认识到君臣骄侈而又权出多门的危险性，与其战败强楚，不如留下它做为“外惧”，有点外部压力，还可望暂安，一旦外患全部解除，内忧势必爆发。

同样的言论在楚国也有。申叔时在回答子反问及“师其何如”时指出：“今楚内弃其民，而外绝其好”“奸时以动，而疲民以逞”。从而反问：“其谁致死？”[②]无怪乎甚至连楚共王也早就承认“晋未可与争”。[③]

两国都意识到国内问题的严重性，都不想也不能够置对方于死地，因而出现了弭兵的愿望和行动。

公元前582年，晋景公释放楚囚钟仪，“重为之礼，使归求成”。[④]楚共王也派人赴晋，“请修好结成”[⑤]，作为对晋的回答。

---

① 《左传》成公十六年。

② 《左传》成公十六年。

③ 《左传》成公三年。

④ 《左传》成公九年。

⑤ 《左传》成公九年。

公元前580年，宋“华元如楚，遂如晋，合晋、楚之成”。[①]公元前579年，“宋华元克合晋、楚之成……盟于宋西门之外，曰：‘凡晋、楚无相加戎，好恶同之，同恤灾危，备救凶患。若有害楚，则晋伐之。在晋，楚亦如之。交贽往来，道路无壅，谋其不协，而讨不庭。有渝此盟，明神殛之，俾队其师，无克胙国’。”[②]

宋西门之盟是后来晋、楚宋之盟的先声。至此，弭兵已做为晋楚两大国的一种愿望和斗争方式被提到日程上来。然而弭兵只是他们利益的一个方面的反映，在另一方面，即在争夺中间地带，特别是在争郑问题上，他们则一直是剑拔弩张，以至不断地诉诸武力。

西门之盟之前，从公元前585年至公元前581年的五年间，楚两次伐郑，一次伐莒（今山东莒县）入郓（今山东莒县北），晋两欢救郑，两次伐郑，一次侵蔡、侵楚、侵沈（今河南平舆北）[③]，两国战事固然从来没断过，就是宋西门之盟之后，也没隔多久，争郑的战争又爆发了。

楚子反和晋栾武子的言论最能反映两国这方面的意见。公元前576年，楚将北进伐郑伐卫，子囊表示反对说：“新与晋盟而背之，无乃不可乎？”子反说：“敌利则进，何盟之有？”[④]公元前575年，晋厉公将伐郑，范文子表示异议，栾武子斩钉截铁地说：“不可以当吾世而失诸侯，必伐郑。”[⑤]他们的话表明，在争夺中间地带——争郑这个问题上，两国态度都很坚决，毫不让步。

公元前575年，终于发生鄢陵之战。《春秋》说：“晋侯及楚子、郑伯战于鄢陵，楚子、郑师败绩。”

鄢陵之战打得不激烈，不认真，只是由于子反醉酒，误了军事，楚国

① 《左传》成公十一年。

② 《左传》成公十二年。

③ 事见《左传》成公六年至十年。

④ 《左传》成公十五年。

⑤ 《左传》成公十六年。

才吃了败仗。战争中，晋将吕錡射楚共王中目；但新军佐郤至却见楚共王必下，免胄而趋风，楚共王则派人赠给他一张弓。下军将韩厥，明明可以追获郑伯，却说什么“不可以再辱国君”[①]，而不追。郤至也有机会拿住郑伯，但他认为“伤国君有刑”[②]，而把郑伯放掉。晋厉公的车右栾鍼竟使行人端着一大碗酒恭恭敬敬地送给楚左军将子重，子重也就“受而饮之”，并待送走奉酒使者，然后击鼓再战。[③]

在你死我活的战场上，双方竟如此彬彬有礼，是战争又不像战争，看来似乎令人费解。其实只要看看他们一个时期以来的做法，就不难明白，这正是他们既定政策的继续。为了争夺中小国家，他们要打仗；出于国内问题的考虑，打仗却又不想同对方真正决战，更不想吃掉对方。在晋，想争郑而不想灭郑，想败楚而不想灭楚。在楚亦然。所以，鄢陵之战，不过是晋楚长期争夺中间地带斗争之诸多链条中的一个环节而已，它本身的意义极为有限，对于任何一方都不曾产生决定性的影响。

（3）宋之盟

鄢陵战后，晋国早已存在的国内矛盾日益激化，六卿擅权，大夫干政，公室衰微，政权下移，导致了流血的内争，对外由争霸转而采取弭兵政策，终于在公元前546年与楚达成宋之盟。从鄢陵之战到宋之盟，约三十年，在这三十年当中，晋、楚二国尽管仍然继续争郑，不断地发生军事冲突，但是越来越严重的内忧迫使他们不得不把国内的问题提到日程上来，尤其是晋国，更为突出。战争依然不断，而弭兵则成了一种不可抗拒的趋势，这就是这三十年历史的显著特点。

晋之内忧实非始于鄢陵之战。公元前589年，晋郤克因其出使于齐时齐妇人笑其跛，率师深入齐地，与齐发生鞌之战。齐败求和，郤克竟要胁齐以顷公之母萧同叔子为质。郤克先前只是一个大夫，后升为卿，当上中

① 《左传》成公十六年。

② 《左传》成公十六年。

③ 《左传》成公十六年。

军将，敢于如此跋扈恣睢，而晋景公竟不能奈之何。无怪当时范武子就告诫他的儿子士燮，对于郤克要多加小心。足见晋之六卿擅权，大夫干政，早已见端倪。到了公元前576年，即鄢陵之战的前一年，三郤（郤至、郤錡、郤犨）杀掉敢于直言的大夫伯宗，逼使伯宗的儿子伯州犁逃楚。三郤族大宠多，是晋国的一大政治势力。它威胁公室，随时都有可能酿成内乱的危险。范文子（士燮）早就看出，对晋国来说，最大的问题不是霸业，而是内患。公元前575年，郑叛晋，晋厉公欲兴师伐之。范文子坚决反对，他认为若诸侯皆叛，晋尚可以维持下去，“若唯郑叛，晋国之忧，可立俟也。”[①]等到晋军从鄢陵凯旋归来时，范文子更加认为内乱就要爆发，他甚至希望自己快点死去，以免于难。他说：“君骄侈而克敌，是天益其疾也。难将作矣！爱我者唯祝我，使我速死，无及于难，范氏之福也。”[②]

后来的事态发展，证明范文子的预见是正确的。晋厉公从鄢陵前线归来，果然立即打击群大夫而立其左右。胥童、长鱼矫、夷阳五都是厉公的外嬖之臣，他们因争权、争田与三郤有隙。厉公指使他们率八百名甲士围杀了三郤。同年，栾书、中行偃杀胥童。第二年，即公元前573年，晋厉公也被他们杀掉。这是一次爆炸性的流血事件。自此以后，晋公族如栾、郤、胥、原、狐、续、庆、伯等先后被翦灭。宗族枝叶先落，公室主干亦日形枯萎。三十多年后，叔向对齐晏婴无限感慨地说：

> 虽吾公室，今亦季世也。戎马不驾，卿无军行。公乘无人，卒列无长。庶民罢敝，而宫室滋侈。道殣相望，而女富溢尤。民闻公命，如逃寇雠……政在家门，民无所依。君日不悛，以乐慆忧。公室之卑，其何日之有？谗鼎之铭曰：“昧旦丕显，后世犹怠。”况日不悛，其能久乎？[③]

① 《左传》成公十六年。

② 《左传》成公十七年。

③ 《左传》昭公三年。

叔向本是公族之人，他对于多年来晋公室的衰微，卿大夫的专权，一定有深刻的感受，他的话可以看做是厉公杀三郤以后晋国政治局势的总结。

晋公室曾经作过扭转这种局面的努力。公元前573年厉公被弑，悼公即位（公元前572年—公元前558年在位）。悼公首先注意修明内政，着力解决国内问题。他一即位，立即要求百官"施舍已责，逮鳏寡，振废滞，匡乏困，救灾患，禁淫慝，薄赋敛，宥罪戾，节器用，时用民，欲无犯时"①。后来又使魏绛"盟诸戎，修民事，田以时"②。在外交方面，采取积极的行动，从公元前570年到公元前562年的八年间，九次会诸侯，把除楚、郑以外的大小诸侯几乎全拉到自己一边。在军事上，仍以争郑为目标，采取了主动而谨慎的措施。与诸侯之师城虎牢而戍之，以逸待劳，相机伐郑。悼公本人并且三次亲自观兵于郑地，使晋国兵威大振。

悼公图振作复霸业的努力取得了极大的成功，史家称他为晋文公之后春秋最有作为的国君。然而就是他，也扭转不了历史的趋势。他对于国内的斗争也极其小心审慎。他即位后精心地调整了文武卿相的人选，清除了七个有贰心的臣子，却始终未敢纠弹栾书、中行偃杀他君父的案件。他每次伐郑都取得胜利，公元前564年冬，晋与诸侯之师甚至攻克郑的三个城门，旋即驻军虎牢，令诸侯"修器备，盛糇粮，归老幼"③，摆出长期伐郑的姿态。但是他只想服郑，而不欲灭郑。每次都是以许成结盟而告终。因为晋"实不能御楚，又不能庇郑"④。晋悼公所追求的，与其说是对外争霸，毋宁说是力求内部安定。然而他的奋斗可使内忧缓和于一时，却不能救公室之颓局于永久。大夫专权，政在私门的形势已定，晋公室的命运，

① 《左传》成公十八年。

② 《左传》襄公四年。

③ 《左传》襄公九年。

④ 《左传》襄公十年。

正如叔向所说，“其能久乎？”[①]

由于内部问题严重，求得一个和缓的外部环境，已成为晋公室的当务之急。公元前558年，悼公死，平公立（公元前557年—公元前532年在位）。平公立不数年，赵文子（赵武）取代范匄而执政。赵文子第一次正式把弭兵做为国家的政策提出来，他说：“自今以往，兵其少弭矣！”[②]他指出当时已出现弭兵的条件。“齐崔、庆新得政，将求善于诸侯。武也知楚令尹。若敬行其礼，道之以文辞，以靖诸侯，兵可以弭。”[③]赵文子的分析是对的。当时，弭兵确实是大势所趋，各国都愿意。楚国虽然没有政权下移的问题，但它此时亦不竞于晋。它的执政者们也往往流露出厌于同晋争锋的情绪。令尹子囊曾说：“不可，当今吾不能与晋争。”[④]稍后的另一个令尹子木说：“宜晋之伯也，有叔向以佐其卿，楚无以当之，不可与争。”[⑤]至于诸小国，早已吃尽战争的苦头，更迫切要求弭兵。处于晋楚两大国之间的郑国，由于晋征楚伐，“其民人不获享其土利，夫妇辛苦垫隘，无所厎告。”[⑥]“民死亡者，非其父兄，即其子弟，夫人愁痛，不知所庇”[⑦]。它只好“唯强是从”，晋来服晋，楚来服楚，利用晋、楚的矛盾，苟存予两霸之间。弭兵，对于像郑这样的小国来说，无论国君抑或人民，都是求之不得的。到了公元前546年，晋、楚达成宋之盟的时候，弭兵已成势在必行。当赵文子与诸大夫商量是否与楚结盟时，韩宣子对形势的分析，可以说入木三分，精辟到家了。他说：“将或弭之，虽曰

① 《左传》昭公三年。

② 《左传》襄公二十五年。

③ 《左传》襄公二十五年。

④ 《左传》襄公九年。

⑤ 《左传》襄公二十七年。

⑥ 《左传》襄公九年。

⑦ 《左传》襄公八年。

不可，必将许之。弗许，楚将许之，以召诸侯，则我失为盟主矣。”[①]韩宣子的话有三层意思：一，弭兵恐怕已成定局；二，咱们虽然不同意，最终也一定要同意；三，咱们不同意，楚国也要同意。楚国同意了，咱们就被动了。

弭兵，这是当时历史发展提出来的客观需要，谁不同意谁就要输理，就要被动。所以，当公元前546年宋左师向戌提出举行弭兵盟会倡议的时候，大国小国无一表示反对。这一年的秋天，晋卿赵武、楚令尹子木以及其他各国大夫盟于宋之蒙门之外，这就是宋之盟。晋、楚达成“晋楚之从，交相见也”的协议，即楚国的盟国要到晋国去朝聘，晋国的盟国要到楚国去朝聘。唯秦、齐两国除外，因为秦、齐是和晋、楚同等的大国，秦不能朝晋，齐亦不能朝楚。所以倒霉的还是那些小国，他们虽减少一些征伐之苦，却要执玉帛皮币，跋涉山川，蒙犯霜露，交困于晋楚之廷。晋楚达成宋之盟，乃形势使然，并非出于本意，两国从此弭兵，斗争依然存在。在盟会期间，气氛就十分紧张，楚方“衷甲”与会，准备随时动武。晋方说“楚氛甚恶”“固请释甲”。歃盟时，楚欲先，晋亦欲先，各不示弱。

宋之盟是春秋历史的一个重要转折点。在此之前，晋、楚、齐、秦四大国全力向外扩张，从此之后，便转而主要忙于国内事务了。春秋的历史于是进入尾声阶段。

对于晋与楚达成宋之盟，历来批评者居多。宋之盟后四年，祁黄羊的儿子祁午就当面指责赵武，说宋之盟是他执政以来最大的错误，也是晋国的耻辱。后世史家也多有讥评者，或说宋之盟是赵武苟且偷安，软弱无能的结果，或说平公败坏悼公基业，有三项失政，这是最大的一项。我认为，这些批评都是皮毛之见。宋之盟不是平公和赵武的个人意志所决定，而是晋公室日卑、大夫专权的形势促成的。后来诸侯叛晋，三分公室的局面，正是这种形势发展的客观结果。宋之盟不过是整个这段历史的一个标志，一个里程碑而已。

① 《左传》襄公二十七年。

2．晋与秦的关系

从城濮之战到宋之盟，晋与秦、齐之间也发生一系列军事冲突。这些行动虽然没有晋、楚二国之间的关系那样影响重大，但在这一历史时期当中却是一个不可忽视的内容。现在先说晋与秦的关系。

晋、秦本是婚姻之国。晋文公之为晋君又是秦穆公所纳的。但自晋文公即位后，他首先即拒绝秦的勤王。城濮之战时，秦虽站在晋的一边，但当攻郑时，二国即产生分歧。至殽之战，秦军匹马只轮不反，从此两国即迭相攻伐，成为世仇。究其根本原因，则由于秦、晋两国的力量相若。秦僻在西陲，屡欲东出，与诸侯争衡，无奈为晋所扼。晋亦因此得专力中原，与楚争霸。正因为在根本战略上有这样的利害冲突，所以到后来，秦宁肯与楚联合，却绝不愿与晋和好。

自殽之战至宋之盟，秦、晋斗争的主要事件略述如下：

公元前625年，秦孟明视帅师伐晋，战于彭衙（在今陕西白水东北），秦师败绩。同年，晋先且居、宋公子成、陈辕选、郑公子归生伐秦取汪（在陕西澄城西北），及彭衙而还。

公元前624年，秦伯伐晋，“济河焚舟，取王官（今山西闻喜南），及郊。晋人不出，遂自茅津（今河南三门峡西）济，封殽尸而还”，秦遂霸西戎[①]。

公元前623年，晋侯伐秦，围邧（今陕西澄城南）、新城（今陕西澄城东北），“以报王官之役”[②]。

公元前620年，晋师败秦师于令狐（今山西临猗县南），至于刳首（今山西临猗西南）。

公元前617年春，晋人伐秦，取少梁（今陕西韩城西南）。夏，秦伯伐晋，取北征（今陕西澄城西南）。

公元前615年，秦伯伐晋，取羁马（今山西永济西南）。晋人御之，

① 《左传》文公三年。

② 《左传》文公四年。

战于河曲[①]（在今山西风陵渡附近）。秦复侵晋，入瑕（今山西运城解州镇西南）。次年，“晋侯使詹嘉处瑕，以守桃林之塞（今陕西潼关东南）。”[②]

公元前611年，楚人、秦人、巴人灭庸。

公元前608年，“晋欲求成于秦。赵穿曰：‘我侵崇，秦急崇，必救之。吾以求成焉。’”冬，赵穿侵崇（今河南崇县东北），但“秦弗与成”[③]。

公元前607年，秦师伐晋。

公元前601年，晋师、白狄伐秦。

公元前594年，秦桓公伐晋，晋魏颗败秦师于辅氏（今陕西大荔东）。

公元前582年，秦人、白狄伐晋。

公元前578年，晋侯使吕相绝秦。五月，“晋师以诸侯之师及秦师战于麻隧（今陕西泾阳西南）。”[④]秦师败绩。

公元前563年，晋师伐秦。

公元前562年，秦人伐晋，“秦、晋战于栎（今山西永济西南），晋师败绩。”[⑤]

公元前559年，“诸侯之大夫从晋侯伐秦，以报栎之役也。”[⑥]

3．晋与齐的关系

齐在城濮之战后，经常保持局外中立，不卷入晋、楚争霸的斗争。这当然不是齐心甘情愿的事。齐过去是称霸一时的大国，恃昔日的余威，开

---

① 《春秋》文公十二年。

② 《左传》文公十三年。

③ 《左传》宣公元年。

④ 《左传》成公十三年。

⑤ 《左传》襄公十一年。

⑥ 《左传》襄公十四年。

始仍幻想与晋分庭抗礼。公元前589年，在同晋的鞌之战中，齐受重创，从此承认现状，不得不屈服于晋，常参加晋的盟会。但是晋、楚、齐、秦四国，在这一时期内，诚如晋赵武说的那样，“晋、楚、齐、秦匹也，晋之不能于齐，犹楚之不能于秦也。”[①]就是说，齐还多少有一些实力，即使屈服于晋，也与一般中、小国家地位不同。尤其是公元前567年，齐灭莱（今山东昌邑东南），使齐的国力更加膨胀。齐的衰败，一个重要原因在于内乱不已。正是这一点妨碍了它同晋、楚两霸相对抗，而只能充作次一等的，服从于霸权国家的力量。

四、尾声阶段

自宋之盟（公元前546年）至韩、赵、魏三家灭智伯而分其地（公元前453年），共九十四年，可看做是霸权斗争的尾声阶段。这个时期，不但“天子之在者，唯祭与号”[②]，而且人们已经发出了“无伯”之叹[③]。如果说还有可以以霸名者，则只有崛起于中国东南的吴、越两国而已。从五霸的整个历史发展阶段来看，它毕竟已是尾声，以后即转而入战国了。

1．吴越

我们前面说过，按墨翟、荀况的说法，五霸是齐桓、晋文、楚庄、吴阖闾、越勾践。[④]这个说法反映了一个历史时期的特点，是有道理的。不过，仔细推敲，似应以吴王夫差来代替吴阖闾。这是因为吴国的事业实在是到了夫差才达到顶点。吴王夫差“北会诸侯于黄池（今河南封丘西南），欲霸中国以全周室”[⑤]，吴的霸业是在他手中实现了。同夫差相比，阖闾自然只是一个先驱。至越王勾践，则有灭吴的大功，并且在灭吴后“乃以兵北渡淮，

① 《左传》襄公二十七年。

② 《谷梁传》昭公三十二年。

③ 《左传》昭公十六年记鲁大夫“叔孙昭子曰：‘诸侯之无伯，害哉！’”

④ 《墨子·所染》《荀子·王霸》。

⑤ 《史记·吴太伯世家》。

与齐、晋诸侯会于徐州（今山东滕县南），致贡于周”，周元王使人赐勾践胙，命为伯[①]。所以勾践称霸倒是无可非议的。当然，夫差为霸不终，勾践之霸其影响也不能与晋、楚二霸相比。但这只证明它们都带有霸权尾声阶段的特点，而不能抹煞它们做为春秋最后两霸的存在。

那么，霸权尾声阶段的特点是什么呢？那就是，称霸的国家不一定是最强大的国家，而强大的国家也并不一定就称霸。这反映了深刻的历史变化。

在这个时期，历史已由礼乐征伐自诸侯出，变而礼乐征伐自大夫出。各国之君有的被弑，有的被逐，其不被弑被逐的，一般说，权力也已大大削弱。正由于政权已由诸侯手中下移于卿大夫，卿大夫之间争权夺利以至相兼并的斗争就空前激烈起来。齐晏子在回答晋叔向问“齐其何如？”时说：“此季世也，吾弗知。齐其为陈氏矣！”叔向则说：“虽吾公室，今亦季世也。戎马不驾，卿无军行。公乘无人，卒列无长。”[②]这些都生动地反映了这个时期内，齐、晋两国忙于内部卿大夫间的兼并、斗争，而无暇外顾的局面。因此，晋、楚、齐、秦虽然并不能说不是强国，但它们已经无力争霸了。尽管这样，晋、楚、齐、秦的活动在这个时期却有着十分重要的意义。

2．晋

晋在襄公时，卿大夫中间已出现两派。《左传》文公六年说：“晋蒐于夷，舍二军。使狐射姑将中军，赵盾佐之。阳处父至自温（今山西孟县东），改蒐于董（今山西临猗西北），易中军。阳子，成季之属也，故党于赵氏。”按狐射姑是狐偃之子，赵盾是赵衰之子。狐偃、赵衰二人是晋文公的功臣。二人死，狐、赵二家遂成互相对立的两派。两派争权的结果，是狐射姑一派失败。其党续鞫居被杀，狐射姑本人也出奔狄。此外，晋襄公原来所要提拔的箕郑父、先都、士縠、梁益耳[③]也无一生存。赵氏的势力从此强大起来，最后发展到赵盾之党赵穿弑晋灵公。

---

① 《史记·越王勾践世家》。

② 《左传》昭公三年。

③ 《左传》文公八年说：“晋侯（襄公）将登箕郑父、先都，而使士縠、梁益耳将中军。”

晋在郤缺、荀林父、士会、郤克为政时，政局比较稳定。至晋厉公时，由于厉公畏诸大夫强，欲树立公室权威，一朝杀强宗三郤（即郤至、郤錡、郤犫），并欲杀执政的栾书和荀偃。但他意志不坚决，结果反为栾书、荀偃所杀。

晋悼公继位，韩厥、知罃、荀偃相继为政。公室又振作起来。至平公时，士匄即范宣子为政，又掀起范氏同栾氏的兼并斗争。栾盈出奔楚，继由楚适齐。既而他暗地里又由齐返回曲沃，栾党与范氏之党展开一场恶斗。结果栾盈失败，栾氏之族党尽被诛戮。因受栾盈牵连而被杀的，有箕遗、黄渊、嘉父、司空靖、邴豫、董叔、邴师、申书、羊舌虎、叔罴；被囚的有伯华、叔向、籍偃；出奔的有知起、中行喜、州绰、邢蒯等。为禁锢栾氏，在商任（今河北邢台市东）举行一次有九国参加的大会，在沙随（今河南宁陵北）又举行一次有十二国参加的大会。足见这次斗争规模之大。

至赵鞅即赵简子为政时，又有以赵鞅为首的赵氏党联合知、韩、魏三家同范氏、中行氏两家互相兼并的斗争。这次斗争长达七年之久，牵涉到齐、卫、郑、狄、鲜虞等五个国家，最终以范氏、中行氏两家彻底失败而出奔于齐了事。

至春秋季世，智瑶最强，因而想兼并赵、韩、魏三家。结果反被赵、韩、魏联合起来消灭。这件事成为中国历史进入战国时代的标志。

3. 楚

楚自楚文王以来，王子弟弑君自立者凡四人（成王、穆王、灵王、平王），大臣作乱和谋弑者凡五人（鬥宜申、仲归、公子燮、鬥克和鬥越椒），兵败国破几至亡国者一次；然君权并未因此下移。这是楚与晋、齐、鲁、卫等国的不同。有人认为这是由于“当国执政皆公族子孙，世相授受；一有罪戾，随即诛死”[①]的好处。据我看这一点恐怕不是根本原因。根本原因在于这时的楚不行分封，使权力集中于中央。这也证明真正的郡县制确实比分封制有优越性。但这只是相对的。楚虽没有君权下移，

① 顾栋高：《春秋大事表·春秋楚令尹论》。

却也同样被内乱弄得大伤元气，无力参加争霸的行列了。

4．齐

齐桓公死，五公子争立。经历了孝、昭、懿、惠、顷五世，这六十年，齐失却霸主地位，但基本上还能维持大国姿态。至灵、庄二世，由于相继昏淫，已酿成祸乱。至景公之世，不但政权下移于卿大夫，而且卿大夫之间的兼并斗争愈演愈烈。开始，崔杼、庆封擅权；继而崔杼亡于庆封，而庆封又亡于栾、高（子尾、子雅）。不旋踵间，栾、高二氏（栾施、高强）又为陈（无宇）、鲍（国）所并。崔、庆、栾、高皆为公族。崔杼以一妇人（东郭姜）之故，而弑君、乱宗，最后至于亡家、亡身。庆封则“易内而饮酒”[①]，色荒无度。栾施、高强亦皆“嗜酒，信内多怨”[②]。结果都招致杀身、亡家之祸。独陈无宇与众不同。栾、高失败后，陈无宇不但不贪栾、高的财产，反而召回出亡的诸公子。《左传》昭公十年记述此事说：“桓子（陈无宇）召子山，私具幄幕器用从者之衣屦，而反棘焉。子商亦如之，而反其邑。子周亦如之，而与之夫于。反子城、子公、公孙捷，而皆益其禄。凡公子、公孙之无禄者，私分之邑。国之贫约孤寡者，私与之粟。”陈氏之夺取齐国政权，于这时已奠定基础。崔、庆、栾、高适为陈氏作驱除而已。以一异姓而夺得公室的政权，在春秋之世，实为仅见。至景公死，无宇子乞联合鲍牧，施展诡计，驱逐顾命大臣高（张）、国（夏）。而到简公时，陈乞子恒（亦作常）又以计除简公的亲臣阚止，使内外处要津者皆陈氏之党，终于造成夺取姜齐政权的形势。而陈（田）氏代齐，也是使中国历史进入战国时代的一个重大事件。

5．秦及其他诸国

秦僻处西陲，长期与中原隔绝。自景公以后，载记尤为疏略，应从盖阙。其他如鲁，自文公开始，已失政柄，权在三家。终春秋之世，欲去三桓张公室者固不乏其人，如公孙归父、叔孙侨如、南蒯等，然皆怀有个人

---

① 《左传》襄公二十八年。

② 《左传》昭公十年。

野心，并非真正为着公室利益，所以不但没有成功，反而促使三桓的势力益大。再如郑，则自穆公以后，权归于七穆。卫则孙、宁，宋则华、向，几乎都表现出政权下移至卿大夫之手的形势。

正是因为晋、楚、齐、秦以及中原诸国存在以上所述的国内形势，所以吴、越两国便成了这个时期仅有的可以称为霸主的国家。但吴、越的霸业已是强弩之末，从当时整个中国的角度看，霸权这时已完成了最后的历史使命。

以上，我们分四个阶段讨论了春秋五霸的兴衰。五霸是历史的产物。它反映这时中国奴隶社会正日趋衰落，但还没有灭亡；成为社会主要矛盾的主要方面的，仍然是奴隶主阶级。毫无疑问，五霸，特别是晋、楚两霸，是当时最大的压迫者和剥削者。《左传》襄公四年说："公如晋听政。"襄公八年说："会于邢丘以命朝聘之数，使诸侯之大夫听命。"襄公二十二年说："晋人征朝于郑。"这都是晋为霸主时，对自己盟国实行剥削的见证。被剥削的同盟国，在不堪霸主压榨时，不得不进行斗争反抗。例如《左传》襄公二十四年说：晋"范宣子为政，诸侯之币重，郑人病之。"昭公十三年说："子产争承。"就是这种委曲斗争的反映。关于楚的这类情况，《左传》虽语焉不详，但也露出一些蛛丝马迹。如襄公二年说："楚公子申为右司马，多受小国之赂。"襄公二十年说："楚人使蔡无常。"就可以看出楚对中小国家也同样进行残酷的剥削。随着时间的推移，霸权国家对中小国家的压迫和剥削日益加重。《左传》昭公三年说："昔文、襄之霸也，其务不烦诸侯，令诸侯三岁而聘，五岁而朝，有事而会，不协而盟。"这当然不是说晋文、襄时对中小国格外仁慈，而恰恰是表明自晋文公以后，霸主对中小国家的剥削和压迫是加重了。这就使我们可以理解，为什么晋、楚争霸，首尾八十多年，表面上好像势不两立，实际上却谁也不想真的打仗，原因就在于它们的真正目的不过是借此以加强对自己的同盟国进行控制和剥削罢了。

春秋主要诸侯纪年表

（自公元前770年至公元前453年）

公元	干支	周	鲁	齐	晋	秦	楚	宋	卫	郑	燕	吴(越)
—770	辛未	平王	孝公 37 年	庄公 25 年	文侯 11 年	襄公 8 年	若敖 21 年	戴公 30 年	武公 43 年	武公	顷侯 21 年	
—768	癸酉		惠公									
—766	乙亥										哀侯	
—765	丙子					文公		武公				
—764	丁丑										郑侯	
—763	戊寅						霄敖					
—757	甲申						蚡冒		庄公			
—747	甲午							宣公				
—745	丙申				昭侯							
—743	戊戌									庄公		
—740	辛丑						武王					
—739	壬寅				孝侯							
—734	丁未								桓公			
—730	辛亥			釐公								
—728	癸丑							穆公			穆侯	
—723	戊午				鄂侯							
—722	己未		隐公									
719	壬戌	桓王						殇公				
—718	癸亥								宣公			
—717	甲子				哀侯							

（续上表）

公元	干支	周	鲁	齐	晋	秦	楚	宋	卫	郑	燕	吴(越)
—715	丙寅					宁公						
—711	庚午		桓公									
—710	辛未							冯			宣侯	
—709	壬申				小子							
—706	乙亥				湣							
—703	戊寅					出公						
—700	辛巳									厉公		
—699	壬午								惠公			
—697	甲申			襄公		武公					桓公	
—696	乙酉	庄王							黔牟	昭公		
—694	丁亥									子亹		
—693	戊子		庄公							子婴		
—691	庚寅							湣公				
—690	辛卯										庄公	
—689	壬辰						文王					
—686	乙未								惠公14年			
—685	丙申			桓公								
—681	庚子	釐王						桓公				
—679	壬寅									厉公复立		
—678	癸卯				武公38年							
—677	甲辰					德公						
—676	乙巳	惠王			獻公		杜敖囏					

（续上表）

公元	干支	周	鲁	齐	晋	秦	楚	宋	卫	郑	燕	吴(越)
—675	丙午					宣公						
—672	己酉									文公		
—671	庚戌						成王					
—668	癸丑								懿公			
—663	戊午					成公						
—661	庚申		湣公									
—660	辛酉								戴公			
—659	壬戌		釐公			穆公			文公			
—657	甲子										襄公	
—651	庚午	襄王										
—650	辛未				惠公			襄公				
—642	己卯			孝公								
—636	乙酉				文公			成公				
—634	丁亥								成公			
—632	己丑			昭公								
—627	甲午				襄公					穆公		
—626	乙未		文公									
—625	丙申						穆王					
—620	辛丑				灵公	康公						
—619	壬寅							昭公				
—618	癸卯	顷王										
—617	甲辰										桓公	

（续上表）

公元	干支	周	鲁	齐	晋	秦	楚	宋	卫	郑	燕	吴(越)
—613	戊申						庄王					
—612	乙酉	匡王		懿公								
—610	辛亥							文公				
—608	癸丑		宣公	惠公		共公						
—606	乙卯	定王			成公							
—605	丙辰									灵公		
—604	丁巳									襄公		
—603	戊午					桓公						
—601	庚申										宣公	
—599	壬戌				景公				穆公			
—598	癸亥			顷公								
—590	辛未		成公				共王					
—588	癸酉							共公	定公			
—586	乙亥									悼公	昭公	
—585	丙子	简王										吴王寿梦
—584	丁丑									成公		
—581	庚辰			灵公								
—580	辛巳				厉公							
—576	乙酉					景公			献公			
—575	丙戌							平公				
—573	戊子										武公	
—572	己丑		襄公		悼公							

（续上表）

公元	干支	周	鲁	齐	晋	秦	楚	宋	卫	郑	燕	吴(越)
—571	庚寅	灵王										
—570	辛卯									釐公		
—565	丙申									简公		
—560	辛丑											吴王诸樊
—559	壬寅						康王					
—558	癸卯								殇公			
—557	甲辰				平公							
—554	丁未										文公	
—553	戊申			庄公								
—548	癸丑										懿公	
—547	甲寅			景公								吴王余祭
—546	乙卯								献公后元			
—544	丁巳	景王					郏敖				惠公	
—543	戊午								襄公			
—541	庚申		昭公									
—540	辛酉						灵王					
—536	乙丑					哀公						
—535	丙寅										悼公	
—534	丁卯								灵公			
—531	庚午				昭公			元公				
—530	辛未											吴王余昧
—529	壬申									定公		

（续上表）

公元	干支	周	鲁	齐	晋	秦	楚	宋	卫	郑	燕	吴(越)
—528	癸酉						平王				共公	
—526	乙亥											僚
—525	丙子				顷公							
—523	戊寅										平公	
—520	辛巳											
—519	壬午	敬王										
—516	乙酉							景公				
—515	丙戌						昭公					
—514	丁亥											吴王阖闾
—513	戊子									献公		
—511	庚寅				定公							
—510	辛卯											越王允常
—509	壬辰		定公									
—504	丁酉										简公	
—500	辛丑					惠公				声公		
—496	乙巳											越王勾践
—495	丙午											吴王夫差
—494	丁未		哀公									
—492	己酉								出公		献公	
—490	辛亥					悼公						
—489	壬子			晏孺子荼								
—488	癸丑			悼公			惠王					

（续上表）

公元	干支	周	鲁	齐	晋	秦	楚	宋	卫	郑	燕	吴(越)
—484	丁巳			简公								
—480	辛酉			平公					庄公			
—477	甲子								起			
—476	乙丑					厉共公			出公后元			
—475	丙寅	元王										
—474	丁卯				出公							
—473	戊辰											
—468	癸酉	贞定王										
—466	乙亥		悼公									
—464	丁丑										孝公	越王鹿郢
—462	己卯									哀公		
—458	癸未											越王不寿
—457	甲申				（赵襄子）							
—456	乙酉				哀公							
—455	丙戌			宣公					悼公黔			
—453	戊子	韩、赵、魏三家分晋，春秋结束。										

第二节　春秋时期在井田、分封、宗法和礼等几个方面所发生的变化

春秋是中国奴隶社会的衰落时期。前此在全盛时期奴隶主阶级政权所恃以向上发展的几种制度，如井田、分封、宗法和礼等，在激烈的阶级斗争的影响下，都已日趋破坏，亦即这个时期从经济基础到上层建筑都不能照老样子过下去了。虽然这个时期社会主要矛盾的主要方面仍旧是奴隶主阶级，但是新的地主阶级已经产生并且日益发展壮大，最后必然战胜奴隶主阶级而使中国奴隶社会为封建社会所代替。下面就这个时期在井田、分封、宗法和礼等几个方面所发生的变化简要地加以论述。

一、井田

井田是中国奴隶社会经济基础的重要部分。中国历史进入春秋以后，井田不断地遭到破坏。最明显地表现在以下几点：

第一，《国语·晋语》记郭偃说："吾观君夫人也，若为乱，其犹隶农也。虽获沃田而勤易之，将不克飨，为人而已。"郭偃为此语大约在公元前672至公元前666年之间，也就是说，隶农这个概念在这个时期并不是新出现的东西，而是一个人人熟知的事实，否则不会作为说明问题的例子来应用。隶农的出现，表明井田制正在走向破坏。

马克思在论述农村公社解体的原因时说过："除了外来的各种破坏性影响，公社内部就有使自己毁灭的因素。土地私有制已经通过房屋及农作园地的私有渗入公社内部，这就可能变为从那里准备对公有土地进攻的堡垒。这是已经发生的事情。但是，最重要的还是私人占有的泉源——小土地劳动。它是牲畜、货币，有时甚至奴隶或农奴等动产积累的基础。这种不受公社控制的动产，个体交换的对象（在交换中，投机取巧起极大的作用）将日益强烈地对整个农村经济施加压力。这就是破坏原始的经济平等和社会平等的因素。它把别的因素带进来，引起公社内部各种利益和私欲

的冲突，这种冲突，首先会破坏耕地的公有制，然后会破坏森林、牧场、荒地等等的公有制；一旦这些东西变成了私有制的公社附属物，也就会逐渐变成私有了。”[①]隶农同农奴的性质差不多。使用隶农显然就是破坏原始的经济平等的因素。这时井田制虽然没有完全破坏，但隶农的使用是井田制破坏的一种征兆，却是没有问题的。

第二，《左传》记鲁僖公十五年（公元前645年）：“晋于是乎作爰田。”《国语·晋语》“爰田”作“辕田”。说者谓“爰”和“辕”都是假借字。本字应作“趄”，意思是换。这个解释可能是对的。但是怎么换法，说者各异。由于文字太简略了，实际上哪一种说法都有增字解经之嫌。我看惠栋把“爰田”“州兵”看作是“当日田制、兵制改易之始”[②]的说法比较可信。改易田制当然就是井田制发生变化了。

第三，《左传》记鲁宣公十五年（公元前594年）：“初税亩”。有人认为，初税亩“表明鲁国正式宣布废除井田制，承认私田的合法性而一律取税，标志着封建制度的开始”。这种说法我看是不能成立的。其所以不能成立，在于他把作为分配给单个家庭的土地，说成是诸侯在方田外所垦辟的土地，亦即把井田制的“私田”作了歪曲的解释，因而是错误的，不可信据的。实际上这个“初税亩”应以顾栋高的“加赋也”[③]说法最为直截了当。原来鲁国旧制是“制公田不税夫”，即行助法。税亩以后就变成了既制公田又税夫。也就是过去只在公田上征收一份税，今在私田上又征收一份税。其结果遂变成所谓“二”。《论语·颜渊》：“哀公问于有若曰：‘年饥用不足，如之何？’有若对曰：‘盍彻乎？’曰：‘二吾犹不足，如之何其彻也？’对曰：‘百姓足，君孰与不足；百姓不足，君孰与足？’”鲁哀公所说的“二”，正是初税亩以后的情况。“二”是征收百姓的二，而绝不是征收统治阶级之中某人的二。

---

① 《马克思恩格斯全集》第19卷，人民出版社1956年版第450页。

② 《春秋左传补注》。

③ 《春秋大事表·邱甲田赋论》。

尽管这样，初税亩毕竟是一种新出现的办法。这种办法的实行，一方面表明生产力水平已经提高，私田有提供剥削的可能；另一方面，表明统治阶级欲壑难填。照这样下去，当然不至完全破坏井田制不止。所以，认为它也是井田制在发生变化的表现，则是没有问题的。

第四，《左传》襄公十年说："初，子驷为田洫，司氏、堵氏、侯氏、子师氏皆丧田焉。"又襄公三十年说："子产使都鄙有章，上下有服，田有封洫，庐井有伍。"郑子驷、子产执政，为什么都致力于为田洫？为田洫意味着什么呢？我认为"为田洫"，用孟子的话来说，就是"正经界"。正经界是因为当时暴君污吏多慢其经界[①]。所以，为田洫与反为田洫之斗争，恰恰是维护井田制与破坏井田制的斗争。它说明这时郑国的井田制正在遭到破坏。

上述四条材料并不是出于系统地论述井田制的专著，而仅仅是在《左传》这部古史中透露出的点滴消息。这个点滴消息已足说明，井田制在春秋时期，既不像西周时期那样正在巩固发展，也不像战国时期那样，由"卖宅圃"[②]逐渐发展到"视便利田宅可买者买之"[③]，井田制不是完全遭到破坏，而是正在不断瓦解之中。这正反映春秋时期是中国奴隶社会的衰落时期。

二、分封

分封的对立物是郡县。分封制的特点是封地的主权和所有权都属于封君。封君世袭，有相当大的独立性。郡县制则不然。郡县首长对郡县只有法定的行政权，而没有所有权。郡县首长不世袭，随时可由中央政府任免。除非是脱离中央，割据称王，就谈不到有独立性。分封制是中国奴隶社会政治制度的特征之一，郡县制是中国封建社会政治制度的特征之一。

---

① 详见《孟子·滕文公上》。

② 《韩非子·外储说左上》。

③ 《史记·廉颇蔺相如列传》。

有人不同意这种看法，说中国封建社会也始终存在分封。我认为中国封建社会诚然始终存在分封，但它乃是残余形态，和中国奴隶社会的分封不同。事物是复杂的，而不是纯粹又纯粹的。看问题应看它的本质、主流，而不要看它的非本质、支流。郡县制正是在中国奴隶社会的衰落时期，即春秋时期产生并发展起来的新事物。

《史记·秦本纪》说武公十年（公元前688年）“伐邽冀戎，初县之。”《左传》哀公十七年说，楚文王任彭仲爽“实县申、息”。洪亮吉以楚文王县申为鲁庄公六年（公元前688年）①，可能是对的。这样，春秋时期灭国不以封人，而设官治之，改名为县，实从秦楚二国开始。

《左传》记鲁僖公二十五年（公元前635年），晋文公以“赵衰为原大夫，狐溱为温大夫”；记鲁僖公三十三年（公元前627年），晋襄公“以再命命先茅之县赏胥臣”。这是春秋时期晋亦设县的例证。县的长官，楚称县尹、县公，晋称县大夫。

《左传》记鲁宣公十二年（公元前597年）郑伯服楚称“夷于九县”；记鲁昭公五年（公元前537年），楚薳启彊称晋“十家九县……其余四十县”。《左传》记鲁昭公二十八年（公元前514年）晋“分祁氏之田以为七县，分羊舌氏之田以为三县”。证明楚晋二国的县制，自出现以后，很快就发展起来了。

《左传》记鲁哀公二年（公元前493年），晋赵简子在战前宣布赏格说：“克敌者，上大夫受县，下大夫受郡。”证明这时晋已有郡，但郡的等级比县为低。

总之，春秋时期作为分封对立物的郡县制已经产生，并且在继续发展中。

二、宗法

王国维于《殷周制度论》讲宗法，提出宗统、君统两个概念，很有见

① 洪亮吉：《更生斋文甲集·春秋时以大邑为县始于楚论》。

地。宗统是以血缘关系为基础而建立起来的体系，君统是以政治关系即阶级关系为基础而建立起来的体系。宗统和君统不是一回事，但二者之间既有区别又有联系。区别在于限制族权，使不得侵犯君权；联系在于利用族权来维护君权。但到后来，由于宗族势力不断发展，其结果并不是如开始创立宗法制度的人所预期的那样，而是享有族权的人往往起来与君权相对抗，甚至夺取君权。因此，宗法制在中国奴隶社会衰落时期不能不趋于破坏。

最显著的例子，是晋昭侯封桓叔于曲沃，桓叔自建宗统。《左传》庄公二十八年说，“曲沃君之宗也”，可为证明。曲沃之宗不是以维护公室为职志，而是不断侵犯公室，终至夺取公室而有之。《左传》记鲁庄公十六年（公元前678年），“王使虢公命曲沃伯以一军为晋侯”，即其事。晋武公立为晋侯传子献公，惩宗法之害，尽杀群公子。《左传》宣公二年说，“初，骊姬之乱，诅无畜群公子，自是晋无公族”。实际上，晋无公族的责任主要应由晋献公来负，而不应由骊姬来负。晋武公、献公是以强宗而夺取政权的，他们深知宗法之危害性，因而下决心从根本上取消宗法。

其他如鲁三桓、郑七穆、宋华向、齐崔庆等，都使公室吃尽苦头，看不到公族对公室有什么好处。《左传》文公七年记宋“昭公将去群公子。乐豫曰：‘不可。公族，公室之枝叶也，若去之，则本根无所庇阴矣。’”这一事实，正反映当时在宗法问题上有两种对立的思想在斗争。它说明这个时期宗法制对于国君来说，已经是害多利少了。

宗法本来是行于大夫士之间，所谓“大夫士有常宗”[①]。而观《左传》记鲁襄公二十三年（公元前550年）鲁季武子舍弥而立纥，孟庄子舍秩而立羯；记鲁昭公四年（公元前538年）叔孙穆子舍孟丙、仲壬而立婼；记鲁襄公二十七年（公元前546年）齐崔杼舍成、强而立明，凡此种种，都说明这个时期宗法在大夫士本身也不能严格地执行了。

---

① 《荀子·礼论》。

另方面，由于阶级关系发生变化，原来不行宗法的，这时反而行宗法。最明显的例子，就是旧时大夫士都有姓氏，有姓氏可以看做是行宗法的标志，而战国以后则没有无姓氏的。说明这时行宗法已没有等级的限制，即人人可行宗法。这一点，对宗法的原来的意义来说，也可以看做是一种破坏。

四、礼

礼的渊源很古，并不自周代始。周礼是在夏、殷二代之礼的基础上经过改造，使其更好地为奴隶社会的政治服务而发展起来的，及至奴隶社会走向衰落，它也必然遭到破坏。

周礼的主要内容是亲亲尊尊，而强调君臣之义，父子之亲。可是春秋之世，竟然“臣弑其君者有之，子弑其父者有之”①。《左传》一书，虽然还有鲁“犹秉周礼”②，“诸侯，宋、鲁于是观礼”③，“周礼尽在鲁矣”④等记载，但实际上这不是礼，而是仪。《左传》昭公五年说：“晋侯谓女叔齐曰：‘鲁侯不亦善于礼乎？’对曰：‘鲁侯焉知礼！’公曰：‘何为？自郊节至于赠贿，礼无违者，何故不知？’对曰：‘是仪也，不可谓礼。礼所以守其国，行其政令，无失其民者也。今政令在家，不能取也。有子家羁，弗能用也。奸大国之盟，陵虐小国。利人之难，不知其私。公室四分，民食于他。思莫在公，不图其终。为国君，难将及身，不恤其所。礼之本末，将于此乎在，而屑屑焉习仪以亟。言善于礼，不亦远乎？’君子谓：‘叔侯于是乎知礼。’”（昭公二十五年记郑游吉对晋赵简子，大意与此相同。）这是礼与仪不同的具体的说明。不过，由于历史不断变化，到了春秋后期，即便是号称“秉周礼”的鲁国，连仪也不能维

① 《孟子·滕文公下》。

② 闵公元年。

③ 襄公十年。

④ 昭公二年。

持了，不断出现“季氏八佾舞于庭”“三家者以雍彻”[①]的事情。司马迁所谓“孔子之时，周室微而礼乐废”[②]的话，讲得确是当时的真实情况。

井田、分封、宗法和礼是中国奴隶社会全盛时期的四大支柱。它包括从经济基础到上层建筑几个重要方面。当中国奴隶社会走向衰落时，也必然首先在这四个方面表现出来。具体说，就是井田制破坏了，将为土地私有的封建土地所有制所代替；分封制破坏了，将为郡县制所代替；强调血缘关系的宗法制破坏了，将让位于强调阶级关系的政权；以亲亲尊尊为内容的礼治破坏了，将让位于“不别亲疏，不殊贵贱”的法治。当然，所谓破坏，不等于扫地无余。有人看到后世封建社会也有分封，也有宗法，也有礼，遂谓井田、分封、宗法、礼四者不能作为中国奴隶社会区别于封建社会的标志。其实，这是不对的。看一个事物的性质，主要看它的主导方面，看它占支配地位的是什么。一定要求它是纯粹的，这不是马克思主义的观点。

第三节　春秋时期的民族斗争与融合

春秋时期的民族斗争和融合是西周时期民族斗争和融合的继续。也和西周时代一样，春秋时期华夏族自称为“华”、为“夏”，将各少数民族称为“蛮、夷、戎、狄”，或统称为“夷”、为“裔”。“华”和“夷”对言，是从种族不同来说的。“夏”与“裔”对言，是从居住地不同来说的。《左传》定公十年说：“裔不谋夏，夷不乱华”，就是裔夏、夷华对

① 《论语·八佾》。

② 《史记·孔子世家》。

言的例证。夏本为地名，因启在其地建国，转而成为朝代名，后来又从朝代名发展成为种族名。这同汉原为地名，刘邦用作朝代名，以后又变成民族的名称一样。裔是边陲的意思。夏为中国，当时认为是华夏族的居住地；裔是边陲，当时认为是四夷的居住地。

春秋时期各民族间的斗争和融合，情况非常复杂，为便于说明，我们从四个方面分述如下：

一、华夏族与西方诸戎的斗争和融合

1．犬戎

由于周幽王为犬戎所攻杀，西周灭亡，我们就首先从西方的犬戎谈起。犬戎又叫畎夷。史称周文王伐畎夷[①]，周穆王伐犬戎，证明周和犬戎两个民族之间，长期以来就存在着矛盾和斗争。据《史记·匈奴列传》说，犬戎攻杀周幽王于骊山之下后，“取周之焦获而居于泾、渭之间”（焦获今甘肃泾阳西北）。其后，秦襄公伐戎至岐。至穆公得由余，西戎八国服于秦。当时，自陇以西，有绵诸、绲戎、翟貘之戎；岐、梁山、泾、漆之北有义渠、大荔、乌氏、朐衍之戎。《左传》闵公二年称“虢公败犬戎于渭汭（今陕西大荔东南）”，僖公二年称“虢公败戎于桑田（今河南灵宝西北）”，足见犬戎活动的地区相当广泛。

2．骊戎

《左传》庄公二十八年说：“晋伐骊戎，骊戎男女以骊姬。”

3．允姓之戎

《左传》襄公十四年记晋将执戎子驹支，“范宣子亲数诸朝，曰：‘来！姜戎氏，昔秦人迫逐乃祖吾离于瓜州，乃祖吾离被苫盖，蒙荆棘，以来归我先君。我先君惠公有不腆之田，与女剖分而食之……’对曰：‘昔秦人负恃其众，贪于土地，逐我诸戎。惠公蠲其大德，谓我诸戎是四岳之裔胄也，毋是翦弃。赐我南鄙之田，狐狸所居，豺狼所嗥。我诸戎除

① 《史记·匈奴列传》。

翦其荆棘，驱其狐狸豺狼，以为先君不侵不叛之臣，至于今不贰。”这就是说，西戎的这一支迁来中土以后开辟了晋的南鄙，并且逐步与晋人融合，虽然当时尚有语言、生活习惯等方面的差异，但随着时间的流逝，这些差别肯定是日益缩小的。

4．陆浑之戎

《左传》僖公二十二年说：“秦、晋迁陆浑之戎于伊川。”孔颖达疏：“陆浑是敦煌之地名也，徙之伊川，复以陆浑为名。”宣公三年楚伐陆浑即此。

昭公十七年记“晋荀吴帅师涉自棘津（今河南淇县南），使祭史先用牲于雒。陆浑人弗知，师从之。庚午，遂灭陆浑，数之以其贰于楚也。”

陆浑之戎也称“阴戎”。《左传》昭公九年记“晋梁丙、张趯率阴戎伐颍（今河南登封东南）”。杜预说：“阴戎，陆浑之戎。以其处晋阴地，谓之阴戎。”

又称“九州戎”。《左传》昭公二十二年记“晋籍谈、荀跞帅九州之戎及焦（今河南三门峡西）、瑕（今河南灵宝西）、温（今河南孟县东）、原（今河南济源西北）之师，以纳王于王城。”杜预说：“九州戎，陆浑戎”。

5．扬拒、泉皋、伊、雒之戎

《左传》记鲁僖公十一年（公元前649年），“扬拒、泉皋、伊、雒之戎同伐京师，入王城，焚东门。”杜预说：“扬拒、泉皋皆戎邑，及诸杂戎居伊水、雒水之间者。”又记十二年（公元前648年），“齐侯使管夷吾平戎于王”。《春秋》记鲁文公八年（公元前619年），鲁“公子遂会雒戎，盟于暴（今河南原阳西）”。《左传》记鲁成公六年（公元前585年），“晋伯宗、夏阳说、卫孙良夫、甯相，郑人，伊、雒之戎，陆浑蛮氏侵宋”。这都证明当时戎杂居于洛阳附近，有相当大的力量。

6．蛮氏

蛮氏，一名茅戎，一名戎蛮子。《春秋》成公元年：“王师败绩于茅戎。”沈钦韩说：“按茅戎，盖西羌之入居中国者。茅髳同。”

《左传》昭公十六年说：“楚子闻蛮氏之乱也，与蛮子之无质也，使然丹诱戎蛮子嘉杀之，遂取蛮氏。既而复立其子焉”。

《春秋》记鲁哀公四年（公元前491年）“晋人执戎蛮子赤，归于楚。”

由上述可见，西戎之居于中原者，后来多为晋、楚两国所灭，逐渐与晋、楚或与当地华夏族居民融合成一体了。

二、华夏族与北方诸狄的斗争和融合

1．赤狄

赤狄，顾栋高说：“赤狄之种有六：曰东山皋落氏；曰廧咎如；曰潞氏；曰甲氏；曰留吁；曰铎辰。”[①]

《春秋》记鲁庄公三十二年（公元前662年）：“狄伐邢（今河北邢台市）”。鲁闵公元年（公元前661年）：“齐人救邢。”闵公二年（公元前660年）：“狄入卫（今河南淇县）”。《左传》闵公二年记：“晋侯使太子申生伐东山皋落氏（今山西垣曲东）”。《春秋》记鲁僖公元年（公元前659年）：“邢迁于夷仪。齐师、宋师、曹师城邢。”（夷仪，今山东聊城西南。）《左传》记鲁僖公二年（公元前658年）“诸侯城楚丘而封卫焉。”（楚丘，今河南滑县东。）僖公八年（公元前652年）春，晋里克帅师“败狄于采桑”（采桑，今山西吉县），“夏，狄伐晋”。《春秋》记鲁僖公十年（公元前650年）：“狄灭温，温子奔卫。”僖公十三年（公元前647年）：“狄侵卫。”僖公十四年（公元前646年）：“狄侵郑。”僖公十八年（公元前642年）：“狄救齐。”“冬，邢人、狄人伐卫。”僖公二十一年（公元前639年）：“狄侵卫。”僖公三十年：“狄侵齐。”僖公三十一年（公元前629年）：“狄围卫。卫迁于帝丘（今河南濮阳西南）。”《左传》记鲁僖公三十一

① 《春秋大事表·春秋四裔表叙》。

年："晋蒐于清原（今山西稷山东南），作五军以御狄。"《春秋》记鲁僖公三十三年（公元前627年）："狄侵齐。"《左传》记同年："狄伐晋，及箕（今山西榆次南）。八月戊子，晋侯败狄于箕。"《春秋》记鲁文公四年（公元前623年）："狄侵齐。"文公七年（公元前620年）："狄侵我（鲁）西鄙。"文公九年（公元前618年）："狄侵齐。"文公十年（公元前617年）："狄侵宋。"文公十一年（公元前616年）："狄侵齐。"文公十三年（公元前614年）："狄侵卫。"宣公三年（公元前606年）："赤狄侵齐。"顾栋高说："按狄自入春秋以来，俱止书狄，盖举北方引弓之人合而为一也。即狄有乱以后，箕之役白狄见矣，而以狄冠之，白狄犹为之属。至是显然分国为二。其自通于中国，加一赤字之号；而白狄亦以八年偕晋伐秦，自为盟会征伐，不复就赤狄之役矣。此匈奴分为南北单于之始也。"[①]按顾说有理，可以信从。《春秋》记鲁宣公四年（公元前605年）："赤狄侵齐。"《左传》记鲁宣公六年（公元前603年）："秋，赤狄伐晋。围怀，及邢丘。"（怀，今河南武陟西南。邢丘，今河南温县东北。）宣公七年（公元前602年）："赤狄侵晋，取向阴之禾。"《春秋》记鲁宣公十五年（公元前594年）："晋师灭赤狄潞氏，以潞子婴儿归。"（潞氏，今山西潞城东北）《左传》记鲁宣公十六年（公元前593年）："晋士会帅师灭赤狄甲氏及留吁、铎辰。"成公三年（公元前588年），"晋郤克、卫孙良夫伐廧咎如，讨赤狄之余焉。"

综上所述，北狄在春秋时期，恃强大武力，遍侵华夏族邢、卫、齐、晋、郑、鲁诸国，与齐、晋两霸斗争多年，堪称一时之雄。《公羊传》僖公四年说："南夷与北狄交，中国不绝若线。"《左传》成公十六年记晋士燮追忆晋文公经营霸业时说："秦、狄、齐、楚皆强。"从上述这两段话，可以想见当时民族斗争的激烈情况。春秋中叶以后，赤狄内部分裂，为晋所灭。从狄人潞氏、甲氏诸部都称氏，可知它们的文化水平低于华夏

① 《春秋大事表·春秋四裔表》。

族。为晋所灭后，则不能不逐渐融合在华夏族里。

2．白狄

白狄，顾栋高说“其别有三：曰鲜虞，曰肥，曰鼓”，[①]而不数居河西的白狄。顾氏认为《史记》所云居于河西者误也。[②]其实，在这里错误的不是《史记》，而是顾栋高。《左传》成公十三年记晋侯使吕相绝秦，明白地说：“白狄及君同州，君之仇雠，而我之婚姻也。”怎能说没有居河西的白狄呢?

《左传》记鲁宣公八年（公元前601年）：“春，白狄及晋平。夏，会晋伐秦。”这个白狄就是居河西之白狄。顾栋高以为“此时白狄知赤狄之将亡，而欲结晋以自固也。”[③]此说不足据。

又记宣公十一年（公元前598年）：“晋郤成子求成于众狄，众狄疾赤狄之役，遂服于晋。秋，会于欑函，众狄服也。”顾栋高说：“众狄专系白狄之种类，若鲜虞（在今河北正定东北）、肥（在今河北藁城西南）、鼓（在今河北晋县西）之属。”[④]这个说法是对的。

《春秋》记鲁成公九年（公元前582年）：“秦人、白狄伐晋。”此白狄也应是居河西的白狄。

又记成公十二年（公元前579年）：“晋人败狄于交刚。”江永说：“交刚当在河东之地，与河西延安府相近”[⑤]。按交刚即今山西隰县。

《左传》记鲁襄公二十八年（公元前545年）：诸侯与“白狄朝于晋”。《春秋》记鲁昭公元年（公元前541年）：“晋荀吴帅师败狄于大卤（今山西太原市西南）。”《左传》记同年：“晋中行穆子败无终及群狄于太原（按即大卤），崇卒也。”顾栋高说：“群狄即所云众狄，盖白

① 《春秋大事表·春秋四裔表》。

② 《春秋大事表·春秋四裔表》。

③ 《春秋大事表·春秋四裔表》。

④ 《春秋大事表·春秋四裔表》。

⑤ 见《春秋地理考实》。

狄也。”其说近是。据江永说，无终初在今山西太原东，后徙于今河北玉田接蓟县境。[1]

《左传》记鲁昭公十二年（公元前530年）：“晋荀吴伪会齐师者，假道于鲜虞，遂入昔阳（今河北晋县西北）。秋八月壬午，灭肥，以肥子绵皋归。”《春秋》记同年冬，“晋伐鲜虞。”

《左传》记鲁昭公十五年（公元前527年）：“晋荀吴帅师伐鲜虞，围鼓……以鼓子鸢鞮归。”

《左传》昭公二十二年说：“晋之取鼓也，既献，而反鼓子焉，又叛于鲜虞。六月，荀吴略东阳，使师伪籴者，负甲以息于昔阳之门外，遂袭鼓灭之。以鼓子鸢鞮归，使涉佗守之。”

《左传》记鲁定公三年（公元前507年）：“鲜虞人败晋师于平中。”

《春秋》记鲁定公四年（公元前506年）：“晋士鞅、卫孔圉帅师伐鲜虞。”

又记定公五年（公元前505年）：“晋士鞅帅师围鲜虞。”鲜虞故地，战国时为中山国。中山国为赵所灭。1978年考古工作者在河北省平山县发现了中山王墓。

白狄的鲜虞、肥、鼓诸部先后为晋及三晋的赵所灭，与晋融合为一了。

3．北戎、山戎、无终

北方有北戎、山戎、无终诸戎。

《左传》记鲁隐公九年（公元前714年）：“北戎侵郑。”

又记桓公六年（公元前706年）：“北戎伐齐。”

《春秋》记鲁庄公三十年（公元前664年）：“齐人伐山戎。”

又记庄公三十一年（公元前663年）：“齐侯来献戎捷。”

僖公十年（公元前650年）：“齐侯许男伐北戎。”

---

① 见《春秋地理考实》。

《左传》记鲁襄公四年（公元前569年）："无终子嘉父使孟乐如晋，因魏庄子纳虎豹之皮以请和诸戎。"

《左传》襄公十一年说："晋侯以乐之半赐魏绛，曰：'子教寡人和诸戎狄，以正诸华，八年之中，九合诸侯，如乐之和，无所不谐，请与子乐之。'"

可见，北方的戎族势力比诸狄小一些，对华夏族的威胁相对地也小一些，所以战端不多。后来，晋又采取和戎政策，使戎与华夏族在和平交往中逐步融合一起了。

三、华夏族与南方卢戎、群蛮、百濮、巴等各族的斗争和融合

1．卢戎

《左传》记鲁桓公十三年（公元前699年）："楚屈瑕伐罗……及罗，罗与卢戎两军之。大败之。"（罗，今湖北宜城西；卢戎，在今湖北南漳县东）

2．群蛮

《左传》记鲁文公十六年（公元前611年）："楚大饥……庸人帅群蛮以叛楚。"（庸，在今湖北竹山西南）

3．百濮

《左传》记同年："麇人率百濮聚于选，将伐楚。"（麇，今陕西白河东南；选，在今湖北宜都南）又记鲁昭公十九年（公元前523年）："楚子为舟师以伐濮。"

4．巴

《左传》记鲁桓公九年（公元前703年）："巴子使韩服告于楚，请与邓为好。"（巴，今四川重庆北；邓，今湖北襄樊北）《左传》庄公十八年说："及（楚）文王即位，与巴人伐申而惊其师。巴人叛楚而伐那处，取之，遂门于楚。"（那处，今湖北荆门东南）

《左传》昭公九年说："巴、濮、楚、邓，吾南土也。"南方的少数

民族种类很多，到春秋时，一一为楚所并。虽然楚是用暴力征服，但它融合南方各族，开发祖国长江流域，是有功绩的。

四、华夏族与东方诸夷的斗争和融合

居东方的各族，《尚书·费誓》称："淮夷徐戎"；见于《春秋》的，除吴、越外，有淮夷、群舒、介、莱、根牟等。

1．淮夷

《左传》僖公十三年说："淮夷病杞。"（淮夷，在今江苏清江、阜宁间；杞，今山东安丘东北）

《春秋》记鲁昭公四年（公元前538年）"夏，楚子……淮夷会于申（今河南南阳北）。""秋七月，楚子……淮夷伐吴。"

《左传》昭公二十七年说："季氏甚得其民，淮夷与之"。

淮夷自西周初被周公战败以后，势力已较小，春秋时常依附于楚、鲁等国，并逐渐与华夏族融合。

2．群舒

《左传》记鲁文公十二年（公元前615年）楚"成嘉为令尹。群舒叛楚。夏，子孔执舒子平及宗子"。（宗，在今安徽庐江西北）

又记文公十四年（公元前613年）："楚庄王立，子孔、潘崇将袭群舒，使公子燮与子仪守而伐舒蓼。"（舒蓼，在今安徽庐江西北）

《春秋》记鲁宣公八年（公元前601年）："楚人灭舒蓼。"《左传》也说："楚为众舒叛故，伐舒蓼，灭之。楚子疆之。"

《春秋》记鲁成公十七年（公元前574年）："楚人灭舒庸。"（舒庸，在今安徽桐城西北）

《左传》襄公二十四年说："吴人为楚舟师之役故，召舒鸠人，舒鸠人叛楚。"（舒鸠，在今安徽舒城南）

《春秋》记鲁襄公二十五年（公元前548年）："楚屈建帅师灭舒鸠。"

3．介

《春秋》记鲁僖公二十九年（公元前631年）：“春，介葛卢来。”“冬，介葛卢来。”（介，今山东胶县西南）

又记僖公三十年（公元前630年）：“介人侵萧”（今安徽萧县西北）。

4．莱

《春秋》记鲁宣公七年（公元前602年），“公会齐侯伐莱（今山东平度西）。”

又记宣公九年（公元前600年）：“齐侯伐莱”。

《左传》记鲁襄公二年（公元前571年）：“齐侯伐莱。”

《春秋》记鲁襄公六年（公元前567年）：“齐侯灭莱。”

5．根牟

《春秋》记鲁宣公九年：“秋，取根牟（今山东沂水东南）。”

《左传》记鲁昭公八年（公元前534年）：鲁“大蒐于红（今山东泰安东北），自根牟至于商、卫，革车千乘。”说明这时根牟已经成了鲁邑。

总之，在春秋时期，无论是杂居在中国内地或者处于四边地区的蛮、夷、戎、狄等各个少数民族都对祖国的政治、经济的发展，尤其是边疆地区的开发作出了贡献。

由于春秋时代是中国奴隶社会的衰落时期，王权陵替，霸权代兴，国家陷入分裂状态，阶级斗争和诸侯国的兼并战争十分激烈，所以华夏族和各少数民族之间的斗争也加剧了。在这场剧烈的斗争中，杂居于中原或处于四边地区的各少数民族，除一部分被驱逐于较远的边地外，其余大部分渐次被华夏族的大国，如晋、楚、齐、秦等所吞并。到春秋末年，中原地区已经不存在戎狄了。他们都融合到具有较高文化的华夏族里面了。当然，各民族的融合过程，是个痛苦甚至可以说是残酷的斗争过程。不过它反映着历史的必然性：即处于较高的文化发展阶段的华夏族，总是一次又一次地将处于较低的文化发展阶段的各兄弟民族融合在自己伟大的母体里。因此，随着历史的发展，华夏族不断地扩大了。毛泽东同志在《论十大关系》中说：“汉族人口多，也是长时期内许多民族混血形成的”。这确是一条颠扑不破的真理。经过这种一次又一次的斗争和融合，才形成了今天我们这样一个伟大的、统一的、多民族的国家。

第四节　春秋时期的经济

春秋时期社会在经济领域，如果从纵横两个方面来看，有如下的特点：其一是原来地处边陲的几个较大的诸侯国如齐、晋、楚、燕、秦、吴、越等，于春秋初期和中期在经济上有很大发展，赶上或超过中原地区的发展水平，成为经济上的强国；其二是到了春秋后期，生产力发展水平有了新的突破，出现了铁制工具和牛耕以及大型农田水利工程。

以下从农业、手工业和商业等三个方面来谈谈春秋时期社会经济的发展情况。

一、农业

1．各诸侯国大片土地的开发

西周初年，在边陲分封的诸侯国，多是地广人稀，大片土地尚未开垦，经济发展远不及中原地区的水平。经过西周特别是春秋时期的开发，这些诸侯国封地内的大片土地，已被垦为良田，并且采用了中原的先进耕作技术，农业生产有了显著的发展。

据文献记载，原是“负海舄卤，少五谷而人民寡”[①]的东方齐国，春秋时已变成“膏壤千里宜桑麻”[②]的一片沃土，经济发展走在其他国家的前面。平王东迁之初，还是“蓬蒿藜藿”[③]的郑国，经过“庸次比耦，以艾杀此地”[④]，春秋时期已成了农业、手工业和商业都比较发达的国家。在郑国和宋国之间，春秋初年还有一片被称为弥作、顷丘、玉畅、嵒、戈、锡的无主“隙地”[⑤]，后来竟成了两国激烈争夺的对象。再如晋国的“南鄙之田”，原是“狐狸所居，豺狼所嗥”的荒野，经过春秋时期的“翦其荆棘，驱其狐狸豺狼”[⑥]，已被开发为耕地。晋国是当时中国西部和北部政治与经济的重心之一。而春秋时期南方的经济强国——楚，当它初迁到江汉地区时，还处于“辟在荆山，筚路蓝缕，以处草莽，跋涉山林”[⑦]的状况。其他如北方燕国，东南的吴、越，西方的秦国，随着耕地的开发与农业的发展，在经济上也都迅速地赶上了中原地区，成为春秋时期经济上的强国。

恩格斯说：“农业是整个古代世界的决定性的生产部门”。[⑧]春秋时期原来地处边陲的几个大诸侯国大片土地的开发，促进了各国农业、手工业和商业的迅速发展。几个大诸侯国先后成为经济上的强国，是春秋时期周天子王权衰落、五霸迭兴的主要原因。

2．铁制农具的出现

春秋时期农业生产力水平提高的最重要标志，是铁制农具的出现。

---

① 《汉书·地理志》。

② 《史记·货殖列传》。

③ 《左传》昭公十六年。

④ 《左传》昭公十六年。

⑤ 《左传》哀公十二年。

⑥ 《左传》襄公十四年。

⑦ 《左传》昭公十二年。

⑧ 《马克思恩格斯选集》第 4 卷，人民出版社 1972 年版第 145 页。

从出土文物来看，有湖南长沙识字岭春秋晚期楚墓出土的小铁臿，河南洛阳属于春秋战国之际灰坑中发现的空首铁镈等。尽管这些铁制农具形体尚小，而且出土件数很少，但它却标志着农业生产力的发展水平已经开始进入一个新的阶段。

以往有些史学论著，称春秋时期已经普遍使用铁器。其主要根据，是人们所熟知的几条史料，如《诗经·秦风·驷铁》《左传》昭公二十九年、《国语·齐语》《管子·小匡》以及金文《班毁》《叔夷钟》等关于铁的记载。近些年来，有人对上述记载提出了不同的解释[①]，即不同意春秋时期已经普遍使用铁器的说法。参照出土器物，看来后一种见解比较合乎实际。

地下发掘物表明，春秋时的农具，主要还是木、石、骨、蚌制品。和这种农具（主要是耒、耜）联系在一起的“耦耕”，直至春秋末年，还屡见于文献记载，如“庸次比耦”[②]，“譬如农夫作耦”[③]，“长沮、桀溺耦而耕”[④]等等。到了战国时期，随着铁制农具（主要是犁）的普遍使用，耦耕才失去了存在的前提。战国及其以后的文献也有谈及耦耕的，但都是述说前代之事了。

关于青铜农具在春秋时是否用于农业生产的问题，各家说法不一。但据不完全的统计，已出土的春秋时代的青铜农具，有臿、锄、铲、镈、镐、镬、镰等一二十件之多。这个数字，虽然无法和大量出土的木、石、骨、蚌农具相比，但终是能够说明青铜农具也是用于农业生产的，只不过它不曾是当时占有重要地位的农具罢了。

---

① 见李学勤：《关于东周的铁器的问题》，《文物》1959 年第 12 期。黄展岳：《关于中国开始冶铁和使用铁器的问题》，《文物》1976 年第 8 期。

② 《左传》昭公十六年。

③ 《国语·吴语》。

④ 《论语·微子》。

3．牛耕的使用

春秋时期业生产力水平提高的另一个标志，是牛耕的使用。孔子弟子冉伯牛名耕，司马耕字子牛，晋国的力士名牛子耕，等等。这种在名字上把“牛”与“耕”连在一起，有力地证明当时已存在牛耕。还有《国语·晋语》说：“范、中行氏……今其子孙将耕于齐，宗庙之牺为畎亩之勤”，也足以说明，牛耕作为一种新生事物，确已出现于春秋后期。

4．大型农田水利工程的兴建

用以排灌的大型农田水利工程的兴建，在中国历史上，始于春秋后期。公元前六世纪之初，楚国令尹孙叔敖“决期思之水而灌雩娄之田”①，修成了芍陂渠，可灌田一万多顷。此外，春秋末年的吴王阖闾为伐楚而修建的伍堰，对农田的排灌也起了很大的作用。这种大型农田水利工程的兴建，增强了人们征服自然的能力，是农业生产力水平提高的又一标志。

二、手工业

春秋时期手工业发展的特点之一，同农业一样，是各大诸侯国迅速地赶上或超过周王室的发展水平。从出土文物看，西周时代的青铜器，多是周王室的制品，少有各诸侯国的器物。春秋时期，情形与此相反：周王室的器物少了，而各诸侯国的铜器，已出土的，不仅数量多，而且制作精美。如著名的秦公簋、莲鹤方壶、吴王夫差鉴、越王勾践剑、蔡侯编钟，等等，都超过了周王室器物的水平。

春秋时期各诸侯国手工业发展规模的扩大，可于山西侯马晋国手工业作坊遗址和湖北大冶铜绿山古铜矿遗址的发现中窥见一斑。

山西侯马牛村古城遗址（即晋国晚期都城新田），南北长一千三百四十米至一千七百四十米，东西宽一千一百米至一千四百米。古城南郊，除居住遗址外，还有大面积的青铜、骨器、陶器等手工业作坊遗

① 《后汉书·王景传》。

址的发现。其中，最大一处铜器作坊，面积达三千平方米。遗址中不仅发现大量的陶范，而且有一处竟有堆积而成的方圆数米、厚零点三米的陶范层。仅就一次发掘的统计，就出土大小整残陶范三万余块（从遗址存在的时间上看，其中有一部分可能是属于战国中期以前的陶范）。从陶范的器形推知，这个青铜器作坊的产品有礼乐器类的鼎、𣪘、敦、豆、壶、鉴、匕、匜、舟、钟；兵器类的剑、镞；车马器类的軎、马衔；工具类的刀、削、镈、斨；日用器类的镜、带钩等。特别是遗址中的一个椭圆形穴内，曾发现两堆完整的铜锭，共一百一十块，重一百九十一市斤（最大的一块重八市斤）。作坊内储存一部分铸好的铜锭，显然是为了保证有计划连续生产的需要。陶器作坊遗址，集中分布在半平方公里的范围之内，窑群密集，有的几乎相连，说明当时的陶器也是大规模生产的。骨器作坊遗址，共发现三处。其堆积层中发现大量的废骨料和半成品等。从这些骨器半成品的切、剖、凿、刻、磨的痕迹上看，可知使用的工具很锐利，制作技术也比较高。

湖北大冶铜绿山春秋古矿井遗址的发现，为我们了解当时的采矿业的规模提供了宝贵资料。这座铜矿遗址的发掘点，距地表四十余米。在五十平方米的发掘面中，竟出现了八个竖井和一个斜井。矿井的支护木料，是直径五至十厘米的圆木。竖井的井口直径为八十厘米左右，井筒支护结构完全采用“密集法搭口式接头”（把圆木两端砍出台阶状的搭口榫，四根搭成一个方框，再将这种框形支架层层迭压，构成竖井）。斜井支护则采用“间接法榫口式接头”[①]（把两根圆木两端削出圆形榫，将两根方木或半圆木两端凿出相应的孔，四根穿接，成一方框，再由这种框形支架沿矿层的倾斜角度由浅入深，构成斜井井架）。竖井和斜井的支护，反映了采矿业在当时所达到的先进水平。

标志着春秋时期经济有突破性发展的，是冶铁业的出现。从地下出土文物来看，至迟在公元前五世纪中叶，即春秋晚期，我国劳动人民已炼出了含碳百分之二以上的生铁。这同别的国家相比，大约早一千八百多年。

① 见《湖北铜绿山春秋战国古矿井遗址发掘简报》，《文物》1975年第2期。

而且当时冶铁业是比较普遍的。河南洛阳水泥制品厂灰坑出土的铁斨、空首铁镈，江苏六合程桥吴墓出土的两件铁器，以及湖南长沙识字岭楚墓出土的小铁臿，说明冶铁业不但中原地区有，长江中下游也有。

除冶铁和青铜业外，其他手工业部门在春秋时期亦有相应的发展。侯马牛村古城遗址出土的早期青瓷，釉色淡青，釉质均匀光泽，说明了瓷器烧制工艺的发展。在吴越地区，印纹硬陶在春秋时期已达到全盛阶段。这些陶器的纹饰大都作几何图案，如水波纹、折尺纹、回纹、方格纹、菱形纹、篮条纹、席纹、叶脉纹，等等，别具风格。江苏南部的硬陶，由于陶土中含有铁质，陶器多为紫黑色，烧成温度高达八百摄氏度至一千一百摄氏度，高于一般陶器。

煮盐业，以濒临渤海和黄海的齐、燕两国最为发达。齐国的煮盐业，是国家的重要经济收入之一，而文献记载中的“聚庸而煮盐”[①]一语则表明，当时煮盐业的规模是相当之大的。

纺织业。齐国的纺织业，在当时很负盛名，能够“织作冰纨绮绣纯丽之物，号为冠带衣履天下”[②]。

漆器，以楚国的制品最为有名。长沙春秋楚墓出土的漆棺、漆木车、涂漆皮甲和带漆铜剑鞘等，在春秋时期来说，都是技术很高的工艺品。

春秋时期，一些诸侯国多有自己专精的手工业产品闻名于世，如“郑之刀，宋之斤，鲁之削，吴粤之剑”[③]等等，说明了手工业产品向专业化方面的进一步发展。

三、商业

1．商人阶层的活跃

春秋时期农业和手工业的发展，产品的增多，促进了商业的发展。

---

① 《管子·地数》。

② 《汉书·地理志》。

③ 《周礼·考工记》。

西周以来“工商食官”的制度，此时已遭到破坏，独立从事商业活动的商人阶层开始活跃起来。据文献所记，春秋时各诸侯国出现了不少著名的大商人。如郑国的弦高，有一次在贩牛途中同偷袭郑国的秦军相遇，他随机应变，矫君命而犒秦师。秦军误以为郑国已获悉秦国的军事行动，有了准备，便取消了这次偷袭，郑国得以免受一次兵灾[①]。越国大夫范蠡，功成名就之后，弃官经商，“游于江湖”，居于定陶，“十九年之中，三致千金”[②]。孔子弟子子贡，“废著鬻财于曹、鲁之间”，“结驷连骑，束帛之币，以聘享诸侯。所至，国君无不分庭与之抗礼”[③]。晋叔向在同韩宣子谈到晋国的大商人时曾说到绛之富商，“能行诸侯之贿，而无寻尺之禄”[④]。可见，当时的大商人在各诸侯国的经济政治生活中是占有一定地位的。

在商业比较发达的郑国，公家同商人甚至订有盟约，这就是郑子产所说的：“昔我先君桓公，与商人皆出自周。……世有盟誓，以相信也，曰：‘尔无我叛，我无强贾，毋或匄夺。尔有利市宝贿，我勿与知。’恃此质誓，故能相保，以至于今。”[⑤]盟辞的大意是说：商人不应背叛公家，公家亦不强买或干涉商人的经营活动。春秋时期，这些商人“负任担荷，服牛轺马，”以周四方，以其所有，易其所无”[⑥]，往来于各国之间。他们的商业活动，不仅可以满足各国上层统治者的奢侈需要，而且是国家整个经济生活中所不可缺少的（如各国间的牲畜交易，土特产品的交流，特别是农业歉收时彼此间的粮食买卖）。因此，有的国家制定了“通

① 事见《左传》僖公三十三年。

② 《史记·货殖列传》。

③ 《史记·货殖列传》。

④ 《国语·晋语》。

⑤ 《左传》昭公十六年。

⑥ 《国语·齐语》。

商惠工”[①]，“轻关易道，通商宽农”[②]的政策。公元前651年，齐桓公会诸侯于葵丘，盟辞中有一条便是：“无遏籴”[③]。所有这些，足以说明商人及商业活动在春秋各国的经济生活中已占有相当重要的地位。

2．商业市场

春秋时期商业的发展，使得一些诸侯国的都城和其他城市已辟有相当规模的商品交换市场。《战国策·东周》所说的齐桓公“宫中七市，女闾七百”，其详情虽已不得而知，但齐国都城临淄在春秋时已有相当规模的商业市场，则是不容否认的。《左传》昭公三年就曾记载齐景公“欲更晏子之宅，曰：‘子之宅近市，湫隘嚣尘，不可以居，请更诸爽塏者。’”这个“湫隘嚣尘”，某种程度上反映了临淄市场的规模及其喧闹景象。关于商业市场，晏婴在一次同叔向谈及齐国国内的形势时曾说过“国之诸市，屦贱踊贵”。“诸市”一语表明，在齐国国内，商业市场是有好多个的。限于资料的缺乏，春秋时期各国的商业市场，我们只好从齐国以窥见一斑了。

3．金属货币的产生

我国金属货币的起源，据现有的考古资料，可以追溯到商代。在山西省保德林遮峪商代后期的墓葬中，曾发现铜贝一百零九枚。但在中原地区，还很少有商周时期的金属货币的发现。商周时期的货币，仍然是以骨贝与蚌贝为主。春秋时期特别是后期，金属货币开始被大量地铸造出来。侯马晋国铸铜遗址不仅发现了铜币空首布的成品，而且还发现了大批的空首布内范。河南汲县山彪镇第一号大墓中曾发现这种空首布六百七十四枚。侯马上马村第十三号墓发现铜贝一千六百枚，包金铜贝三十二枚。辉县琉璃阁甲墓和第六十号墓各发现包金铜贝一千枚以上。春秋中期，在中原地区的墓葬中，殉贝还普遍存在，多者达数千枚。到春秋晚期，殉贝就

---

① 《左传》闵公二年。

② 《国语·晋语》。

③ 《孟子·告子下》。

很少发现了。这反映了铸造铜币代替贝的使用，并在春秋晚期较为广泛地流通了。在古文献中，公元前524年周景王“铸大钱”的记载，也说明了这点。

4．借贷

关于春秋时期的借贷，《左传》一书所记载的，多是在公卿大夫和国人之间：

在齐国，公元前613年，“公子商人骤施于国，而多聚士，尽其家，贷于公、有司以继之。夏五月，昭公卒，舍即位。……秋七月乙卯，夜，齐商人杀舍。”

又，公元前539年，齐晏婴对晋国叔向说，陈氏“以家量贷而以公量收之”。

在宋国，公元前611年，“宋公子鲍礼于国人，宋饥，竭其粟而贷之。……昭公无道，国人奉公子鲍以因夫人。……冬十一月甲寅，宋昭公将田孟诸，未至，夫人王姬使帅甸攻而杀之。”

又，公元前544年，宋饥，司城子罕“请于平公，出公粟以贷，使大夫皆贷。司城氏贷而不书，为大夫之无者贷，宋无饥人。”

在晋国，公元前564年，晋悼公“谋所以息民，魏绛请施舍，输积聚以贷。自公以下，苟有积者，尽出之。国无滞积，亦无困人。”

在郑国，公元前544年，郑饥，上卿子皮“饩国人粟，户一锺，是以得郑国之民，故罕氏掌国政，为上卿。”

以上公卿大夫与国人之间借贷的史料表明，这种借贷有如下的特点：

一是以粮食借贷（即“贷粟”）为主，兼及其他财物（如“输积聚”）；

二是此种借贷主要是作为卿大夫争取国人的一种手段，服务于篡夺国家政权的目的（如齐国的公子商人，宋国的公子鲍、郑国的子皮、齐国的陈氏）。同时，国君有时亦采用这种手段来笼络民心（如晋悼公、宋平公）；

三是这种出于政治目的的借贷，主要不是为着索取利息，进行经济上的剥削，而是作为用小恩小惠来收买民心的一种手段，故而出现了“贷而不书”、“以家量贷（大斗）而以公量（小斗）收之”的怪现象。

春秋时期除上述带有政治色彩的借贷之外，有关其他方面的借贷及其贷息，限于文献记载的缺乏，已难言其详。

第五节　春秋时期的思想文化

一、春秋时期的思想

谈到中国古代思想，应溯源于巫史。巫史是中国原始社会无可争辩的文化人。《国语·楚语》观射父所谈的“古者民神不杂”一段文字，应是当时的真实情况。到了奴隶社会，奴隶主不但垄断物质生产资料，同时也垄断精神生产资料，古书上所说“君子劳心，小人劳力”，正是这一情况的真实反映。及至春秋末世，由于阶级关系发生变化，旧时所谓“小人”，也有了学文化的机会。《论语·卫灵公》所说的“有教无类”，就是这一变化的标志。

春秋时期的思想家，其在巫史的，则有史嚚、史苏、史赵、史墨、史龟等；其在士大夫的，则有管仲、展禽、叔向、子产、倚相等。在士大夫中有以学术著名并有著作留传于后世的，则为老子、孔子和孙子。传世古书又有《管子》《晏子春秋》二书，云是管仲、晏婴所作。其实都是出丁后人伪托，不可信据。因此，本节谈春秋时期思想，仅以老子、孔子和孙了三人为代表，分别论述如下。

1. 老子

先秦古籍如《礼记·曾子问》《庄子·天下》《韩非子·内储说下》都只称老聃或老耽，不称李耳。春秋中期宋有老佐，则老聃当是以老为氏，其名为聃。《史记·老子列传》说老子是楚苦县（今河南鹿邑）厉乡曲仁里人，为周守藏史，与孔子同时而年辈稍长。司马迁说："世之学老子者则绌儒学，儒学亦绌老子，'道不同不相为谋'，岂谓是邪！"老子为道家之祖，孔子为儒家之祖，儒道两家的思想是根本对立的。

老子所以称为道家，主要在于他把道作为整个思想的基础和核心。因此，我们研究老子，首先应当了解老子的所谓道是什么东西。当前学术界对作为老子思想基础核心的"道"字，有很多解释。到底哪一种说法对呢？我看最关键的问题在于对《老子》"道可道，非常道"这一章应有正确的理解。

我的看法，《老子》所说的"道可道，非常道"里边隐含着一个常道不可道的意思在内。同样，"名可名，非常名"里边也隐含有一个常名不可名的意思在内。从《老子》这段话的整个意思来看，他是把道分为两种的。一种是不可道的常道，另一种是可道的非常道。同样，他也把名分为两种。一种是不可名的常名，另一种是可名的非常名。

举例说，《老子》说"天之道，不争而善胜"，说"天之道其犹张弓与？高者抑之，下者举之；有余者损之，不足者补之"，这些道都是什么呢？用今日科学的语言来表达，就是规律。《老子》所说的这些道，第一，是变动不居的；第二，这个变动总是向相反的方向转化。这不是规律是什么呢？《庄子·知北游》所说的道在蝼蚁，在稊稗，在瓦甓，在屎溺，这些道也都是规律。任何把它解释为精神性的东西的说法，都是不对的。

那么，上面所说的这些道，在《老子》所区分的常道与非常道，属于哪一种呢？我认为这些道都属于非常道一种。实际上《老子》所说的非常道，是具体的道，特殊的道，亦即具体的规律，特殊的规律。例如天之道，蝼蚁之道，就是具体的道，特殊的道。正因为它是具体的道，特殊的道，所以它是非常道。非常道，是说它是变化无方，多种多样的。下文的非常名，是为了说明这个非常道而立说的。那么，常道是什么呢？常道是与非常道相对立的。就是说，它不是具体的道，特殊的道，而是抽象的道，一般的道。把道字译成规律，常道就是抽象的规律，一般的规律。《老子》的这种分析、同名家的“白马非马”的命题十分相似。实际上，名家所说的“白马”，是指具体的马；所说的“马”，是指抽象的马。正因为《老子》所说的常道是指抽象的道，所以这个道才能是《老子》所形容的“道之为物，惟恍惟惚。惚兮恍兮，其中有象；恍兮惚兮，其中有物。窈兮冥兮，其中有精；其精甚真，其中有信。自古及今，其名不去，以阅众甫”；才能是《老子》所形容的“视之不见名曰夷，听之不闻名曰希，搏之不得名曰微，此三者不可致诘，故混而为一。其上不皦，其下不昧，绳绳不可名，复归于无物，是谓无状之状，无物之象，是谓惚恍”。

老子所以是唯心论者，并不在于他区分常道与非常道，也不在于他所说的道是“绝对精神”，而在于他认为非常道是由常道产生的。他把常道看成是宇宙的根源，例如他说：“有物混成，先天地生，寂兮寥兮，独立不改，周行而不殆，可以为天下母。吾不知其名，字之曰道。”又如他说，“天下万物生于有，有生于无”，“道生一，一生二，二生三，三生万物”，都是他的这一观点的具体表述。在“道可道”章，他说“无名万物（通行本作“天地”，今据马王堆汉墓帛书改）之始，有名万物之母”，也是申述这一观点。

事实上，抽象的东西是从具体的东西之中抽取、概括出来的，抽象不能产生具体；一般即寓于特殊之中，一般不能产生特殊。即以道是规律而论，规律存在于运动之中，而运动与物质密不可分。世界是运动着的物质。没有运动的物质，或者没有物质的运动，都是不可思议的。而老子却认为规律可以离开物质而独立存在，规律能产生物质。很明显，这是主观臆造，客观上是不存在的。所以，老子肯定是一个唯心主义的哲学家。

老子之所以是唯心主义哲学家，是由于他对抽象与具体，一般与特殊，运动与物质的关系的看法是错误的。但是，他能区分抽象与具体，一般与特殊，运动与物质，并企图说明它们之间的关系，这一点，从认识的发展史来看，还是有积极意义的，应当肯定。

老子认识物质是不断运动的，并看出这个运动是遵照对立统一和转化的规律向前发展的，证明老子思想有辩证法因素。

例如《老子》说："天下皆知美之为美斯恶已，皆知善之为善斯不善已。故有无相生，难易相成，长短相较，高下相倾，音声相和，前后相随。"在这段话里，实际上是用很多实例来阐明事物的矛盾性质。美与恶，善与不善，有与无，难与易等等都是互相对立，互相依存的，失去一方，另一方就不存在。

又如《老子》说："曲则全，枉则直，洼则盈，敝则新，少则得，多则惑。"说："祸兮福之所倚，福兮祸之所伏，孰知其极？"说："将欲歙之，必固张之；将欲弱之，必固强之；将欲废之，必固兴之；将欲取之，必固与之：是谓微明。"说："天之道其犹张弓与？高者抑之，下者举之；有余者损之，不足者补之。"在这些话里可以充分看出，老子是认识了辩证法的向对立面转化的规律的，并且能运用这一规律。

但是从老子所说"知其雄，守其雌"，"知其白，守其辱"（此据《庄子·天下》）以及"反者道之动，弱者道之用"等等话语中不难看出，老子尽管认识辩证法，但在实际运用时，并没有完全摆脱掉形而上学。《汉书·艺文志》说"道家秉要执本……清虚以自守，卑弱以自持"。这秉、执、守、持几个字以及《老子》所说"抱朴""抱一"的抱字，都说明在老子的思想里还存在形而上学。而这个形而上学的思想是同他的唯心主义哲学思想有联系的。

老子唯心主义的哲学思想表现在政治上，不但不是进步的，反而主张倒退，倒退到"小国寡民"的原始社会。

他说："古之善为道者，非以明民，将以愚之。民之难治以其智多。

故以智治国，国之贼；不以智治国，国之福。”

又说：“其政闷闷，其民淳淳；其政察察，其民缺缺。”

又说：“俗人昭昭，我独昏昏；俗人察察，我独闷闷。”

又说：“故圣人云，我无为而民自化，我好静而民自正，我无事而民自富，我无欲而民自朴。”

因此，老子的理想国是“小国寡民”。他说：“小国寡民，使有什伯之器而不用，使民重死而不远徙，虽有舟车，无所乘之，虽有甲兵，无所陈之，使人复结绳而用之，甘其食，美其服，安其居，乐其俗，邻国相望，鸡犬之声相闻，民至老死不相往来。”把这种政治主张拿来在奴隶社会衰落阶段的春秋时期去说教，无疑是非常落后了。

老子的唯心主义哲学思想表现在文化教育上则为取消主义。

他说：“绝学无忧。”说：“绝圣弃智，民利百倍；绝仁弃义，民复孝慈；绝巧弃利，盗贼无有。”

又说：“不出户，知天下；不窥牖，见天道；其出弥远，其知弥少。”

又说：“为学日益，为道日损，损之又损，以至于无为，无为而无不为。”

老子这种思想无疑是荒谬的。但是也要看到，他并不是白痴，也不是疯子，而是有一套理论的。这一套理论，对后世还产生过很大影响，不但对道家的庄子有影响，对儒家的荀子和法家的申不害、韩非也有不同程度的影响。

老子这一套理论具体表现在“为道日损”上。为什么说“为道日损”呢？他所说的“损”，是损什么呢？这个问题，在《庄子》书中有具体的说明。用庄子的观点来说，老子所要损的，有两个东西，一个是“知”，一个是“故”。“知”就是知识，“故”就是技术。《庄子·刻意》说：“静而与阴同德，动而与阳同波。不为福先，不为祸始，感而后应，迫而后动，不得已而后起，去知与故，循天之理。”又《大宗师》说：“堕肢体，黜聪明，离形去知，同于大通，此谓坐忘。”这里所说的“去知与故”和“离形去知”，就是《老子》所说的“日损”。日损的结果，便是老子所说的“无为”。在《庄子》则称为“心斋”[①]、“坐忘”[②]、“丧我”[③]。这种状态也就是《汉书·艺文志》所说的“清虚以自守”，宋人所说的“廓然而大公”。

“无为”为什么能够变成“无不为”呢？这个道理，在《庄子》书中也有说明。《庄子·应帝王》说：“至人之用心若镜，不将不迎，应而不藏，故能胜物而不伤。”这就是说，日损的结果，能使心像镜子一样。“将”是送，“迎”是接。“不将不迎”，就思想来说，就是“不思虑，不预谋”[④]。用镜子作比喻，就是经常保持空虚。“应而不藏”，用宋人的话说，就是“物来而顺应”或“因物付物”。用镜子作比喻，就是物来即照，物去不留余迹。法家之所谓术或刑名，实际上就是吸取老子的这套理论。《荀子·解蔽》篇所倡导的“虚壹而静”，也是吸取老子的学说而加以改造的。荀子说：“心未尝不藏也，然而有所谓虚；心未尝不两也，然而有所谓一；心未尝不动也，然而有所谓静。”也就是说，荀子是在承认有“藏”，有“两”，有“动”的前提下，而主张虚壹而静的。这就与老子的观点有本质上的不同。

毛泽东同志说：“一个闭目塞听、同客观外界根本绝缘的人，是无所谓认识的。”[⑤]老子正是用闭目塞听，同客观外界根本绝缘的办法来谈认识的，所以老子的所谓认识，只能是欺人之谈，是没有实际意义的。

老子思想的产生，有社会根源，也有思想根源。

老子所处的时代是中国奴隶社会衰落的时代。他目睹社会长期动乱，

---

① 《庄子·人间世》。

② 《庄子·大宗师》。

③ 《庄子·齐物论》。

④ 《庄子·刻意》。

⑤ 见《实践论》。

意识到是社会政治制度出了毛病。例如他说：“夫礼者忠信之薄而乱之首。”说：“绝圣弃智，民利百倍；绝仁弃义，民复孝慈；绝巧弃利，盗贼无有。”说：“法令滋彰，盗贼多有。”说：“民不畏死，奈何以死惧之。”说：“民之饥，以其上食税之多，是以饥；民之难治，以其上之有为，是以难治；民之轻死，以其求生之厚，是以轻死。”等等都是证明。但是，他没有改造社会，战胜困难的勇气，而是被困难所吓倒，幻想逃避矛盾；以为这样做，不但能活命，还符合辩证法，可以坐等光明前景的到来。总之，老子思想的产生不是偶然的，是有它的社会根源的。

老子思想的产生，不但有社会根源，据我看，还有思想根源。

据传殷周之际，中国有两大哲学著作，一个是《周易》，一个是《归藏》。《周易》经孔子传授，今犹行于世。《归藏》则早已亡佚。但从古文献中也不难考见《归藏》的一些踪迹。大体上说，《归藏》与《周易》的性质相同，都是卜筮之书，而里边蕴藏有哲学思想。《归藏》与《周易》一样，也是用六十四卦组成的。所不同的只在六十四卦的排列次序、卦辞爻辞和占用七八、九六这几点上。最明显的是《周易》的排列顺序是首乾次坤，而《归藏》则相反，是首坤次乾。《周易》占九六变爻，《归藏》占七八不变爻。《礼记·礼运》说：“孔子曰：‘我欲观夏道，是故之杞，而不足征也，吾得《夏时》焉；我欲观殷道，是故之宋，而不足征也，吾得《坤乾》焉。《坤乾》之义，《夏时》之等，吾以是观之。”《坤乾》，说者谓即殷易《归藏》，以首坤次乾得名。这种说法比较可信。孔子得《坤乾》，可用以观殷道，足见这部著作很不简单，在这里边一定能蕴藏着殷商一代的哲学思想或政治方面的特点。

关于殷道、周道这两个概念，在《史记·梁孝王世家》褚先生补编中也能看到。在那里，首先是窦太后和汉景帝说：“吾闻殷道亲亲，周道尊尊，其义 也。”以后，袁盎等解释说：“殷道亲亲者立弟，周道尊尊者立子……周道太子死，立嫡孙。殷道太子死，立其弟。”他们所谈的殷道、周道，主要是指君位继承制来说的。殷周二代为什么君位继承制不同呢？从他们用亲亲、尊尊来解释，可以看出，亲亲是重母，反映还存在母权制的残余；尊尊是重父，反映父权制已完全确立。

春秋时期两大思想家，孔子受《周易》思想的影响很深，这一点留在下文再谈。老子受《归藏》思想的影响，这一点很少有人谈及。据我看，这一点是可以肯定的。

我们读《老子》，不能不看到老子是反复地谈下述两个观点。

1. 重母性。例如他说，“玄牝之门，是谓天地根”；“我独异于人，而贵食母”；“无名万物之母”；“可以为天下母”；“圣人皆孩之”；“天下有始，以为天下母。既得其母，以知其子；既知其子，复守其母，没身不殆”。

2. 重柔弱。例如他说，“弱者道之用”；“天下之至柔，驰骋天下之至坚”；“守柔曰强”；“牝常以静胜牡”；“故坚强者死之徒，柔弱者生之徒”。

老子之所以形成这种思想，决非偶然，应有它的思想根源。据我看，这同孔子和《周易》的关系一样，老子思想一定和《归藏》思想有关系。上述的两个观点就是老子继承和发展了《归藏》首坤次乾思想的证据。

2. 孔子

孔子名丘字仲尼，春秋后期鲁国人。其先世自宋迁来。本为殷后，子姓，孔是其氏。父叔梁纥为鲁郰邑（今山东曲阜东南）大夫。《左传》襄公十年有“郰人纥”，就是孔子的父亲。因此孔子又称“鄹（同郰）人之子。”[①]司马迁作《史记》，特为孔子作“世家”，称为“至圣”，足见推崇之至。

孔子自称“吾少也贱”。[②]他在年轻的时候，曾作过“委吏”和“乘田”[③]等小职员。后来由中都宰升为司空，由司空为司寇，与闻国政。以

① 《论语·八佾》。

② 《论语·子罕》。

③ 《孟子·万章下》。

不得行其志，离开鲁国，周游卫、宋、郑、陈、蔡诸国。晚年归鲁，专心从事著述和教育事业。卒年七十三。

孔子是儒家的创始人。儒和儒家并不是同一的概念。儒的特征是以六艺教人。《周礼·大宰》说："儒，以道得民。"这个"道"字就是指六艺而言。郑玄说：儒"有六艺以教民者"，是对的。六艺用今天的话来说，就是六种学习科目。《周礼》在《大司徒》和《保氏》二职里所说的六艺为礼、乐、射、御、书、数。孔子所用以施教的六艺则为诗、书、礼、乐、易、春秋。内容虽不尽相同，其为教学的六种科目则是一样的，所以都称为六艺。

儒之得名，并不自孔子始。在孔子以前，有六艺以教民者已称为儒。至于儒家则不然。它是一个学术派别的名称。孔子以前没有儒家。儒家当然必须"以六艺为法"。但是光是"以六艺为法"还不够，还必须在政治思想斗争中形成一个独立的派别，即有特有的立场，特有的观点，以及一批徒众。所以，以儒家而言，则是自孔子始，孔子以前没有儒家。

《史记·孔子世家》说："孔子以诗书礼乐教，弟子盖三千焉，身通六艺者七十有二人。"《论语》包括有孔子应答弟子、时人及弟子相与问答之言而接闻于孔子之语。研究孔子思想固然应以《论语》为最重要的材料，但是如果株守一部《论语》，而对于孔子所删述的诗、书、礼、乐、易、春秋毫无了解或不愿意了解，则对孔子思想的研究，只能是挂一漏万，是不能做到全面地如实地评价孔子的。

关于六艺的特点，《庄子·天下》说："诗以道志，书以道事，礼以道行，乐以道和，易以道阴阳，春秋以道名分。"《荀子·儒效》说："诗言是其志也，书言是其事也，礼言是其行也，乐言是其和也，春秋言是其微也。"《淮南子·泰族》说："六艺异科而皆同道。温惠柔良者，诗之风也；淳庞敦厚者，书之教也；清明条达者，易之义也；恭俭撙让者，礼之为也；宽裕简易者，乐之化也；刺讥辨议者，春秋之靡也。故易之失鬼，乐之失淫，诗之失愚，书之失拘，礼之失忮，春秋之失訾。六者圣人兼用而裁制之，失本则乱，得本则治。”《春秋繁露·玉杯》说：“诗书序其志，礼乐纯其养，易春秋明其知，六学皆大而各有所长。”《史记·滑稽列传》说：“孔子曰：‘六艺于治一也。礼以节人，乐以发和，书以道事，诗以达意，易以神化，春秋以道义’。”（亦见《太史公自序》，惟“神化”作道化。）以上各家说法，各有所见，对于我们了解六艺为教的意义来说，有极大的参考价值。

不过，还应当知道六艺和六经不是一回事。用今日的学校教育作比喻，六艺是六种科目，六经则是孔子为此六种科目所编定的教科书。什么叫做经？有人说“圣人制作曰经”，有人释为常，有人说是“编丝缀属”，其实，都不是经的本义。章学诚《文史通义·经解上》说：“依经而有传，对人而有我，是经传人我之名，起于势之不得已，而非其质本尔也。”这种说法是正确的。王逸注《离骚经》说，“经，径也。”刘勰《文心雕龙·史传》说：“传者转也，转受经旨，以授于后。”所以，经的本义是径，读经则直接了解某个人的作品；传的本义是转，读传则间接了解某个人的作品。经传的得名，如同父子一样，都是互相依存，又互相对立的名称。没有传时，经的名称也没有。

孔子在六经中用力最多的是《易》和《春秋》二书。董仲舒说：“易、春秋明其知。”《史记·司马相如传》说：“《春秋》推见至隐，《易》本隐以之显。”证明《易》和《春秋》二书是孔门的高深的理论著作。司马迁在《孔子世家》说：“孔子晚而喜《易》，序彖、系、象、说卦、文言。读《易》，韦编三绝。曰：‘假我数年，若是，我于《易》则彬彬矣。’”又说：“子曰：‘弗乎！弗乎！君子病没世而名不称焉。吾道不行矣，吾何以自见于后世哉？’乃因史记作《春秋》，上至隐公，下迄哀公十四年，十二公。据鲁，亲周，故殷，运之三代。约其文辞而指博。”又说：“孔子在位听讼，文辞有可与人共者，弗独有也。至于为《春秋》，笔则笔，削则削，子夏之徒不能赞一辞。弟子受《春秋》，孔子曰：‘后世知丘者以《春秋》，而罪丘者亦以《春秋》。’”从上述的司马迁的几段话里，不难看出《易》和《春秋》二书在孔子一生中所处的地位何等重要。

首先谈孔子的哲学思想。

谈孔子的哲学思想，我认为第一应和《周易》哲学联系起来看；第二应对孔子所使用的天命和中庸这两个概念有正确的理解。

《论语·子罕》说："子罕言利与命与仁。"又《公冶长》说："子贡曰：'夫子之文章可得而闻也，夫子之言性与天道不可得而闻也。'"证明孔子平日很少谈到天命的问题。但是今日保存在《论语》一书中，却可以看到多处涉及天命问题的材料。

例如《为政》说："子曰：'吾……五十而知天命。"《季氏》说："孔子曰：'君子有三畏：畏天命，畏大人，畏圣人之言。'"这都是正式地谈天命的。

其余，有时单谈天。例如《阳货》说："子曰：'予欲无言。'子贡曰：'子如不言，则小子何述焉？'孚曰：'天何言哉？四时行焉，百物生焉，天何言哉？'《宪问》说："子曰：'不怨天，不尤人，下学而上达，知我者其天乎？'"《八佾》说："王孙贾问曰：'与其媚于奥，宁媚于灶，何谓也？'子曰；'不然，获罪于天，无所祷也。'"《雍也》说："子见南子，子路不悦。夫子矢之。曰：'予所否者，天厌之，天厌之。'"

有时单谈命。例如《雍也》说："伯牛有疾，子问之，自牖执其手，曰：'亡之，命矣夫！斯人也，而有斯疾也；斯人也，而有斯疾也。'"《宪问》说："子曰：'道之将行也与，命也。道之将废也与，命也。公伯寮其如命何？'"《尧曰》说；"孔子曰：'不知命无以为君子也。'"

由于孔子关于天命的观点并没有作过专题论述，而只是于只言片语偶尔涉及，所以最容易被人歪曲。然而把全部材料综合起来，细心考察，其意义是可以确切地知道的。《孟子·万章上》说："莫之为而为者天也，莫之致而至者命也。”这两句话，是对孔子所使用的天命概念的正确的解释。“莫之为而为”，说明天的客观性；“莫之致而至”，说明命的必然性。把天命二字连结在一起，就是指自然发展规律而言。在这里边没有鬼神和上帝存在的余地。有人说孔子是宿命论者，这种说法不对，因为一个宿命论者，不承认人的主观能动性，而孔子则不然。他是一个“发愤忘食，乐以忘忧，不知老之将至”，[①]“知其不可而为之者”，[②]怎能说是宿命论者呢？

正由于天是自然，命是自然的发展规律，才有一个知天命不知天命的问题。特别是孔子说过“五十而知天命”，假如说天是上帝，命是一个宿命论者的命，那么孔子自述学习进程，为什么只是说活到五十岁的时候才知天命呢？这岂不是不可理解的事情吗？

特别是孔子说过“天何言哉？四时行焉，百物生焉，天何言哉？”把四时行，百物生，作为天的行动表现来看待，则孔子所说的天命，不是自然发展规律是什么呢？我们如果联系《周易》哲学来看，可以看到《周易》里《乾》卦是象天，元亨利贞是象春夏秋冬四时。《系辞传》说：“是故刚柔相摩，八卦相荡，鼓之以雷霆，润之以风雨，日月运行，一寒一暑，乾道成男，坤道成女。”又说：“法象莫大乎天地，变通莫大乎四时。”以至于筮法之有“分而为二以象两”，“揲之以四以象四时”，“乾之策二百一十有六，坤之策百四十有四，凡三百有六十，当期之日。二篇之策万有一千五。百二十，当万物之数也。”这些言论，归纳到一点，不就是“天何言哉”这一段话的另一种说法吗？又《蛊卦》象传说：“终则有始，天行也。”《剥卦》象传说：“君子尚消息盈虚，天行也。”《系辞传》说：“是以明于天之道。”这里所说的“天行”“天之道”，不是自然发展规律是什么呢？

事实上，孔子所说的天命或天道，和老子所说的天道是一种东西，

---

① 《论语·述而》。

② 《论语·宪问》。

都是指自然发展规律而言。所不同的是，老子的观点是“道生一，一生二”，而孔子的观点只是一生二，没有道生一。《易系辞传》说：“易有太极，是生两仪。”这个太极就是一，两仪就是二。“太极生两仪”，就是一生二。也就是说，孔子认为一是第一性的。老子认为道是第一性的，一不是第一性的，而是第二性的。一是什么呢？是有，是物质。而道是无，不是物质，是规律。《老子》说“天下万物生于有，有生于无”，就是这一观点的最确切的表述。所以，老子是一个唯心主义哲学家，孔子是一个唯物主义的哲学家。有人为了适应批孔的需要，硬说老子是唯物论者，孔子是唯心论者，完全不顾客观事实，亦可怪矣！

孔子的哲学思想不但有唯物论，还有辩证法，这也是醉心于批孔的人所最不愿意了解的一件事。

《论语・微子》记孔子在评论伯夷、叔齐、虞仲诸人之后说：“我则异于是，无可无不可。”《孟子・万章下》着重阐述孔子的这一观点，说：“可以速而速，可以久而久，可以处而处，可以仕而仕，孔子也。”“孔子圣之时者也。”孟子提出这个时字，真正抓住了孔子思想中一个本质特点。

《论语・为政》说：“孟懿子问孝。子曰：‘无违。’”“孟武伯问孝。子曰：‘父母唯其疾之忧。’”“子游问孝。子曰：‘今之孝者，是谓能养，至于犬马，皆能有养，不敬何以别乎？’”“子夏问孝。子曰：‘色难。’”又《颜渊》说：“颜渊问仁。子曰：‘克己复礼为仁。’”“仲弓问仁。子曰：‘出门如见大宾，使民如承大祭；己所不欲，勿施于人；在邦无怨，在家无怨。’”“司马牛问仁。子曰：‘仁者其言也讱。’”又《先进》说：“子路问‘闻斯行诸？’子曰：‘有父兄在，如之何其闻斯行之？’冉有问‘闻斯行诸？’子曰：‘闻斯行之。公西华曰：‘由也问闻斯行诸，子曰有父兄在；求也问闻斯行诸，子曰闻斯行之。赤也惑，敢问。’子曰：‘求也退，故进之；由也兼人，故退之。’”上述这些事例，证明孔子在生活实践中真正能够按照“无可无不可”这一思想行事。这个“无可无不可”思想，是反形而上学的。它是遇事都从实际出发，根据不同的情况，作不同的处理。孔子是圣之时者，正表现在这些方面。

其余如《论语·卫灵公》说：“子曰：‘可与言而不与言，失人；不可与言而与之言，失言。知者不失人亦不失言。’”《子路》说：“子曰：‘君子和而不同，小人同而不和。’”这个“不失人亦不失言”和“和而不同”，里边都包含有辩证法思想。此类言论尚多，就不在这里费词分析了。

孔子说：“中庸之为德也，其至矣乎？民鲜久矣。”[①]孔子把中庸思想看得最高，认为中庸是人处身行事的最高准则。中庸是什么意思呢？近人多认为中庸是折衷主义，是调和。当然，这种说法并不自今日始。《后汉书·胡广传》称引当时的谚语已有“天下中庸有胡公”，即把中庸看成是调和。朱熹作《皇极辨》，指责当时诸儒把中庸说成“只是含糊苟且，不分是非，不辨黑白，遇当做的事，只略作些，不要做尽”。其实，所有这类说法都是错误的。

《论语·先进》说：“子贡问‘师与商也孰贤？’子曰：‘师也过，商也不及。’曰：‘然则师愈与？’子曰：‘过犹不及。’”孔子反对过和不及，正表明孔子所提倡的中庸，既不要过，也不要不及。用烹调作比喻，过是过火，不及是欠火。过火不好，欠火当然也不好。最好是既不过火，也不欠火，恰到好处。这个恰到好处，就是中庸。用党的政策作比喻，过好比“左”，不及好比右。“左”不好，右也不好，最好是正确贯彻执行。这个正确贯彻执行，就是中庸。这样，中庸怎能说成是折衷主义，说成是调和呢？折衷主义这个概念是指无原则地机械地把各种不同的思潮、观点和理论结合在一起。这样，它怎能同孔子所说的中庸并为一谈呢？

《论语·阳货》说：“子曰：‘乡原德之贼也。’”《子路》说：

① 《论语·雍也》。

“子曰：‘不得中行而与之，必也狂狷乎？狂者进取，狷者有所不为也。’”什么是“乡原”？为什么说“乡原德之贼也”？这个问题，《孟子·尽心下》有详细的说明。他说：“‘何如斯可谓之乡原矣？’曰：‘何以是嘐嘐也？言不顾行，行不顾言，则曰古之人，古之人。行何为踽踽凉凉？生斯世也，为斯世也，善斯可矣。阉然媚于世也者，是乡原也。’万子曰：‘一乡皆称原人焉，无所往而不为原人，孔子以为德之贼，何哉？’曰：‘非之无举也，刺之无刺也，同乎流俗，合乎污世，居之似忠信，行之似廉洁，众皆悦之，自以为是，而不可与入尧舜之道，故曰德之贼也。’孔子曰：‘恶似而非者。恶莠，恐其乱苗也；恶佞，恐其乱义也；恶利口，恐其乱信也；恶郑声，恐其乱乐也；恶紫，恐其乱朱也；恶乡原，恐其乱德也。’”孟子刻划乡原，可谓入木三分，淋漓尽致。然而人们却偏要把孔子所崇尚的中庸说成是令人讨厌的乡原，真是咄咄怪事。

孔子所崇尚的中庸，同孟子所说的“孔子圣之时者也”两种说法，从本质上说是一致的，都是辩证法的思想在生活实践中的应用。《礼记·中庸》说：“仲尼曰：‘君子中庸，小人反中庸。君子之中庸也，君子而时中；小人之反中庸也，小人而无忌惮也。’”这正是时与中思想的一致性的证明。

其次谈孔子的政治思想。

孔子在政治上主张德治。

《论语·为政》说：“子曰：‘为政以德，譬如北辰，居其所而众星共之。’”又说：“子曰：‘道之以政，齐之以刑，民免而无耻；道之以德，齐之以礼，有耻且格。’”这就是孔子主张德治的证明。

由于孔子主张德治，所以把礼让和正名作为实行德治的具体办法。

《论语·里仁》说：“子曰：‘能以礼让为国乎，何有？不能以礼让为国，如礼何？’”

又《子路》说：“子路曰：‘卫君待子而为政，子将奚先？’子曰：

‘必也正名乎？’子路曰：‘有是哉？子之迂也，奚其正？’子曰：‘野哉由也。君子于其所不知，盖阙如也。名不正，则言不顺；言不顺，则事不成；事不成，则礼乐不兴；礼乐不兴，则刑罚不中；刑罚不中，则民无所错手足。故君子名之必可言也，言之必可行也。君子于其言，无所苟而已矣。’”

又《颜渊》说：“齐景公问政于孔子。孔子对曰：‘君君臣臣父父子子。”这里说的君君臣臣父父子子，实际就是正名的具体内容。

《庄子·天下》说：“《春秋》以道名分。”《史记·太史公自序》说：“夫《春秋》，上明三王之道，下辨人事之纪，别嫌疑，明是非，定犹豫，善善恶恶，贤贤贱不肖，存亡国，继绝世，补敝起废，王道之大者也。”又说：“故有国者不可以不知《春秋》，前有谗而弗见，后有贼而不知。为人臣者不可以不知《春秋》，守经事而不知其宜，遭变事而不知其权。为人君父而不通于《春秋》之义者，必蒙首恶之名。为人臣子而不通于《春秋》之义者，必陷篡弑之诛，死罪之名。其实皆以为善为之，不知其义，被之空言而不敢辞。夫不通礼义之旨，至于君不君，臣不臣，父不父，子不子。夫君不君则犯，臣不臣则诛，父不父则无道，子不子则不孝。此四行者，天下之大过也。以天下之大过予之，则受而弗敢辞。故《春秋》者，礼义之大宗也。”董仲舒是西汉《春秋》学大师，司马迁从他问过《春秋》，故能精确地讲出《春秋》的基本内容和用意所在。《孟子·滕文公下》说：“世衰道微，邪说暴行有作，臣弑其君者有之，子弑其父者有之，孔子惧，作《春秋》。《春秋》，天子之事也。是故孔子曰：‘知我者，其惟《春秋》乎？罪我者，其惟《春秋》乎？’”证明孔子由于不得位，不能实现其政治主张，所以作《春秋》。孔子的政治思想完全由《春秋》反映出来。《春秋》文成数万，其指数千，可以归纳到一点，就是正名。庄子说“春秋以道名分”，实是至当不易之论。

孔子由于主张德治，所以反对残杀。

《论语·颜渊》说：“季康子问政于孔子，曰：‘如杀无道，以就有道，何如？’孔子对曰：‘子为政，焉用杀？子欲善而民善矣。君子之德风，小人之德草，草上之风必偃。’”

又《子路》说：“子曰：‘善人为邦百年，亦可以胜残去杀矣。诚哉是言也。’”

以上两条材料是孔子为政反对残杀的证明。

孔子要求为政从自身做起。

《论语·颜渊》说：“季康子问政于孔子。孔子对曰：‘政者正也。子帅以正，孰敢不正？’”

又《子路》说：“子曰：‘其身正，不令而行；其身不正，虽令不从。’”又说：“子曰：‘苟正其身矣，于从政乎何有？不能正其身，如正人何？’”

以上两条材料是孔子要求为政由自身做起的证明。

关于为政的轻重缓急，孔子有如下主张。

《论语·学而》说：“子曰：‘道千乘之国，敬事而信，节用而爱人，使民以时。’”

又《颜渊》说：“子贡问政。子曰：‘足食，足兵，民信之矣。’子贡曰：‘必不得已而去，于斯三者何先？’曰：‘去兵。’子贡曰：‘必不得已而去，于斯二者何先？’曰：‘去食。自古皆有死，民无信不立。’”

又《子路》说：“子适卫，冉有仆。子曰：‘庶矣哉。’冉有曰：‘既庶矣，又何加焉？’曰：‘富之。’曰：‘既富矣，又何加焉？’曰：‘教之。’”

证明孔子主张为政要把信放在首位。其次则是足食，又次则是足兵。他主张先富后教。

总的说来，孔子的政治态度是消极的，被动的。孔子的哲学是“用之则行，舍之则藏”[①]。“天下有道则见，无道则隐”[②]。他尝为道不行而悲

① 《论语·述而》。

② 《论语·泰伯》。

哀，一再发出绝望的声音说，“莫我知也夫！”[①]“吾已矣夫！”[②]“吾道穷矣！”[③]也就是说，孔子在任何历史条件下，绝对不会想起来革命，而这一点正是统治阶级所要求的。可见，历代统治阶级都尊他为圣人，是有原因的。

其次谈孔子的教育思想。

孔子是中国历史上伟大的教育家。他第一个提出“有教无类”[④]的口号。他说：“自行束脩以上，吾未尝无诲焉。”[⑤]“束脩”是古人见面所用的一种最薄的礼物。也就是说，无论是谁，只要肯来求教，他就进行教育。

根据长期的教学经验，孔子认为“中人以上可以语上也，中人以下不可以语上也。”[⑥]“性相近也，习相远也。”[⑦]“唯上智与下愚不移。”[⑧]

孔子善于因材施教。例如上文已经说过的，他对一些人的问孝，问仁，问政等等，都针对不同的对象作不同的回答。他经常对弟子作调查研究，了解到每一个人的特点。例如他说：“柴也愚，参也鲁，师也辟，由也喭。”[⑨]“求也退，故进之；由也兼人，故退之。”[⑩]

孔子早已实行启发式教学。例如他说：“不愤不启，不悱不发，举一隅不以三隅反，则不复也。”[⑪]

---

① 《论语·宪问》。

② 《论语·子罕》。

③ 《公羊传》哀公十四年。

④ 《论语·卫灵公》。

⑤ 《论语·述而》。

⑥ 《论语·雍也》。

⑦ 《论语·阳货》

⑧ 《论语·阳货》

⑨ 《论语·先进》。

⑩ 《论语·先进》。

⑪ 《论语·述而》。

孔子自己“学而不厌，诲人不倦。”[①]对弟子则循循善诱。颜子曾谈过他在孔子座前受教育时的亲身感受。他说：“仰之弥高，钻之弥坚，瞻之在前，忽焉在后。夫子循循然善诱人，博我以文，约我以礼，欲罢不能，既竭吾才，如有所立卓尔，虽欲从之，末由也已。”[②]

孔子重视对于学思、言行、质文、新故等一些对立面的处理。他说：“学而不思则罔，思而不学则殆。”[③]“吾尝终日不食，终夜不寝，以思，无益，不如学也。”[④]“君子欲讷于言，而敏于行。”[⑤]《“古者言之不出，耻躬之不逮也。”[⑥]“质胜文则野，文胜质则史，文质彬彬，然后君子。”[⑦]“温故而知新，可以为师矣。”[⑧]“告诸往而知来者。”[⑨]

孔子坚决反对主观主义。例如《论语·子罕》说：“子绝四：毋意，毋必，毋固，毋我。”这个意、必、固、我，正是主观主义的几种表现形式。

孔子对知与不知，一贯持老实态度，从来不不懂装懂。例如他说：“盖有不知而作之者，我无是也。”[⑩]又说：“知之为知之，不知为不知，是知也。”[⑪]又说：“吾犹及史之阙文也。有马者借人乘之，今亡矣夫。”[⑫]

---

① 《论语·述而》。

② 《论语·子罕》。

③ 《论语·为政》。

④ 《论语·卫灵公》。

⑤ 《论语·里仁》。

⑥ 《论语·里仁》。

⑦ 《论语·雍也》。

⑧ 《论语·为政》。

⑨ 《论语·学而》。

⑩ 《论语·述而》。

⑪ 《论语·为政》。

⑫ 《论语·卫灵公》。

孔子认为求学应当刻苦。他说："君子食无求饱，居无求安，敏于事而慎于言，就有道而正焉，可谓好学也已。"[①]。又说："君子谋道不谋食。"[②]又说："士志于道而耻恶衣恶食者，未足与议也。"[③]

孔子称赞颜子的贫而乐，说"贤哉回也。一箪食，一瓢饮，在陋巷，人不堪其忧，回也不改其乐，贤哉回也！"[④]

孔子认为一个人学成致用，需要经过四个阶段。《论语·子罕》说："子曰：'可与共学，未可与适道；可与适道，未可与立；可与立，未可与权。'"

孔子自述为学进程说："吾十有五而志于学，三十而立，四十而不惑。"[⑤]所谈内容与上述阶段基本上相同。"可与共学"和"有志于学"同属第一阶段，即开始学习的阶段。"可与适道"为第二阶段，是选定正确方向的阶段。这个阶段在孔子自述中包括在第一阶段的"有志"里。"可与立"和"而立"为第三阶段，是志向坚定不可动摇的阶段。"可与权"和"不惑"为第四阶段。什么是权呢？《孟子·离娄上》有一段话解释得最好。它说："淳于髡曰：'男女授受不亲，礼与？'孟子曰：'礼也。'曰：'嫂溺则援之以手乎？'曰：'嫂溺不援是豺狼也。男女授受不亲，礼也，嫂溺援之以手者，权也。'""立"如果说是处常，要求有原则性；"权"则是处变，要求有灵活性。权的本义是秤锤。秤锤必须随时移动，然后才能与所称量的物重相平衡。光懂得原则性，不懂得灵活性，是处理不好事情的。《孟子·尽心上》说："子莫执中。执中为近之。执中无权，犹执一也。所恶执一者，为其贼道也，举一而废百也。"孟子对无权的害处也解释得很好。实际上，懂得权就是懂得辩证法。

---

① 《论语·学而》

② 《论语·卫灵公》。

③ 《论语·里仁》。

④ 《论语·雍也》。

⑤ 《论语·为政》。

孔子自述作学问的态度，于《论语·述而》说："叶公问孔子于子路，子路不对。子曰：'汝奚不曰，其为人也，发愤忘食，乐以忘忧，不知老之将至云尔。'"于《里仁》说："子曰：'朝闻道，夕死可矣。'"于《公冶长》说："子曰：'十室之邑必有忠信如丘者焉，不如丘之好学也。'"足见孔子毕生好学，老而弥笃，不以死生异其志。只有这样才能成一个好老师。

关于孔子的教育目的，无可否认，他是为统治阶级培养人才的。但是，从他的教育方法、教育态度来看，虽至今日，也有许多可取的地方。特别是在当时的历史条件下，他能提出"有教无类"的口号，这决不是一个简单的问题。这种思想和实践，对社会所产生的影响是很大的。《史记·儒林列传》说："自孔子卒后，七十子之徒散游诸侯，大者为师傅卿相，小者友教士大夫，或隐而不见。故子路居卫，子张居陈，澹台子羽居楚，子夏居西河，子贡终于齐。如田子方、段干木、吴起、禽滑厘之属，皆受业于子夏之伦，为王者师。"《淮南子·要略》说："墨子学儒者之业，受孔子之术。"孔子教育的影响于此可以概见。司马迁在《孔子世家》说："孔子布衣，传十余世，学者宗之。自天子王侯，中国言六艺者折中于夫子，可谓至圣矣！"这不是虚美，而是有事实根据的。

其次谈孔子的道德观。

道德是对于人与人之间以及人与社会之间的关系所规定的行为准则和规范。根据长期的历史经验，应当肯定一个事实，就是要想维持一个社会的安宁秩序，光有行政和法律的强制作用是不够的，还要有一种为大家所公认的，并且能够自觉遵守的道德。孔子是中国奴隶社会的思想家。孔子所说教的和实行的道德，当然会打上奴隶主阶级的烙印。但是，作为一种历史文化遗产来说，我们研究它，不无借鉴作用。

孔子所倡导的道德，如用一个字来概括，那就是仁字。《吕氏春秋·不二》说"孔子贵仁"，无疑是最正确的概括。

什么叫做仁？这个问题在《论语》中找不到正式的解答。《礼记·中庸》说："仁者，人也。"《孟子·告子上》说："仁，人心也。"《尽心上》说："君子之于物也，爱之而弗仁；于民也，仁之而弗亲。亲亲而仁民，仁民而爱物。"《吕氏春秋·爱类》说："仁于他物，不仁于人，不得为仁；不仁于他物，独仁于人，犹若为仁。仁也者，仁乎其类也。"我看这几种说法对仁的意义解释得很好。简言之，孔子所说的仁，是指对人类的爱而言。

怎样行仁？在方法上，孔子提出一个恕字。《论语·卫灵公》说："子贡问曰：'有一言而可以终身行之者乎？'子曰：'其恕乎！己所不欲，勿施于人。'"又《雍也》说："子曰：'夫仁者，己欲立而立人，己欲达而达人。能近取譬，可谓仁之方也已。'"又《里仁》说："子曰：'参乎，吾道一以贯之。'曾子曰：'唯。'子出。门人问曰：'何谓也？'曾子曰：'夫子之道，忠恕而已矣。'"正因为人与人之间的关系不管如何纷纭复杂，总之可以归结为人和己的一种关系，所以这个恕字可以到处使用。恕字的含义，从积极方面来说，就是己欲立而立人，己欲达而达人；从消极方面来说，就是己所不欲，勿施于人。

孔子在处理人和己的关系上，总是强调自己这一方面。例如他说，"躬自厚而薄责于人"，[①]"不患人之不己知，患不知人也"，[②]"古之学者为己，今之学者为人"，[③]"君子求诸己，小人求诸人"，[④]"克己复礼为仁"，[⑤]"仁远乎哉，我欲仁斯仁至矣"，[⑥]就是证明。

必须指出，孔子贵仁与墨子贵兼爱有本质上不同。兼爱是主张爱无差等，而仁则主张爱有差等。因此孔子言仁，总是以合礼与否作为具体的

---

① 《论语·卫灵公》。

② 《论语·学而》。

③ 《论语·宪问》。

④ 《论语·卫灵公》。

⑤ 《论语·颜渊》。

⑥ 《论语·述而》。

标准。例如《论语·颜渊》说：“颜渊问仁。子曰：‘克己复礼为仁。’颜渊曰：‘请问其目。’子曰：‘非礼勿视，非礼勿听，非礼勿言，非礼勿动。’”又《为政》说：“孟懿子问孝。子曰：‘无违。’樊迟御，子告之曰：‘孟孙问孝于我，我对曰无违。’樊迟曰：‘何谓也？’子曰：‘生事之以礼，死葬之以礼，祭之以礼。’”又《八佾》说：“定公问君使臣、臣事君如之何，孔子对曰：‘君使臣以礼，臣事君以忠。’”又《学而》说：“子贡曰：‘贫而无谄，富而无骄，何如？’子曰：‘可也。未若贫而乐，富而好礼者也。’”又《雍也》说：“子曰：‘君子博学于文，约之以礼，亦可以弗畔矣夫。’”这些事例都说明孔子言仁，其具体标准就是复礼。不但对任何人都要依礼去做，即便是一个人的视、听、言、动也都要依礼去做。看来，在孔子说来，“不学礼，无以立”这确不是一句空话。

在《论语》一书中，孔子谈到义的地方也不少。例如《里仁》说：“君子之于天下也，无适也，无莫也，义之与比。”又说：“君子喻于义，小人喻于利。”又《卫灵公》说：“君子义以为质，礼以行之，孙以出之，信以成之。君子哉！”《为政》说：“见义不为，无勇也。”《述而》说：“闻义不能徙，不善不能改，是吾忧也。”又说：“不义而富且贵，于我如浮云。”《卫灵公》说：“群居终日，言不及义，好行小慧，难矣哉！”等等都是。

关于仁义礼三者的本义及其相互之间的关系，《礼记·中庸》说：“仁者人也，亲亲为大；义者宜也，尊贤为大；亲亲之杀，尊贤之等，礼所生也。”《孟子·离娄上》说：“仁之实，事亲是也；义之实，从兄是也；智之实，知斯二者弗去是也；礼之实，节文斯二者是也。”这样解释，是非常正确的。用今日通用的语言来说，就是仁是爱，它是以血缘关系为基础的有等级的爱；义是宜，它是以阶级社会的阶级关系为基础的不同等级的宜；至于礼，则是以仁义二者为内容的具体表现形式。仁义礼作为道德来说，正反映当时社会现实的复杂情况。

关于一般的道德修养，孔子着重注意下列一些问题。

《论语·宪问》说："子曰：'君子道者三，我无能焉。仁者不忧，智者不惑，勇者不惧。'子贡曰：'夫子自道也。'"

又《季氏》说："孔子曰：'君子有九思：视思明，听思聪，色思温，貌思恭，言思忠，事思敬，疑思问，忿思难，见得思义。'"

又说："孔子曰：'君子有三戒：少之时血气未定，戒之在色；及其壮也，血气方刚，戒之在斗；及其老也，血气既衰，戒之在得。'"

又说："孔子曰：益者三友，损者三友。友直，友谅，友多闻，益矣；友便辟，友善柔，友便佞，损矣。'"

又说："孔子曰：'益者三乐，损者三乐。乐节礼乐，乐道人之善，乐多贤友，益矣；乐骄乐，乐佚游，乐宴乐，损矣。'"

孔子观人很注意实践。例如《论语·卫灵公》说："子曰：'君子不以言举人，不以人废言。'"又《公冶长》说："子曰：'始吾于人也，听其言而信其行；今吾于人也，听其言而观其行。'"

又《卫灵公》说："子曰：'吾之于人也，谁毁谁誉？如有誉者，其有所试矣。'"又说："子曰：'众恶之，必察焉；众好之，必察焉。'"

又《为政》说："子曰：'视其所以，观其所由，察其所安，人焉廋哉？人焉廋哉？'"

在道德修养上，孔子对自己要求很严。他很重视内省和改过。

《论语·颜渊》说："子曰：'内省不疚，夫何忧何惧？'"

又《公冶长》说："子曰：'已矣乎？吾未见能见其过而内自讼者也。'"

又《子罕》说："子曰：'主忠信，毋友不如己者，过则勿惮改。'"

又《卫灵公》说："子曰：'过而不改，是谓过矣。'"

孔子应用他的道德标准把人分为君子和小人两大类。

例如他说："君子怀德，小人怀土。君子怀刑，小人怀惠。"①"君子周而不比，小人比而不周。"②"君子和而不同，小人同而不和。"③"君子上达，小人下达。"④"君子有三畏：畏天命，畏大人，畏圣人之言；小人不知天命而不畏也，狎大人，侮圣人之言。"⑤"君子成人之美，不成人之恶，小人反是。"⑥"君子固穷，小人穷斯滥矣。"⑦"君子坦荡荡，小人长戚戚。"⑧"君子求诸己，小人求诸人。"⑨"君子喻于义，小人喻于利。"⑩"君子不可小知而可大受也；小人不可大受而可小知也。"⑪"君子泰而不骄，小人骄而不泰。"⑫"君子而不仁者有矣夫，未有小人而仁者也。"⑬"君子易事而难说也，说之不以道，不说也；及其使人也，器之。小人难事而易说也，说之虽不以道，说也；及其使人也，求备焉。"⑭

老子贵柔，而孔子与老子相反，却重刚。

《论语·公冶长》说："子曰：'吾未见刚者。'"又《子路》说："子曰：'刚毅木讷近仁。'"

阶级社会的道德是有阶级性的。孔子的道德观也不能没有阶级性。孔

---

① 《论语·里仁》。

② 《论语·为政》。

③ 《论语·子路》。

④ 《论语·宪问》。

⑤ 《论语·季氏》。

⑥ 《论语·颜渊》。

⑦ 《论语·卫灵公》。

⑧ 《论语·述而》。

⑨ 《论语·卫灵公》。

⑩ 《论语·里仁》。

⑪ 《论语·卫灵公》。

⑫ 《论语·子路》。

⑬ 《论语·宪问》。

⑭ 《论语·子路》。

子道德观的阶级性具体表现在所谓“克己复礼为仁”这个礼字上。如所周知，中国奴隶社会的礼是“不下庶人”的。所以孔子所宣扬的道德，实际上是奴隶主阶级的道德，不包括奴隶阶级以及奴隶主阶级与奴隶阶级之间的道德。尽管这样，从为人与人之间以及人与社会之间的关系规定了准则和规范这一点来说，在今天，还是有批判继承的价值的。如果因为它是统治阶级的道德，就一概加以否定，这不是马克思主义应有的态度。

最后谈孔子的历史观。

孔子的历史观是唯心的，这是没有疑义的。尽管他在“子张问十世可知也”时说过“殷因于夏礼，所损益可知也；周因于殷礼，所损益可知也；其或继周者，虽百世可知也”①，在“颜渊问为邦”时说过“行夏之时，乘殷之辂，服周之冕，乐则韶舞”②，但这只是指在一种社会制度的内部有变革有批判继承的问题来说的，并不说明他已意识到一种社会制度会被另一种社会制度所代替。事实上他所说的损益，并没有越出奴隶社会的框框。他认为奴隶社会是永恒的，是万古不变的。因此，孔子所说的“天下有道”或“道不行”，这个“道”不是别的，就是周道；所说的“克己复礼为仁”或“礼以行之”，这个“礼”也不是别的，就是周礼。孔子生当春秋末世，那本来是中国奴隶社会的末日，是奴隶主阶级的末日，而他竟荒谬地把它看成是世界的末日，全人类的末日。孔子一生留下许多言论，许多事迹。如果从政治这个角度来看，从历史这个角度来看，一句话，就是企图使历史车轮倒转，倒转到西周，即中国奴隶社会的全盛时期。他说：“周监于二代，郁郁乎文哉，吾从周。”③又说：“甚矣，吾衰也久矣，吾不复梦见周公。”④充分证明孔子一生所向往的是西周，心目中所最崇拜的人物是周公。

---

① 《论语·为政》。

② 《论语·卫灵公》。

③ 《论语·八佾》。

④ 《论语·述而》。

然而历史的潮流是任何人也阻挡不了的。孔子的政治企图是注定不能实现的。孔子似乎意识到了这一点，因而作《春秋》，把自己的政治抱负全部地在《春秋》一书中反映出来。司马迁说："孔子知言之不用，道之不行也，是非二百四十二年之中，以为天下仪表，贬天子，退诸侯，讨大夫，以达王事而已矣。"①孟子说："《春秋》天子之事也。是故孔子曰：'知我者其惟《春秋》乎？罪我者其惟《春秋》乎？'"②二人所说的，正是这个问题。

孔子之所以这样看当世的历史，多数人认为有阶级根源。我看这样说法不一定对。孔子自己说过"吾少也贱"。从孔子的阶级出身说，比卫鞅、韩非要低得多。为什么卫鞅、韩非成为推动历史前进的法家，而孔子却成为拉历史倒退的儒家呢？有人说，由于孔子是宋后或殷后。这种说法尤为荒唐，不自觉地已陷入反动的血统论的泥坑。我们确实重视阶级成分，但是怎能用十几世或几十世以前的祖先作为确定一个人的阶级成分的根据呢？据我看，孔子是郰人纥之子，他的家庭出身和他的生活环境同他的思想的形成，不能说没有关系，但是，更主要的还是由于他"信而好古"③，久而久之，他的眼睛遂被这个古给蒙住了，终于成为古的俘虏。三国时"刘备访世事于司马德操。德操曰：'儒生俗士岂识时务？识时务者在乎俊杰。'"④后世儒生俗士不识时务，正是受了孔子的影响。这是儒家的传统使然。可以这样说，儒家之祖孔子本人，就是一个知古而不知今，不识时务的人。

然而，孔子这个人物，不管怎么看，都不能不承认他是中国历史上一个有重大影响的人物。那么，对于孔子应当怎样评价呢？孔子自己说过，

---

① 《史记·太史公自序》。

② 《孟子·滕文公下》。

③ 《论语·述而》。

④ 《三国志·蜀志·诸葛亮传》注引《襄阳记》。

他“非生而知之者，好古敏以求之者也”[①]。据我看，这“好古”二字是我们评价孔子所应当注意考虑的一个最重要的特点。正由于好古，孔子成为有广博知识的学者；在保存、整理、研究、传播历史文化遗产方面，作出了巨大的贡献。也正由于好古，他背上了一个沉重的古的包袱，使他只能成为一个伟大的教育家、哲学家，而不能成为一个政治家，更不能成为一个革命家。

孔子所以在中国历史上以至于超越中国历史的界限，受到长期的尊重，首先在于他是伟大的教育家，而不在于他的政治思想。他的政治思想，事实上在法家出现后，已被证明是不适用了。今天我国正在进行社会主义建设，为了扫除前进道路上的障碍，彻底地深入地批判孔子的唯心主义历史观和政治思想是完全必要的。但是孔子的教育思想和哲学思想在过去所起的作用，似不应低估。别的暂且不说，单就我们国家今天有将近十亿的人口，有自有文字以来持续几千年的历史，虽然也有过多少次分裂的时候，但最终总是归于统一，像这样一个大家熟知的事实，难道不值得一深思吗？这是什么原因造成的呢？是不是有一种虽然看不见然而真实存在的力量——精神力量在维系着呢？至少应当承认，我们中华民族是有共同心理的。那么这个共同心理怎么形成的呢？当然，原因很多。据我看，孔子思想所起的作用，实是一个重要的因素。因此，中国之有孔子，毋宁说是中华民族的光荣。时至今日，孔子思想的大部分已经不适用了，但是孔子作为一个历史人物，我们应当给予应有的历史地位并做出科学的评价。过去在一个时期内，不加分析地全面加以否定，不是对待历史人物的正确态度。

3．孙子

孙子名武，春秋末齐国人。《史记》称孙武“以《兵法》见于吴王阖闾。阖闾曰：‘子之十三篇，吾尽观之矣。’”今传世的《孙子》十三篇，可能就是孙武持见吴王阖闾的《兵法》。孙武是中国古代军事科学理

① 《论语·述而》。

论的建立者。在孙武前虽有《司马法》，它属政书之类，不是军事科学理论著作，《汉书·艺文志》入之礼家，是对的。至《六韬》等，则出于后人依托，不可信据。《尉缭子·制谈》说："有提三万之众，而天下莫当者谁？武子也。"刘向《新序》说："孙武以三万破楚二十万。"[①]二书所记，似非无据，则孙武不但是军事理论家，也是一个有实践经验的军事家。

"春秋无义战"，孙武的军事科学理论当然是为当时诸侯国进行兼并战争服务的。在《孙子》十三篇中，既不区别正义与非正义，更谈不上革命战争的问题。他的这部书，是在当时历史条件下，在总结了前人战争经验的基础上写出来的。他既不写战争史实，也不写武器装备，只是在理论上进行高度的概括。因此，孙武写的这部书，不但旧日称为"兵经"，直至今日，也有很重要的指导意义，为中外军事家所重视。

现在就把《孙子》十三篇的内容，重点介绍如下。

第一，《计篇》

《计篇》列为第一，实是十三篇的纲领。

篇首说：

兵者，国之大事，死生之地，存亡之道，不可不察也。

这是开宗明义，着重指出军事的重要性。孙子认为战争关系到国家的存亡，人民的死生，不能不予以特殊注意。

春秋时向戌提倡过"弭兵"，战国时墨翟主张过"非攻"。二人的主观愿望可能是好的。然而"弭兵""非攻"，实际上是和平主义的异名。事实证明，弭兵不但不会消弭战争，反而会加速战争的爆发。原因是"和平主义"只会起到麻痹被侵略者的作用，而侵略者是从来不听这一套的。

《吕氏春秋·荡兵》说：

古圣王有义兵而无有偃兵。

《吕氏春秋》这种说法，无疑是正确的。

① 见《太平御览·兵部二》。

《计篇》主要谈两个问题。一个是“经之以五校之计而索其情”，另一个是“计利以听，乃为之势以佐其外，势者因利而制权也”。

亦即先谈“经”，后谈“权”。“经”是经常，“权”是权变。“经”是政治上的问题，“权”是军事上的问题。“经”既适用于平时，也适用于战时，“权”则适用于战时。比较起来，“经”是主要的，根本的。“权”在军事上当然极端重要，能起决定性作用，但同“经”相比较，不能不居第二位。孙子谈势时，用了一个“佐”字，恰恰说明这个问题。

所谓“经之以五校之计而索其情”，就是在战争这个问题上，要先对敌我双方从五个方面进行一次力量的对比，以了解敌我双方的情况。

这五个方面，就是“一曰道，二曰天，三曰地，四曰将，五曰法。”

孙子说：

> 道者，令民与上同意也。故可与之死，可与之生，而民不畏危。

孙子所谓“道”，显然是政治问题。这是最根本的问题，所以摆在第一位。

孙子说：

> 天者，阴阳寒暑时制也。

这是考虑气候条件的问题。

孙子说：

> 地者，远近险易广狭死生也。

这是考虑地理条件问题。

孙子说：

> 将者，智信仁勇严也。

将在战争中是起决定作用的因素。《孙子》十三篇之作，毋宁说就是以将为对象来作的。智信仁勇严是为将的五德，缺一不可。智之所以居第一位，是因为将主要是斗智，而不是斗力。孙子所说的“势者因利而制权也”，“兵者诡道也”，这一理论都要由将来运用。信是说为将应得到战士的信任。为将得不到战士的信任，军心涣散，是不能取得胜利的。对战士则必须仁与严相结合，既仁爱又严格。这一点，后来的吴起做得最好。《史记》说：“起之为将，与士卒最下者同衣食。卧不设席，行不骑乘，亲裹嬴粮，与士卒分劳苦。卒有病疽者，起为吮之。”这样做，可以说是仁了。但《尉缭子·武议》说：“吴起与秦战，未合。一夫不胜其勇，前获双首而还。吴起立斩之。军吏谏曰：‘此材士也，不可斩。’起曰：‘材则是也，非吾令也。’斩之。”可见吴起对士卒又极其严。至于勇，则为将者当然要具备了。

孙子说：

法者，曲制官道主用也。

“曲制官道”这几个字，不好理解，但下文说，“法令孰行，兵众孰强，士卒孰练，赏罚孰明”，可知这里所谓法，主要应包括四者在内。

孙子说：

势者，因利而制权也。

权是什么？权的本义就是秤锤。秤锤必须前后移动，然后才与物重平衡，而起到称的作用。所以权是因利而制，不能固定不变。毛泽东同志说“机动灵活的战略战术”，可以看作是对权字的最生动的说明。霍去病说：“顾方略何如耳。”[①]这话很符合孙子“因利以制权”的精神。讲军事，本本主义是绝对要不得的。春秋时，宋襄公的泓之败，战国时，赵括的长平之败，就都是吃了本本主义的大亏。孙子说：“兵者诡道也。”也就是说战争要因利以制权的意思。后人常说“兵不厌诈”，就是“兵者诡道也”的不同说法。

孙子说：

故能而示之不能，用而示之不用，近而示之远，远而示之近，利而诱之，乱而取之，实而备之，强而避之，怒而挠之，卑

① 《史记·卫将军骠骑列传》。

而骄之，佚而劳之，亲而离之，攻其无备，出其不意。

由“能而示之不能”至“亲而离之”，共十二种，都是因利而制权的办法。“攻其无备，出其不意”，则是所要达到的目的，是孙子军事理论的精髓。历代军事家，凡是在战争中取得胜利的，无不与其应用这条理论有关。

第二，《作战》

《作战》篇主要谈了两条经验。

第一条说：

不尽知用兵之害者，则不能尽知用兵之利也。

这是教人全面地看问题。用兵当然是为求利，但是必须首先完全了解害的一面，然后才能获得完全的利。

第二条说：

兵闻拙速，未睹巧之久也。

古人常说“兵贵神速”，正是孙子这条军事理论的具体运用。

孙子的这两条经验，都是在他算了经济账以后而得出来的。

第三，《谋攻》

《谋攻》把“百战百胜，非善之善者也。不战而屈人之兵，善之善者也”作为军事最高目标提出来，这是孙武高人一筹处。

如何能达到“不战而屈人之兵”呢？显然这不是单纯的军事观点所能办到的，而必须把政治问题放在首要地位。

孙子说：

上兵伐谋，其次伐交，其次伐兵，下政攻城。攻城之法，为不得已。

这正是孙子强调政治的具体说明。

孙子说：

用兵之法，十则围之，五则攻之，倍则分之，敌则能战之，少则能逃之，不若则能避之。

这正是篇首所说的“凡用兵之法：全国为上，破国次之；全军为上，破军次之；全旅为上，破旅次之；全卒为上，破卒次之；全伍为上，破伍次之”这个理论在战场上的运用。

孙子说：

> 故君之所以患于军者三：不知军之不可以进，而谓之进；不知军之不可以退，而谓之退。是谓縻军。不知三军之事，而同三军之政者，则军士惑矣。不知三军之权，而同三军之任，则军士疑矣。三军既惑且疑，则诸侯之难至矣。是谓乱军引胜。

这实际上是说在军事上外行不能领导内行。如果外行领导内行，搞瞎指挥，必败无疑。

孙子说：

> 故知胜有五：知可以战与不可以战者，胜。识众寡之用者，胜。上下同欲者，胜。以虞待不虞者，胜。将能而君不御者，胜。

根据这五胜，孙子得出结论说：

> 故曰：知彼知己，百战不殆。不知彼而知己，一胜一负。不知彼不知己，每战必殆。

基于这一原因，所以孙子把“用间”看得异常重要。因为只有用间，才能知彼。

第四，《形篇》

《形篇》的要义在于下列一些论点：

> 昔之善战者，先为不可胜，以待敌之可胜。
>
> 故善战者，立于不败之地，而不失敌之败也。是故胜兵先胜而后求战，败兵先战而后求胜。

“先胜而后求战”，应该说，就是毛泽东同志所说的“不打无把握之仗”。这一军事思想产生在春秋时期，自然是很难得的。

孙子说：

胜者之战民也，若决积水于千仞之谿者，形也。

这个“形”，是本篇所以命名为《形篇》的意义所在。

第五，《势篇》

《势篇》说：

凡治众如治寡，分数是也；斗众如斗寡，形名是也；三军之众，可使必受敌而无败者，奇正是也；兵之所加，如以碫投卵者，虚实是也。

凡战者，以正合，以奇胜。故善出奇者，无穷如天地，不竭如江河。终而复始，日月是也；死而复生，四时是也。声不过五，五声之变，不可胜听也。色不过五，五色之变，不可胜观也。味不过五，五味之变，不可胜尝也。战势不过奇正，奇正之变，不可胜穷也。奇正相生，如循环之无端，孰能穷之？

激水之疾，至于漂石者，势也。鸷鸟之疾，至于毁折者，节也。是故善战者，其势险，其节短，势如彍弩，节如发机。纷纷纭纭，斗乱而不可乱也。浑浑沌沌，形圆而不可败也。

这段文字里“激水之疾”两句，是说势的威力。“战势不过奇正”几句，是说为之势的方法。“凡战者，以正合，以奇胜”，是作为一个重要结论提出的，具有普遍意义。

第六，《虚实》

本篇命名，有取于“兵之形，避实而击虚”一句。

作为全篇纲领的，一是“善战者致人而不致于人”，二是“形人而我无形，则我专而敌分”。

“致人”，就是能调动敌人，牵着敌人的鼻子走。“不致于人”，就是我始终掌握主动权。

“形人”，是我对敌人的情况了如指掌。“我无形”是说敌人对于我来说，是聋子、瞎子、呆子，完全不了解我的情况。

正由于“致人而不致于人”，所以能够做到“敌佚能劳之，饱能饥之，安能动之”。

也正由于“形人而我无形”，所以能够做到“我专而敌分。我专为一，敌分为十，是以十共其一也，则我众而敌寡。能以众击寡者，则吾之所与战者约矣。吾所与战之地不可知。不可知，则敌所备者多。敌所备者多，则吾所与战者寡矣。故备前则后寡，备后则前寡，备左则右寡，备右则左寡。无所不备，则无所不寡。寡者，备人者也。众者，使人备己者也。故知战之地，知战之日，则可千里而会战。不知战地，不知战日，则左不能救右，右不能救左，前不能救后，后不能救前，而况远者数十里，近者数里乎？”

孙子这两段理论极精。今日小国弱兵用游击战之所以能战胜大国强兵，其道理就在于此。

孙子说：

> 夫兵形象水。水之行避高而趋下，兵之形避实而击虚。

这条理论非常重要，历代军事家无不奉为至宝。

第七，《军争》

孙子说：

> 军争之难者，以迂为直，以患为利，故迂其途而诱之以利，后人发，先人至，此知迂直之计者也。

孙子这几句话应是军事上应用迂回战术的经典式说明。

孙子在提出上述理论之后又指出“军争为利，军争为危”，即用迂回战术的办法，其结果有两种可能：有利的可能，也有危的可能。

他说：

> 举军而争利则不及，委军而争利则辎重捐。是故卷甲而趋，日夜不处，倍道兼行，百里而争利，则擒三将军。劲者先，疲者后，其法十一而至。五十里而争利，则蹶上将军，其法半至。三十里而争利，则三分之二至。
>
> 是故军无辎重则亡，无粮食则亡，无委积则亡。

这是用具体事实来说明“军争为危”的一面。如何争取利的一面，避免危的一面，这就在于为将的智慧和勇敢了。

孙子说：

> 夫金鼓旌旗者，所以一民之耳目也。民既专一，则勇者不得独进，怯者不得独退，此用众之法也。

又说：

> 故三军可夺气，将军可夺心。是故朝气锐，昼气惰，暮气归。故善用兵者，避其锐气，击其惰归，此治气者也。以治待乱，以静待哗，此治心者也。以近待远，以佚待劳，以饱待饥，此治力者也。无要正正之旗，勿击堂堂之阵，此治变者也。

前一段文字谈用众之法，后一段文字谈在战争中怎样治气、治心、治力、治变。这些都属于战术或战役上的问题。总之，是叮嘱军事家无时无地都不要忘记发挥自己的优势，利用敌人的弱点，以求得胜利。

第八，《九变》

本篇有两段话值得注意。

第一段话是：

> 用兵之法，无恃其不来，恃吾有以待也；无恃其不攻，恃吾有所不可攻也。

第二段话是：

> 将有五危：必死可杀也，必生可虏也，忿速可侮也，廉洁可辱也，爱民可烦也。凡此五者，将之过也，用兵之灾也。覆军杀将必以五危，不可不察也。

第一段话大意是说求其在我，有备无患。第二段话是说要利用敌人之弱点，同时自己也要知所警惕。

第九，《行军》

谈到觇敌之术，他说：

> 敌近而静者，恃其险也。远而挑战者，欲人之进也。其所

居者易利也。众树动者，来也。众草多障者，疑也。鸟起者，伏也。兽骇者，覆也。尘高而锐者，车来也。卑而广者，徒来也。散而条达者，樵采也。少而往来者，营军也。辞卑而益备者，进也。辞诡而强进驱者，退也。轻车先出居其侧者，阵也。无约而请和者，谋也。奔走而陈兵车者，期也。半进半退者，诱也。倚仗而立者，饥也。汲而先饮者，渴也。见利而不进者，劳也。鸟集者，虚也。夜呼者，恐也。军扰者，将不重也。旌旗动者，乱也。吏怒者，倦也。粟马肉食，军无悬缻，不返其舍者，穷寇也。谆谆翕翕，徐言入入者，失众也。屡赏者，窘也。数罚者，困也。先暴而后畏其众者，不精之至也。来委谢者，欲休息也。兵怒而相迎，久而不合，又不相去，必谨察之。

见微知著，由现象能看到本质，不仅军事家觇敌应如此，实具有普遍意义。

谈到御众之法，他说：

卒未亲附而罚之，则不服，不服则难用也。卒已亲附而罚不行，则不可用也。故令之以文，齐之以武，是谓必取。

这是经验之谈，非空洞理论可比。

第十，《地形》

本篇所说的地形，今天可能已不适用，但他由此而阐发出来的某些思想，却并非没有借鉴意义。比如他说：

战道必胜，主曰无战，必战可也。战道不胜，主曰必战，无战可也。故进不求名，退不避罪，唯民是保，而利合于主，国之宝也。

又说：

视卒如婴儿，故可与之赴深谿；视卒如爱子，故可与之俱死。厚而不能使，爱而不能令，乱而不能治，譬如骄子，不可用也。

又说：

知吾卒之可以击，而不知敌之不可击，胜之半也。知敌之可击，而不知吾卒之不可以击，胜之半也。知敌之可击，知吾卒之可以击，而不知地形之不可以战，胜之半也。故知兵者，动而不迷，举而不穷。故曰：知彼知己，胜乃不殆；知地知天，胜乃可全。

上述三段话，第一段话大意是说，在战争中应保证将能独立自主地决定重大问题。《荀子·议兵》论为将说："所以不受命于主有三：可杀而不可使处不完，可杀而不可使击不胜，可杀而不可使欺百姓。"孙子在这里所说的观点，应是《荀子》所本。

第二段话有两层意思。第一层意思是说应当像爱惜婴儿、爱子那样爱惜士卒，士卒才能为所用。第二层意思是说，如果把士卒养成像骄子那样，就不能用了。总的是说，对士卒需要恩威并济。

第三段话重在结尾两句，即"知彼知己，胜乃不殆；知天知地，胜乃可全。"

第十一，《九地》

本篇所谓九地，今天也不一定适用，但他说：

将军之事，静以幽，正以治，能愚士卒之耳目，使之无知；易其事，革其谋，使人无识；易其居，迂其途，使人不得虑。帅与之期，如登高而去其梯，帅与之深入诸侯之地，而发其机，焚舟破釜，若驱群羊而往，驱而来，莫知所之；聚三军之众，投之于险。此谓将军之事也。

又说：

始如处女，敌人开户；后如脱兔，敌不及拒。

前一段话，从军事贵保守秘密这一点来理解，还是可取的。后一段话是"兵者诡道也"的生动说明。其目的在于"攻其无备，出其不意"。

第十二，《火攻》

火攻在古代战争中是一种毁灭性的战争手段，使用时需要注意种种条件，否则会自食其果。孙子特用一个专题来论述，是有道理的。

篇末说：

> 主不可以怒而兴师，将不可以愠而致战。合于利而动，不合于利而止。怒可以复喜，愠可以复悦，亡国不可以复存，死者不可以复生。故明君慎之，良将警之。此安国全军之道也。

这一段话与卷首说“兵者国之大事，死生之地，存亡之道，不可不察也”相呼应，叮咛反复，语重心长。足见兵凶器，战危事，不得已而用之，也要十分审慎。喜言兵事的，从来不是真知兵者。

第十三，《用间》

“用间”译成今语，就是作谍报工作。全篇大体上可分三段。

第一段阐明用间的重要性。大意是说战胜在于知敌，知敌在于用间。孙子把战争的费用和用间的费用作了对比，指出不肯在用间上花钱，是“不仁之至也，非人之将也，非主之佐也，非胜之主也”。

第二段提出因间、内间、反间、死间、生间等五间的名称，并逐一加以说明。

第三段是用间正文。他说：

> 故三军之亲，莫亲于间，赏莫厚于间，事莫密于间。非圣智不能用间，非仁义不能使间，非微妙不能得间之实。微哉，微哉，无所不用间也。

孙子把用间提到极端重要的地位。

通过上述介绍，不难看出，孙武作为我国古代的一个卓越军事理论家，当之而无愧；他的十三篇著述，闪烁着朴素的唯物论和辩证法的光辉，奠定了我国古代军事科学理论的基础。

二、春秋时期的文化

春秋时期，文化方面取得很大进展，它的许多方面的成就，在我国占代文化发展史上具有承前启后的意义，对于我国民族文化的形成曾经产生过深远影响。

1．哲学

春秋时期，哲学比西周有很大发展。西周在哲学方面的成就，主要反映在五行和阴阳说的出现上。五行见于《洪范》，阴阳说见于《周易》。《洪范》和未经孔子编定的《周易》具有哲学思想，却不是专门的哲学著作。到了春秋时期，不但出现了上述两位杰出的哲学家以及由他们所代表的道家和儒家两大哲学体系，而且有了《老子》和经过孔子编定的《周易》这样两部伟大的哲学著作。

《老子》一书写成于何时，历来有不同意见。我认为，现在可以肯定它是春秋末年的老子本人所著。1973年，考古工作者在长沙马王堆三号汉墓发掘出一批帛书，其中有用墨笔抄写的《老子》书甲、乙两部。内容与今本《老子》大同小异，可能它就是今本的原型。据考证，甲本系抄写于汉高祖刘邦称帝前，乙本抄写于汉文帝刘恒即位前。当时在远处楚地的一个小小轪侯的子弟的墓里竟然葬入《老子》抄本，说明这书在西汉初期已经流传很广，影响很大了。生于汉武帝时代，身为太史令的司马迁，亲见过《老子》书是肯定无疑的。所以，《史记·老子韩非列传》说“老子修道德，其学以自隐无名为务。居周久之，见周之衰，乃遂去。至关，关令尹喜曰：‘子将隐矣，强为我著书。’于是老子乃著书上下篇，言道德之意五千余言而去”，当属可信。

今本《老子》分道经和德经二卷，八十一章，五千七百余言，是用韵文写成的。长沙马王堆三号汉基出土帛书《老子》，德经在前，道经在后，亦不分章。

《周易》的内容包括经和传两部分，即所谓《易经》和《易传》。《易经》最初有乾（☰）、坤（☷）、震（☳）、巽（☴）、坎（☵）、离（☲）、艮（☶）、兑（☱）八卦，由八卦而产生六十四卦，三百八十四爻。六十四卦以乾坤二卦居首，既济未济二卦居末。卦有卦辞，爻有爻辞。卦辞和爻辞就是《易经》。《易经》产生于殷末周初，是一部卜筮之书，虽具有哲学思想，但还不是专门的哲学著作。

至春秋时期，在《易经》即卦辞爻辞之外又出现了上彖、下彖、上象、下象、上系、下系、文言、序卦、说卦、杂卦等所谓十翼，十翼就是《易传》。《易传》十分重要，它具有丛书的性质。它对于《易经》的较为原始的朴素的哲学思想加以推阐、印证、发明，而使《周易》由卜筮之书发展成为一部自成体系的哲学著作。

《易传》同孔子有密切的关系。十翼虽不是孔子亲手写定，但其中有一部分观点当是经孔子鉴定而保存下来的旧说，有一部分则是七十子后学所记，基本上应属于孔子。《孟子》说“孔子圣之时者也”，而《易传》里最重时义；《论语》称赞中庸，而《易传》最贵处中。由此可以明显地看出来，孔子的哲学导源于《周易》，《周易》的哲学也因孔子而臻于完备、成熟。所以，我们今天看到的《周易》哲学，毋宁说就是孔子哲学。

2．史学

我国历史悠久，历史学的历史也悠久。据可靠的史籍记载，夏代和商代王室都有专职的史官。甲骨卜辞中常见的贞人，应当就是商代的史官。至西周，史官有了较细的分工，《周礼・春官》有大史、小史、内史、外史、御史等五史，各自分担着不同的职责。各诸侯国也都有史官，只是称谓同王室的史官略有不同。从公元前841年开始，许多诸侯国有了明确的纪年，随后便出现了官修的国史。如晋有《乘》，楚有《梼杌》。据记载，孔子曾见过百二十国春秋，说明当时许多诸侯国都有了自己的国史。

但是，这些史官还不能算做真正意义上的历史家。他们既然是官，其活动便不能不受王室或公室的制约。出于他们之手的史籍，多是原始的朴素的史实记录，虽然也有史料价值，但是缺乏一定的史学观点和方法，还不是系统的完备的史学著作。因此，严格地讲，不能说我国那时已经有了真正的历史学。

我国传统的历史学，应当说是从春秋末期孔子写定《春秋》一书开始的。《春秋》这部书不但记有确切的时间、地点、人物、事件，更重要的是它体现了史家的史学观点和治史方法。它是我国第一部真正意义上的史学著作，第一部编年史。它的作者孔子是我国第一个历史学家。

《春秋》是根据鲁史《春秋》编写的。它文简而指博，全书不足两万字，上自鲁隐公元年（公元前722年）下讫哀公十四年（公元前481年），二百四十二年的历史全然包括在内。它以日系月，以月系时，以时系年，既记载了朝聘会盟，崩薨卒葬，伐战围入，蒐狩郊禘等政治事件，也记载了星陨日蚀，地震山崩，霜雹雨旱，麋蜮蜚螽等自然灾异。

《春秋》一书在我国史学史上的重要价值，在于它为我国后来传统史学的发展奠定了理论基础。司马迁说孔子"兴于鲁而次《春秋》"，"以制义法"[①]，完全说到了当处。孔子作《春秋》，有意要为后世的史家制定"义法"，为指导人们怎样治史而做一示范。所谓"义"，就是今日所说的立场观点；所谓"法"，就是今日所说的治史方法、原则。孔子在《春秋》中并未将他的观点、方法直接说出来，而是把观点具体地体现在他的著述之中。他的政治观点，很明显是站在奴隶主阶级的立场上"别嫌疑，明是非，定犹豫，善善恶恶，贤贤贱不肖"[②]，使"天下乱臣贼子惧"[③]，以达到"存亡国，继绝世"，"拨乱世，反之正"[④]，阻挡历史前进的目的。

孔子作《春秋》，"笔则笔，削则削，子夏之徒不能赞一辞"[⑤]，该写的一定写上，不该写的一定删去。什么该写，什么不该写，该写的怎样写，孔子都有一定的原则。例如，《春秋》以记鲁事为主，周次之，宋更

---

① 《史记·十二诸侯年表》。

② 《史记·太史公自序》。

③ 《史记·孔子世家》。

④ 《史记·太史公自序》。

⑤ 《史记·孔子世家》。

次之，这叫做“据鲁，亲周，故殷”[1]。鲁国和其他华夏族诸侯国相比，以鲁为内，别国为外；华夏族诸侯国同夷狄国相比，以华夏诸侯国为内，夷狄国为外。有的事情，属于内的要记，属于外的则不记；有的事情，属于内的要详，属于外的则略。这叫做“内其国而外诸夏，内诸夏而外夷狄”[2]，“录内而略外”。一般的事情不写，尊者、亲者、贤者的不光采的事情，也不写。这叫做“常事不书”[3]，“为尊者讳，为亲者讳，为贤者讳”[4]。在时间上，作者当代的事情要详，远的要略，更远的尤略，这叫做“所见异辞，所闻异辞，所传闻异辞”[5]。事情有轻重时，写重不写轻。春秋战争有伐、战、围、入、灭五等，写战便不写伐，写围便不写战，写入便不写围，写灭便不写入。这叫做“书其重者”[6]。

反映在《春秋》一书里的孔子思想是保守的、反动的；他据以写作的方法、原则，在今日看来似乎也无足轻重，但是孔子把政治倾向贯通于史学著作之中以及根据一定的原则决定详略取舍的治史方法，在当时来说，却是很了不起的创举，它对于我国传统史学的建立和发展，无疑有着极其重要的意义。

《左传》和《国语》是春秋末期成书的另外两部重要史学著作。司马迁和班固都认为《左传》是孔子同时代人左丘明所作。《左传》记事先于鲁隐公元年，讫于鲁哀公二十七年。《左传》是《春秋》的传。《左传》以事解《春秋》。但《左传》记事与《春秋》不同，《春秋》以鲁国为主，《左传》多记晋国事，鲁国、楚国次之，其余周、宋诸国更次之。《左传》的内容也比《春秋》具体、丰富。《春秋》记事极简，战争唯

---

① 《史记·孔子世家》。

② 《公羊传》成公十五年。

③ 《公羊传》桓公四年。

④ 《公羊传》闵公元年。

⑤ 《公羊传》隐公元年。

⑥ 《公羊传》庄公十年。

记时记国记人而已，《左传》则背景、起因、经过、后果全记。有些事件《春秋》不记，《左传》记。《左传》记人物有声有色，生平言行撮其要者全然写入，如郑子产；记事件有始有末，前后联属，情节脉络至为详确明了，如晋公子重耳出亡。《左传》和《春秋》同为编年史，但《左传》在编年体中孕育了记传体和纪事本末体的萌芽。就其对后世史学的影响来看，无论史学观点、治史方法还是史料价值，《左传》都在《春秋》之上。

司马迁说，“左丘失明，厥有国语”[①]，认为《国语》也是左丘明所作。《国语》是一部国别史，以记言为主，共二十一篇，其中《晋语》为最多，九篇。其余有《周语》三篇，《鲁语》二篇，《齐语》一篇，《郑语》一篇，《楚语》二篇，《吴语》一篇，《越语》二篇。

3．文学

春秋时期，诗歌空前兴盛，在人们生活中占有很重要的地位。公卿大夫士在政治、外交、祭祀等场合，要有乐工奏乐歌诗，论辩时也要征引诗句做为自己的思想武器。庶人以下更常用歌谣的形式讽喻时政，美刺当政者。郑国子产刚当政时，人们编出歌谣骂他：“取我衣冠而褚之，取我田畴而伍之。孰杀子产？我其与之。”[②]当政三年，人们改变了态度，又用歌谣赞美他：“我有子弟，子产诲之；我有田畴，子产殖之。子产而死，谁其嗣之？”[③]鲁国臧纥是个矮人，他带兵侵犯邾国，在狐骀吃了败仗，死了很多人。人们作诗讥刺他说：“臧之狐裘，败我于狐骀。我君小子，朱儒是使。朱儒！朱儒！使我败于邾。”[④]楚狂接舆对孔子到处奔走很不满，有一回他走过孔子的身边，边走边唱道：“凤兮！凤兮！何德之衰？

① 《汉书·司马迁传》。

② 《左传》襄公三十年。

③ 《左传》襄公三十年。

④ 《左传》襄公四年。

往者不可谏，来者犹可追。已而！已而！今之从政者殆而！”[①]

春秋时期是个产生诗歌流传诗歌的时代。孔子删定的《诗经》三百篇，除《雅》《颂》和《豳风》以外，风诗大部分都是平王东迁之后产生并流传开来的。

春秋时期的诗歌，由于大多数来源于社会各阶层的口头创作，所以内容十分丰富，反映着社会各个方面的问题。有的反映劳动人民对统洛阶级残酷剥削的不满和痛恨，如《魏风·硕鼠》；有的反映劳动人民的劳动生活情景，如《周南·葛覃》《魏风·十亩之间》；有的描写人民在同外敌斗争中的勇敢精神，如《秦风·无衣》；还有些描写爱情和思妇怀念在外征人，如《邶风·静女》《王风·采葛》《郑风·子衿》等。

春秋时期民间诗歌的现实主义方法，强烈的人民性，赋、比、兴手法的运用，以及四言为主，长短参用，富于变化的形式，对我国后来诗歌发展的影响极深。可以说这时的诗歌乃是楚辞、汉魏古诗、唐以后近体诗的源头。

4．音乐

奴隶社会是等级的社会，阶级表现为各级严格的等级阶梯。不同的等级要有不同的标志。标志反映在多方面，音乐也是其中之一。所以，奴隶主阶级很重视音乐。春秋时期，礼乐征伐早已由自天子出发展到自诸侯出、自大夫出，乃至陪臣执国命。礼坏乐崩达到了相当严重的程度。随着政治上的僭越，政权的下移，音乐也由王室公室逐渐向下扩展开来，在统治阶级内部成为很普及的事情了。鲁国穆叔到晋国去，晋悼公举行音乐会招待他。奏三《夏》之曲，他不受；乐工唱《文王》之歌，他又不受；直到唱了《鹿鸣》，他才行礼接受。他说，三《夏》之曲是天子招待诸侯的，《文王》之曲是两国诸侯相见之乐，他不够资格，不能接受。[②]这说明当时音乐的等级限制已经不是那么严格了。远在东南边陲的吴国，那

① 《论语·微子》。

② 《左传》襄公四年。

时文化比较落后，它的公子季札到鲁国去，鲁乐工依次给他歌诗、跳舞，他竟能一一加以品评，而且讲得头头是道。[①]季札自卫赴晋，路经卫国的戚，未入而闻钟声，发了一通议论。他说卫国国君死而未葬，这样高兴，不是好事。戚大夫孙文子知道了，下决心终身不听琴瑟。[②]一个小小的戚大夫，不听琴瑟竟要下决心，可见当时奴隶主阶级听琴鼓瑟是极普通的事情。

比较贵重的金石乐器，当时不但大国有，小国也有。郑国给晋悼公送礼，在诸多礼品中，就有“歌钟二肆，及其镈磬，女乐二八”[③]。河南新郑郑伯墓曾出土过编钟，证明文献记载是可信的。安徽寿县蔡侯墓和山西侯马十三号墓等处都曾有春秋编钟出土。金石乐器在春秋时期确实是大国小国南方北方普遍都有。

当时人们还掌握了一定的音乐理论知识。据考证，出土的春秋编钟上已经五音俱全。因此，《管子·地员》记载的徵、羽、宫、商、角的五音之序，反映的肯定是春秋时期的实际情况。孟子说：“师旷之聪，不以六律，不能正五音。”[④]同上述两条相对照，孟子的话绝非信口讲来，一定是有根据的。由此可知，春秋时期人们掌握了五音知识，是毫无疑问的。

人们不但懂五音，还懂得和声。据《左传》记载，齐景公问晏婴，政治见解上的“和与同”是不是一回事。晏婴用音乐上的和声现象做比喻，回答景公说，“和”与“同”不是一回事。意见完全相同并不好。意见不同而又能相济相成才好。不同意见相济，就是“和”。正如音乐，音乐之所以动听，是因为声音“清浊，小大，短长，疾徐，哀乐，刚柔，迟速，高下，出入，周疏，以相济也”。琴瑟如果只有一个音，谁还想听呢？[⑤]

---

① 《左传》襄公二十九年。

② 《左传》襄公二十九年。

③ 《左传》襄公十一年。

④ 《孟子·离娄上》。

⑤ 昭公二十年。

到了春秋晚期，懂音乐的人更多了。孔子就很懂音乐，也很喜爱音乐。他曾对鲁国大师谈及音乐，说：“乐其可知也。始作，翕如也；从之，纯如也，皦如也，绎如也，以成。”[①]孔子会弄乐器，会唱歌。有一次，“孺悲欲见孔子，孔子辞以疾。将命者出户，取瑟而歌，使之闻之”[②]。还有一次，“子击磬于卫”[③]。有时候孔子还与别人合唱，唱得来兴致了，“必使反之，而后和之”[④]。

5．科学技术

这个时期天文学的发展很突出，在星象的观测和记录上作出了极其重要的贡献。这首先表现在二十八宿体系的创立上。古代世界上创立二十八宿体系的国家，除我国以外，还有印度、阿拉伯、伊朗、埃及等国家和地区，而创立的时间以我国为最早。我国的二十八宿体系创立于何时，历来有不同意见。从古代文献来看，《诗经》《左传》《国语》等书，不见二十八宿的称谓，只见二十八宿中某些个别星宿的名称。《周礼》之《春官・冯相氏》《秋官・硩蔟氏》以及《考工记・舆人》等篇有二十八宿的称谓，却又没有列举二十八宿的具体星名。最早出现二十八宿全部星宿名称的，是《吕氏春秋》的《十二纪》和《有始览》。二十八宿体系的创立似乎不会早于战国中期。但是，如果从可靠的文献所记录的天文现象来推算，我国二十八宿体系的创立，完全可以上推到公元前八至六世纪[⑤]。

我国的二十八宿是将天球赤道附近的天空划为二十八个不等的部分，每一部分作为一宿。二十八宿分属四方，名称是：东方苍龙七宿（角、亢、氐、房、心、尾、箕），北方玄武七宿（斗、牛、女、虚、危、室、壁），西方白虎七宿（奎、娄、胃、昴、毕、觜、参），南方朱雀七宿

① 《论语・八佾》。

② 《论语・阳货》。

③ 《论语・宪问》。

④ 《论语・述而》。

⑤ 夏鼐:《从宣化辽墓的星图论二十八宿和黄道十二宫》,载《考古学报》1976年第2期。

（井、鬼、柳、星、张、翼、轸）。最初，二十八宿的意义只在于标志月亮在一个恒星月中的运动位置。在一个恒星月的27.32天中，每晚月亮在满天恒星中都有一个旅居的位置，一个恒星月中共换27或28个地方，所以称做二十八宿。古代也叫做二十八舍或二十八次，意思都是一样。后来它的作用扩大了，除月亮外，还标志日、五星、彗星等的运行位置和各恒星所在的位置，并且用它规定季节，编制历法，指导生产活动。

其次是对彗星的观测和记录。《竹书纪年》上有周昭王十九年春“有星孛于紫微”的记载。孛就是反尾或无尾的彗星。但是这部书的真实年代有待考证，所以这条记录不能算做定论。可靠的最早的记录见于《春秋》。《春秋》共有三次彗星记录。第一次在文公十四年（公元前613年）：“秋七月，有星孛入于北斗。”这是世界上最早的一次哈雷彗星记录，大约比欧洲早六百年。

第三是冬至时刻的测定和回归年长度的推求。准确测定冬至时刻，是我国古代历法的重要课题。准确测得冬至时刻，才能准确地预报季节；测得几次准确的冬至时刻，才能测定回归年的长度。《左传》中有两次冬至时刻（当时叫日南至）的记录，一次在鲁僖公五年（公元前655年），一次在鲁昭公二十年（公元前522年）。这是我国观测冬至时刻的最早记录。春秋中期以后，推定一个回归年长度为365.25日，一个朔望月为29.53085日，十九个回归年正好为235个朔望月。于是发明了十九年七闰的方法。春秋末期创制了古四分历。古四分历的创制，在世界天文学史上是一项伟大贡献。

第四是对日食、陨星的记录。《春秋》庄公七年（公元前687年）记载：“夏四月辛卯夜，恒星不见，夜中星陨如雨。”这是世界上天琴座流星雨的最早记录。《左传》中关于日食的记录达三十六次之多。

数学在春秋时期有一定的发展。据文献记载，现今通行的九九乘法口诀，这时已经出现。《汉书·梅福传》记梅福在一次给皇帝上书中说，“臣闻齐桓之时，有以九九见者，桓公不逆，欲以致大也”。《韩诗外传》也记有有关齐桓公的这件事，说“夫九九薄能耳，而君犹礼之，况贤于九九者乎”。说明九九乘法口诀在春秋时期的齐国已成为并不稀罕的“薄能”了。当时的九九乘法口诀与现今的略有不同，是从九九八十一起，至二二而四止，共三十六句，比现今的少九句。

《周礼·地官·保氏》说，“而养国子以道，乃教之六艺”。“六艺”就是主和贵族子弟必修的六门课程。其中有一门叫做“九数”。“九数”不是九九乘法口诀，它的内容比较丰富，如《保氏》郑众注所说，包括“方田、粟米、差分、少广、商功、均输、方程、赢不足、旁要”等九个方面。贾公彦的疏也沿用了郑众的看法。他们所说的“九数”的这九项内容，同成书于汉代的《九章算术》的九个篇名恰好相同，证明“九数”这门数学课程虽然不会像《九章算术》那样进步，但是它已具有了《九章算术》所研究的当时数学上的那九个主要分支的雏形，应该是没有疑问的。

这个时期，人们具有了熟练进行加减乘除四则运算的能力。据《左传》记载，鲁襄公三十年（公元前543年），晋国有人问某老人的年龄，老人不直接回答，只说“臣生之岁，正月甲子朔，四百有四十五甲子矣，其季于今三之一也”。问者不懂，跑去问诸卿大夫。师旷说，这老人“七十三年矣”。史赵说，“亥有二首六身，下二如身，是其日数也”。士文伯说，“然则二万六千六百有六旬也”。这三个人显然能够熟练地进行乘除法的运算。

度量衡和数学有密切的关系。我国至晚在春秋末期已经有了度量衡。湖南属于春秋末至战国初的楚墓有百余座曾出土天平和砝码。当时每两的重量约为16.3克。

春秋时期，医药学的进步尤为明显。西周没有专门的医药学著作传世，当时的医药学发展水平只能从某些古文献的零星记载中略见端倪。《周礼·天官》把医分为食医、疾医、疡医和兽医四科。其中能够算作医的只有疾医和疡医。疾医类似内科，它所能治的病，只提到痟首疾（头痛）、痒疥疾（疥疮）、疟寒疾（疟疾）和嗽上气疾（上呼吸道疾病）等四种春夏秋冬四季流行病。疡医类似外科，它所能治的病，只提到肿疡（痈）、溃疡（破头的痈）两种痈疽和金疡（刀创）、折疡（骨折）两种外伤。总之，所认识的疾病极少，而且病名均未涉及脏器，显然处于低级的发展阶段，反映的可能是西周和春秋早期的情况。春秋时期虽然也没有传世的医药学著作，但是1973年长沙马王堆三号汉墓出土的数种帛书医学文献却弥补了这方面的不足。据初步考证，这些帛书医学文献成书年代最迟不晚于春秋战国之际，所反映的医药学水平很可能属于春秋中、晚期。帛书《五十二病方》记载了103个病名，280个药方，242个药名，涉及到内科、外科、妇产科、儿科和五官科等几个方面。除服药这种内治方法以外，还提到药浴、烟熏或气熏、熨、砭、灸、按摩、角等数种外治方法。帛书《脉法》和《阴阳脉死候》，尽管破损较甚，字迹难辨，但它们是讲脉法的专门著作，表明当时已掌握了一套诊脉理论，则是显而易见的。帛书《足臂十一脉灸经》和《阴阳十一脉灸经》，论述了人体十一条经脉的名称，循行过程，主病病候和灸法，为后来形成的十二经脉学说奠定了基础。这就说明，当春秋时期结束的时候，医药学水平要比西周和春秋早期高得多。不过值得注意的是，所有这些帛书医学文献都不见有阴阳五行之说；有医方而无方名；有灸法、砭法、角法而唯独没有针法。其医学理论和医学实践，依然具有原始的、古朴的特色。

据《左传》记载，春秋时期有两位著名的良医，就是秦国的医和、医缓。医和提出了阴、阳、风、雨、晦、明六气的病理理论，对后来形成的风、寒、暑、湿、燥、火六气的病理学说有直接的影响。

铜的采掘、冶炼和青铜器铸造技术在春秋时期有很大发展。在铜的采掘、冶炼技术方面，1974年湖北大冶铜绿山古矿井的发现，为我们提供了宝贵的实物证据。铜绿山两处古矿井，一处属于春秋晚期，一处属于战国。矿床的开采采取了竖井、斜井、斜巷、平巷相结合的采掘方式，用各种技术手段解决了井下通风、排水、矿石提运和巷道支护等一系列复杂的技术问题。比如，利用封闭已经废弃的巷道的办法，控制因不同井口的气压差而自然形成的气流，使之到达最深处的工作面；矿石在井下进行初选，将贫矿和废石填充采空区，将品位高的矿石通过设在各层平巷上的辘轳逐级接力提运到井上。后来在铜绿山矿区先后发现六座属于春秋时期的炼铜竖炉。其中有三座炉基，通风沟、炉缸、金门和通风口保存完好。炉高1.2—1.4米上下，有石块支撑在炉缸底部，用以保温防湿防炉缸内冻结。炉缸壁上有呈喇叭形的、口径约5厘米的鼓风口。炉旁设有工作台，用于加料和安放鼓风设置。这些发现表明，春秋时期铜的采掘和冶炼技术达到了相当高的水平。

这个时期青铜铸造技术的进步主要表现在以下几个方面。

第一，分铸法和焊接法有了进一步发展。分铸法早在商代已经出现，不过只限于在铸造形制较为复杂的青铜器时使用。西周时期绝大部分青铜器的附件都采用了分铸法，但是制范时仍然把器身和附件合在一起做一个整模，再从整模上翻出分范。到了春秋中、晚期，不但器身和附件分别单独做模，而且器身也按着形制的弧度做出许多模。这个时期的焊接技术仍采用商、西周以来的嵌入法，即把预先铸好的附件嵌入器身范上，进行一次浑铸，但是比以前使用的普遍了。第二，使用方块印模法印铸花纹。第三，出现了在铸好的青铜器上镶嵌纯铜和在青铜器上刻划细如发丝的花纹的工艺。前者最早见于河南辉县甲乙墓出土的扁圆形壶，属于春秋中期偏晚；后者目前仅见于江苏六合程桥二号墓出土的一件残品，属于春秋晚期。

我国人民至迟在春秋晚期创造了在较低温度（800℃—1000℃）下还原铁矿石的方法，即低温固体还原法，或叫块炼法。用这种方法可以炼出质地疏松但比较纯净的铁块，然后经过烧红、锻打，便可制成铁器。江苏六合程桥二号墓出土的一件残长5厘米的小铁条，就是这样制成的。经科学分析，这是一块白口生铁，是世界上最早的生铁实物。

春秋时期在建筑技术方面突出的发展是瓦屋的出现。殷代宫室的屋顶仍用茅茨，西周开始有瓦，但数量少，制法粗，少量用于屋脊或屋顶边沿处。真正用瓦铺盖屋顶，最早的文献记录见于《春秋》隐公八年（公元前715年）“盟于瓦屋”一句。大量的考古材料的发现，证明《春秋》的记载完全可信。陕西扶风召陈出土的瓦，种类很多，有背面或正面带有瓦钉或瓦环的板瓦、筒瓦，有背面饰有雷纹、制作精细的小筒瓦。北京琉璃河董家林和河南洛阳王湾都发现有大筒瓦。陕西沣西客省庄还发现了未经烧制的瓦坯。从文献记载和考古发现两相对照来看，春秋时期出现了瓦屋，是肯定无疑的。

春秋时期建筑技术进步的另一重要标志，是宫室建筑上使用了铜质构件。陕西凤翔春秋秦都雍城，出土六十四件使用过的铜质建筑构件。据考证，这些构件系用于版筑承重墙上木质壁柱和壁带的交接节点上，起加固作用并有装饰意义。

春秋时期建筑技术的进步还表现在筑城上。春秋筑城风极盛，文献上不乏记载，各国筑城总计不下七十座，光是一个不太大的鲁国，筑城就有十九座之多。考古发现属于春秋时期的古城址，有河南洛阳附近的周王城和山西侯马西北汾浍二水交汇处的晋国后期的都城。从这些遗址来看，当时一般均采用平夯和方块夯两种夯土方法筑城。平夯是两面夹板，层层平筑。方块夯是分段夯筑。从古文献的记载来看，当时人们确实对筑城已经积累了极为丰富的经验。偌大一个城，筑起来似乎并不像想象得那样难。《左传》昭公三十二年记述晋士弥牟为周王营成周，很像有成竹在胸，干起来不甚费难。他“计丈数，揣高卑，度厚薄，仞沟洫，物土方，议远迩，量事期，计徒庸，虑材用，书糇粮，以令役于诸侯，属役赋丈”，制定工程计划，工程量大小，需用时间长短，人员多少，乃至原材料及粮食的数量，都一一考虑到了，俨然是一位土木建筑工程师。

在农业生产方面，。这时初步地掌握了某些科学规律。人们在长期的农业生产实践中创立了休耕制度。《公羊传》宣公十五年何休注讲到不易之地，一易之地和再易之地；《周礼·遂人》把莱和田并提。所谓不易之地，是上田，年年耕种；一易之地是中田，种一年休一年；再易之地是下田，种一年休两年。所谓莱，就是暂时休而不耕，任其长草的田。这时人们还认识到种田必须因土制宜。《周礼·遂人》说“以土宜教甿稼穑”，把因土制宜看作农事活动的决定性环节。《左传》成公二年记述齐国使臣宾媚人驳斥晋人的话说：“今吾子疆理诸侯，而曰‘尽东其亩’而已，唯吾子戎车是利，无顾土宜，其无乃非先王之命也乎？”“尽东其亩”就是让田垅尽作东西走向。可知当时各国都知道田要有垅，垅要根据实际情况确定走向，不可一律向东或向南。关于农时问题也受到重视。《论语》曾强调“使民以时”。《左传》记鲁桓公六年季梁劝阻随侯追击楚军，曾以“三时不害而民和年丰也”为一条理由，并把“务其三时”看成与“修其五教”“亲其九族”同等重要。“三时”是指与农事密切相关的春、夏、秋三季。人们认识到，只有春、夏、秋三季的农事活动不受干扰，才会有好收成。

春秋时期，人们有了农田保护的观念，知道草、虫、兽是庄稼的三大害。文献上有许多这方面的记载。《周礼》有薙氏一职，专司杀草，为苗除害。《春秋》关于螽、蜚、螟、蜚的记载达十多次。它记鲁庄公十七年：“冬多麋。”杜预注：“麋多则害五稼。”《公羊传》桓公四年何休解诂：“禽兽多，伤五谷。”看得出当时人们对于虫、兽造成灾害有了深刻认识，不过未见有如何防治的记载。

这个时期，关于动植物分类的知识，在更为古老的草、木、虫、鱼、鸟、兽的传统分类的基础上，加深了一步。《周礼·考工记》分动物为大兽和小虫两大类。大兽又分脂、膏、羸、羽、鳞五类。脂、膏指祭祀用的家畜。《周礼·大司徒》所载动物，除羸（虎豹貔貐之属）、羽（翟雉之属）、鳞（鱼蛇之属）外，有毛（貂狐貒貉之属）、介（龟鳖之属）两类，不见脂（牛羊之属）、膏（豕属）两类；所载植物也分五类，有皂（柞栗之属）、膏（杨柳之属）、核（李梅之属）、荚（荠荚王棘之属）和丛（萑苇之属）。这样分类，比过去的分类进了一大步。一是把动物和植物分开了；二是从动物中分出了大兽一类，大兽其实就是现今所说的脊椎动物门；三是大兽中又细分的五类大致相当于现今所说的哺乳纲、鸟纲、爬行纲等。

此外，春秋时期还有一些手工业部门，技术取得了相当的进展。

育蚕和织绸更加发展了。《左传》记鲁襄公二十九年（公元前544年）吴国公子季札到郑国会见子产，赠给子产丝织的缟带，子产回赠季札麻制的纻衣。又记哀公七年（公元前488年），鲁伐邾，邾国的茅夷鸿拿着束帛到吴国求援。僖公二十三年（公元前637年），流亡在齐国的晋公子重耳与从者谋于桑下，被藏在树上的蚕妾偷听。齐国有桑蚕，吴国有丝绸，郑国有纻衣，邾国有束帛。育蚕、织绸、麻纺，到处发展起来了。更为重要的是，春秋时期有了锦。《左传》上有十多处提到锦，如“束锦”（襄公十九年、哀公十二年）、“一箧锦”（昭公十三年）、“美锦”（襄公三十一年）等。锦是高级的丝织物，织锦需要有较先进的技术。殷代的文绮需要有某种提花设备，当已有平放式或斜卧式的织机，现在有了锦，肯定要有一种带提花设备的平放织锦机。

酿造技术有显著进步。首先表现在酿酒技术上，《周礼·天官》有酒正、酒人二职，分别负责酿酒材料、酒品的管理和酒的酿造，积累了一整套酿酒的经验。《吕氏春秋·仲冬纪》对于酿酒工艺过程的各个主要环节都一一提到了，例如它说酿酒必须先选择好成熟的秫稻做材料，渍米蒸饭时要注意保持干净，水要淳，器要精，火候要恰到好处。而其中最重要的是，它强调“曲蘖必时”。曲是长了微生物的谷物，蘖是发了芽的谷物。这是酿酒不可或缺的材料。造曲造蘖要正是时候，早了迟了都不行。用曲酿酒是我国古代劳动人民的一大发明，欧洲人直到十九世纪才从我国学会这种方法。

其次是酿醋制酱。《周礼·天官》有醯人一职，醯就是当时的醋。食医和膳夫二职还记有“百酱”“酱用百二十瓮”等语。可知当时已会酿醋制酱。酱是用豆制成的。醋是使酒精进一步氧化而成。当时人们不知道直接用谷物酿醋。

春秋时期漆器制作技术达到相当水平。《诗经》《唐风 · 山有枢》中有“山有漆，隰有栗。子有酒食，何不日鼓瑟”，《鄘风 · 定之方中》有“椅桐梓漆，爰伐琴瑟”，表明当时已经重视桐树和漆树的栽培。湖南长沙浏城桥一号墓出土了几、案、俎、鼓、瑟、戈柄、镇墓兽等漆器，上面都有精美的髹漆采绘。这些出色的工艺品，反映了春秋时期漆器制作的高超水平。

第五章　战国——中国由奴隶社会向封建社会转变的时期

第一节　战争是战国时期一个最突出的特点

由公元前453年韩、赵、魏三家灭智伯而分其地，至公元前221年秦始皇统一中国，共二百三十二年，是为战国时期。战国时期一个最突出的特点，就是这个战字。“战争不外是政治关系以其他手段的继续。”[①]我们研究战国时期的战争，同研究其他任何战争一样，不可停留在研究它的某些现象上，而要看到它的总体，看到它的本质。战国时期的战争，归根结蒂是阶级斗争的反映，是新兴的地主阶级同腐朽的奴隶主阶级两个阶级、新的封建制度同旧的奴隶制度两条道路的斗争的反映。战国时期，战争的最一般的动机是兼并，战争的最终目的是统一。这个统一，是统一于封建制的国家，而不是统一于奴隶制的国家。

荀况说：“兼并易能也，唯坚凝之难焉。”[②]荀子这话正反映了战国时期各国进行战争，是出于兼并的动机。孟轲回答梁襄王问“天下恶乎

① 列宁：《〈战争论〉笔记》，三联书店1951年版第35页。

② 《荀子·议兵》。

定”，说“定于一”[①]。这是战国时期战争的目的为统一之证明。

既然战国时期的战争实际上成了实现统一这个政治要求的一种手段，那么，它在客观上必然成为一种巨大的力量，带动着战国社会的阶级关系以及政治、经济、思想、科学技术等一切方面，迅速地发生变化。

事实上，战国时期的战争确实起到了这样的作用。我们如果把战国时期的战争同春秋时期的战争加以对比，就可以看得非常清楚。

一、从兵源来看

战国时期各国军队的数目普遍比春秋时期扩大了。《左传》襄公十四年说：“成国不过半天子之军，周为六军，诸侯之大者，三军可也。”管仲治齐，士乡十五，共三军，为三万人。晋文公在城濮之战前作三军，亦不过三万多人。以后虽不断扩充，为三行，为五军，乃至为六军，至多也不过六七万人。根据周制，所谓大国三军，兵源皆出自三乡。亦即当时只有国人当兵，野人不能当兵。这种制度虽然在春秋时期已不断遭到破坏，但是那时的基本兵源始终还是国人。到了战国，情况急剧发生变化，战争更加频仍，而且规模越来越大，军队人数成倍成倍地增多。如苏秦所说，秦、楚两国都是带甲百万。齐、赵、韩、燕诸国也都是带甲数十万。光是长平一战，白起坑赵降卒就达四十万之多。这就说明各国兵源已经发生变化。过去主要靠国人当兵，现在除让国人当兵外，不能不同时也让野人当兵了。野人当兵，必然会促进社会关系的变化，而土地关系、礼与法的使用范围以及参加政权的限制，等等，不可避免地要因此而加速变化。

二、从防御工事来看

古时，只国都设防，别处不设防。郑玄说：“古者军将，盖为营治于国门，鲁有东门襄仲，宋有桐门右师，皆上卿为军将者也。”[②]《国语

① 《孟子·梁惠王上》。

② 《周礼·夏官·大司马》注。

·吴语》说：越“王乃命有司大令于国曰：‘苟在戎者，皆造于国门之外。’”《周礼·地官·大司徒》说：“大军旅，大田役，以旗致万民，而治其徒庶之政令。若国有大故，则致万民于王门。”可见古时一国的军将平日在国门为营，有事则令军士在国门之外集合，足以证明古时只国都设防，别处不设防。

正因为只国都设防，所以周武王伐纣，进军数千里，毫无阻碍，只是到纣都朝歌牧野才发生战争。春秋时期，渐于国都之外的大邑筑城设防，但为数不多。例如鲁，最著者唯费（在今山东费县西北）、成（在今山东宁阳县东北）、郈（在今山东东平县东南）三都而已。顾栋高著有《春秋列国不守关塞论》，说：“春秋时列国用兵相斗争，天下骚然，然是时禁防疏阔，凡一切关隘阨塞之处多不遣兵设守，敌国之兵平行往来如入空虚之境。”[①]下举“齐庄公之伐晋也，入孟门，登太行，封少水而还。而晋仅于其还也，使赵胜率东阳之师追之而已，而晋平日之备禁无有也。”和“僖三十三年（公元前627年），秦人袭郑，道自华阴（今陕西华阴东南），出函谷关（在今河南灵宝东北），经历二崤[②]及周之轘辕[③]、伊阙[④]而后至河南之偃师，行嵚岩深谷中二千余里，商人弦高遇诸途而始觉，而周人、晋人不之诘也”为例，证据确凿，勿庸置疑。但是到了战国，则如赵奢所说，“今千丈之城，万家之邑，相望也。”[⑤]各国不但列城林立，而且各国当敌之边境都筑起长城和堡垒。筑城则必然有人民聚居，必然设行政管理机构，必然兴办工商业，必然发展交通运输。齐田单以即墨（在今山东平度东南）破燕。据说“田单乃收城中得千余牛，为绛缯衣，画以五采龙文，束兵刃于其角，而灌脂束苇于尾，烧其端。凿城数十穴，夜纵

① 见《春秋大事表》。

② 在今河南洛宁西北。崤山有二，曰东崤、西崤，故名二崤。

③ 山名，在今河南偃师东南。

④ 在今河南洛阳南。两山相对，望之如阙，伊水历其间北流，故名伊阙。

⑤ 《战国策·赵策》。

牛，壮士五千人随其后。”[①]即墨这个城邑，居然有千余牛，以及绛缯、兵刃等。由此可知，各国筑城的目的固然是为了防守，而其客观影响却远远超过军事之上，必然因此而引起相应的一系列变化。

三、从将帅来看

春秋时期，晋六卿都是军将，而到了战国则不然。战国时期，将是将，相是相，文武分途。例如赵之廉颇、李牧，秦之白起、王翦，都是善战的名将，而不是相。为将者不仅不是相，而且多不是贵族。他们或来自异国，如乐毅；或出身微贱，如白起。这样，原来的宗法关系不能不受到冲击。

四、从战争技术来看

战国时期不但出现了很多军事专门家，就是战士也受专门训练。如《荀子·议兵》说，“齐人隆技击……魏氏之武卒，以度取之，衣三属之甲，操十二石之弩，负服矢五十个，置戈其上，冠軸带剑，赢三日之粮，日中而趋百里”，就是明证。

五、从战争工具来看

春秋时期，一般都是车战，兵器亦全用铜制作。到了战国时期，战争多在山地险要处进行，所以除车战外又增加了步卒和骑兵两个新兵种。兵器则渐渐改用铁、钢来制造。战国兵种较齐全，兵器较锐利，均比春秋时进步得多。苏秦说韩宣王时说了下面这段话，比较集中地反映了这种进步。苏秦说：“……天下之强弓劲弩皆从韩出。谿子、少府时力、距来者，皆射六百步之外……韩卒之剑戟皆出于冥山、棠谿、墨阳、合膊、邓师、宛冯、龙渊、太阿，皆陆断牛马，水截鹄雁，当敌则斩坚甲铁幕，革

① 《史记·田单列传》。

抉吷芮，无不毕具。”[①]为了适应战争的需要，人们就要生产这些强弓、劲弩、利剑，这就不能不引起新的工商业的兴起和发展。

六、从战争规模来看

战国时期，战争规模之大，是春秋不能比的。马陵之战，“魏惠王起境内之众”，结果“覆十万之军”[②]。乐毅伐齐，“燕昭王悉起兵”，“乐毅留徇齐五岁，下齐七十余城，皆为郡县以属燕”[③]。秦“白起攻韩、魏于伊阙，斩首二十四万”[④]。白起攻魏，“斩首十三万。与赵将贾偃战，沈其卒二万人于河中”[⑤]。“白起攻韩陉城，拔五城，斩首五万。”[⑥]长平（在今山西高平西北）之役，赵“括军败，卒四十万人降武安君”，武安君“乃挟诈而尽阬杀之，遗其小者二百四十人归赵。前后斩首虏四十五万人”[⑦]。而以前，秦“王自之河内，赐民爵各一级，发年十五以上悉诣长平，遮绝赵救及粮食”，所以“秦虽破长平军，而秦卒死者过半，国内空”[⑧]。秦始皇伐楚，王翦说：“大王必不得已用臣，非六十万人不可。”“荆闻王翦益军而来，乃悉国中兵以拒秦”[⑨]。

由此可见，战国时期的战争，常常是“悉起兵”，“悉诣”，“悉国中兵”，实行总动员。而杀伤往往数万，十数万，甚至数十万，侧重于歼灭敌国的有生力量。至于攻城略地，亦带有毁灭性，务求置敌国于死地。

---

① 《史记·苏秦列传》。

② 《战国策·魏策二》。

③ 《史记·乐毅列传》。

④ 《史记·白起王翦列传》。

⑤ 《史记·白起王翦列传》。

⑥ 《史记·白起王翦列传》。

⑦ 《史记·白起王翦列传》。

⑧ 《史记·白起王翦列传》。

⑨ 《史记·白起王翦列传》。

总之，战国时期的战争，直接目标是消灭敌军敌国，以求兼并，故动员广，杀伤重，规模大。无论各国统治者初始动机如何，进行这种战争的结果，必然导致全中国的趋向统一。

七、从后勤供应来看

首先是粮食，这是战争所必不可少的。晁错引“神农之教曰，有石城十仞，汤池万步，带甲百万，而无粟弗能守也。”①秦、赵长平之战，赵之所以失败，关键的问题就在于“粮道绝”。商鞅强秦，对“本业耕织”十分重视，是有道理的。苏秦说燕，说赵，说楚，都着重提到“粟支十年”，至秦、齐两国则策士都称“粟如丘山”。说这些国家当时粮食堆积如“丘山”，能“支十年”，可能有些夸大，但是它毕竟说明粮食已成为支持大规模战争的一个极端重要的条件。这样，为了服从战争的需要，农业生产势必被提到重要地位上来。

不可否认，战争是残酷的。孟轲说过，“争地以战，杀人盈野；争城以战，杀人盈城。”②但是，它是历史的必然，你反对它也没有用。相反，倒是应该看到，中国奴隶社会向封建社会的转变，正是这些连续不断的残酷的战争起了很大的推动作用。当时社会各个方面飞速地向前发展，和战争有密切关系。时人讲中国封建社会的历史，多半过分强调农民战争推动历史发展的一面，而对文景之治和贞观之治等建设时期的作用则估计不足，我看这就不对了。历史充满着辩证法。历史无情，它不以人们的好恶为转移，总是按着客观规律向前发展。革命与建设，革命是需要的，建设同样也是需要的，而且毋宁说更为需要。战争与和平，和平总为人们所向往，但战争却常常被推到时代的前头，在历史的长河中扮演着伟大的角色。战国时期的战争就是突出的一例。

冬衣裘，夏衣葛，水行乘舟，陆行乘车。谁执一不变，逆流而动，谁

---

① 《汉书·食货志》。

② 《孟子·离娄上》。

就不能不受到历史的惩罚。

第二节　战国七雄

战国时期，中国境内独立的国家不只有七个，但国势强盛、互争雄长的，则唯有秦、楚、齐、魏、赵、韩、燕等七国，史称“战国七雄”。

七国以秦为最强。所谓“夫秦虎狼之国也，有吞天下之心”[①]。次为楚。当时有“凡天下强国，非秦而楚，非楚而秦”[②]，“横成则秦帝，纵成即楚王”[③]之说。次为齐。史称齐闵王为东帝，秦昭王为西帝[④]是其证。次为魏。“魏王拥土千里，带甲三十六万”，“秦王恐之，寝不安席，食不甘味”[⑤]。次为赵。苏秦说过：“当今之时，山东之建国，莫强于赵。”[⑥]在七雄中，韩国较弱。由“今天下散而事秦，则韩最轻矣；天下合而离秦，则韩最弱矣”[⑦]之说，可见其大概。燕国最弱。据当时的说法，“燕固弱国，不足畏也”[⑧]，“燕弱国也，东不如齐，西不如赵”[⑨]。七雄最后统一于秦。六国韩最先亡，次赵，次魏，次楚，次燕。齐最后

① 《战国策·楚策一》。

② 《战国策·楚策一》。

③ 《战国策·秦策四》。

④ 《史记·秦本纪》。

⑤ 《战国策·齐策五》。

⑥ 《史记·苏秦列传》。

⑦ 《战国策·韩策三》。

⑧ 《战国策·赵策二》。

⑨ 《战国策·燕策一》。

亡。下面分别论述。

一、秦

秦在春秋时期据有今陕西省大部分和甘肃省一部分。由于强晋在桃林之塞[①]设防，扼其咽喉，秦终于不得东出与中原诸国争衡。及至战国，晋分为韩、赵、魏三国，力量削弱。秦自献公时，在栎阳（今陕西临潼东北）建城，并把都城迁到那里。秦这时开始有了东进的念头。先后在石门（今陕西三原西北）、少梁（在今陕西韩城南）打败魏国。到了献公的儿子孝公在位时（公元前361年—公元前338年），任用卫人公孙鞅实行变法，努力耕战，秦自此强盛起来，为后来秦始皇统一中国打下了稳固的基础。

司马迁论述秦孝公初年的列国形势说："河山以东强国六，与齐威、楚宣、魏惠、燕悼、韩哀、赵成侯並。淮泗之间小国十余，楚、魏与秦接界。魏筑长城，自郑滨洛以北，有上郡。楚自汉中，南有巴、黔中。周室微，诸侯力政，争相併。秦僻在雍州，不与中国诸侯之会盟，夷翟遇之。"[②]这种于秦不利的形势刺激着当时只有二十一岁的秦孝公发愤图强。公元前361年，秦孝公下令求贤，略谓："宾客群臣有能出奇计强秦者，吾且尊官，与之分土。"[③]

当时在魏国事魏相公叔痤为中庶子的卫鞅闻秦孝公下令国中求贤，乃西入秦。经宦者景监的介绍，见到秦孝公。卫鞅变法图强的主张受到秦孝公的赏识和支持。从公元前361年秦孝公初立，卫鞅入秦，到公元前338年秦孝公死，二十多年间，卫鞅在秦实行变法，取得相当的成功，为封建的经济、政治制度在秦国的发展开辟了道路。经过卫鞅的变法，秦国日益富

---

① 桃林之塞约当于今河南灵宝以西，陕西潼关以东地区。

② 《史记·秦本纪》。

③ 《史记·秦本纪》。

强起来，史称“秦民大悦”“乡邑大治”“秦人富强”“诸侯毕贺”[①]。卫鞅在国内变法方面取得成功之后，随即图谋向外扩展。卫鞅向外扩展的战略方针，是把在马陵之役已被齐国击败，而又“居岭阨之西，都安邑，与秦界河而独擅山东之利”[②]的魏国作为首要的打击目标。他把魏国譬喻为秦国的“腹心疾”，提出了“非魏并秦，秦即并魏”的论断。卫鞅的这个思想，对于秦国来说，无疑是正确的。秦孝公赞同他的主张，公元前340年，命他将兵伐魏。卫鞅行使诈术，袭虏魏将公子卬，攻破魏军。魏惠王感到东既数败于齐，西又见欺于秦，国力日削，形势不利，乃将河西之地献给秦国以求和，并将国都从安邑（在今山西夏县西北）迁到大梁（在今河南开封市西北）。

卫鞅在对外扩张上同样取得成功。他破魏归来之后，“秦封之於、商十五邑，号为商君”。[③]

商鞅变法虽然取得成功，使秦国从此走上富强的道路，但当时的秦国，新兴地主阶级与旧的奴隶主阶级，封建制道路与奴隶制道路的斗争并未彻底解决。反动势力尽管有所收敛，却没有善罢甘休，时刻企图乘机反扑，对商鞅本人更是恨之入骨。在商鞅相秦，推行变法的二十多年中，宗室贵戚怨望他的比比皆是。公元前338年，秦孝公死，当年带头违犯变法令的太子驷当上国君（惠文王），公子虔之徒一时得了势，给商鞅硬是扣上“欲反”的罪名，车裂以徇，尽灭其家。商鞅把差不多毕生的精力连同自己的生命都贡献给了秦国的变法事业。

秦国的反动势力能够杀死商鞅，却不能阻挡历史潮流的前进。商鞅死了，商鞅的变法事业，在秦国一直推行到底。

秦惠文王在位二十八年（公元前337年—公元前311年），并未重用公子虔一伙反对变法的宗室贵戚，依旧信任别国入秦的游士，魏人犀首（公

① 《史记·商君列传》。

② 《史记·商君列传》。

③ 《史记·商君列传》。

孙衍）为大良造，魏人张仪为相，继续推行向外扩张的政策。首当其冲的还是魏，其次为韩，为赵，为楚。这时，七国之间在外交上有两种相对立的战略思想。一个叫做“合纵”，所谓“从者，合众弱以攻一强也”。另一个叫做“连横”，所谓“横者，事一强以攻众弱也”[①]。“众弱”就是六国，“一强”就是秦。当时苏秦提倡“合纵”，最盛时苏秦曾佩六国相印。张仪提倡“连横”，与苏秦相对抗。其实，苏、张二人都是政治投机者，并没有一贯的主张。齐、楚、韩、赵、魏、燕六国也是各怀私利，始终不能真正联合起来，终于一个一个地为秦所蚕食，所吞灭。

惠文王在位时，主要是向外扩张，蚕食六国。先后收魏之阴晋（秦改名宁秦，在今陕西华阴县东南）、河西地以及上郡十五县。灭蜀，据蜀地。取义渠二十五城。攻楚汉中，取地六百里，置汉中郡。

公元前311年，惠文王死，子武王立，以樗里疾、甘茂为左右丞相。樗里疾是秦惠文王的弟弟，号称“智囊”。甘茂是下蔡（楚地，今安徽凤台）人，有伐韩取宜阳（在今河南宜阳西）功。武王在位仅四年，公元前307年与孟说举鼎，绝膑而死。

武王死，弟昭襄王立。昭襄王初年，平息一次内乱。昭襄王母舅魏冉平乱有功。昭襄王年轻，他的母亲宣太后和母舅魏冉把持朝政，史称“王少，宣太后自治事，任魏冉为政，威震秦国”[②]。魏冉举白起为将，白起攻韩、魏于伊阙（在今河南洛阳南），斩首二十四万，虏公孙喜，拔五城。攻楚，拔郢（在今湖北江陵西北），烧楚先王墓夷陵。楚王东徙陈（今河南淮阳），秦以郢为南郡。攻赵，大破赵军于长平（在今山西高平西北），降卒四十万人，尽坑杀之。

后来，昭王听信魏人范雎的话，夺宣太后、魏冉及泾阳君、高陵君（均昭王弟）、华阳君（宣太后同父弟）诸人权。拜范雎为相。范雎改行远交近攻的政策。这一政策对秦的统一六国起了相当大的作用。

---

① 《韩非子·五蠹》。

② 《资治通鉴·周赧王十年》。

公元前251年，昭襄王死，子孝文王立。孝文王即位三日便死，子庄襄王立。庄襄王以吕不韦为相国，又以河南洛阳十万户封吕不韦为文信侯。公元前249年，吕不韦帅师攻灭东周，迁东周君于阳人（今河南临汝西），周至此灭亡。同年，秦将蒙骜伐韩，取成皋（即虎牢，今河南荥阳与巩县之间）、荥阳（今河南荥阳东北），置三川郡，攻赵榆次（今山西榆次）、新城（在今山西朔县西南）、狼孟（在今山西阳曲），取三十七城。初置太原郡。秦东界至于大梁（在今河南开封市西北）。

公元前247年，庄襄王即位二年而死，子政立，即始皇帝。始皇帝年仅十三岁，政事皆决于文信侯吕不韦，尊吕不韦为仲父。始皇帝及冠，平嫪毐之乱。楚上蔡人李斯（上蔡在今河南上蔡西南），初为吕不韦舍人。不韦贤之，任以为郎，因得识秦王。李斯已看清当时秦有“灭诸侯成帝业为天下一统”的形势，主张派遣谋士多持金玉财物，以游说分化诸侯；各国名士可收买者收买之，不可收买者，则利剑刺之；并提出了离间六国君臣之计。于是秦终灭六国。灭六国后，分天下为三十六郡，郡置守、尉、监，以及焚诗书坑术士等等，都是采用李斯的计谋。所以，秦始皇所实行的政策，实际上正是商鞅政策的继续和发展。贾谊作《过秦论》，从秦孝公用商鞅叙起，说明他已看到这一点。荀况说过：“兼并易能也，唯坚凝之难焉。”[①]这句话说明什么问题呢？说明取天下与治天下不是一回事。陆贾反驳汉高祖说：“居马上得之，宁可以马上治之乎？且汤、武逆取而以顺守之；文武并用，长久之术也。”[②]这话的确有道理。毫无疑义，秦之所以二世十四岁而亡，主要是在这个问题上犯了错误。汉初君臣正是吸取了秦亡这个教训，才得以既取天下，又能巩固下来。

二、楚

楚惠王（公元前488年—公元前432年在位）在春秋时期已灭陈（今

① 《荀子·议兵》。

② 《史记·陆贾列传》。

河南淮阳），入战国后，又灭蔡（今安徽凤台），灭杞（今山东安丘县东北），东侵广地至泗上。惠王死，子简王（公元前431年—公元前408年在位），又北伐灭莒（今山东莒县）。当时楚在七国中，疆域最大，包括今湖北、湖南、安徽三省之全部及贵州、陕西、河南、山东、江苏等省之一部。不过，楚在战国时期，除悼王用吴起作过为期一年的带有根本性的改革，威王曾败齐于徐州（在今山东滕县东南），稍为振作以外，长期走下坡路，直至灭亡。

楚之破国主要在顷襄王时（公元前298年—公元前263年在位），而在怀王（公元前328年—公元前299年在位）时，由于昏庸，贪利，听信郑袖、靳尚等人的谄谀而疏远直臣屈原，屡见欺于秦，不能坚持联齐制秦的正确的外交政策，已经国事日非。张仪说："楚虽有富大之名，其实空虚，其卒虽众多，然而轻走易北，不敢坚战。"①白起说："楚王恃其国大，不恤其政，而群臣相妒以功，谄谀用事，良臣斥疏，百姓心离，城池不修，既无良臣，又无守备。"②二人所说，应是怀王时楚国的实际情况。

到楚顷襄王二十一年（公元前278年），楚国受到决定性的打击。这一年，秦将白起拔郢（今湖北江陵西北），烧楚先王墓夷陵。顷襄王兵散，不能复战，东北保于陈（今河南淮阳）。秦于郢置南郡。次年，秦复拔楚之巫、黔中，置黔中郡。

顷襄王死，子考烈王立（公元前262年—公元前238年在位），以春申君黄歇为令尹，楚益弱。又东徙寿春（在今安徽寿县西南），命曰郢。考烈王之后有幽王、哀王而至负刍。公元前223年，秦将王翦将兵六十万伐楚，负刍被虏，楚亡。

三、齐

齐自公元前391年田和迁康公于海上，公元前386年田和列为诸侯，变

---

①《战国策·魏策一》。

②《战国策·中山策》。

姜齐为田齐，至威王（公元前356年—公元前320年在位）时，齐最强于诸侯。

齐威王初即位，委政卿大夫，国内不治。后来齐威王发愤图强，改革吏治，重视农业生产，以“田野辟”赏即墨大夫，以“田野不辟”烹阿大夫。于是“齐国震惧，人人不敢饰非，务尽其诚，齐国大治”①。

齐威王任用“刑余之人”孙膑为军师，先后于桂陵、马陵大败魏师。

公元前354年，魏惠王起兵攻赵，围邯郸（在今河北邯郸市）。“赵请救于齐”②。齐威王采取“乘魏之弊”的战略，南攻魏之襄陵（在今河南睢县）。襄陵久围不下，魏于邯郸亦疲甚。次年，齐威王“乃以田忌为相，而孙子为师”③，举兵击魏。田忌从孙膑计，南下以弱兵佯攻平陵（今河南开封东北七十里黄陵集附近的平街村），另“遣轻车西驰梁郊”④，庞涓以为齐军欲攻大梁（在今河南开封市西北），“果弃其辎重，兼取舍而至。孙子弗息而击之桂陵（在今河南长垣西北），而擒庞涓。”⑤是为桂陵之役。

桂陵之役，魏虽遭挫折，但元气未丧。庞涓旋亦释归魏。公元前341年，“魏与赵攻韩，韩告急于齐。齐使田忌将而往，直走大梁。魏将庞涓闻之，去韩而归。”⑥齐军师孙膑“使齐军入魏地为十万灶，明日为五万灶，又明日为三万灶”⑦。庞涓以为齐士卒亡者过半，“乃弃其步军，与其轻锐倍日并行逐之。”⑧暮至马陵（在今河南范县西南），中齐兵埋

① 《史记·田敬仲完世家》。

② 《史记·魏世家》。

③ 《史记·孙子吴起列传》。

④ 《银雀山汉墓竹简·孙子兵法·擒庞涓》。

⑤ 《银雀山汉墓竹简·孙子兵法·擒庞涓》。

⑥ 《史记·孙子吴起列传》。

⑦ 《史记·孙子吴起列传》。

⑧ 《史记·孙子吴起列传》。

伏，“魏军大乱相失”[①]，庞涓自刭身死，“齐因乘胜尽破其军，虏太子申以归。”[②]是为马陵之役。

桂陵与马陵两役之后，魏一蹶不振，而齐强于诸侯。魏惠王虽“至死不忘”，“常欲悉起兵而攻之”[③]，但慑于齐之强大，亦不得不“使人报于齐：愿臣畜而朝”[④]。

威王死，子宣王立（公元前319年—公元前301年在位）。宣王时，“齐之强，天下不能当。”[⑤]。

齐宣王喜文学游说之士。邹衍、淳于髡、田骈、接予、慎到、环渊之徒七十六人，皆赐列第为上大夫，不治而议论。齐稷下学士多至数百千人。这种养士的办法，虽未必有益于政治，但对于推动学术的发展肯定有一定的积极意义。

宣王死，子湣王立（公元前300年—公元前284年在位）。齐湣王专恃武力，伐宋，攻楚，侵三晋，使泗上诸侯邹鲁之君皆称臣，诸侯恐惧。唯其不修内政，滥杀直臣，致使百姓不附，宗族离心，大臣不亲，国内矛盾日趋激烈，终为燕所乘。乐毅伐齐，下临淄（在今山东临淄北），湣王逃莒（今山东莒县），为淖齿所杀。

莒人共立湣王子法章，是为襄王（公元前283年—公元前265年在位）。襄王在莒五年，田单以即墨（在今山东平度东南）攻破燕军，迎襄王于莒，入临淄，尽复齐故地。然齐自此已衰弱。襄王死，子建立（公元前264年—公元前221年在位）。因秦日夜攻韩、赵、魏、燕、楚，齐不受兵四十余年。齐王建即位后的最初十多年，由他的母亲君王后辅佐政事。君王后死，后胜为齐相。后胜为秦所收买，劝齐王建朝秦，使秦得以逐一

---

① 《史记·孙子吴起列传》。

② 《史记·孙子吴起列传》。

③ 《战国策·魏策二》。

④ 《战国策·魏策二》。

⑤ 《战国策·齐策一》

灭掉五国。五国既亡，秦兵入临淄，齐亦亡。

四、魏

战国初期，魏文侯斯最强。

魏先都安邑（在今山西夏县西北），后迁大梁（在今河南开封市西北）。

魏文侯（公元前445年—公元前396年在位）师卜子夏，友田子方，礼段干木。[①]卜子夏名商，孔丘弟子。田子方，端木赐弟子。[②]段干木，子夏弟子。[③]这几个人直接间接地都和孔丘有关系。魏文侯又用李悝尽地力，作《法经》，吴起为西河守，西门豹治河内引漳水溉田，乐羊攻取中山。李悝、吴起是有名的法家，卫鞅也是自魏入秦，受李悝、吴起的影响很大。当时，魏既是儒家的一个很好的传播场所，又是法家的故乡。后来魏惠王卑礼招贤，邹衍、淳于髡、孟轲皆至，当也是受了乃祖的影响所致。不过，就当时的若干事实看，魏文侯的好贤，与齐宣王、魏惠王不同，他不是图虚名，而是务实际。虽尊礼儒家人士，而实行的则是法家主张。他重用李悝、吴起，目的在富国强兵。欲富国强兵，就不能不努力耕战。努力耕战，就不能不在政治上和经济上进行改革。所以，魏文侯实际上是战国时期进行新的改革的一个开风气之先的人物。各国的变法、养士之风，都是由魏开始的。当然，这并非由于魏文侯个人具有什么超人的天才，而不过是时代的要求，历史的必然，通过他来实现罢了。

魏文侯时，魏先后城少梁（今陕西韩城南）；伐秦，筑临晋（在今陕西大荔东）、元里（在今陕西澄城南）；伐中山，使子击守之，赵仓唐傅之；伐郑，城酸枣（在今河南延津西南）；败秦于注（在今河南临汝西北）。

---

① 《吕氏春秋·察贤》。

② 《吕氏春秋·当染》。

③ 《吕氏春秋·当染》。

文侯死，子武侯击立（公元前395年—公元前370年在位）。武侯时，魏与韩、赵三分晋地；败赵北蔺（今山西离石西）；伐楚，取鲁阳（今河南鲁山）。

武侯死，子罃立，是为惠王（公元前369年—公元前319年在位）。

惠王时，魏国达到极盛，同时，也是在惠王时，魏国受到致命的打击。

苏秦说齐湣王："昔者魏王拥土千里，带甲三十六万，恃其强而拔邯郸（在今河北邯郸市西南），西围定阳（在今陕西宜川西北），又从十二诸侯朝天子，以西谋秦。秦王恐之，寝不安席，食不甘味，令于境内，尽堞中为战具，竟为守备，为死士置将，以待魏氏。"[①]《战国策·秦策五》也说："梁君伐楚胜齐，制赵韩之兵，驱十二诸侯以朝天子于孟津（今河南孟县西南）。"说明魏在惠王时确曾盛极一时。

然而，自马陵一役大败于齐，折上将，失太子，覆军十万，国以空虚，魏即不竞于诸侯。

惠王三十六年（公元前334年）改元，又十六年（公元前319年）而死。[②]《史记·魏世家》误以惠王改元为襄王元年，又误以襄王为哀王，都应据《古本竹书纪年》正之。

马陵之战以后，惠王后元五年（公元前330年），魏以河西之地与秦。七年（公元前328年），尽入上郡于秦。

惠王死，子襄王立（公元前318年—公元前296年在位）。襄王死，子昭王立（公元前295年—公元前277年在位）。昭王六年（公元前290年），魏入河东地方四百里于秦。七年（公元前289年），秦拔魏城大小六十一。

昭王死，子安釐王立（公元前276年—公元前243年在位）。安釐王元年、二年（公元前275年），秦连续拔魏四城，"军大梁下，韩来救，

① 《战国策·齐策五》。

② 见《史记》《集解》引《竹书纪年》，惠王因称王而改元。

予秦温（在今河南温县西南）以和”[①]。三年（公元前274年），秦拔魏四城，斩首四万。四年（公元前273年），“白起攻魏，拔华阳（亭名，今河南新郑北），走芒卯，而虏三晋将，斩首十三万”[②]。“魏将段干子请予秦南阳（相当今河南济源一带）以和。”[③]九年（公元前268年），秦拔魏怀（在今河南武陟西南），十一年（公元前266年），秦拔魏郪丘（此郪丘在今河南温县东）。安釐王的弟弟信陵君公子无忌说：“从林乡（今河南尉氏西）军以至于今，秦七攻魏，五入囿中，边城尽拔，文台堕，垂都焚，林木伐，麋鹿尽，而国继以围。又长驱梁北，东至陶、卫之郊，北至平、监。所亡于秦者，山南山北，河外河内，大县数十，名都数百。”[④]信陵君的话，是在向安釐王分析当时七国形势时讲的，自属可信。魏从马陵之役以后，除在安釐王三十年（公元前247年），公子无忌率五国兵攻秦，打了一场胜仗以外，其余都是失败的历史。

安釐王死，子景湣王（公元前242年—公元前228年在位）立。信陵君公子无忌与安釐王同年死去。从此，魏更加衰弱，大片国土被秦攻占。景湣王元年，秦拔魏酸枣（今河南延津西南）、燕（今河南延津东）、虚（今河南延津东北）等二十城，初置秦东郡。二年（公元前241年），秦拔魏朝歌（今河南淇县）。三年（公元前240年），秦拔魏汲（在今河南汲县西南）。五年（公元前238年），秦拔魏垣（在今山西垣曲东南）、蒲阳（今山西隰县）、衍（在今河南郑州市北）。

景湣王死，子王假（公元前227年—公元前225年在位）立。王假三年（公元前225年）秦将王贲伐魏，引黄河水灌魏都大梁，城坏，王假降，被杀，魏遂亡。

① 《史记·魏世家》。

② 《史记·白起王翦列传》。

③ 《史记·魏世家》。

④ 《史记·魏世家》。

五、赵

赵在襄子（公元前457年—公元前425年在位）时，都晋阳（今山西太原市南），献侯（公元前423年—公元前409年在位）即位迁于中牟（在今河南鹤壁西），敬侯（公元前386年—公元前375年在位）时迁于邯郸（今河北邯郸市西南）。赵之疆域，北邻林胡、楼烦，东北与东胡、燕接界，东与中山、齐二国为邻，南则与卫、魏、韩交错，西亦与魏、韩毗连。至肃侯（公元前349年—公元前326年在位）时，赵之国力已相当强盛，如苏秦所说："当今之时，山东之建国，莫如赵强。赵地方二千里，带甲数十万，车千乘，骑万匹，粟支十年，西有常山，南有河漳，东有清河，北有燕国。"[①]苏秦此语虽属游说之辞，不无夸张成分，然既是与赵肃侯当面所谈，其与事实当亦相去不远。

赵献侯之子赵烈侯（公元前408年—公元前387年在位）初受周威烈王命为诸侯，用公仲为相国，官牛畜为师，荀欣为中尉，徐越为内史，国内称治。

烈侯死，子敬侯立（公元前386年—公元前375年在位）。敬侯十一年（公元前376年），赵与魏、韩共灭晋，三分其地。

敬侯死，成侯（公元前374年—公元前350年在位）立。成侯二十一年（公元前354年），魏围赵邯郸。二十二年（公元前353年），魏惠王拔邯郸，齐亦败魏于桂陵（在今河南长垣西北）。二十四年（公元前351年），魏归邯郸。

成侯死，子肃侯立（公元前349—公元前326年在位）。肃侯听苏秦谋，为纵首，以摈秦。肃侯十七年（公元前333年），赵筑长城。

肃侯死，武灵王立（公元前325年—公元前299年在位）。武灵王是一位敢于革新的英主。他即位十九年（公元前307年），意识到"今中山在我腹心，北有燕，东有胡，西有林胡、楼烦、秦、韩之边，而无强兵之

① 《战国策·赵策二》。

救，是亡社稷，奈何？”[①]乃决心以胡服骑射教百姓。

胡服骑射是一件重大改革，在一般守旧人物的眼里，是“变古之教，易古之道，逆人之心”之举，必为宗室贵戚所反对。武灵王亲自一一进行说服，陈明利害，晓以大义，指出变服骑射之目的，是“以备燕、三胡、秦、韩之边”。又说：有了骑射之备，“近可以便上党之形，而远可以报中山之怨”[②]。他先说服先王贵臣肥义，又说服王叔公子成。公子成带头胡服，然后说服赵文、赵造、周祒、赵俊等，遂下令为胡服，招骑射。自此，赵国力益强，武灵王先后五次起兵攻中山，攘地北至燕、代（在今河北蔚县东北），西至云中（在今内蒙古托克托旗东北）、九原（在今内蒙古包头市西），终于在公元前295年灭中山，除去腹心之患。

武灵王是一个不拘成法，敢于革新的人物。他不但行胡服骑射，加强武备，还把王位让给他的儿子王子何，自号主父，亲自经营边事。为了从云中、九原南袭秦，他曾伪装赵使者入秦，察看秦国之地形，观察秦昭王之为人。但后来，由于他在公子章与惠文王（王子何）争夺王位一事上游移不决，酿成祸乱，结果饿死于沙丘宫。

惠文王（公元前298年—公元前266年在位）时，任用廉颇、蔺相如、赵奢诸名将名相，赵国仍强。

惠文王死，孝成王立（公元前265年—公元前245年在位）。孝成王六年（公元前260年），因贪韩上党守冯亭入城市邑十七之利，为秦将白起败于长平（在今山西高平西北）。

长平之役起因于上党。“秦使左庶长王龁攻韩，取上党。上党民走赵。赵军长平，以按据上党民。四月，龁因攻赵。赵使廉颇将”[③]。廉颇是久经战阵的老将，“坚壁以待秦，秦数挑战，赵兵不出。”[④]秦使人以

---

① 《史记·赵世家》。

② 《史记·赵世家》。

③ 《史记·白起王翦列传》。

④ 《史记·白起王翦列传》。

千金行反间于赵，赵王使只会纸上谈兵的赵括代廉颇为将。秦却以屡战屡胜的老将武安君白起代王龁为主将。“赵括至，则出兵击秦军。秦军详败而走，张二奇兵以劫之。赵军逐胜，追造秦壁。壁坚拒不得入。”[①]秦军乘机以奇兵将赵军分为二，绝赵之粮道。赵军只好筑壁坚守，以待救至。而秦昭王亲自出动，发动河内之民十五岁以上者悉到长平，把赵军死死围住。“至九月，赵卒不得食四十六日，皆内阴相杀食。来攻秦垒，欲出。为四队，四五复之，不能出。其将军赵括出锐卒自搏战，秦军射杀赵括。括军败，卒四十万人降武安君。”[②]

武安君“乃挟诈而尽阬杀之，遗其小者二百四十人归赵。前后斩首虏四十五万人。赵人大震。”[③]

长平之役是战国时期最大的一次战役。长平之败，对于赵国来说是个致命的打击。自此以后，赵国的局面每况愈下，形势无论如何也不可扭转。灭国只是时间问题了。

至悼襄王、幽缪王时，虽有名将廉颇、李牧，然终不能用。公元前228年，秦攻赵，赵幽缪王降，秦入邯郸，赵亡。其后，赵诸亡大夫拥立代王嘉，不数年亦为秦所灭。

六、韩

韩在七雄之中，地瘠民贫，又处四战之地，处境最为艰难。张仪所说“韩地险恶山居，五谷所生，非菽而麦，民之食大抵菽饭藿羹。一岁不收，民不餍糟糠。地不过九百里，无二岁之食”[④]，当系事实。疆域虽不广，然“北有巩（今河南巩县西南）、成皋之固（成皋在今河南荥阳西北），西有宜阳（今河南宜阳西）商阪之塞（商阪即商山，在今陕西商

① 《史记·白起王翦列传》。

② 《史记·白起王翦列传》。

③ 《史记·白起王翦列传》。

④ 《史记·张仪列传》。

县东南），东有宛（今河南南阳）、穰（今河南邓县）、洧水，南有陉山（在今河南漯河市东南）”[①]，形势亦堪称险要。尤其韩的兵器著名天下，“天下之强弓劲弩皆从韩出”[②]，射程在六百步之外，远者可以洞胸，近者可以穿心。韩之剑戟亦锋利有名。

韩景侯（公元前408年—公元前400年在位）六年（公元前403年），与赵、魏俱列为诸侯。景侯三传至哀侯（公元前376年—公元前371年在位）。哀侯元年，与赵、魏分晋。二年（公元前375年），灭郑，韩自阳翟徙都郑。自是韩亦称郑。再传至昭侯（公元前362年—公元前333年在位）。《史记·申不害列传》说昭侯用申不害为相，“内修政教，外应诸侯，十五年终申子之身，国治兵强，无侵韩者。”参照《战国策·韩策三》所说“昭厘侯，一世之明君也；申不害，一世之贤士也”，则《史记》之说，似属可信。

昭侯死，子宣惠王立（公元前332年—公元前312年在位）。自此以后，日益削弱。至韩王安九年（公元前230年）为秦所灭。秦灭六国，韩最在先。

七、燕

燕在六国中最为弱小。唯以僻在边陲，得以后亡。

燕国都蓟（今北京市西南），其疆域“东有朝鲜、辽东，北有林胡、楼烦”[③]，“西有云中（在今内蒙古托克托旗东北）、九原（在今内蒙古包头市西）”[④]，与中山、赵接壤，“南有嘑沱、易水”[⑤]，与齐相邻。

春秋时期，燕与中原诸国极少交往。至战国初期，苏秦入燕以合纵说

---

① 《史记·苏秦列传》。

② 《史记·苏秦列传》。

③ 《史记·苏秦列传》。

④ 《史记·苏秦列传》。

⑤ 《史记·苏秦列传》。

燕文公（公元前361年—公元前333年在位）。燕文公与车马金帛以至赵。苏秦至赵，赵肃侯用之，因约六国为纵长。自此，燕始与秦、楚、齐、韩、赵、魏六国并驱争先。

燕国可述之事有三。

一是燕王哙让国（事见本章第四节）。

二是齐宣王破燕，燕昭王破齐。

齐宣王见“子哙与子之国，百姓不戴，诸侯弗与”[①]，同时又得知秦、魏伐韩，楚、赵救韩，诸侯无暇顾燕，因乘机“令章子将五都之兵，以因北地之众以伐燕。士卒不战，城门不闭，燕君哙死，齐大胜燕。”[②]

燕昭王（公元前311年—公元前279年在位）于破燕之后即位，卑身厚币，以招贤者，为郭隗改筑宫而师事之。于是士争趋燕，乐毅自魏往，邹衍自齐往，剧辛自赵往。昭王以乐毅为亚卿，任以国政。昭王又吊死问孤，与百姓同甘苦，二十八年燕国殷富。

公元前284年，燕昭王以乐毅为上将军，授相国印。乐毅帅燕及秦、楚、魏、韩、赵之兵伐齐，大败齐于济西。燕兵深入齐地，齐人大乱，湣王出走。燕兵入临淄（在今山东淄博市东北），尽取齐之宝物、祭器，焚烧其宫室宗庙。齐城之不下者，唯莒（今山东莒县）、即墨（在今山东平度县东南）而已。

及昭王死，惠王立（公元前278年—公元前272年在位），疑乐毅，使骑劫代乐毅为将。齐田单于是击败燕军，尽收复其失地。

三是燕太子丹使荆轲刺秦王。

公元前228年，秦将王翦大破赵军，克邯郸，虏赵王迁，灭赵，既而屯田中山以临燕南界。燕弱小，深虑赵既不支秦，祸必至于燕。公元前227年，燕太子丹乃使勇士荆轲携秦逃将樊于期之头及燕之督亢图，提一药焠匕首，以少年秦舞阳为副，入秦，欲效曹沫之与齐桓公故事，劫秦

① 《战国策·齐策二》。

② 《史记·燕召公世家》。

王，迫其尽返所占六国之侵地；不成，则因而刺杀之。

公元前227年，荆轲赴秦。行前，太子等送至易水之上，高渐离击筑，荆轲和而歌曰："风萧萧兮，易水寒；壮士一去兮，不复还。"[①]及至咸阳，荆轲奉图而进于秦始皇。因欲生劫秦王，动作不坚决果断，结果行刺不成，反为所执。

秦始皇于是大怒，遣王翦伐燕，与燕师、代师战于易水之西，燕、代大败。公元前226年，王翦攻克燕都蓟。燕王及太子丹东保辽东。燕王杀太子丹，献给秦王，秦亦罢兵。公元前222年，秦将王贲攻辽东，虏燕王喜，燕亡。

荆轲，据《史记·刺客列传》所载，"为人沈深好书，其所游诸侯，尽与其贤豪长者相结"。举事之前，田光先生为其毅然自刎，樊于期将军为其慷慨献首；举事之时，仅与一少年秦舞阳为伴，提一匕首，入不测之强秦，则其人绝非常人，其事实为壮举。诚然，阴谋刺杀秦始皇的行动即便成功，也无济于燕国之亡，更不能改变天下混一于秦的历史趋势。但历史是复杂的，我们不能因为肯定秦统一中国的伟大意义，而否定太子丹与荆轲为爱国志士。太子丹与荆轲的行动，反映了战国末期，怀有爱国观念的志士，愤祖国之将亡，恨强秦之残暴，为万死不顾一生之计，以求一逞的悲情壮志。比之古往今来那些卖国求荣，甘心事敌的人，高下相悬，何啻霄壤？

① 《史记·刺客列传》。

第三节　战国时期的士

战国时期，士成为社会上的一种特殊势力。这时的士，不受国家、宗族、经济地位和政治地位的限制，只要有文化，善谈说，具备不同的才能，无论走到哪个国家，都会受到优礼，乃至委以重任。从整个战国历史时期来看，他们是政治舞台上最活跃的力量，对历史发展的进程起相当大的作用。这是一种不但前代没有，即在后代也是罕见的历史现象。

春秋时期的所谓士，多是命士，不命之士（庶人在官者）或武士，都是职务的名称，此外无称士者。至战国则不然，只要具有相当的文化水准，就可称士。因此，开始产生了仕士、处士的新称谓。

战国时期士的这一变化，不是偶然发生的，是历史发展的结果。在记述春秋历史的书籍中，我们常看到所谓“君子劳心、小人劳力”的说法。这一说法很值得注意，它道出了春秋和春秋以前中国社会的一个极其重要的特点：奴隶主阶级不但垄断着物质生产资料，同时也垄断着精神生产资料。在那个时期，奴隶主阶级以外的任何阶层的人，都绝对不允许有文化。人们熟知的“学在官府”，正是这个特点的反映。这种情况，随着整个奴隶制度的瓦解，随着经济和阶级斗争的发展，逐渐被打破了。到战国时期，私人讲学之风盛行起来，受教育有文化的人空前增多。但是，任何一个新制度的开创和旧制度的消亡，都不能不通过个别历史人物来实现。

春秋晚期，首先冲破“学在官府”这个禁区的人物就是孔丘。

孔丘提出了“有教无类”的响亮口号，容纳各个阶级和阶层的人作为教育对象。《荀子·法行》说：“南郭惠子问于子贡曰：‘夫子之门，何其杂也？’子贡曰：‘君子正身以俟，欲来者不距，欲去者不止。且夫良医之门多病人，檃栝之侧多枉木，是以杂也。’”《吕氏春秋·尊师》说：“子张，鲁之鄙家也；颜涿聚，梁父之大盗也，学于孔子。”又《必己》说：“有鄙人始事孔子者。”可见，“有教无类”孔子是说到做到的。诸书所载，灼然可据。然而，近些年来，某些人出于所谓的“批孔”，不顾历史事实，或者坚执说孔子当时不可能做到“有教无类”；或者故意歪曲“有教无类”这句话的含义，而做出另外一种不伦不类的解释，自以为得意。其实这是虚弱的表现。我们也承认孔子是要批的。但是，任何真正的批判，都必须依据马列主义，从历史实际出发，进行科学的分析。闭着眼睛采取不承认主义，或者依据被自己歪曲了的材料同人家辩论，这种办法不是马克思主义的郑重态度。欺侮古人不能出席对质，便以为取得了胜利，这种胜利有什么价值呢？

正由于自孔丘起，开了私人讲学之风，从此不但贵族子弟可以学文化，就是鄙人子弟也可以学文化。像苦耕稼之劳的宁越成为士这样的例子，不胜枚举。所以，战国时期的士，人数最多，品类最杂，上者至为将相，下者至为鸡鸣狗盗之徒。

至于国君重士，从历史记载来看，则始于魏文侯。《吕氏春秋·察贤》说：“魏文侯师卜子夏，友田子方，礼段干木。”战国时期著名革新政治家，如李悝（或称李克）、吴起、商鞅，都出于魏。史称魏文侯之太子击“逢魏文侯之师田子方于朝歌，引车避，下谒。田子方不为礼。子击因问曰：‘富贵者骄人乎？且贫贱者骄人乎？’子方曰：‘亦贫贱者骄人耳。夫诸侯而骄人则失其国，大夫而骄人则失其家。贫贱者，行不合，言不用，则去之楚、越，若脱躧然，奈何其同之哉！’”[①]田子方敢于在太子面前出言不逊，说什么行合言用则留，不合不用则去，而太子亦奈何不了田子方，足证当时士的地位、身份及其所起的历史作用与春秋时期大不相同。而这种风气实从魏文侯时开始。

战国时期的士之所以勤奋好学，游说诸侯，主要是为富贵这一物质利益所驱使。苏秦得意时曾表露：“且使我有雒阳负郭田二顷，吾岂能佩六国相印乎？”[②]李斯欲西入秦，辞于荀卿说：“故诟莫大于卑贱，而悲莫甚于穷困。久处卑贱之位、困苦之地，非世而恶利，自托于无为，此非士

① 见《史记·魏世家》。

② 见《史记·苏秦列传》。

之情也。”[①]苏秦、李斯的这些话如实地道出了战国时期的士急于摆脱卑贱与穷困的处境，追求荣华富贵的思想本质。

这时期的士为追求富贵而奔跑于各国。他们在政治舞台上简直起到了举足轻重的作用，正是所谓“入楚楚重，出齐齐轻，为赵赵完，畔魏魏伤”[②]。主持秦国变法，致使秦国强盛起来的商鞅，是卫国人。在秦国历史上起过相当大作用的楼缓、张仪、魏冉、范睢、蔡泽、吕不韦、李斯等人，也都不是秦国人。田文可以为秦相，田单可以用于赵。楚王可以为樗里疾请相于秦[③]，司马熹使赵为己求相中山[④]。同为秦臣，而公孙奭党于韩，甘茂党于魏，向寿党于楚[⑤]。张仪既相齐，继又相魏。说明这些游说之士，已打破了国界限制，成了战国七雄之间政治斗争的主角，无怪乎李斯说：“今万乘方争时，游者主事。”[⑥]

正因为这样，战国时期各国养士之风大盛。史称齐“宣王喜文学游说之士，自如驺衍、淳于髡、田骈、接予、慎到、环渊之徒七十六人，皆赐列第，为上大夫，不治而议论。是以齐稷下学士复盛，且数百千人。”[⑦]齐孟尝君田文“招致诸侯宾客及亡人有罪者……舍业厚遇之，以故倾天下之士。食客数千人，无贵贱一与文等”。[⑧]赵平原君赵胜欲解邯郸之围，一次竟“得敢死之士三千人”[⑨]。魏信陵君无忌“士无贤不肖皆谦而礼交之，不敢以其富贵骄士。士以此方数千里争往归之，致食客三千人”[⑩]。

① 见《史记·李斯列传》。

② 见《论衡·效力》。

③ 见《战国策·秦策一》。

④ 见《战国策·中山》。

⑤ 见《史记·樗里子甘茂列传》。

⑥ 见《史记·李斯列传》。

⑦ 见《史记·田敬仲完世家》。

⑧ 见《史记·孟尝君列传》。

⑨ 见《史记·平原君虞卿列传》。

⑩ 见《史记·信陵君列传》。

楚春申君黄歇“客三千余人，其上客皆蹑珠履”[①]。秦相吕不韦“亦招致士，厚遇之，至食客三千人。”[②]这些士在各国受到极优厚的待遇，其中有的如彭更所说，“后车数十乘，从者数百人，以传食于诸侯”[③]。不过，当时的养士，大多数是为了装潢门面，沽名钓誉，有如魏公子无忌评平原君赵胜时所说，“徒豪举耳，不求士也。”[④]

战国时期的士，品类复杂，大体可分为以下六类。

一、名相

李悝、卫鞅、吴起、申不害等，应属这一类。他们在政治上有新的建树，为封建制度的凯歌前进充当开路先锋。

李悝（或作李克）为魏文侯相。主张“尽地力之教”，实行平籴法，作《法经》。在战国，他是第一个对旧的奴隶制度进行根本性改革的人。

卫鞅入秦，受秦孝公重任，实行变法，奖励耕战。秦始皇统一中国后所实行的种种政治、经济措施，基本上在卫鞅时已打下基础。

吴起由魏逃楚，为楚悼王令尹。主张“使封君之子孙三世而收爵禄，裁减百吏之禄秩，损不急之枝官，以奉选练之士”。吴起在楚实行新法只一年，收效不大。但他的变法也是属于新的封建性质的改革。

申不害为韩昭侯相。其主张主要是人君应知用术以驭群臣。术，即所谓“因任而授官，循名而责实，操杀生之柄，课群臣之能”。他的关于术的思想，对于后世出现的封建专制主义的中央集权制度有一定意义。

二、名将

乐毅、赵奢、白起、王翦等应属这一类。他们都是直接为战争服务

① 见《史记·春申君列传》。

② 见《史记·吕不韦列传》。

③ 见《孟子·滕文公下》。

④ 见《史记·信陵君列传》。

的。

乐毅事燕昭王，为上将军，曾护赵、楚、韩、魏、燕五国之兵以伐齐，下齐七十余城，名震天下。乐毅在军事上之所长，不在于攻城野战，而在于他的战略思想。当时齐湣王南败楚相唐昧于重丘（在今山东茌平西南），西摧三晋于观津（在今河北武邑县东南），遂与三晋击秦，助赵灭中山，破宋，广地千余里。然而齐湣王自矜，百姓弗堪，诸侯皆怨，终于酿成胜而转败的局面。燕、赵、魏、楚、韩五国兵联合伐齐，打得齐国一败涂地，几乎亡国。在这场伐齐的大战中，乐毅作为五国联军的统帅，表现了卓越的军事才能。第一，战前他力主联合赵、魏、楚、韩四国共同行动，而反对燕国自己单独伐齐。这是使燕立于不败之地的极为正确的战略主张。第二，五国兵既大败齐军于济西，别国兵撤走，乐毅却率燕军长驱直入，直捣齐都临淄。同时整饬军纪，禁止侵掠，宽其赋敛，除其暴令，修其旧政。这是使燕取得彻底胜利的最合时宜的战略措施。因此，燕军深入齐国，反而受到齐国人民的欢迎，半年时间攻下齐七十余城。

赵奢，初为赵田部吏。收租税，而平原君家不肯出。奢以法杀平原君家用事者九人。可见奢之为人刚正不阿。秦伐韩，军于阏与（今山西和顺）。赵惠文王问计于诸将。廉颇、乐乘都说“道远险狭，难救”。独赵奢说，“其道远险狭，犹两鼠斗于穴中，将勇者胜。”赵王因而令赵奢率军救阏与。赵奢先是率军在半路上修筑堡寨，滞留七八日不进，用以麻痹秦军，然后突然急行军赶到阏与附近，先发抢占山头，大败秦师，解阏与之围而还。赵王封赵奢为马服君。

白起事秦昭王，屡立战功，为世名将。其最大战功有二。一为破楚拔郢（今湖北江陵西北），烧夷陵（楚王墓）。二为与赵括战于长平（在今山西高平西北），大败赵军，坑赵降卒四十余万。这两大战役使楚、赵受到毁灭性打击。司马迁说：“白起料敌合变，出奇无穷，声震天下。”[①]白起在战国时期确实是一个精于兵事的将领。

---

① 见《史记·白起王翦列传》。

王翦事秦始皇，灭赵，灭燕，灭魏，最后灭楚。先是始皇以为李信贤勇，问取楚需用多少兵，李信说："不过用二十万。"又问王翦，王翦说"非六十万人不可。"始皇说王翦老了，胆子小了。遂使李信、蒙恬率二十万人伐楚。李信初胜后败，被楚杀了七个都尉，大败而还。于是，始皇请王翦伐楚。王翦说："大王必不得已用臣，非六十万人不可！"王翦代李信伐楚，果然取得胜利，杀楚将军项燕，楚师败走。一年后，虏楚王负刍。楚亡。秦平楚地为郡。

三、游说之士

这类人较多，主要是新兴社会势力的代表，都是以口辩取卿相之位，如苏秦、张仪、陈轸、公孙衍、苏代、苏厉以及范雎、蔡泽等都属于这一类，而以苏秦、张仪为代表。

这些人的长处是都熟悉各国情况，在政治上、策略上有一些主意和办法。苏秦倡合纵，鼓吹六国联合以拒秦。张仪则反是，主张连横，分散六国以事秦。这些人的缺点是朝秦暮楚，毫无信义。其唯一的目的是凭借三寸不烂之舌，游说七国之间，追求富贵。在战国历史上，他们同那些政治改革家和思想家比较起来，所起的历史作用和对后世的影响都小得多。

四、学士

墨翟、庄周、孟轲、惠施、公孙龙以及齐稷下学士驺衍、淳于髡、田骈、接予、慎到、环渊、驺奭、荀卿之徒均属此类。这类人物大抵都不治而议论，著书立说，广聚徒众，成家成派。他们分属于不同的阶级和阶层，争相宣传自己的思想观点，形成了战国时期意识形态领域的"百家争鸣"的活跃局面，对于战国时的文化、思想均有一定贡献。

五、高士

段干木、颜斶、鲁仲连应属此类。段干木，子夏弟子。《吕氏春秋·

下贤》说："魏文侯见段干木，立倦而不敢息。反见翟黄，踞于堂而与之言。翟黄不悦。文侯曰'段干木官之则不肯，禄之则不受。今汝欲官则相位，欲禄则上卿，既受吾实，又责吾礼，无乃难乎？'"

颜斶事见《战国策·齐策四》，原文略谓："齐宣王见颜斶，曰：'斶前！'斶亦曰：'王前！'宣王不悦。左右曰：'王，人君也，斶，人臣也。王曰'斶前'，斶亦曰'王前'，可乎？'斶对曰：'夫斶前为慕势，王前为趋士。与使斶为慕势，不如使王为趋士。'王忿然作色曰：'王者贵乎？士贵乎？'对曰：'士贵耳，王者不贵。'"及宣王请受为弟子，并指出他同颜斶在一起的好处时，颜斶则推辞说："斶愿得归，晚食以当肉，安步以当车，无罪以当贵，清静贞正以自虞。"

鲁仲连，《史记》有传，称其"好奇伟俶傥之画策而不肯仕宦任职，好持高节"。鲁仲连在赵、齐有功不受封，"逃隐于海上，曰：'吾与富贵而诎于人，宁贫贱而轻世肆志焉。'"

六、义侠之士

侯嬴、聂政、田光、荆轲等人属于此类。大抵都是地位卑下，重然诺，轻死生，义酬知己，效忠于一人一事。

侯嬴，隐士，为大梁夷门监者。魏公子无忌亲自往请，待为上客。侯嬴因而为公子无忌画救赵策，请如姬窃虎符，进朱亥夺晋鄙军。侯嬴数公子至鄙军之日，北向自刭以报答公子无忌。

聂政，轵深井里人。杀人避仇，与母姊至齐，以屠为生。当时，严仲子事韩哀侯，与韩相侠累有隙。严仲子欲杀侠累，知聂政是避仇隐于屠者之间的勇士，乃不远千里登门以重金求于聂政。聂政卒刺杀侠累，为严仲子报仇。

田光，燕人。燕太子丹思欲使人刺秦王政。田光荐荆轲，太子丹嘱其勿泄密。至见荆轲，告以太子意，遂自刎而死，明其必不泄，以激荆轲。

荆轲刺秦王事已详前，此从略。

综上所述，战国时期是士的黄金时代。战国时期政治经济的特点决定了士具有许多特点。他们品类复杂，代表着不同的阶级和阶层活跃在历史舞台上。从历史现象上看，这些士的单个的意志相互矛盾，相互冲突。然而透过这一现象，我们不难看到：这些士或者为促进新制度的诞生大喊大叫，或者为挽救旧制度的死亡而奔走呼号。他们的意志归根到底是当时社会经济关系的反映，是由社会历史运动的内在规律，即生产力和生产关系的矛盾斗争决定的。正如恩格斯所说："历史是这样创造的：最终的结果总是从许多单个的意志的相互冲突中产生出来的，而其中每一个意志，又是由于许多特殊的生活条件，才成为它所成为的那样。这样，就有无数相互交错的力量，有无数个力的平行四边形，而由此就产生出一个总的结果，即历史事变。这个结果又可以看作一个作为整体的、不自觉地和不自主地起着作用的力量的产物。因为任何一个人的愿望都会受到任何另一个人的妨碍，而最后出现的结果就是谁都没有希望过的事物。所以以往的历史总是像一种自然过程一样地进行，而且实质上也是服从于同一运动规律的。但是，各个人的意志——其中的每一个都希望得到他的体质和外部的、终归是经济的情况（或是他个人的，或是一般社会性的）使他向往的东西——虽然都达不到自己的愿望，而是融合为一个总的平均数，一个总的合力，然而从这一事实中决不应作出结论说，这些意志等于零。相反的，每个意志都对合力有所贡献，因而是包括在这个合力里面的。"[①]恩格斯这段话正可用以说明历史的结局虽不必尽如每一人的最初愿望，然而必然是通过偶然实现的，每一个人在历史上所起的作用，是不能抹杀的。

---

① 《马克思恩格斯全集》第 37 卷，人民出版社 1956 年版第 461—462 页。

第四节　战国时期在政治制度方面的一些重大改革

战国时期是中国历史上一个社会大动乱的时期。这个时期，中国社会在经济上、政治上、思想上都发生了巨大的带有根本性的变化。这种变化，实质上反映了中国奴隶社会正在急剧地向封建社会转变。这一转变过程，总的看来，不妨说开始是奴隶制和封建制两种制度并存，然后新的封建制度逐渐战胜旧的奴隶制度，最终取得统治地位，而使中国进入封建社会的过程。

战国时期由奴隶社会向封建社会转变的过程，集中地表现在各国的变法上。当时变法如同雨后春笋，在各国次第发生。尽管各国变法的目的、规模、结果、影响不尽一致，有的是主流，有的是逆流；有的彻底，有的不彻底；有的成功，有的失败，但它确实是形成了一个时代的潮流，一种发展的趋势，一场轰轰烈烈的运动。不论各国实行变法的初始动机如何，它们总是自觉不自觉地反映了历史发展的需求，最终把历史向前推进一大步。

一、魏文侯的改革

变法如果看作是一种运动，首先是从魏国魏文侯时开始。魏文侯先后用魏成子、翟璜、李悝为相国，用吴起为西河守，西门豹为邺令。所用都是当时有名的政治家或军事家，因此，魏国成为当时七雄中最强的国家。今传世的独有李悝的政绩。

李悝行新政，著名的事迹有三。

第一：“作尽地力之教”。

《汉书·食货志》述此事说：“是时李悝为魏文侯作尽地力之教。以为地方百里，提封九万顷，除山泽邑居叁分去一，为田六百万亩。治田勤谨，则亩益三升，不勤则损亦如之。地方百里之增减辄为粟百八十万石矣。”（依臣瓒说三升当作三斗。按三斗约合今六升。）由《汉书》的记载看来，所谓“尽地力之教”，就是说李悝曾经颁布过关于“尽地力”的教令。而所谓“尽地力”，大致有两层意思。一是要求把所有可耕之地全部加以利用；另一是要求大家“治田勤谨”，提高单位面积产量。李悝如此强调尽地力，它反映了当时魏国的剩余土地已经不多。而剩余土地多与少，有与无的问题，十分重要。我们知道，井田制是一种土地公有制度，它的特点是“把土地分配给单个家庭并定期实行重新分配”。定期重新分配土地，则必须有足够的剩余土地做为前提。恩格斯说：“原始的土地公有制，一方面适应于眼界完全局限于眼前事物的人们的发展程度，另一方面则以可用土地的一定剩余为前提。这种剩余的土地提供了一定的活动余地来对付这种原始经济的不虞的灾祸。剩余的可用土地用尽了，公有制也就衰落了。”[①]“作尽地力之教”反映了魏国当时已经没有剩余土地。这样，井田制就不能不开始废除。由此可见，李悝的改革，尽管古人给我们留下的资料极其简略，但它的意义，则不可低估。

第二：平籴。

李悝行平籴的思想与作法，《汉书·食货志》亦有记载：

> 籴甚贵伤民，甚贱伤农。民伤则离散，农伤则国贫。故甚贵与甚贱，其伤一也。善为国者，使民无伤而农益劝。
>
> 今一夫挟五口，治田百亩，岁收亩一石半，为粟百五十石。除十一之税十五石，余百三十五石。食人月一石半，五人终岁为粟九十石，余有四十五石。石三十，为钱千三百五十。除社闾尝新春秋之祠用钱三百，余千五十。衣人率用钱三百，五人终岁用千五百，不足四百五十。不幸疾病死丧之费及上赋敛，又未与此。此农夫所以常困，有不劝耕之心，而令籴至于甚贵者也。
>
> 是故善平籴者，必谨观岁有上中下熟。上熟其收自四，余四百石。中熟自三，余三百石。下熟自倍，余百石。小饥则收百石，中饥七十石，大饥三十石。故大熟则上籴三而舍一，中熟则籴二，下熟则籴一，使民适足，价平则止。小饥则发小熟之所

① 《马克思恩格斯全集》第 20 卷，人民出版社 1956 年版第 521 页。

敛，中饥则发中熟之所敛，大饥则发大熟之所敛，而粜之。故虽遇饥馑水旱，籴不贵而民不散，取有余以补不足也。

李悝的平籴，看来就是国家在征收什一的粮食税外，又于丰收之年收购一定数量的粮食，于歉收之年卖出一定数量的粮食，使粮食价格常能保持稳定的办法。后世的常平仓、义仓应导源于此。

第三：《法经》。

董说《七国考》卷十二法经条引桓谭《新书》说：

魏文侯师李悝著《法经》，以为王者之政，莫急于盗贼。故其律始于盗贼。盗贼须劾捕，故著《囚》《捕》二篇。其轻狡、越城、博戏、假借、不廉、淫侈、逾制为《杂律》一篇。又以《具律》具其加减。所著六篇而已。卫鞅受之，入相于秦。是以秦、魏二国深文峻法相近。

《正律》略曰："杀人者诛，籍其家，及其妻氏。杀二人，及其母氏。大盗戍为守卒，重则诛。窥宫者膑，拾遗者刖。"曰为盗心焉。

其《杂律》略曰："夫有一妻二妾其刑䤰。夫有二妻则诛。妻有外夫则宫。"曰："淫禁"。"盗符者诛，籍其家。盗玺者诛。议国法令者诛，籍其家，及其妻氏。"曰"狡禁"。"越城一人则诛。自十人以上夷其乡及族。"曰"城禁"。"博戏罚金三市。太子博戏则笞，不止则特笞，不止则更立。"曰"嬉禁"。"群相居一日以上则问。三日四日五日则诛。"曰"徒禁"。"丞相受金，左右伏诛。犀首以下受金则诛。金自镒以下罚不诛也。"曰"金禁"。"大夫之家有侯物，自一以上者族。"

其《减律》略曰："罪人年十五以下，罪高三减，罪卑一减。年六十以上，小罪情减，大罪理减。"

依桓谭《新书》及《晋书·刑法志》所说，是李悝《法经》共六篇。六篇原名应为《盗法》《贼法》《囚法》《捕法》《杂法》《具法》。商鞅相秦始改法为律。[①]盗谓“取非其物”。贼谓“无变斩击”[②]。《法经》用刑残酷，还有奴隶制的遗迹。但毕竟有了一部成文法，其刑法无论如何严酷，总要比没有它时强得多。至少在法律上不允许随意杀人了。除太子、丞相有特例，犀首以下在法律面前似有平等可言。这样，就已经打破了“刑不上大夫”的壁垒。无怪乎它成为后世封建社会诸法典的前驱。

二、吴起在楚变法

楚悼王用吴起为令尹，在楚变法。

吴起，卫人，善用兵，魏文侯以为西河守，以拒秦、韩。魏文侯死，武侯立，被谗逃至楚。楚悼王素闻起贤，用为令尹。《史记·孙子吴起列传》说，吴起“明法审令，捐不急之官，废公族疏远者，以抚养战斗之士”。《韩非子·和氏》说：“吴起教楚悼王以楚国之俗曰：‘大臣太重，封君太众，若此则上偪主而下虐民，此贫国弱兵之道也。不如使封君之子孙三世而收爵禄，绝灭百吏之禄秩，损不急之枝官，以奉选练之士。’悼王行之期年而薨矣，吴起肢解于楚。”《吕氏春秋·贵卒》说：“吴起谓荆王曰：‘荆所有余者地也，所不足者民也。今君王以所不足益所有余，臣不得而为也。’于是令贵人往实广虚之地，皆甚苦之。”

由上述三条材料来看，吴起变法的锋芒，是直接指向奴隶主阶级的，而最关心的则是“战斗之士”，“选练之士”。虽然史料没有提供吴起是否已经实行按军功授爵禄的办法，但是从他收三世封君的爵禄，“损不急之枝官”来看，吴起的变法显然打击了既无军功而又世世享受富贵的旧奴隶主贵族。吴起变法，时间极短，只实行一年即发生叛乱，致功亏一篑而终归失败。古人说“楚不用吴起而削乱”[③]，正反映了吴起在楚变法以失败而告终的实际情况。

① 见《晋书·荆法志》。

② 《晋书·刑法志》引张斐《上律注表》。

③ 《韩非子·和氏》。

吴起变法及其失败表明，战国确实是一个社会大动乱、大变化的时期。奴隶制和封建制同时存在，两种制度进行了你死我活的斗争。总的趋势是封建制代替奴隶制，而奴隶制并不轻易退出历史舞台。在战国初期，有些国家，奴隶制仍有着较大的力量，以致于封建制的改革往往受到挫折。

三、商鞅在秦变法

秦孝公用卫鞅为左庶长、大良造。卫鞅在秦变法。

卫鞅闻秦孝公（公元前361年—公元前338年在位）下令国中求贤，乃自魏入秦。卫鞅本卫人，因与卫国公族有疏远的亲属关系，又称公孙鞅。入秦之前在魏事魏相公叔痤为中庶子。卫鞅少好刑名之学，受李悝新政的影响较深。公叔痤说他“年虽少，有奇才”[①]，曾向魏惠王推荐他为魏相。魏王不用，卫鞅抱着变法革新的雄心大志来到秦国。经秦孝公的宠臣景监的介绍，连续四次见到秦孝公。前三次卫鞅并不提变法，而故意用“帝道”（尧舜之道）、“王道”（夏商周之道）和“霸道”（齐桓、晋文之道）进行试探。当他知道了秦孝公欲变法图强的真意时，第四次会见才提出“强国之术”，把自己的真实主张提出来，得到秦孝公的赞赏和支持。可见卫鞅不但具有远见卓识，方法亦甚得当。初露锋芒，便表现出审于形势，长于策略的政治才能。卫鞅确是战国时期不可多得的人物。

秦孝公听取并赞同卫鞅的变法主张以后，曾在群臣中举行过一次激烈的辩论。卫鞅在辩论中从理论上击败了甘龙、杜挚等保守派。秦孝公坚决地支持了卫鞅，“以卫鞅为左庶长，卒定变法之令。”[②]时在孝公三年，即公元前359年。

卫鞅变法先后有两次。

公元前359年颁布第一次变法令，其基本内容是：

第一，“令民为什伍，而相收司连坐。不告奸者，腰斩。告奸者与斩

① 《史记·商君列传》。

② 《史记·商君列传》。

敌首同赏。匿奸者每降敌同罚。”[1]这是整顿户籍，行连坐法，意在肃清暗藏在内部的敌人。

第二，“有军功者，各以率受上爵。为私斗者，各以轻重被刑。”[2]这是奖励军功，意在增强战斗力，以抗击入侵的外敌并伺机向外扩张。

第三，“民有二男以上不分异者，倍其赋。大小僇力本业，耕织致粟帛多者，复其身。事末利及怠而贫者，举以为收孥。”[3]这是奖励生产，意在发展农业。

第四，“宗室非有军功论不得为属籍，明尊卑爵秩等级各以差次，名田宅臣妾衣服以家次。有功者显荣，无功者虽富无所芬华。”[4]这是用以军功大小为标准定政治上尊卑等级的新制度来代替以血缘亲疏为标准定政治上尊卑等级的老办法，意在限制宗室特权，奖励军功。

以上四个方面，涉及军事、经济、政治，等等内容，目标是一个，就是使秦国迅速强大起来。

新法制定以后，并不立即颁布执行，却先举行一次徙木立信的活动，以明国家言必无欺，法必实行。其具体做法是：“立三丈之木于国都市南门，募民有能徙置北门者，予十金。民怪之，莫敢徙。复曰：‘能徙者，予五十金。’有一人徙之，辄予五十金，以明不欺。”[5]

卫鞅对保守派的抵制和破坏坚决予以回击。

新法实行一年之后，有上千人从各地来到国都反映新法诸多不便。恰好这时太子带头犯新法。卫鞅敏锐地觉察到这是有保守派在背后煽动，一针见血地指出：“法之不行，自上犯之。”太子是国君继承人，不能施刑，乃刑其傅公子虔，黥其师公孙贾，给保守派以沉重的打击。从此，法

---

① 《史记·商君列传》。

② 《史记·商君列传》。

③ 《史记·商君列传》。

④ 《史记·商君列传》。

⑤ 《史记·商君列传》。

令得到顺利推行，史称“行之十年，秦民大悦，道不拾遗，山无盗贼，家给人足，民勇于公战，怯于私斗，乡邑大治”。前此言法令不便，这时有言法令便的。卫鞅说：“此皆乱化之民也。”[①]尽迁之于边城。此后，无人议论新法是非的了。这时，卫鞅晋升为大良造。

公元前350年，卫鞅又在咸阳筑起宏伟的城阙和宫殿，把国都从雍（在今陕西凤翔南）迁到咸阳。接着发布第二次变法令。其基本内容是：

第一，“令民父子兄弟同室内息者为禁”[②]，这是重申第一次变法令中“民有二男以上不分异者，倍其赋”的禁令，而对违者的处罚，也要重于“倍其赋”。

第二，“集小都乡邑聚为县，置令、丞，凡三十一县。”[③]这是对分封制的否定，在秦国相当普遍地建立起县这一基层政权组织。

第三，“为田开阡陌封疆，而赋税平。”[④]这是废除井田制，彻底地进行土地制度的改革。

第四，“平斗桶权衡丈尺”[⑤]，这是统一度量衡制度。

第二次变法令，“行之四年，公子虔复犯约”[⑥]，卫鞅毫不妥协，对他施以劓刑。

后来卫鞅因破魏有功，受封於、商十五邑，号称商君。故历史上称其为商鞅。

商鞅在政治上是进步的。他的第二次变法令的几项措施（包括迁都咸阳在内），项项涉及社会变革的问题，都是变奴隶制为封建制的根本措施，无疑是第一次变法令的继续和发展，为后来秦始皇统一六国打下了坚

---

① 《史记·商君列传》。

② 《史记·商君列传》。

③ 《史记·商君列传》。

④ 《史记·商君列传》。

⑤ 《史记·商君列传》。

⑥ 《史记·商君列传》。

实的基础。秦始皇实行的一些政策，正是在商鞅变法的基础上发展而来的。商鞅的变法是战国对期最典型、最深刻、最彻底的一次政治改革。商鞅本人虽因此而遭车裂之刑，付出了血的代价，但是商鞅的变法事业，由于实行了二十余年之久，获得显著效果，并未因此而遭破坏。

商鞅的变法是成功的。史称第二次变法令颁布后，“居五年，秦人富强，天子致胙于孝公，诸侯毕贺”。其所以成功，固然根本原因在于他的变法反映了历史发展的客观要求，在政治上是进步的，而商鞅本人在变法斗争中表现出的义无反顾的坚毅精神以及大胆而又审慎的方式方法，也不能不说是一个重要因素。

商鞅本人的悲剧结局，也是历史的必然。他毕竟是剥削阶级的政治家，除秦孝公坚决支持他以外，似乎没有什么群众基础。他制定的刑法极其严酷，正如刘向《新序》所说：“卫鞅内刻刀锯之刑，外深铁钺之诛。步过六尺者有罚，弃灰于道者被刑。一日临渭而论囚七百余人，渭水尽赤，号哭之声，动于天地。”[①]又商鞅为秦“制爵二十等，以战获首级者计而受爵，是以秦人每战胜，老弱妇人皆死，计功赏至万数”[②]，尤为残酷。所以，一旦支持他的国君死去，另一个统治阶级掌权人物起来反对他，没有人民群众做他的后盾，他就只有束手就擒，别无他路。商鞅如此，吴起、李斯也莫不如此。这是由他们的剥削阶级本性所决定的。

四、申不害相韩

韩昭侯（公元前362年—公元前333年在位）用申不害为相[③]，史称“修术行道，国内以治，诸侯不来侵伐”。

申不害是战国时期与商鞅齐名的一位大政治家。据韩非说，二人的特点，是“申不害言术，而公孙鞅为法。术者，因任而授官，循名以责实，

---

① 转引自《史记·商君列传》裴骃《集解》。

② 董说：《七国考》卷十一引谯周语。

③ 《史记·韩世家》。

操杀生之柄，课群臣之能者也，此人主之所执也。法者，宪令著于官府，刑罚必于民心，赏存乎慎法，而罚加乎奸令者也，此臣之所师也。君无术则弊于上，臣无法则乱于下，此不可一无，皆帝王之具也。”[①]术也称“刑名”（刑、形通）。《韩非子·主道》说：“有言者自为名，有事者自为形，形名参同，君乃无事焉。”又说：“故群臣陈其言，君以其言授其事，事以责其功。功当其事，事当其言，则赏；功不当其事，事不当其言，则诛。”这是对刑名亦即术的正确解释。

申不害主张“治不逾官，虽知弗言”[②]。韩昭侯确实接受了申子的思想，按照他的主张行事。《韩非子·二柄》记载了有关韩昭侯的一个有趣的故事，说有一次“韩昭侯醉而寝，典冠者见君之寒也，故加衣于君之上。觉寝而说，问左右曰：‘谁加衣者？’左右对曰：‘典冠。’君因兼罪典衣与典冠。其罪典衣，以为失其事也。其罪典冠，以为越其职也。非不恶寒也，以为侵官之害甚于寒。”

还有一件事，反映出韩昭侯对于申不害的主张，简直达到坚信不移的程度。《韩非子·外储说左上》说：“韩昭侯谓申子曰：‘法度甚不易行也。’申子曰：‘法者见功而与赏，因能而授官。今君设法度，而听左右之请，此所以难行也。’昭侯曰：‘吾自今以来，知行法矣，寡人奚听矣。’一日，申子请仕其从兄官。昭侯曰：‘非所学于子也。听子之谒败子之道乎？亡其用子之谒？’申子辟舍请罪。”[③]

申不害相韩十五年，而留下的事迹比较少。不过从其政治主张的基本精神看，无疑地有利于君主专制，也同商鞅变法一样，在政治上为中国封建社会的出现准备了条件。

---

① 《韩非子·定法》。

② 《韩非子·定法》。

③ 《战国策·韩策一》。

五、齐威王的发愤图强

齐威王（公元前358年—公元前320年在位）初即位时，齐国一度出现了“诸侯并伐，国人不治”的局面。面对这种不景气的局面，齐威王大刀阔斧地采取实际措施，整饬吏治，改革弊政，不数年间，齐由弱复转为强。

根据《史记》的记载，齐威王治国，有一件事影响极大。有一次，齐威王“朝诸县令长七十二人，赏一人，诛一人”[①]。赏一人，就是赏即墨（今山东平度东南）大夫；诛一人，就是诛阿（今山东东阿）大夫。当时齐威王对即墨大夫说：“自子之居即墨也，毁言日至。然吾使人视即墨，田野辟，民人给，官无留事，东方以宁。是子不事吾左右以求誉也。”说完封给他一万家。又对阿大夫说：“自子之守阿，誉言日闻。然使使视阿，田野不辟，民贫苦。昔日赵攻甄（今山东鄄城北）子弗能救。卫取薛陵（在今山东阳谷东北），子弗知。是子以币厚吾左右以求誉也。”[②]当天就把阿大夫和因受他贿而替他在威王面前说假话的人烹了。办了这件事以后，齐威王“遂起兵西击赵、卫，败魏于浊泽（在今河南新郑西南）而围惠王。惠王请献观（今河南清丰南）以和解，赵人归我长城。”于是，“人人不敢饰非，务尽其诚。齐国大治。诸侯闻之，莫敢致兵于齐二十余年”[③]。司马迁的这些话固然可能有些夸张，不过齐威王时齐国内政修明，国力强盛，肯定是事实。

齐威王治国所以取得成就，他能够重视人材，选贤任能，也是一个重要原因。文献记载，齐威王“与魏王会田于郊。魏王问曰：‘王亦有宝乎？’威王曰：‘无有。’梁王曰：‘若寡人国小也，尚有径寸之珠照车前后各十二乘者十枚，奈何以万乘之国而无宝乎？’威王曰：‘寡人之所以为宝与王异。吾臣有檀子者，使守南城，则楚人不敢为寇东取，泗上十二诸侯皆来朝。吾臣有肦子者，使守高唐（在今山东禹城西南），则赵

① 《史记·滑稽列传》。

② 《史记·田敬仲完世家》。

③ 《史记·田敬仲完世家》。

人不敢东渔于河。吾吏有黔夫者，使守徐州（在今山东滕县东南），则燕人祭北门，赵人祭西门，徙而从者七千余家。吾臣有种首者，使备盗贼，则道不拾遗。将以照千里，岂特十二乘哉！’”[①]

齐威王的治国，不能说是一次变法，不过他重视吏治，把田野辟与不辟，作为判断吏治好与坏的标准，也含有革新的意义。提出“田野辟”的要求，不但表明重视农业生产，也反映这时齐国的井田制已经破坏。因为井田制是把土地分配给单个家庭并定期实行重新分配。分配土地的数量有一定的限制，不许随便开垦剩余的土地。要求“田爵辟”，不但不限制开垦剩余土地，开垦了还要奖励，不开垦的甚至还要杀头。这就说明井田制在齐威王时的齐国已遭到严重破坏。尽管由于史料有限，我们还不可能勾画出齐威王政治建树的全貌，不过，齐威王的政策反映了战国社会的急剧变化，适应了历史发展的要求，是属于战国时期变法革新运动的范畴，则是完全可以肯定的。

六、燕王哙的让国

燕王哙让国一事，也应列入战国时期变法范畴之内，但它不是主流，而是逆流。他的失败是历史的必然，不足奇，也不足惜。

燕王哙（公元前320年—公元前314年在位）是文公的孙子，易王的儿子。燕文公时苏秦以合纵之说至燕，燕打破闭关自守的局面，开始参与各国的政治斗争。各国变法革新之风不能不吹到北土。燕国的贫弱和环境的险恶，促使燕王哙苦身忧民，殷殷望治，他“不安子女之乐，不听钟石之声，内不湮汙池台榭，外不罼弋田猎”，甚至“亲操耒耨，以修畎亩”[②]。燕王哙急于图治求强的愿望无疑是好的。然而他生当战国之世，竟效法尧舜禅让的办法，把政权乖乖地交给子之，终于演成国内大乱，诸侯干预，事败身死的一幕悲剧。所谓燕王哙的让国，在燕王哙方面，是愚人做蠢事；在了之方面，则是一个预谋的骗局。

① 《史记·田敬仲完世家》。

② 《韩非子·说疑》。

《战国策·燕策》对此事有详细记载。它说：

燕王哙既立，苏秦死于齐。苏秦之在燕也，与其相子之为婚，而苏代与子之交。及苏秦死，而齐宣王复用苏代。

……子之相燕，贵重主断。苏代为齐使于燕，燕王问之曰："齐宣王何如？"对曰："必不霸。"燕王曰："何也？"对曰："不信其臣。"苏代欲以激燕王以厚任子之也。于是燕王大信子之。子之因遗苏代百金，听其所使。

鹿毛寿谓燕王曰："不如以国让子之。人谓尧贤者，以其让天下于许由，由必不受，有让天下之名，实不失天下。今王以国让相子之，子之必不敢受，是王与尧同行也。"燕王因举国属子之，子之大重。

或曰："禹授益而以启人为吏，及老，而以启为不足任天下，传之益也。启与支党攻益而夺之天下，是禹名传天下于益，其实令启自取之。今王言属国子之，而吏无非太子人者，是名属子之，而太子用事。"王因收印自三百石吏而效之子之。子之南面行王事，而哙老不听政，顾为臣，国事皆决子之。

子之三年，燕国大乱，百姓恫怨。

于是，齐宣王"令章子将五都之兵，以因北地之众以伐燕。士卒不战，城门不闭，燕王哙死。齐大胜燕，子之亡。二年，燕人立公子平，是为燕昭王"。

显而易见，苏代等人给燕王一步一步设下圈套。子之为相，本来已是"贵重主断"，苏代又用话激燕王哙，使他"大信子之"。进而鹿毛寿又以"有让天下之名，实不失天下"的巧言，欺骗燕王哙，使"举国属子之"。到此，这一幕滑稽剧得以最后完成。

这段历史的基本事实，古人已为我们记载得明白无误。有人说："子之大概是近于申不害一派的法家"，"后来子之的失败完全由于齐宣王的武装干涉"。我们不同意这种说法。因为子之没有法家的事实。

赵有无变法不可考。据史籍记载，只有两件事值得一提。一为赵烈侯时，“牛畜侍烈侯以仁义，约以王道，烈侯逌然。明日，荀欣侍，以选练举贤，任官使能。明日，徐越侍，以节财俭用，察度功德。所与无不充，君说（悦）。……官牛畜为师，荀欣为中尉，徐越为内史”①。二为赵武灵王“胡服骑射以教百姓”②。

看来，烈侯事不似曾进行带有根本性的政治改革，武灵王事也只是军事制度方面的变法，不像是政治方面的改革。所以，在尚未发现新史料之前，不妨说赵国没有变法。

总起来看，战国时期各国变法革新形成了一个运动，它是战国社会新旧两种制度交替变化的反映，并且反过来促进了这种变化。其中以魏为最先，所以战国初期，魏最为富强；以秦为最彻底，所以秦灭六国，终于建立了一个统一的多民族的中央集权的封建国家，为中国历史开辟了一个新纪元。

七、战国官制的改革

在战国社会由奴隶制向封建制转变的过程中，各国的转变的幅度有大小，时间有迟早，很难说哪国已先进入封建社会。一般说来，应当承认起两种制度并存，新的封建制在同旧的行将被取代的奴隶制激烈斗争，逐步取得统治地位。各国的作为上层建筑重要组成部分的官制的变革，情况也大体如此。

战国官制是一个十分复杂的问题，而且史料不集中、不完整、不系统，不容易谈清楚。这里只能就若干新的变革，摘其要者略述如下。

战国时期经济关系、阶级关系发生变化，其上层建筑必然随之发生变化。作为中国奴隶制经济基础的井田制及其相联系的宗法制、分封制发生变化，要求有新的适应中国封建社会特点的那种政治结构出现。这种新的政治结构果然出现了。其最大的特点，就是中央集权制。原有的以宗法

① 《史记·赵世家》。

② 《史记·赵世家》。

制、分封制为特点的中央和地方的政治组织都要受到改造。

关于各国的中央政治组织的变化，最值得注意的是相国和将军两职的设置。相国为文官的首长，主管政事；将军为武官的首长，主管军事。《韩非子·显学》说："故明主之吏，宰相必起于州部，猛将必发于卒伍。"这条材料反映出两个问题。一是战国时期各国的一个将相，在国君的心目中都是随时可以任免的官吏。国君不但可以从本国州部选取人材，还可以从别国来的客卿中任用将相。这就改变了春秋时期鲁三桓、郑七穆那种依靠血缘亲属关系当执政的情况。二是文武分职，将、相各有各的一套系统。春秋时期各国都是有相无将。平时是相，打起仗来，出征就是将，将相不分。至战国，战争次数多，时间长，规模大，几乎成为主要的政治手段。各国为适应战争的需要，纷纷把只让国人当兵的办法，改为普遍征兵，以至于出现常备兵、职业兵。由相兼管军事的老办法不适应了。于是，由具有一定军事专长的人来担任的、专门从事军队建设和统兵打仗的将一职便应运而生。

这时各国的地方政治组织，一般都改为郡、县。例如，魏有"上郡十五县"①，韩有"上党郡十七县"②，燕有"上谷郡三十六县"③，就是证明。郡有郡守、县有县令。郡守、县令与春秋时期的采邑主不同，都是直接对国君负责，并由国君随时任免的行政官吏。郡县的出现，是对分封制的直接否定，是一项极其重要的变化。

战国时期，一方面产生了郡县制，另一方面旧的封君制度依然存在。甚至在变法最为彻底的秦国，封君的办法也竟一直没断过，例如商君、武安君、穰侯、应侯、文信侯，等等。不过，战国时的这些封君，多半是土地褊狭，而且大都是徒具虚名。

战国出现的新官制，经过长期发展，日臻完善，遂成为中国封建社会的最基本的政治制度。

---

① 《史记·秦本纪》。

② 《战国策·秦策》。

③ 《战国策·秦策五》。

第五节　战国时期经济的新发展

战国时期，冶铁技术的不断进步，铁制工具的广泛使用，引起了经济，首先是农业，其次是手工业，最后是商业的新的重大发展。这种经济的发展，更促进了生产关系以及阶级关系的急剧变化。这时政治上的日寻干戈，思想上的百家争鸣，究其根本原因，都与经济的发展密切相关。正是这种经济的发展，才决定了新兴的封建制度代替了腐朽的奴隶制度，统一的封建集权的中国代替了分裂的奴隶主割据的中国，而开创一个崭新时代的历史。

一、农业

1．铁制农具的广泛使用

战国时期的农具，主要已是铁器。《孟子·滕文公上》记载孟轲同许行弟子陈相的一段对话：孟轲问："许子以釜甑爨，以铁耕乎？"陈相答道："然。"《管子·轻重乙篇》亦有"请以什伍农夫，赋耜铁"[①]等语。可见，当时已把"铁"和"耕""耜"联系在一起。建国以来在考古工作中发现了大量的战国时期的铁制农具，证实了上述文献的记载。如1950年河南辉县的五座魏墓，曾出土犁、铧、钁、臿、锄、镰等农具五十八件。[②]1955年石家庄赵国遗址出土的农具，铁器占各种工具总数的百分之六十五。[③]1953年在河北兴隆燕国遗址，共发现了制造农具的铁范八十七件。[④]迄今为止，辽宁、河北、山东、河南、山西、陕西、湖北、湖南、四川即战国七雄所辖地区，均有战国时期的铁制农具出土。文献记

---

① 管仲是春秋时人。《管子》一书，成于战国时期管仲学派之手，该书中的内容，有一些当是反映战国时期的情况的。

② 见《辉县发掘报告》。

③ 见《河北石家庄市庄村战国遗址发掘》，《考古学报》1957年第1期。

④ 见《考古学报》1956年第1期。

载和地下发掘物表明，铁器已成为战国时期的主要农具，当是确凿无疑的。

2．水利事业的迅速发展

战国时期水利事业的迅速发展，可从两个方面谈。一是抗旱防涝的排灌工程系统遍地开花；二是兴修较大的引渠灌溉工程。

《荀子·王制》有一段文字，“修隄梁，通沟浍，行水潦，安水藏，以时决塞，岁虽凶败水旱，使民有所耘艾”，论述了当时排灌工程的三个主要环节及其功用。一是隄防，即所谓“修隄梁”（梁是桥梁），功用是防止河水泛滥成灾，或作为水库的截流大坝。如齐国和赵、魏各自在黄河两岸距河谷二十五里处修筑长堤，以防水害①。当然，在谱侯割据称雄的历史条件下，筑隄防不免有孟轲所说的“以邻为壑”的弊病，但这毕竟不是问题的主要方面。二是沟渠。所谓“通沟浍”的沟浍，是排灌工程的细支；主流，当是沟渠。沟渠的功用是作为给水和排水的主渠道，沟通江河或江河与湖泊。这种较大的沟渠，多系人工开凿。如黄河与圃田泽（在今河南中牟西）之间的大沟（即“鸿沟”），以及汉水与云梦泽之间，长江与淮河之间，长江与太湖之间，齐国的菑、济二水之间，均有较大的沟渠开凿。②三是水库。这种水库，小者称潴（池塘），大者称陂（陂，是指人工修筑的拦截河水的水库大堤，如春秋战国之际楚国在安徽寿春修建的芍陂）。但更多的，还是利用湖泊（即“泽薮”）作为天然水库，功用是“行水潦，安水藏”，并根据仿旱排涝的需要，“以时决（给水）塞（蓄水）”。当时，遍及吴、楚、秦、晋、梁、宋、齐、赵、燕等国的九个较大湖泊，被称为“九薮”，③都曾程度不同地被人们用作天然水库。总

① 事见《汉书·沟洫志》。

② 见《史记·河渠书》：“荥阳下引河东南为鸿沟，以通宋、郑、陈、蔡、曹、卫，与济、汝、淮、泗会。于楚，西方则通渠汉水、云梦之野，东方则通（鸿）沟江淮之间。于吴，则通渠三江、五湖。于齐，则通菑、济之间。”

③ 见《吕氏春秋·有始览》。

之，战国时期兴修的水利排灌工程，其数量之多和地域分布之广都是前所未见的。

著名的引渠灌溉工程有三个：引漳工程，都江堰，郑国渠。

引漳工程。《史记·河渠书》说："西门豹引漳水溉邺，以富魏之河内。"又，《史记·滑稽列传》褚少孙补："西门豹即发民凿十二渠，引河水灌民田，田皆溉。"西门豹，是魏文侯（公元前445年—公元前396年）时的邺大夫。邺在今河南临漳西南。漳水，又名降水，流经邺县北。西门豹身为邺大夫，组织民众兴修引漳工程，用来灌田，千百年来人们有口皆碑。现存的宋代《西门豹祠碑》碑文记载"凿大渠而溉其田"[①]，都是证明。但是，《吕氏春秋·乐成》却说："漳水在其旁而西门豹勿知用"，把引漳的功劳完全记在史起的账上。两说大相径庭，孰者为是？据我看，司马迁治史严谨，为作《史记》，他博览群书（当然包括《吕览》），遍游名山大川，亲自调查访问，于引漳一事，不取《吕览》之说，亦不以"或曰""盖"的方式备录吕说存疑，想是必有所本。因此，引漳工程的组织者，当依《史记》所述为宜。《汉书·沟洫志》以《吕氏春秋》那段文字作为结论，并不妥当。

都江堰。秦昭王（公元前306年—公元前251年）时，蜀郡太守李冰，组织民众，在四川灌县西岷江中游，用竹笼盛鹅卵石，层层堆砌，在河中筑成大堰，"穿二江成都之中"[②]，把岷江分为郫江（又称内江），检江（又称外江、流江）。这样，既免除了泛滥之灾，又可利于航行和灌溉。此后，成都平原成了一片沃野，"天府"之名，遂由是起。至今，人民仍被其利。两千多年前的都江堰，代表了我国当时水利工程的先进水平，无疑是古代劳动人民集体智慧的结晶。这种"中流作堰"的方法，在当时的其他水利工程中亦有采用。而李冰，作为一名精通业务的地方行政长官，总结了人民的经验，在较大的岷江作堰，获得成功，其功绩是不可磨灭

① 《西门豹治邺与〈西门豹大夫庙记〉碑》，见《文物》1974年第12期。

② 见《史记·河渠书》。

的。1974年在都江堰发现了汉代雕塑的李冰石像，表明后代人民对他十分敬仰。

郑国渠。关于郑国渠的兴建始末及其意义，《史记・河渠书》有详细记载，现引述如下：秦始皇兼并六国之前，“韩闻秦之好兴事，欲罢之，毋令东伐，乃使水工郑国间说秦，令凿泾水自中山（在今陕西淳化南）西邸瓠口（在今陕西泾阳西北）为渠，并北山，东注洛，三百余里，欲以溉田。中作而觉，秦欲杀郑国。郑国曰：‘始臣为间，然渠成亦秦之利也。’秦以为然，卒使就渠。渠就，用注填阏之水，溉泽卤之地四万余顷，收皆亩一钟。于是关中为沃野，无凶年，秦以富强，卒并诸侯，因命曰郑国渠。”

战国时期水利事业得到迅速发展的重要原因之一，是铁器工具的普遍使用。而当时兴修水利的主要工具，便是“铁臿”。《史记・秦始皇本纪》“身自持筑臿”张守节《正义》注：“臿、锹也。尔雅云：‘锹谓之臿。’”臿作为起土的工具，当然被作为农具使用，但同时它又是兴修水利时的主要工具。1975年1月，在都江堰工程鱼嘴附近，又发现一躯持臿石人像。这躯石像，无疑是当年都江堰工程修筑者的象征。石像手持臿的形状，与马王堆三号汉墓填土中的铁口木臿极为相似，可为铁臿是战国兴修水利的主要工具的又一有力证据。

3．农业技术的日益进步

《吕氏春秋》有《上农》《任地》《辨土》《审时》等四篇，可以看作是战国时期农业技术的总结。

《上农》篇主要从政治角度说明农业的重要性，并谈到了一些属于政策性的问题。因与农业生产技术关系不大，兹不具谈。

《任地》《辨土》《审时》都谈农业技术。

《任地》篇首提出十个问题，实际上这是奋斗的目标。以下，都是讲耕作方法。讲耕作方法时，先提出五大原则，即“力者欲柔，柔者欲力；息者欲劳，劳者欲息；棘者欲肥，肥者欲棘；急者欲缓，缓者欲急；湿者欲燥，燥者欲湿。”“力”是指较硬的土；“柔”是指柔软的土；“息”是指休闲的土；“劳”是指频耕的土；“棘”是指瘠薄的土；“肥”是指肥沃的土。急缓与力柔相似而不同。说者谓：“力、柔是就土的质地来说的，急、缓是就土的干湿的影响来说的”，可能是对的。这五条原则无疑是耕作方法在理论上的概括。很明显，里边含有自发的辩证法思想。

在此以下，谈具体的耕作方法。

在讲耕作方法时，突出地把下列一段话摆在前面：“上田弃亩，下田弃甽。五耕五耨，必审以尽。其深殖之度，阴土必得，大草不生，又无螟蜮。今兹美禾，来兹美麦。”

“上田”是指高旱的田，“下田”是指下湿的田，“亩”是垅台，“甽”是垅沟。“上田弃亩，下田弃甽”，就是高旱的田，要把庄稼种在垅沟里，而不种在垅台上；下湿的田，要把庄稼种在垅台上，而不种在垅沟里。

“五耕五耨，必审以尽”是说蹚五次，铲五次，一定要做到精细详尽。

“深殖之度”是指耕地的深度，“阴土”是地中湿润的土。“其深殖之度，阴土必得”是说耕地的深度，必定要达到得出地中的湿土来。这样，就能使“大草不生，又无螟蜮。今兹美禾，来兹美麦”。螟、蜮，都是害虫。“今兹美禾（谷子），来兹美麦”，又说明当时已认识到了“调茬”的必要和好处。

以下一些文字，则主要强调一个“时”字。例如说：“不知事者，时未至而逆之，时既往而慕之，当时而薄之”。这正是从反面指出不知道正确地掌握农时的害处。这段文字的中心思想是“无失民时”。

《辨土》篇首段是全篇总纲。首先说耕地要根据土地的干硬或湿软而分先后。干硬的土地必须先耕，湿软的土地可以后耕。上田是高旱的田，要注意保墒；下田即低湿的田，要注意排水。其次说种地要适时，并要有一定的适宜的亩甽、行列、疏密，不可使有地窃、苗窃、草窃等“三盗”

之害。这样做得粟可多。从农业技术来看，水平是相当高的。

《审时》篇专门论述掌握耕作时节的重要性。具体地举禾、黍、稻、麻、菽、麦六种农作物为例，详细地说明各种农作物得时失时的情况，指出得时的农作物，不但能长得苗壮，又收成多而质量好，且能抵抗虫害。

二、手工业

1．手工工具的变革

战国时期手工工具的变革，主要表现在铁制工具的采用上。据黄展岳同志的考证，真正属于春秋时期的铁器，已经出土的，数量很少（约十件），器类简单，形体薄小[①]。战国时期情形则与此不同。湖北大冶铜绿山战国矿井遗址，共发现十四件采掘工具，除一件木器外，其余均为铁器。但是，同一地区的春秋时期的矿井遗址，却只有铜斧、铜锛，完全没有铁器。至于铁制工具的用于其他手工业部门，从河南辉县战国魏墓出土的铁制斧、凿、削、小刀以及铜绿山矿井遗址中的铁钻、铁锤等工具中，足以得到说明。可见，战国时期，随着铁制工具的增多和不断改进，它越来越多地被用于手工业生产的许多部门，应是没有疑问的了。

2．手工业经营方式的变化

战国时期，手工业在经营方式上的变化，根源于生产力的发展和由此而引起的生产关系和阶级关系的变动。而每一种具体的经营方式，又体现着一定的生产关系。下面，具体谈四种经营方式。

家庭手工业。战国时期，越来越多的个体农民成了社会的主要劳动者，家庭手工业因此而迅速地发展起来。这种作为农民副业的手工业，主要是农妇的养桑、治麻，继之以缫丝、纺纱并织成布帛。此外，还有编织、结网等等。这些产品，除满足自身需要外，也有一小部分拿到市场上出售。因此，对织物有一定的规格要求。吴起“使其妻织组而幅狭于度”

---

① 《关于中国开始冶铁和使用铁的问题》，《文物》1976年第8期。

因之出妻的故事，[①]可说明这点。

个体手工业。个体手工业规模虽小，经营行业却很广泛，有冶金、木工、车工、陶器等。据《孟子·滕文公上》记载，当时农夫所使用的生产工具（铁器）和一部分生活用具，如釜、甑、素冠等，基本上是通过交换从个体手工业者即“百工”那里取得。此之谓“以粟易械器”。而百工则“以其械器易粟”。这种情况，在战国时期成为一种普遍现象，是和当时生产力的发展、农业与手工业分工的进一步扩大以及阶级关系的变化分不开的。上述事实表明，个体手工业在战国时期的经济生活中，已占有相当重要的地位。

官营手工业。官营手工业历史久远，分工较细，有专门的官吏负责管理。云梦秦简的《秦律》中有《均律》《均工》《工人程》等单行法令，即是为了加强对官营手工业的经营管理。它的产品，到战国时期，主要是供上层统治集团享用的器物和兵器，生产工具的产量或所占比重则有所下降。官营手工业的生产者，大多是官奴和刑徒，也有被征调的农夫和雇用的“佣客”。总的来看，随着个体手工业和私营大手工业的迅速发展，“工商食官”的格局已被彻底打破。官府手工业在整个手工业中所占据的地位，和春秋时期相比，无疑是下降了。

私营大手工业。私营大手工业的出现和迅速发展，是战国时期手工业在经营方式上最重要的变化。它主要经营冶铁、煮盐等有关国计民生的重要部门，特别是在新兴的冶铁工业部门获得了迅速的发展。《史记·货殖列传》记载战国末年（包括秦王朝初年）经营手工业而致富的，有猗顿、郭纵、寡妇清、卓氏、程郑、孔氏等六人。除猗顿、寡妇清是分别由经营盐、丹沙起家外，其余四人，均以冶铁致富，富埒王公。这种私营大手工业，要向国家交纳一定的赋税（有的是十分之三）；而生产者，则是雇工（破产的农民或手工业者）、奴隶和逃亡的罪犯。私营大手工业的出现和迅速发展，标志着商品经济在战国时期已达到一个前所未有的较高水平。

① 见《韩非子·外储说右上》。

3．手工业生产的迅速发展

上述生产关系上的变革，反过来又促进了战国时期手工业的迅速发展，这可以从采矿、冶铁与铁器制造、炼铜与铜器制造、兵器制造、木工、车工、皮革、陶瓷、漆器、玉器和玻璃器、煮盐、酿酒、编织、纺织、造船、建筑等部门分别来谈。

（1）采矿

战国时人们已总结出初步的找矿知识。《管子·地数》说：“上有丹沙者，下有黄金；上有磁石者，下有铜金；上有陵石者，下有铅锡赤铜；上有赭石者，下有铁。”关于采矿，湖北铜绿山铜矿遗址为我们提供了宝贵的资料。这座矿井，深达五十米，采用竖井、斜井、斜巷相结合，多中段的开拓方式，初步地解决了井下的通风、排水、运载、提升、照明和巷道支护等一系列复杂的技术问题。使用的采掘工具，主要是铁器①。采矿业所达到的这种先进技术水平，为冶金工业的迅速发展提供了前提条件。

（2）冶铁与铁器制造

战国的冶铁，以木炭为原料，用成排的皮囊来鼓风，以提高炉温。炼铁的高炉，虽无完整的实物发现，但从出土的薄铁铸件来推断，可知当时的高炉已超越了初级阶段。在冶铸工艺方面，已有生铁冶铸和毛铁锻造，能够对生铁铸件进行柔化处理。作为一个新兴的手工业部门，当时的铁制品还难免粗糙，所以不被大量地用来作兵器。但是，铁毕竟是比铜更坚韧的金属。因此，它迅速而广泛地被用来制造农具和手工工具。这些工具，有犁、铧、锸、钁、铫、镰、锷、铚、斧、锯、钻、凿、锤、针、锥等。从《史记·货殖列传》的记载和出土铁器的范围来看，冶铁与铁器制造遍及战国七雄地区，是一门喷薄日上的新兴手工业。

（3）炼铜与铜器制造

在炼铜方面，关于铜和锡的配合比例，已积累了丰富的经验。人们

① 《湖北铜绿山春秋战国古矿井遗址是奴隶创造历史的光辉见证》，《文物》1957 年第 2 期。

根据器物的不同需要，按照不同的铜锡比例来进行冶铸，如铜锡比例在百分之十七至二十之间最为坚韧，人们便按此比例来冶铸制造武器和工具所需的铸铜，使铜器质量大为提高。在铜器制造上，战国的铜器虽不如商周时代的雄伟，但它铸造精美，造形精巧，文饰工丽，花纹细致繁复。如出土的“宴乐射猎铜鉴”“水陆交战铜鉴”“百花潭铜壶”等器物上描写车马狩猎、射猎、采桑、宴乐、水陆交战、攻防等图像，非常精美生动。从出土的青铜器的数量来看，兵器最多，其次是礼器和生活用具以及生产工具，等等。此外，青铜的镂刻、金银错、镶嵌、鎏金等工艺，战国时期也有所创造和提高。

（4）兵器制造

兵器制造是战国的重要手工业部门之一，主要由官府督造。它的发展，是和战争为战国时期最突出的一个特点相联系的。从出土文物看：当时的兵器主要是青铜制品，特点是比春秋时期更为锋利、坚韧、精美；种类有戈、矛、戟、钺、剑、斧、箭簇以及弩机、胄顶等。此外，在某些国家如楚国，铁兵器的比重已在增多，长沙、衡阳六十四座楚墓出土的七十多件铁器中，有戈、矛、剑、刀、匕首等铁兵器三十三件。这与文献记载的“宛鉅铁釶（矛）惨如蜂虿”[①]，是相符合的。

（5）木工

木工与很多行业（如建筑业）有关，而本身则主要是车舆的制造。

车工。车工的主要产品，在战国时除战车和驾马的大车（辇）小车（轺）之外，人挽小车（輓）的生产也有较大发展。被称为“轮舆”之人的车工，与农夫“通功易事”[②]，以产品换取粮食。战国时，车工在个体手工业者中占了相当多的人数。这只能从经济的发展与对运输能力需求的增加中来求得说明。

① 《荀子·议兵》。

② 《孟子·滕文公下》。

（6）皮革

皮革产品用途较广，原料除牛皮、羊皮外，战国时还用犀皮、兕皮、鲛皮（即鲨鱼皮）来制作披甲。这显然是和当时战争频繁以及对改进军事装备的需求相联系的。

（7）陶瓷

和春秋时期相比，战国时制陶工艺的主要特点是素面陶器占了优势，陶器的暗纹（如绳纹和几何纹）和彩绘（如红色彩绘和黑色暗花），均有较大的发展。而各种砖、瓦，特别是“空心砖”的出现，是战国后期陶工的一个创造。战国时期是否已有瓷器，目前学术界看法不一。商周以来的釉陶，具备了瓷器的某些特征，只宜称作“原始瓷器”[①]。

（8）漆器

漆器工艺在春秋时还附属于木器业。战国中期以后，它迅速地发展成为一个独立的手工业部门。这时的漆器已用于家具等许多生活用具及乐器、兵器附件、丧具等很多方面，用来防腐和增加美观。1971年湖北浏城桥楚墓出土大量漆器，有漆几、漆戈柄、漆矢箙等。这些器物，彩色鲜艳光亮，花纹细致精美[②]。此外，成都羊子山战国墓的漆盒和漆奁，有加镶的金属扣。其他加镶金边或铜边的漆器，也有很多出土。漆器的颜色，已有黑、朱、黄、紫等十几种，并能彩绘成各种美丽的图案。这些都反映了漆工技术所达到的先进水平。

（9）玉器和玻璃器

玉器是供统治阶级享用的装饰品。它的制作，反映雕刻工艺的水平。战国时，开始用人造玻璃来代替玉器作装饰品，战国的墓葬曾出土不少精美的玻璃璧、玻璃珠、玻璃印玺等。

（10）煮盐

战国的煮盐，从规模到产量，均有发展。著名的产盐地有齐、燕两国

---

① 《关于我国瓷器起源的看法》，《文物》1978年第10期。

② 《长沙浏城桥一号墓》，《考古学报》1972年第1期。

的海盐，即“齐有渠展之盐，燕有辽东之煮”[①]。此外，安邑的池盐，巴蜀的井盐，也很著名。

（11）酿酒

战国时期酿酒业总的情况，文献记载不多。《韩非子》一书曾描写宋国一个小酒店，由于“犬恶”而“酒酸”的故事。抛开作者的寓意不谈，从城市中设有一些小酒店的情况来看，反映出酿酒在战国时也是有所发展的。

（12）编织

编织所用的原料，有竹、草之类；产品，有竹席、草鞋，等等。此外，从湖北铜绿山矿井遗址所发现的用作提运矿石的竹簸箕、竹筐、藤篓以及都江堰工程筑堰时所用的盛石竹笼来看，战国的编织品种类很多，它不仅满足人们的日常生活需要，而且被用作农业和手工业的生产工具。

（13）纺织

战国的纺织业主要有丝帛、麻葛两种，遍及城乡各地，尤以齐、鲁最负盛名。此外，在长沙左家塘战国墓中还首次发现了织棉。织物的染色，战国已有石染（矿物染料）和草染（植物染料），能染成或织成带有美丽文彩的缯帛。长沙子弹库战国墓出土的织物残片，有绢、纱等类，并用了平纹、罗纹等不同的织造方法。如一片织绢，每平方厘米经线70根，纬线40根。而长沙五里牌楚墓出土的麻织物，密度是每平方厘米经线28根，纬线24根。可见，战国时的纺织业已达到较高的水平。

（14）造船

战国时造船业的情况，文献记载和实物发现，至今还很少。1958年在江苏武进县曾发现几只春秋战国时期的独木舟，舟长约11米，宽0.9米，加工精细，船壳很薄。而运载人与货物的大船，据《史记·张仪列传》记载：“秦西有巴蜀，大船积粟，起于汶山，浮江已下，至楚三千余里。舫船载卒，一舫载五十人与三月之食，下水而浮，一日行三百余里。”可见

① 《管子·地数》。

舫船之大。另外，从“水陆交战铜鉴”等器物上的双层战船的图像中，可以想见当时造船工业水平之高。

（15）建筑

建筑业需要同其他许多行业（如木工、陶工）的配备与协作，主要是以房屋（草屋与瓦屋）的建筑为主。而最能代表当时建筑业水平的则是宫庭建筑。下面简要介绍秦都咸阳第一号宫殿遗址的发掘情况。这座宫殿遗址，系多层“高台建筑”，现存台面东西长31.1米，南北宽5.8米至13.3米，地基深5米。主体殿堂有过厅和许多“室”，壁墙之中有暗柱加固，台基下有回廊及排水设施。所用建筑材料：基础是坚硬的石块；支撑是木柱木架；用砖有各种型号的饰纹青灰色硬砖（铺地用）和各种纹饰的“空心砖”（踏步用）；用瓦有青灰色的板瓦、筒瓦和瓦当。此外，还用了一些金属器件。在建筑工艺上，已有脊饰、斗拱，等等[①]。总之，这座宫殿遗址的发掘表明，战国时的建筑业已达到了一个较高的水平。

三、商业

1．商品生产的发展

战国商品生产的发展，是社会生产力迅速提高、社会分工进一步扩大的必然结果。当时投入市场的商品，有农林牧副渔产品和手工业产品两大类。

农林牧副渔产品，主要是粮食以及农民家庭副业如丝帛葛麻产品，牲畜及肉、皮、筋、角、脂、胶等畜产品，木材及林产品，狩猎产品，鱼类及水产品，各地名贵的土特产品。

手工业产品，除生产工具和运输工具外，各种日常生活用品，品种极其繁多。其中，高级工艺产品如珠宝玉带之类，是供统治阶级享用的昂贵商品。

战国文献如《战国策》《墨子》《孟子》《荀子》对四方各地的商

① 《秦都咸阳第一号宫殿建筑遗址简报》，《文物》1976年第11期。

品经济生产，有大量记载，可归纳如下。南方：主要有木材（长松、文梓、豫章）矿产（金、铜、锡、铁、丹砂）、海产（鱼、鳖、鼋、鼍）、鸟（羽毛）兽（犀、兕、麋、鹿、象的齿、革、皮毛）；东方：主要有海产（鱼、盐）和织物（布、帛、绤）；西方：主要有矿产和鸟兽的羽毛、皮革以及铁和池盐；北方：主要有畜产（犬、马、牛、橐驼）和果品（枣、栗）。

以上，同《周礼·职方氏》所载的九州物产（兖青二州的蒲、鱼，扬州的铜锡竹箭，荆州的丹犀齿革，豫州的林漆丝枲，雍州的玉石，幽州的鱼盐，冀州的松柏，并州的布帛），基本上是一致的。

上层统治阶级享用的高级商品的生产，见于李斯《谏逐客书》列举秦王所拥有的产自各国的珠宝玉器、衣服佩饰等，如昆山之玉、随和之宝、明月之珠、夜光之璧、犀象之器、太阿之剑、纤离之马、翠凤之旗、灵鼍之鼓、江南金锡、西蜀丹青、宛珠之簪、傅玑之珥、阿缟之衣、锦绣之饰。而产自各地美味，如《吕氏春秋·本味》所列举的洞庭之鱄、东海之鲕、阳华之芸、云梦之芹、具区之菁、江浦之橘、云梦之柚，等等，这在当时，只能是以饱"君子之腹"了。

上列高级商品，凑聚一处，足以使人眼花缭乱。但是，最能说明当时商品经济生产发展程度的，还是《孟子·滕文公上》所记述的如下事实，即农夫所生产的粮食和家庭副业产品，除自用外，其余全部拿到市上出售，以换取他们生产上使用的全部铁制工具、运输工具以及一部分木制工具、生活用具和生活必需品（如食盐）。而个体手工业和私营大手工业，其产品，则完全是为了出售，以换取粮食等主副食品、生产和生活的用具、用品以及生产所需的原材料。甚至，各级统治阶级从农民那里征收来的农副产品，也要拿到市上出售，以换取他们所需的奢侈品。这个基本事实，才是战国商品经济生产的主要内容，是战国商品经济和商业活动所呈现的某种繁荣景象所赖以存在和发展的基础。

2．商业活动和商人队伍

战国时的商业活动，从经营的范围来看，有如下一些方面。

（1）粮食

粮食买卖除了在农民和个体手工业者之间进行外，国家和一部分大商人亦从事粮食贩卖活动。特别是有些大商人如战国初年的白圭，采取“人弃我取，人取我与”的办法，在丰年贱价收购粮食，出售丝、漆，荒年则高价售出粮食，买进丝、絮，大搞投机活动，牟取暴利。

（2）矿产与木材

各种金属矿产及木材，是手工业生产的主要原材料。它的买卖，主要在手工业生产者之间进行。当时经营冶炼业的一些大手工业者，同时又是大商人，如战国末年冶铁致富的郭纵、卓氏、程郑、孔氏等。

（3）生产工具

农业工具和手工工具的生产者和销售者，有大、中、小之分。此外，还有运输工具（车、船）的买卖。

（4）日常生活用具用品

这一类包括的商品种类极其繁多。总的来看，是为数很多的个体手工业者用他们的产品同个体农民交换粮食、家庭副业产品，等等。当然，也包括个体农民之间的交换农副产品。这一类商品的交换，在当时的商品变换总额中占有很大的比重。《孟子・滕文公上》记录当时市场上交换的主要商品有布帛、麻、丝絮、五谷、履等日常生活用品。

从《云梦秦简》的秦律中，我们也可以看到此类商品的交换情况。简文谈及粮食买卖，提到“有禀菽、麦当出未出，即出禾以当菽、麦，菽、麦价贱禾贵”，并说禾粟价一石值三十钱。关于家畜的买卖，简文提到猪羊一类“小畜”每头的价格二百五十钱左右。此外，简文还记载了出售鸡、畜产品（肉、皮、筋、角、脂、胶）的事，记载了陶器、铁器、木器以及冬衣、夏衣、褐衣、大麻的价格。睡虎地四号墓出土的木牍（两名士兵的家信），还提到买丝布做衣，等等①。

① 《从秦简看秦国商品货币关系发展状况》，《文物》1978年第8期。

（5）珠宝玉器等工艺品和名贵土特产

此类商品，主要供上层统治阶级享用。经营者，多是大投机商人，可获百倍之利。赵国“阳翟大贾”吕不韦，便是其中的著名者。

（6）盐及饮食服务诸业

盐是生活必需品。经营煮盐的富商，见于文献的有魏国的猗顿等。经营饮食服务业的，则有杀猪屠狗的卖肉者、卖浆者、卖酒者、客馆开设者，等等。

从上述一些商业活动来看，战国的商人队伍有如下三个特点：

第一，商人有大、中、小之分。大商人有垄断市场的能力，多经营粮食、盐、铁、矿产和木材等原材料以及贵重商品的贩卖，经常搞投机倒把，牟取暴利。中小商人则多从事生产工具及日常生活用具用品的生产和销售。

第二，大中小商人，其本身往往又是大中小手工业者，一身而兼二任。

第三，商人有“行商”（长途或短途贩卖）和“坐贾”（居肆营业）之分。行商大都不可能同时兼营手工业生产，坐贾则是可以的。

3．商品市场和商业都市

商品交换一般在市场上进行。战国的各国国都和其他城市，都设有“市”。在国都的建设上，还有“面朝后市”[①]（前面是朝庭，后面是市）的建筑规范。据记载，当时大城市中的市区规模已经很大：四周设有“市门”，由“市吏”对市场进行管理。按秦律《关市律》的规定：“为作务及官府市，受钱必辄入其钱缿中，令介者见其入。不从令者赀一甲。”所谓“官府市”，就是“市官”管理下的交易。这和《华阳国志》中所记载的秦惠文王时“张若治成都，置盐铁市官”“市张列肆、与咸阳同制”，基本上是一致的。国家对关市的这种管理，目的是为了通过关卡、市场来征税，以增加政府的财政收入。

---

① 《周礼·考工记》。

农业、手工业和商业的迅速发展，导致了工商业城市的大量出现。

春秋时期的城市，包括国都在内，一般规模不大（侯伯之城，方五里[①]）。当时的城，作为武装据点，首先是天子、诸侯的政治统治中心，而其中官营的工商业，主要是为统治阶级服务，不是城市的主体。

战国时期的城市，与春秋时期不同。从规模看，古时“城虽大，无过三百丈者；人虽众，无过三千家者”。战国时期则“千丈之城万家之邑相望也”[②]。“三里之城”“七里之郭”“万家之县”，已是到处可见。从性质看，战国时的城市，特别是国都，虽然仍然是政治、军事的中心，但工商业人口已经成了城市居民的多数。尤其是一批工商业城市，作为各地区的手工业产品和农副业产品的集散地，雨后春笋般地出现了。据《盐铁论·通有》记载：“燕之涿（今河北涿县）、蓟，赵之邯郸，魏之温（今河南温县西南）、轵（今河南济沅南），韩之荥阳（今河南荥阳东北），齐之临淄，楚之宛丘（今河南南阳市），郑之阳翟（今河南禹县），三川之二周（按指东周、西周。东周，今河南巩县；西周，今河南洛阳市），富冠海内，皆为天下之名都。”此外，曾先后做过各国国都的安邑（今山西夏县西北）、大梁（今河南开封市）、郑（今河南新郑）、洛阳（今河南偃师西）、郢（今湖北江陵西北）、陈（今河南淮阳）、寿春（今安徽寿县）、濮阳（今河南濮阳西南）、雍、咸阳、吴（今江苏苏州市）等城市，也都是著名的工商业城市。

战国工商业城市的繁荣景象，可举齐都临淄为例。据《史记·苏秦列传》记载，临淄有七万户人家，很是热闹。“车毂击，人肩摩，连衽成帷，举袂成幕，挥汗成雨。”一些游闲者“吹竽鼓瑟，弹琴击筑，斗鸡走狗，六博蹋鞠”。楚国的郢都，据《太平御览》卷七七六引桓谭《新论》，也是“车挂毂，民摩肩，市路相交，号为朝衣鲜而暮衣弊”。

战国时期，富庶的工商业城市，往往会成为各国的争夺目标。如原

① 见《左传》隐公元年注。

② 《战国策·赵策三》。

属宋国的定陶（今山东定陶北），即范蠡当年曾“三致千金”的地方，因为是“天下之中，诸侯四通，货物所交易”的大工商业城市，一直为齐、秦、赵三国长期激烈争夺。

工商业城市的兴起和繁荣，集中地表现了战国时期商品经济生产的发展和所达到的较高水平。

4．金属货币的广泛流通

商品交换的发展，必然要引起货币本身的变化。战国货币同春秋时期的不同，在于金属货币的广泛流通。以下分铜币、金币、贝和珠、玉等三个方面来谈。

（1）铜币

春秋时已开始使用铜铸货币。公元前524年周景王“将铸大钱”[①]一事表明，铜币在春秋后期的商品交换中已广为流行。战国时期，铜币的广泛流通，据文献记载，表现在：粮食的价格已用货币来计算，临时雇工（“庸客”）的工资已用货币来支付，国家征收的赋税，也开始用货币来交纳（“刀布之敛”），甚至政府通缉罪犯的赏格也用货币，如秦王下令：“有生得毒者，赐钱百万”之类。铜币广泛流通的这种情况，从《云梦秦简》的秦律中亦可得到说明。如对盗窃犯的惩治，一定要把赃物估算出值钱若干，如“赃值××钱”，然后再根据赃值的多寡来判定惩罚的轻重。关于铜币的形制，由于诸侯的称雄割据，很不统一，但大体可分为四种：一是“布”。它取象于农具钱、镈的形状，流行于周王室及三晋地区。其中，赵国又铸行刀币。接近秦国的地域，又有圆形圆孔货币的出土。二是“刀”。它取象于切割工具刀的形状，流行于齐、燕、赵三国。其中，齐、燕又曾铸造过圆钱和布钱。三是“圆钱”。圆钱有圆孔与方孔之分，流行于秦国以及临近秦国的黄河流域地区。四是“铜贝”。它的形状像海贝，流行于楚国。

① 见《国语·周语下》。

（2）金币

黄金从商品中分离出来，充当货币，是战国时期的事。据文献记载，战国时期的大商人和上层统治者交换珍贵奢侈品如千里马、象床、宝剑、狐裘等物，均以黄金论价。其他，如奴隶或美女的买卖，也动辄“百金”或“三千金”。此外，还用黄金来计算地租收入（温囿“岁利八十金”）和家产（“千金之家”“其家万金”）。特别是国君行赏或官僚之间的送礼、贿赂，常常用“百金”“金千斤”“金千镒”；而春秋时期则是用服饰、珠宝、丝帛、粮食、家畜或奴隶，没有用黄金货币的。关于金币的形制，一般是圆形的“饼金”。唯楚国铸造的金币，在一个正方中间整齐地划分十六个小方格，小方格中印有“郢爰”“陈爰”或“郢”字，又有在每一方格中再划分为十六个方格的。金币的重量单位，每以斤、镒来计算。也有以“金”为单位的。一金，即是指一块金币。

（3）贝、珠、玉

贝、珠、玉作为金属铸造货币以前的货币，在战国时期的货币流通中，并没有完全绝迹。《史记·平准书》记载秦始皇统一货币时，规定“珠、玉、龟、贝、银、锡之属，为器饰宝藏，不为币。”这说明秦始皇统一货币之前，上述珠玉之类，仍然曾作物品货币使用，否则就没必要特地发布这样的禁令了。

战国的金属货币，其铸造和发行权在于官府，唯国君可以“铸钱立币”。民间私铸是犯法的。《秦律》《爰书》中即有关于破获私铸铜钱的案例。《秦律》还规定：“贾市居列者及官府之吏，毋敢择行布钱；择行布钱者，列伍长弗告，吏循之不谨，皆有罪。”“择行布钱”指拒绝接受质地不好的货币。可见，国家是以法律为后盾强制推行官铸钱币的。

《管子·轻重乙》说：“黄金刀布者，民之通货也。先王善制其通货，以御其司命，故民力可尽也。”这段话，是对战国时期金属铸造货币的职能和广泛流通的概括和总结。

5. 借贷的盛行和券的使用

战国时期货币职能进一步发展的一种表现，便是金钱借贷的盛行。有借贷，就必然会有利息。所谓高利贷，不过是说利息很高而已。借贷，不自战国始。春秋时期，借贷已颇盛行，如文献中屡屡提到的“贷粟”。但是，那些都是实物借贷。金钱借贷是战国以来才有的。当时的高利贷资本，对农民和中小工商业者的盘剥是很厉害的。如大高利贷者孟尝君田文，在封地薛邑（今山东微山东北）放债，以利息豢养三千食客，一次就收到“息钱十万”。此外，《秦律》中还提到官府放债的情形：“府中公金钱私贷用之，与盗同法。”可见，官府的资金是放债用的。百姓向官府借贷，如偿还不起，就要依法强迫债务人到官府服役。服一天役，仅折合为八钱，足见官府放债条件之苛。

商品货币经济的发展，高利贷的盛行，使得作为买卖或借贷凭证的“券”，在战国时已普遍使用。大的买卖用较长的券，叫做“质”，较小的买卖用较短的券，叫作“剂”，此之谓“大市以质，小市以剂”[①]。当时，买卖用的质、剂或放债用的债券，一般用竹木制作，先把买卖合同或借据写在上面，然后剖分为二，由买主或债权人执右券，卖主或债务人执左券。买主或债权人操右券责成卖主或债务人履行义务，叫做“操右券以责”。因债务问题发生争执或纠纷，官府便根据债券来判定归属。

战国时期商品生产的发展，商品交换活动和商人队伍的扩大，以及由此而引起的大商人垄断市场，工商业城市的兴起和繁荣，金属货币的广泛流通，高利贷的盛行和券的普遍使用，都是春秋时期所不曾有过的。商品货币经济在战国时期有一个空前的较大发展，应是无疑的了。

总之，战国时期政治经济制度上的大变革以及思想上的百家争鸣和文化艺术上的群星灿灿，都是这一时期经济飞速发展的必然结果。

---

① 《周礼·质人》。

第六节　战国时期中国境内的各少数民族

中原华夏族国家同各少数民族的关系，在春秋时主要表现为激烈、复杂的斗争；至战国有明显变化，斗争虽亦从未曾停止过，但融合显然已占居主要地位。先前同华夏族国家激烈交锋的北方几支少数民族，有的在中原建立了自己的国家，与华夏国家比邻而立；有的迳与华夏族融为一体，成为后来形成的汉民族的一部分；有的则暂时从中原离去。以华夏族为主体的各个民族，共同创造着灿烂的战国文化。战国后期，一个叫做匈奴的游牧民族，从北方崛起，登上中国历史的舞台。新的民族斗争的序幕被拉开了。

一、创造了灿烂文化的中山国

中山国是战国时期一个很重要的国家。西汉人刘向在《战国策·叙录》中将中山列为战国五个千乘国之一。它处于赵、燕、魏三国之间，据前人考证和近年考古发掘证明，其疆域南至高邑，北达唐县，西临太行山，东止蠡县、安平、深县，包括今河北石家庄地区大部分和保定地区南部。

中山，春秋称鲜虞。从公元前六世纪狄人建立鲜虞国算起，到公元前296年被赵武灵王灭掉，有国长达三百多年之久。鲜虞的都城据《汉书·地理志》注引应劭说在新市，新市就是鲜虞亭。鲜虞亭据《读史方舆纪要》和《清一统志》说是今河北正定新城铺。关于鲜虞的历史情况，史载极略。《战国策·中山》说楚昭王（公元前515年—公元前489年在位）“伐中山，中山君亡”，知道它在公元前六世纪末—公元前五世纪初曾经亡国。以后它在什么时候复国，已不可确知。但是知道赵献侯十年（公元前414年）“中山武公初立”[①]。而且知道这时中山的都城已移至顾。顾在今河北定县。以后的历史，据《世本》说“中山武公居顾，桓公徙灵寿，

① 《史记·赵世家》及《六国年表》。

为赵武灵王所灭”[①]，眉目就比较清楚了。

在中山国的历史上有一件意义深远的大事，就是为魏所灭，亡国三十年。在“武公初立”后七年，即赵烈侯元年（公元前408年），“魏文侯伐中山，使太子击守之”[②]，中山亡国并被置于魏国的统治之下。三十年后，即公元前378年《史记·魏世家》记“翟败我于浍”。次年，《赵世家》记“与中山战于房子”。次年，“伐中山，又战于中人”。与赵发生战事，证明它已经复国，那么“翟败我于浍”很可能就是中山复国的一场战争。“桓公徙灵寿”，应该是指这次复国而言。灵寿是中山国最后一个都城，它的确切位置在今石家庄市西平山县三汲公社。

1974—1978年，河北平山三汲公社战国中山国遗址的调查和墓葬的发掘，证明文献记载是可靠的。根据出土铜器铭文并参照文献记载，知道中山国君世系共有文公、武公、桓公、成公、王礨、嗣子䖵、尚七代。公元前296年，赵武灵王灭中山，中山国的末代国君尚被遣送到陕北肤施。

魏国三十年的统治使中山国进一步接受了华夏文化的影响。战国中山国的文化，同华夏诸国相比，可以说水平相埒，并无逊色。

三汲公社古灵寿城址规模极为可观。城址中有制陶器、制骨器、制铜器铁器的作坊，有居住遗址，建筑甩瓦，还有确为中山国自造的铁工具䦆、锛、铲、锄、镰、削以及长方铁盆和铁足大铜鼎，说明中山国的经济发展水平是很高的。

从文献和考古发掘两方面材料参照来看，中山国思想文化受华夏族影响很深。《太平寰宇记》卷六二说：“中山专行仁义，贵儒学。”平山第一号墓出土铜器三篇铭文大讲忠、孝、仁、义、礼、信之类。《战国策·中山》说中山国“举士，则民务名不存本；朝贤，则耕者惰而战士懦”。中山王方壶铭文说：“古之圣王务在得贤，其次得民。故辞礼敬则贤人至，宠爱深则贤人亲，籍敛中则庶民附。”铭文中对燕王哙让位子之一事

① 《史记·赵世家》《索隐》引。

② 《史记·赵世家》。

强调“燕君子哙不分大义，不告诸侯，而臣主易位”，“不祥莫大焉”，其态度也同孟子一致。中山国思想意识具有明显的儒家色彩。

中山国从物质生产到精神生活，游牧民族的特色已经消失，深深地华夏化了。仅仅在某些次要方面，如山字形铜礼器、屋顶覆山字形脊瓦以及帐架和帐内用器等，还残留着本民族的标记。这恰好证明，中山国文化是少数民族文化同华夏文化长期融合的结果，是中华民族古代文化不可分割的一个组成部分。

二、北方与西方的其他少数民族

战国时期，在北方和西方同华夏族长期处于融合状态的少数民族除中山国以外，还有代、林胡、楼烦、东胡、义渠等。

1. 代

代是北戎建立的国家。其地域约在今山西代县、繁峙、大同及河北易县、宣化一带。北戎于春秋时活动于晋之北和晋之东。这是有据可查的。《后汉书·西羌传》说：“晋人败北戎于汾隰。”《左传》隐公九年说：“北戎侵郑。”桓公六年说：“北戎伐齐。”都说北戎与晋、郑相距不远，且在晋之北与晋之东。杜预说“山戎、北戎、无终三名也”[①]，以为北戎就是山戎，似不足信。

北戎于春秋曾一度很强大，后来同赤狄一起被晋击灭。春秋后期其余部移居晋北代地，于是又称代戎。《后汉书·西羌传》说“赵亦灭代戎，即北戎也”，看来无误。

据《史记·赵世家》记载，代灭于赵襄子（公元前457年—公元前425年在位）。赵襄子使用阴谋手段，在宴请代王的时候，暗使厨人、宰人用铜枓（勺）“击杀代王及从官，遂兴兵平代地”，“以代封伯鲁子周为代成君”。代戎灭后，一部分离去，一部分成为赵人的一部分。

---

① 《史记·匈奴列传》《正义》引。

2．林胡、楼烦

林胡、楼烦和东胡史称“三胡”。其居处史有记载。《史记·匈奴列传》：“晋北有林胡、楼烦之戎，燕北有东胡、山戎。”《赵世家》记武灵王说赵“东有燕、东胡之境”，“西有林胡、楼烦、秦、韩之边”。可知林胡、楼烦在晋之北，东胡在燕之北无疑。

楼烦之居处，文献记载较具体。《赵世家》说武灵王“西遇楼烦王于西河而致其兵”。西河指赵国西部近河一带。《括地志》说：“岚州，楼烦胡地也。”两条材料完全相符，可以肯定战国楼烦就在今山西岚县及岚县迤北。

林胡、楼烦终战国之世，不但未见对华夏诸国有甚威胁，事实上倒是它们经常处于赵国威慑之下，并且终于为赵武灵王所破。他们后来成为匈奴的附庸。赵将李牧“杀匈奴十余万骑”的同时，又“破东胡，降林胡”[①]。

关于东胡，《匈奴列传》说：“燕北有东胡、山戎。各分散居谿谷，自有君长，往往而聚者百有余戎，然莫能相一。”由此知道东胡不是山戎。

东胡在战国时期曾两次被击败，一次是上文提及的赵将李牧“破东胡”，另一次是燕将秦开“袭破走东胡，东胡却二千余里”[②]。

3．义渠

义渠是战国西方之戎中最为强大的国家。《括地地》说：“秦北地郡，战国及春秋时为义渠戎国之地。”《后汉书·西羌传》又说，秦惠文王“伐义渠，取徒泾二十五城”。北地郡当今甘肃庆阳西北，包括宁夏贺兰山、青铜峡以东及甘肃环江、马连河一带。徒泾诸城在今陕西之黄河西岸地区。可见义渠疆域之广。

但是，它在与秦国的关系中却一直占下风。《匈奴列传》说：“义渠

---

① 《史记·廉颇蔺相如列传》。

② 《史记·匈奴列传》。

之戎筑城郭以自守，而秦稍蚕食。”说义渠对秦取守势，符合实际情况。《史记·六国年表》依次记录了它同秦的几次交往：

> 秦厉共公六年（公元前471年）：“义渠来赂。”
>
> 秦厉共公三十三年（公元前444年）：“伐义渠，虏其王。”
>
> 秦躁公十三年（公元前430年）：“义渠伐秦，侵至渭阳。”
>
> 秦惠文王七年（公元前331年）：“义渠内乱，庶长操将兵定之。”
>
> 秦惠文王十一年（公元前327年）：“义渠君为臣。”
>
> 秦惠文王初更十一年（公元前314年）：“侵义渠，得二十五城。”

又，《后汉书·西羌传》说：

> “后百余年，义渠败秦师于洛。后四年，义渠国乱”“后八年，秦伐义渠取郁郅。后二年，义渠败秦师于李伯。”

又，《史记·匈奴列传》说：

> 秦昭王时，“宣太后诈而杀义渠戎王于甘泉，遂起兵伐残义渠”。

上述材料记录义渠同秦的十次交往，四次是义渠的主动行动，其中三次败秦，但未造成严重后果。其余六次是秦攻义渠，虏其王，平其乱，臣其君，取其城，逐步蚕食，最后杀其君，灭其国。

公元前三世纪前期，赵、燕、秦三国在解决了周边的少数民族问题之后，都在自己的北方边境修起了长城。战国长城的修建是一个标志。春秋以来持续五个世纪的激烈的民族斗争和深刻的民族融合，至此告一段落。从地域空间上说，长城以内少数民族同华夏族已大体上融为一体；从历史发展上说，中国奴隶制时代的民族斗争以民族间的深刻融合为结果而宣告结束，民族斗争的新时期即将开始。

在未来的民族斗争中扮演重要角色的是匈奴。匈奴可能是先前的戎或狄的后裔。长城以外一切曾经同华夏族进行过斗争的北方少数民族的余部，都被囊括在匈奴的大旗之下。

当时匈奴尚未正式建立国家，它“逐水草迁徙，无城郭常处耕田之业”“无文书”“宽则随畜，因射猎禽兽为生业，急则人习战攻以侵伐”。匈奴正式建立统一的国家政权，“南与中国为敌国”①，是秦汉之际的事情。

匈奴据地很广，“冠带战国七，而三国边于匈奴”②。三国之中首先与匈奴对抗的是赵国。史载赵悼襄王，（公元前244年—公元前236年在位）时赵将李牧“常居代雁门，备匈奴”，“大破杀匈奴十余万骑”，使“其后十余岁，匈奴不敢近赵边城”③。这是战国华夏国家与匈奴的第一次也是唯一一次大的交锋。

4．羌戎

羌戎居于黄河上游的赐支河、湟河一带的广阔地区。当春秋战国之际秦厉共公（公元前476年—公元前443年在位）时，一个叫做无弋爰剑的人，成为羌戎的酋豪。羌戎本来“以射猎为事”，爰剑“教之田畜”，受到拥护，越来越多的羌人部落依附于他。秦献公（公元前384年—公元前362年在位）时，羌戎有一支人“出赐支河曲西数千里”，与众羌分开。后来的越巂羌、广汉羌、武都羌就是这支羌人的后代。④留在原地未动的羌人，至秦孝公（公元前361年—公元前338年在位）时服于秦。

5．西域各族

战国西域各族情况史载不详。从汉“武帝时西域内属有三十六国，汉

① 《史记·匈奴列传》。

② 《史记·匈奴列传》。

③ 《史记·廉颇蔺相如列传》。

④ 《后汉书·西羌传》。

为置使者、校尉领护之”[①]的记载看，战国时西域各族很可能已进入阶级社会，其发展水平应高于一般戎狄。据古代印度人憍底利耶（约公元前四世纪—公元前三世纪）《利论》记载，中国丝绸曾远销印度。[②]这意味着早在汉、唐形成“丝绸之路”前，战国时期西域各族与中原国家的往来已经开始。

三、南方与东方诸少数民族

战国南方少数民族有其特殊之处。他们不像北方戎狄那样逐水草迁徙，善骑善战。加以地处偏远，山阻水隔，使他们同中原华夏国家不可能有更多的交往。交往少，斗争少，因而融合的过程也慢。

1．巴、蜀

巴、蜀是战国时南方较发达且与北方国家联系较多的少数民族，多“沃野，地饶卮、薑、丹砂、石、铜、铁”[③]，物产丰盛，而且“大船积粟”[④]，多产粮食。当时它已形成国家。但在秦人眼里，它还是“戎翟之伦”[⑤]。据《史记·六国年表》，从秦厉共公二年（公元前475年）至秦昭襄王六年（公元前301年）的一百七十多年中，蜀与秦有五次交往。其中重要的是后三次：

> 秦惠文王初更九年（公元前316年）：“击蜀，灭之。”
>
> 秦惠文王初更十四年（公元前311年）：“蜀相杀蜀侯。”次年：“诛蜀相壮。”
>
> 秦昭襄王六年（公元前301年）：“蜀反，司马错往诛蜀守煇，定蜀。”

---

① 《后汉书·西域传》。

② 《中西交通史料汇编》第二册附录：《支那名号考》。

③ 《史记·货殖列传》。

④ 《史记·张仪列传》。

⑤ 《史记·张仪列传》。

这三次军事行动，第一次是借口巴、蜀自相攻击，邀请干预而出兵的，真实目的是“富其国”“广其地”[⑥]。结果灭蜀，立了个侯作傀儡。于是秦的影响深入蜀地。第二次，乘蜀相杀蜀侯的机会，诛蜀相而设蜀守。至此，蜀地至少在名义上成为秦统治下的一个地区。第三次，蜀守煇造反，反映秦对蜀的统治尚不稳固；司马错出兵平定叛乱，秦对蜀的统治趋于牢固。所以后来秦始皇诛嫪毐时，才能将“诸嫪毐舍人皆没其家而迁之蜀”[⑦]。

在从司马错定蜀到秦统一中国的近百年间，蜀地有很大发展。据《华阳国志·蜀志》记载，张仪与蜀守张若建设成都，“周迴十二里，高七丈；郫城迴七里，高六丈；临邛城迴六里，高五丈。造作下仓，上皆有屋，而置观楼射圃。成都县本治赤里街，若徙置少城、内城。营广府舍，置盐铁市官并长丞，修整里阓，市张列肆，与咸阳同制。其筑城取土，去城十里，因以养鱼，今万岁池是也”。后来蜀守李冰筑都江堰，成都平原顿成“沃野千里”“天下谓之天府”[⑧]。“天府”的交通亦有开辟，史称“栈道千里，无所不通”[⑨]。

2．西南夷

《史记·西南夷列传》说：“西南夷君长以什数，夜郎最大；其西靡莫之属以什数，滇最大；自滇以北君长以什数，邛都最大。此皆魋结，耕田，有邑聚。”有农业，有定居村落，头发绾起来，其发展水平可见是比较高的。

夜郎是西南夷中最大的国家。它位于今贵州省西部和北部，还包括云南北部及四川南部一部分。公元前三世纪初，楚顷襄王（公元前298年—公元前263年在位）派庄豪经沅水伐夜郎，战于且兰（今贵州凯里西

⑥　《史记·张仪列传》。

⑦　《史记·吕不韦列传》。

⑧　《华阳国志·蜀志》。

⑨　《史记·货殖列传》。

北），夜郎灭亡。①

滇位于夜郎之西，在今云南滇池一带。滇池地“方三百里，旁平地，肥饶数千里”②。楚威王（公元前339年—公元前329年在位）时，派庄跻以武力征服滇国。但庄跻没有回到楚国，留下来“以其众王滇，变服，从其俗，以长之”③。

邛都在滇国之北，今四川西昌东南。

除夜郎、滇、邛都三个大国以外，西南夷还有嶲、昆明，地方数千里。它们“皆编发，随畜迁徙，毋常处，毋君长”④，发展水平显然落后于夜郎等三国。还有徙、筰都、冉駹、白马等都有君长，有的迁徙不定，有的聚落而居。可见西南夷诸族处在不同的发展阶段上。解放后在云南、广西古代西南夷活动的地方发现不少战国秦汉文物。云南楚雄万家坝古墓群出土随葬品中有青铜器八百九十八件，是分别以滇池和洱海为中心的两个地方的青铜文化，它们既与中原地区有相同之处，又有鲜明的地方色彩，可以反映战国末期西南夷经济文化水平。

3．蛮越

战国南方少数民族还有居今湘、黔的南蛮，居今粤、桂的南越，居今闽的闽越，居今浙江的瓯越。历史上对这些少数民族的称谓，统称之，叫做蛮、蛮夷、蛮越，蛮和越都包括在内。如《王制》：“南方曰蛮。”《史记》：“越虽蛮夷”⑤。《后汉书》：“南并蛮越。”⑥分言之，称蛮或蛮夷，单指荆湘之蛮而不含越，如《诗经》：“蠢而蛮荆。”⑦《史

① 《后汉书·南蛮西南夷列传》。

② 《史记·西南夷列传》。

③ 《史记·西南夷列传》。

④ 《史记·西南夷列传》。

⑤ 《史记·东越列传》。

⑥ 《后汉书·南蛮西南夷列传》。

⑦ 《小雅·采芑》。

记》记楚武王自称："我蛮夷也。"[①]称百越或越，则单指诸越而不含蛮，如《史记》："和集百越。"[②]《后汉书》："朝贡百越。"[③]《史记》："举高帝时越功。"[④]

蛮越历来同楚国关系密切。春秋时期周天子告诫楚成王说："镇尔南方夷越之乱，无侵中国！"[⑤]然而当时楚国只能应付荆湘的南蛮，尚无力触及百越。至战国，吴起为楚悼王相，才"南并蛮越，遂有洞庭、苍梧"[⑥]。战国后期，秦国势力深入南方，秦昭王派白起伐楚，"略取蛮夷，始置黔中郡"[⑦]。范晔概括这段历史，谓"楚子称霸，朝贡百越；秦并天下，威服蛮夷"[⑧]，是正确的。

关于南蛮的社会生活情况，《后汉书·南蛮西南夷列传》说，"衣裳班兰，语言侏离，好入山壑，不乐平旷""外痴内黠，安土重旧""田作贾贩，无关梁符传租税之赋。有邑君长，皆赐印绶"。安土有邑，种田山间，与北方戎狄迥异。

南越和闽越在战国时期的情况，未见史载，但从汉初南越王赵佗自称"南越武帝"，"以兵威边，财物赂遗闽越、西瓯、骆，役属焉，东西万余里。乃乘黄屋左纛，称制，与中国侔"[⑨]来看，敢于同汉王朝抗衡，其国力之雄厚，绝非一时可就，必是战国以来长期发展的结果。广东庆德战国墓出土铜器剑、矛、锛、刀、斧、凿、镦、镞、铃、鼎等十五件，其形

---

① 《史记·楚世家》。

② 《史记·南越列传》。

③ 《后汉书·南蛮西南夷列传》。

④ 《史记·东越列传》。

⑤ 《史记·楚世家》。

⑥ 《后汉书·南蛮西南夷列传》。

⑦ 《后汉书·南蛮西南夷列传》。

⑧ 《后汉书·南蛮西南夷列传》。

⑨ 《史记·南越列传》。

制有与华夏族相同之处，是战国南越经济文化已达相当水平的实物证据。

居东方淮泗间之东夷，至战国末期已与华夏族融合无间。秦统一六国，“淮泗夷皆散为民户”①。“散为民户”即意味着作为一家一户的百姓而存在，往日维系他们的族属纽带显然已退居次要地位。

第七节　战国时期大放异彩的思想界和灿烂的文化艺术

战国时期天下大乱，从生产力到生产关系，从经济基础到上层建筑，都在急剧地发生变化。不但上无天子，下无方伯，所有一切旧的“纳民于轨物”的东西，都失去了约束力，使得各个领域的新生事物，如不施羁勒的骏马，蓦坡注涧，一齐奔跑出来。从社会来说，这个时期最混乱；从思想来说，这个时期最解放。正因为这样，这个时期不但思想家辈出，在文学艺术以及天文、历算、舆地、医药等各个方面都有大量的、新的、可贵的成就出现，从而使这个时期的历史呈现出一种百家争鸣，百花齐放，五彩缤纷，光艳夺目，看去令人目不暇给的罕见局面，对后世产生了巨大的影响。

一、战国时期的思想界

战国时期的思想界派别众多，号称百家。例如《庄子·天下》说：“百家往而不反”，《荀子·解蔽》说：“百家异说”，都是证明。当时所说的家，并不是从政治思想的不同来划分，大抵持有独立见解的个人或

---

①《后汉书·东夷列传》。

若干人都可称为一家。例如，《庄子·天下》所评述的有墨翟、禽滑釐、宋钘，尹文，彭蒙、田骈、慎到、关尹、老聃、庄周、惠施等六家十一人。《荀子·非十二子》所非难的有它嚣、魏牟、陈仲、史鳅、墨翟、宋钘、慎到、田骈、惠施、邓析、子思、孟轲等六家十二人。其他，如《荀子·解蔽》言曲知之人，则举出墨子、宋子、慎子、申子、惠子、庄子等六人。《尸子·广泽》则举墨子、孔子、皇子、田子、列子、料子等六人。《吕氏春秋·不二》则举老耽、孔子、墨翟、关尹、列子、陈骈、阳生、孙膑、王廖、儿良等十人。至汉时，司马谈论其得失，概括为阴阳、儒、墨、名、法、道德六家。刘歆著《七略》，于《诸子略》则分为儒、道、阴阳、法、名、墨、纵横、杂、农等九家。

自今日看来，战国人所说的家，其划分标准，不如汉人较为科学。而汉人的划分法，则以司马谈为优胜。为什么这样说呢？因为在当时思想界展开激烈斗争的，主要是儒、墨、道、法四家。这四家之所以进行斗争，主要是由于政治方向的不同。具体说，儒家是坚决走奴隶制道路的。法家则相反，坚决走封建制的道路。道家也反对儒家，但它所追求的政治目标，并不比儒家进步，而是更落后了。它想倒退到“小国寡民”即原始社会去。墨家从反对儒家来说，它是进步的，反映它反对奴隶制。但是它没有找到新的社会制度。它反对奴隶制，反的不彻底。确切地说，它是一个改良主义者。至于名家，实际是讲逻辑的，虽然也可以自名一家，但它没有独立的政治主张。阴阳家夹杂着不少宗教迷信成分，从其所长在天文、历法来说，应属自然科学范围。纵横家则以贯彻执行一国或几国的外交政策为主要内容，农家所钻研的只是生产技术，杂家则不名一家，都非儒、墨、道、法四家可比。因此，在这里准备重点地谈儒、墨、道、法四家。其余如阴阳家、名家、兵家、杂家也列入谈谈。至于纵横家和农家，则从略。

1．儒家

儒家以六艺为法，以孔丘为师。其著名人物，在战国有孟轲、荀况。二人的特点是孟轲长于诗书，荀况长于礼。总之，他们都是奴隶制的鼓吹者。当然，不能因此就说他们的言论毫无可取之处。但是从政治方向来看，他们不是进步的，而是保守的，甚至可以说是反动的。墨、道、法三家都反儒，这不是偶然的，大可注意。

（1）孟轲

孟轲，邹人，受业于子思之门人。他是孔子之道的坚定的捍卫者。在孟轲生活的期间，不但“杨朱、墨翟之言盈天下”①，而且，法家吴起、商鞅，纵横家苏秦、张仪，兵家孙膑等也一齐登上政治舞台，大显身手。整个社会正在急剧地发生变化。而孟轲却逆历史潮流而动，把这些新事物都作为邪说、诐行、淫辞来反。孟轲的政治主张，实际上比孔丘还落后。孔丘所梦想的只是周公，而孟轲则“言必称尧舜”②，在复古方面，比孔丘走的还远。所以，他虽然自视甚高，说：“当今之世，舍我其谁也？”而官运并不亨通。他在齐、鲁任过卿，但为时甚短，至梁终不见用。不得已，退而与万章之徒，作《孟子》七篇。

今就现存的《孟子》七篇来考察，可以看到孟轲的思想是以性善论为出发点的。进而表现在政治上，则为行王道，施仁政。表现在经济上，则主张“制民之产”即恢复井田制，并承认社会分工必不可废。因此，当时的著名人物自杨朱、墨翟，至许行、陈仲子、宋牼以及公孙衍、张仪等，都在他反对之列。他的历史观当然是唯心的，但与邹衍“五德终始”说无关。他对天命的看法比较模糊，不但不如荀况的明确，也赶不上孔丘。但他的认识仍属唯物论的范畴，说他是唯心论，我看不见得对。他在很多言论中有辩证法思想，但没有提高到理论上来认识。以下就这几个问题分别加以论述。

第一，人性论。

人性问题是当时思想家所普遍重视的一个问题。自今天看来，当时的思想家都想解决这个问题，但是谁也没解决得了。其根本原因是，他们都

---

① 《孟子·滕文公下》。

② 《孟子·滕文公上》。

抽象地看人性，即离开人的社会性，离开人的历史发展去看人性。孟轲当然也不例外。

孟轲主张人性善的根据，在于人皆有不忍人之心。他解释说：“所以谓人皆有不忍人之心者，今人乍见孺子将入于井，皆有怵惕恻隐之心，非所以内交于孺子之父母也，非所以要誉于乡党朋友也，非恶其声而然也。由是观之，无恻隐之心非人也，无羞恶之心非人也，无辞让之心非人也，无是非之心非人也。恻隐之心，仁之端也；羞恶之心，义之端也；辞让之心，礼之端也；是非之心，智之端也。人之有是四端也，犹其有四体也。”①

在另一个地方，又说：“口之于味，有同嗜也。易牙，先得我口之所嗜者也。如使口之于味也，其性与人殊，若犬马之与我不同类也，则天下何嗜皆从易牙之于味也？至于味，天下期于易牙，是天下之口相似也。惟耳亦然。至于声，天下期于师旷，是天下之耳相似也。惟目亦然。至于子都，天下莫不知其姣也。不知子都之姣者，无目者也。故曰，口之于味也，有同嗜焉；耳之于声也，有同听焉；目之于色也，有同美焉。至于心，独无所同然乎？心之所同然者何也？谓理也，义也。圣人先得我心之所同然耳。故理义之悦我心，犹刍豢之悦我口。”②

在另一个地方，又说：“人之所不学而能者，其良能也；所不虑而知者，其良知也。孩提之童，无不知爱其亲者；及其长也，无不知敬其兄也。亲亲仁也；敬长义也，无他，达之天下也。”③又说：“仁之实，事亲是也；义之实，从兄是也；智之实，知斯二者，弗去是也；礼之实，节文斯二者是也。”④

其实，孟轲为证明“人皆有不忍人之心”所举的例子，有很大的片面

① 《孟子·公孙丑上》。

② 《孟子·告子上》。

③ 《孟子·尽心上》。

④ 《孟子·离娄上》。

性。如果承认这种说法是正确的，那么，荀况说“今人之性，生而有好利焉。顺是，故争夺生而辞让亡焉。生而有疾恶焉。顺是，故残贼生而忠信亡焉”[①]，又何尝不正确呢？可见这种说法并没有说到问题的本质。

从“口之于味也，有同嗜焉”等例子来看，也有缺点。因为这些例子所说明的都是人的自然性，而他要说明的则是社会性。自然性与社会性显然不是一回事。

至于良知、良能的说法，主要是把血缘关系理想化，亦即把氏族社会理想化。其实，即以春秋时期这段历史来看，子弑其父，弟杀其兄，已成家常便饭。孟轲所谓良知、良能、事亲、从兄，等等，怎能证明有普遍意义呢？毛泽东同志说：“有没有人性这种东西？当然有的。但是只有具体的人性，没有抽象的人性。在阶级社会里就是只有带着阶级性的人性，而没有什么超阶级的人性。”[②]这种说法，无比正确。孟轲所谓的人性，正是抽象的人性，超阶级的人性，因而他的论点是不能成立的。

第二，仁政。

孟轲说：“人皆有不忍人之心。先王有不忍人之心，斯有不忍人之政矣。以不忍人之心，行不忍人之政，治天下可运之掌上。”[③]又说：“老吾老，以及人之老，幼吾幼，以及人之幼，天下可运于掌。”[④]又说：“道在迩而求诸远，事在易而求诸难，人人亲其亲，长其长，而天下平。”[⑤]又说：“君仁莫不仁，君义莫不义，君正莫不正，一正君而国定矣。”[⑥]又说：“尧舜之道，孝悌而已矣。”[⑦]又说：“君行仁政，斯民亲

---

① 《荀子·性恶》。

② 《在延安文艺座谈会上的讲话》。

③ 《孟子·公孙丑上》。

④ 《孟子·梁惠王上》。

⑤ 《孟子·离娄上》。

⑥ 《孟子·离娄上》。

⑦ 《孟子·告子下》。

其上、死其长矣。”[①]又说；“行仁政而王，莫之能御也。”[②]总观上述言论，可以明显地看出，孟轲所谓仁政，是以性善论为出发点，是把孝悌，即把亲其亲，长其长，作为推行仁政的方法和根据。在他看来，这种仁政施行者的典型人物则是尧舜。这样，孟轲所说的仁政，其实质，不过是氏族社会风尚的翻版罢了。

韩非说：“夫古今异俗，新故异备，如欲以宽缓之政，治急世之民，犹无辔策而御馯马。”[③]又说：“今有不才之子，父母怒之弗为改，乡人谯之弗为动，师长教之弗为变。夫以父母之爱，乡人之行，师长之智，三美加焉，而终不动其胫毛，不改。州部之吏操官兵，推公法，而求索奸人，然后恐惧，变其节，易其行矣。故父母之爱不足以教子，必待州部之严刑者，民固骄于爱，听于威矣。”[④]又说：“母之爱子也倍父，父令之行于子者十母；吏之于民无爱，令之行于民也万父。母积爱而令穷，吏用威严而民听从，严爱之筴，亦可决矣。且父母之所以求于子也，动作则欲其安利也，行身则欲其远罪也；君上之于民也，有难则用其死，安平则尽其力。亲以厚爱关子于安利而不听，君以无爱利求民之死力而令行。明主知之，故不养恩爱之心，而增威严之势。”[⑤]韩非从历史发展和当时的实际两个方面来论证仁政主张之不可行，极为犀利而坚确。司马迁说孟轲“迂远而阔于事情”，无疑是对的。

孟轲的政治观点，在当时是落后的、倒退的。这一点似无疑问。但是，如果因此而过分地贬低孟轲，过分地抬高商鞅，我看也不见得公正。孟轲强调为君上应与民同乐。他说：“乐民之乐者，民亦乐其乐；忧民之

---

① 《孟子·梁惠王下》。

② 《孟子·公孙丑上》。

③ 《韩非子·五蠹》。

④ 《韩非子·五蠹》。

⑤ 《韩非子·六反》。

忧者，民亦忧其忧。”[①]又说：“得乎丘民而为天子”[②]；“桀、纣之失天下也，失其民也。失其民者，失其心也。得天下有道，得其民，斯得天下矣。得其民有道，得其心，斯得民矣。”[③]正因为这样，他认为：“民为贵，社稷次之，君为轻。”[④]他又说：“君之视臣如手足，则臣视君如腹心；君之视臣如犬马，则臣视君如国人；君之视臣如土芥，则臣视君如寇仇。”[⑤]又说：“国君进贤，如不得已，将使卑逾尊，疏逾戚，可不慎与！左右皆曰贤，未可也。诸大夫皆曰贤，未可也。国人皆曰贤，然后察之。见贤焉，然后用之。左右皆曰不可，勿听。诸大夫皆曰不可，勿听。国人皆曰不可，然后察之。见不可焉，然后去之。左右皆曰可杀，勿听。诸大夫皆曰可杀，勿听。国人皆曰可杀，然后察之。见可杀焉，然后杀之。故曰，国人杀之也。如此，然后可以为民父母。”[⑥]这种思想是很可宝贵的。在一定程度上反映他有人民性，有民主思想。连这种思想都予以否定，是非常错误的。

第三，经济思想。

孟轲主张“制民之产”，即实行井田制。他说：“若民则无恒产，因无恒心。苟无恒心，放辟邪侈，无不为已。及陷于罪，然后从而刑之，是罔民也。焉有仁人在位，罔民而可为也？是故明君制民之产，必使仰足以事父母，俯足以畜妻子，乐岁终身饱，凶年免于死亡，然后驱而之善，故民之从之也轻。”又说：“五亩之宅，树之以桑，五十者可以衣帛矣。鸡豚狗彘之畜，无失其时，七十者可以食肉矣。百亩之田，勿夺其时，八口之家可以无饥矣。谨庠序之教，申之以孝悌之义，颁白者不负戴于道路

① 《孟子·梁惠王下》。

② 《孟子·尽心下》。

③ 《孟子·离娄上》。

④ 《孟子·尽心下》。

⑤ 《孟子·离娄下》。

⑥ 《孟子·梁惠王下》。

矣。老者衣帛食肉，黎民不饥不寒，然而不王者，未之有也。”[①]

实行井田制的关键，在于正经界。孟轲说：“夫仁政，必自经界始。经界不正，井地不均，谷禄不平。是故暴君汙吏，必慢其经界。经界既正，分田制禄，可坐而定也。”[②]这又是实行井田制的理由。由于生产力的发展，旧的井田制度已经彻底遭到破坏，人们正在群起“尽地力”“为田开阡陌封疆”，而孟轲反要恢复井田制，显然这是落后、反动的想法，是行不通的。

孟轲反对平均主义，强调社会分工，是有进步意义的。他反对许行“贤者与民并耕而食，饔飧而治”的主张，用问答法同许行之徒陈相辩论说：“‘许子必种粟而后食乎？’曰：‘然。’‘许子必织布而后衣乎？’曰：‘否。许子衣褐。’‘许子冠乎？’曰：‘冠。’曰：‘奚冠？’曰：‘冠素。’曰：‘自织之与？’曰：‘否。以粟易之。’曰：‘许子奚为不自织？’曰：‘害于耕。’曰：‘许子以釜甑爨，以铁耕乎？’曰：‘然。’‘自为之与？’曰：‘否。以粟易之。’‘以粟易械器者，不为厉陶冶；陶冶亦以械器易粟者，岂为厉农夫哉？且许子何不为陶冶，舍皆取诸其宫中而用之，何为纷纷然与百工交易，何许子之不惮烦？’曰：‘百工之事，固不可耕且为也。’‘然则治天下，独可耕且为与？有大人之事，有小人之事，且一人之身，而百工之所为备，如必自为而后用之，是率天下而路也。故曰，或劳心，或劳力；劳心者治人，劳力者治于人。治于人者食人，治人者食于人，天下之通义也。’”[③]在这段对话中，孟轲虽然为统治阶级的剥削、压迫进行了辩护。但从强调社会分工的重要性的意义上来说，是有可取之处的。

第四，历史观。

孟轲的历史观应当说是唯心的。这主要表现在以下两个方面。

---

① 《孟子·梁惠王上》。

② 《孟子·滕文公上》。

③ 《孟子·滕文公上》。

首先，他说：“尽信书，则不如无书。吾于《武成》，取二三策而已矣。仁人无敌于天下。以至仁伐至不仁，而何其血之流杵也。”[①]孟轲说古书不可全信，这无疑是对的。问题并不在这里。问题在根据什么认为不可信。孟轲所以不相信《武成》，是因为《武成》说“血流杵”。“血流杵”同他“仁人无敌于天下”的论断相矛盾。也就是说，他之所以不相信《武成》，是因为《武成》所说的事实同他的主观判断不一致。因为客观与主观不一致，就说客观是错误的，这不是唯心论是什么？孟轲称引《诗》《书》很多，基本上都是采取这种作法，这就证明他的历史观是唯心的。

其次，孟轲说：“天下之生久矣，一治一乱。”[②]又说：“由尧舜至于汤，五百有余岁，若禹、皋陶则见而知之，若汤则闻而知之。由汤至于文王，五百有余岁，若伊尹、莱朱则见而知之，若文王则闻而知之。由文王至于孔子，五百有余岁，若太公望、散宜生则见而知之，若孔子则闻而知之。由孔子而来至于今，百有余岁，去圣人之世，若此其未远也，近圣人之居，若此其甚也，然而无有，乎尔，则亦无有乎尔。”[③]又说：五百年必有王者兴，其间必有名世者。由周而来，七百有余岁矣，以其数则过矣，以其时考之则可矣。”[④]说“一治一乱”，是对的。把“五百有余岁”看作是一种规律，认为“五百年必有王者兴”，就不对了。因为这是宿命论，并没有科学根据。不过，有人说它“近乎五行推运的说法”，则不敢同意，因为这里连一点五行的影子都不见，怎能扯到五行上去呢？

第五，天命观。

孟轲曾给天命这个名词下过定义。说：“莫之为而为者，天也，莫之

① 《孟子·尽心下》。

② 《孟子·滕文公下》。

③ 《孟子·尽心下》。

④ 《孟子·公孙丑下》。

致而至者，命也。”[①]这个定义，似乎既可以作唯心论的解释，说天命是有什么鬼神暗中作主宰；也可以作唯物论的解释，说这里所说的天命实质上是指客观规律在起作用。到底是什么，一时难以断定。

孟轲在另一个地方说：“天下有道，小德役大德，小贤役大贤。天下无道，小役大，弱役强。斯二者天也。顺天者存，逆天者亡。”[②]从这段话来看，则所谓天，却不是指有什么鬼神在暗中主宰，而只是指必然性，应给以唯物论的解释。

其余如说：“行或使之，止或尼之，行止非人所能也。吾之不遇鲁侯，天也！臧氏之子焉能使予不遇哉？”[③]又说：“祸福无不自己求之者。《诗》云：‘永言配命，自求多福。’太甲曰：‘天作孽，犹可违；自作孽，不可活’，此之谓也。”[④]又说：“天之高也，星辰之远也，苟求其故，千岁之日至，可坐而致也。”[⑤]又说：“尽其心者，知其性也；知其性，则知天矣。存其心，养其性，所以事天也。殀寿不贰，修身以俟之，所以立命也。”[⑥]这些言论，都应作唯物论解释，而不应作唯心论解释。因为，如果认为有鬼神暗中主宰，则“知天”“立命”都无从说起。所以，总的看来，孟轲的天命观，虽然不如荀况那样明朗，还应属唯物论的范畴，指为唯心论是不恰当的。

孟轲既承认“志，气之帅也；气，体之充也。夫志至焉，气次焉。”又说：“志壹则动气，气壹则动志也。”[⑦]也就是既承认志的决定性，又承认气的反作用。这种思想无疑是辩证法思想，不是形而上学的思想。

---

① 《孟子·万章上》。

② 《孟子·离娄上》。

③ 《孟子·梁惠王下》。

④ 《孟子·公孙丑上》。

⑤ 《孟子·离娄下》。

⑥ 《孟子·尽心上》。

⑦ 《孟子·公孙丑上》。

又，孟轲说："不揣其本而齐其末，方寸之木，可使高于岑楼。金重于羽者，岂谓一钩金与一舆羽之谓哉？！"[①]又说："仁之胜不仁也，犹水之胜火。今之为仁者，犹以一杯水救一车薪之火也，不熄，则谓之水不胜火。此又与于不仁之甚者也，亦终必亡而已矣。"[②]

孟轲举这个例子，既承认金比羽重，水能胜火，即质的差别；也注意到一舆羽重于一钩金，一杯水不能救一车薪之火，即量上的作用。所以，尽管孟轲不如老聃、荀况能把辩证法提高到原理原则上来认识，但不能说他没有辩证法思想。

孟轲以"距杨、墨"为己任。他说："杨氏为我，是无君也；墨氏兼爱，是无父也；无父无君，是禽兽也。"[③]有人把这里的"禽兽"二字单纯地理解为骂人，或者认为这"只是因为墨家代表劳动群众要求一些政治上利益"，都是不对的。应当指出，孟子的这句话不是随便说的，它涉及到儒家的根本理论问题。

首先，儒家认为礼、义是人之所以区别于禽兽的重要标志。《礼记·曲礼上》说："鹦鹉能言不离飞鸟，猩猩能言不离禽兽，今人而无礼，虽能言，不亦禽兽之心乎？夫唯禽兽无礼，故父子聚麀，是故圣人作为礼以教人，使人以有礼知自别于禽兽。"同书《郊特牲》说："无别无义，禽兽之道也。"《荀子·王制》说："水火有气而无生，草木有生而无知，禽兽有知而无义。人有气有生有知亦且有义，故最为天下贵也。"可为证明。

其次，儒家认为礼、义的全部内容和出发点，在于有君父。《周易·序卦》说："有天地然后有万物，有万物然后有男女，有男女然后有夫妇，有夫妇然后有父子，有父子然后有君臣，有君臣然后有上下，有上下然后礼义有所错。"《礼记·昏义》说："男女有别而后夫妇有义，夫妇有义

① 《孟子·告子下》。

② 《孟子·告子上》。

③ 《孟子·滕文公下》。

而后父子有亲，父子有亲而后君臣有正，故曰，昏礼者，礼之本也。”可为证明。

正因为儒家把君父看作如此重要，把有没有君父看作是人与禽兽的根本区别，所以，孟轲说“无父无君是禽兽也”，就是理所当然了。

（2）荀况

荀况又称荀卿，或孙卿，赵国人，后于孟轲，曾历游齐、燕、秦、赵、楚诸国。仕齐位为祭酒，仕楚为兰陵令。晚废，家于兰陵，著书数万言，现存有《荀子》三十二篇。

荀况主张人性恶，与孟轲性善说尖锐对立。他不仅反对孟轲，对当时诸子都有评论。他的学识非常渊博，对政治、经济、哲学、逻辑学、军事，等等，都作过专门的深入的研究，有很多精辟的见解。有人见他与孟轲在很多问题上看法不同，著名的法家人物韩非、李斯又是他的弟子，因而断言他是法家。这种说法是不能成立的。尽管在荀况的言论中反映了若干时代特点，但是，总的说他是以孔丘为师，以六艺为法，向往三代政治，即奴隶社会的政治，所以，他肯定是儒家，而不是法家。以下首先谈荀况的性恶论，然后就政治、经济、军事、哲学等方面具体地加以论述。

第一，性恶论。

人性恶是荀况考虑问题的出发点。他认为“今人之性，生而有好利焉。顺是，故争夺生而辞让亡焉。生而有疾恶焉。顺是，故残贼生而忠信亡焉。生而有耳目之欲，有好声色焉。顺是，故淫乱生而礼义文理亡焉。”[①]他的看法与孟轲的看法正相反。其所以相反，是因为孟轲从氏族社会那种自然长成的结构看问题，看到亲亲、敬长是人的良知、良能，从而得出人性善的结论。而荀况则不然。他是从阶级社会中保护和攫取私有财产的角度看问题，看到争夺、残贼、淫乱是人的本性，从而得出人性恶的结论。二人的看法虽截然不同，但有一点是共同的，即都是抽象地看人性，都是只抓住社会一些现象看人性，因而都没有解决人性的本质问题。

① 《荀子·性恶》。

第二，政治思想。

荀况认为："古今一也。类不悖，虽久同理。"[①]即用形而上学的观点看待历史。因此在政治上，他主张"道不过三代，法不贰后王。"[②]有人把荀况的法后王看成同孟轲称先王的观点相对立，这是一种误解，是只从表面上看问题，而没有看到问题的实质。荀况在《不苟》篇说："天地始者，今日是也；百王之道，后王是也。"在《非相》篇说："圣王有百，吾孰法焉？曰：（曰字上原有故字，兹依王念孙校删）文久而息，节族久而绝，守法数之有司极而褫（极下原有礼字，兹依俞樾校删）。故曰：欲观圣王之迹，则于其粲然者矣，后王是也。"可见，荀况所说的后王，是在百王之中的后王，而不是在百王之外的后王。如果把他所说的百王叫做先王，那么他所说的后王也就变成了先王。也就是说，他在这里所使用的先、后两个概念，只限在百王之内，并没有与百王对立的意义。荀况之所以要法后王，只因为后王之道"粲然"，并不是有什么本质上的不同。正因为这样，所以，他既说"道不过三代"，又说"法不贰后王"。显然，荀况在这里所说的后王，是在三代以内，而不在三代之外。

荀况在《王制》篇说："王者之制，道不过三代，法不贰后王。道过三代谓之荡；法贰后王谓之不雅。衣服有制，宫室有度，人徒有数，丧祭械用皆有等宜。声，则凡非雅声者举废；色，则凡非旧文者举息；械用，则凡非旧器者举毁。夫是之谓复古，是王者之制也。"又在《王霸》篇说："传曰：农分田而耕，贾分货而贩，百工分事而劝，士大夫分职而听，建国诸侯之君分土而守，三公总方而议，则天子共己而已矣！"荀况的这种政治设计，完全是奴隶社会的那一套，没有一点新的进步的东西。不知道为什么有人一定要说他是法家，说他主张改奴隶制为封建制。

荀况在政治上主张人治，反对法治。他说："有乱君，无乱国；有治人，无治法。羿之法非亡也，而羿不世中；禹之法犹存，而夏不世王。

① 《荀子·非相》。

② 《荀子·王制》。

故法不能独立，类不能自行，得其人则存，失其人则亡。法者治之端也，君子者法之原也。”[①]又说：“故有良法而乱者，有之矣；有君子而乱者，自古及今，未尝闻也。传曰：‘治生乎君孚，乱生乎小人’，此之谓也。？[②]这同韩非“国无常强，无常弱，奉法者强则国强，奉法者弱则国弱”，“故明主使法择人，不自举也；使法量功，不自度也”[③]的观点是不相容的。

第三，经济思想。

荀况在经济上反对平均主义。他认为“天地之生万物也，固有余足以食人矣；麻葛、茧丝、鸟兽之羽毛齿革也，固有余足以衣人矣。……天下之公患，乱伤之也。”[④]如何防乱？他认为在于有分。他说：“人之生不能无群，群而无分则争，争则乱，乱则穷矣。故无分者人之大害也，有分者天下之本利也，而人君者所以管分之枢要也。”[⑤]有分的具体办法就是制礼。制礼就是实行严格的等级制度。所以他又说：“人之所以为人者，何已也？曰：以其有辨也。……辨莫大于分，分莫大于礼，礼莫大于圣王。”[⑥]在另一个地方还说：“夫两贵之不能相事，两贱之不能相使，是天数也。势位齐而欲恶同，物不能澹则必争，争则必乱，乱则穷矣。先王感其乱也，故制礼义以分之，使有贫富贵之等，足以相兼临者是养天下之本也。[⑦]这就是荀况的经济学理论。

荀况根据他的这套理论来反对墨子。他说：“我以墨子之非乐也，则使天下乱；墨子之节用也，则使天下贫：非将堕之也，说不免焉。墨子大

---

① 《荀子·君道》。

② 《荀子·王制》。

③ 《韩非子·有度》。

④ 《荀子·富国》。

⑤ 《荀子·富国》。

⑥ 《荀子·非相》。

⑦ 《荀子·王制》。

有天下，小有一国，将蹙然衣粗食恶，忧戚而非乐。若是则瘠，瘠则不足欲，不足欲则赏不行。墨子大有天下，小有一国，将少人徒，省官职，上功劳苦，与百姓均事业，齐功劳。若是则不威，不威则罚不行。赏不行，则贤者不可得而进也；罚不行，则不肖者不可得而退也。贤者不可得而进也，不肖者不可得而退也，则能不能不可得而官也。若是则万物失宜，事变失应，上失天时，下失地利，中失人和，天下敖然，若烧若焦，墨子虽为之衣褐带索，嚽菽饮水，恶能足之乎！”①

其实，荀况的经济理论同他的政治理论一样，其立场，坚决在奴隶主阶级一边，没有什么进步的意义可言。

第四，军事思想。

荀况的军事思想集中表现在《议兵》一篇。在这篇言论中有四点，值得特殊注意。

一是“凡用兵攻战之本在乎壹民”，“兵要在乎善附民而已”。

二是为将慎行“六术”“五权”“三至”，而处之以“五无圹”。具体说，就是：

六术：制号政令，欲严以威；庆赏刑罚，欲必以信；处舍收藏，欲周以固；徙举进退，欲安以重，欲疾以速；窥敌观变，欲潜以深，欲伍以参；遇敌决战，必道吾所明，无道吾所疑。

五权：无欲将而恶废；无急胜而忘败；无威内而轻外；无见其利而不顾其害；凡虑事欲孰，而用财欲泰。

三至：所以不受命于主有三：可杀而不可使处不完；可杀而不可使击不胜；可杀而不可使欺百姓。

五无圹：敬谋无圹；敬事无圹；敬吏无圹；敬众无圹；敬敌无圹。

三是王者之军制，“将死鼓，御死辔，百吏死职，士大夫死行列。闻鼓声而进，闻金声而退，顺命为上，有功次之。令不进而进，犹令不退而退也，其罪惟均。不杀老弱，不猎禾稼，服者不禽，格者不舍，奔命者不

---

① 《荀子·富国》。

获。”

四是“兼并易能也，唯坚凝之难焉。……故凝士以礼，凝民以政；礼修而士服，政平而民安；士服民安，夫是之谓大凝。以守则固，以征则强，令行禁止，王者之事毕矣。”

上述四点，是荀况军事思想的精华。

关于第一点，毛泽东同志说过“战争的伟力之最深厚的根源，存在于民众之中。”①荀况是一个剥削阶级学者，生在战国时期，居然认识到“凡用兵攻战之本在乎壹民”，“兵要在乎善附民”，即认为“兵民是胜利之本”，这件事很不简单，说明他是一个了不起的人物。

第二点所谈的三个问题，都是军事上至关重要的问题。

六术是为将的纲领性的守则，简明扼要，可抵一部几千言的兵书。一术是谈号令，二术是谈赏罚，三术是谈宿营，四术是谈行军，五术是谈侦察，六术是谈作战，不似书生语，很似一个有丰富实战经验的人所作的总结。

五权的前四权指出在几种场合都要避免片面性。最后一权，则叮咛遇事总要深思熟虑，不要吝惜金钱。

三至，是说为将的天职，在于求得军事上的胜利，虽蒙受杀身之祸，也不能令战争失败。

敬五圹，反映荀况深知“兵，凶器；战，危事”，所以，无论在什么时候，对待什么人什么事，都要求十分谨慎，决不许疏忽大意。

第三点是说纪律严明，对夺取战争的胜利是最重要的保证。

第四点，“兼并易能也，唯坚凝之难焉”这两句话是在“齐能并宋，而不能凝也，故魏夺之。燕能并齐，而不能凝也，故田单夺之。韩之上地，方数百里，完全富足而趋赵，赵不能凝也，故秦夺之”等一系列经验的基础上所作出的总结。这个总结，非常宝贵。秦始皇统一中国，十四载而亡，其原因就在于不善于处理这个问题。汉高祖骂陆贾说：“乃公居马

① 《毛泽东选集》合订本，东北书店 1948 年版第 478 页。

上而得之，安事《诗》《书》！”陆贾说：“居马上得之，宁可以马上治之乎？且汤武逆取而以顺守之，文武并用，长久之术也。昔者吴王夫差、智伯极武而亡；秦任刑法不变，卒灭赵氏。乡使秦已并天下，行仁义，法先圣，陛下安得而有之？”[①]陆贾的观点同荀况的观点完全一致，而荀况提出这个观点比陆贾早半个世纪，尤为可贵。

第五，哲学思想。

荀况的历史观是唯心的形而上学的。例如，他反对“古今异情，其所以治乱者异道”的观点，而认为“古今一也。类不悖，虽久同理”[②]，就是证明。但他在自然观和认识论方面，则具有极为鲜明的和相当丰富的唯物论的思想和辩证法的思想。

荀况的唯物论思想，集中地反映在《天论》一篇上。

《天论》的全篇大意在明天人之分。荀况认为天有常道，地有常数，人有常体。人世间的一切贫富、存亡、吉凶、祸福都决定于人自己，而与天无关。人应敬其在己者，而不慕其在天者。星坠木鸣是天地之变，阴阳之化，物之罕至者也，怪之可也，而畏之非也。真正可畏的，倒是人袄。

最后，归结到礼义上。他说：“故人之命在天，国之命在礼。”特别是他说：“从天而颂之，孰与制天命而用之。”这个“制天命而用之”的思想，产生在战国时期，实在是难能可贵的。因为在这里已开始孕育着人类不仅能认识世界，并且能改造世界这种正确思想的萌芽。

荀况的辩证法思想在《解蔽》篇，表现得最为充分。

《解蔽》的全篇要义是想解决人们认识上的片面性问题。他开头第一句就说：“凡人之患，蔽于一曲，而闇于大理。”“蔽”是掩盖，“一曲”是局部，“闇”是不认识，“大理”是全面的正确的道理。译成现代汉语，就是说，人在认识上有一个共同的毛病，就是常被片面性所掩盖，而不能认识事物的本质，事物的全体，事物的内部联系。

---

① 《史记·郦生陆贾列传》。

② 《荀子·非相》。

以下，他举出十种片面性。说："欲为蔽，恶为蔽，始为蔽，终为蔽，远为蔽，近为蔽，博为蔽，浅为蔽，古为蔽，今为蔽。"

以下，提出他自己认为能消除片面性的办法。

他把客观真理叫做"道"。把认识客观真理的器官叫做"心"，即大脑。大脑怎样才能认识客观真理呢？他提出一个"虚壹而静"的办法。

以下，他解释说："心未尝不藏也，然而有所谓虚；心未尝不两也，然而有所谓一；心未尝不动也，然而有所谓静。人生而有知，知而有志。志也者，藏也。然而有所谓虚，不以所已藏害所将受谓之虚。心生而有知，知而看异。异也者，同时兼知之。同时兼知之，两也。然而有所谓一，不以夫一害此一，谓之壹。心卧则梦，偷则自行，使之则谋，故心未尝不动也，然而有所谓静，不以梦剧乱知谓之静。……虚壹而静，谓之大清明。万物莫形而不见，莫见而不论，莫论而失位。坐于室而见四海，处于今而论久远，疏观万物而知其情，参稽治乱而通其度，经纬天地而材官万物，制割大理而宇宙里矣。"

以上这段话说出了荀况认识论思想的全部内容。乍看，这种思想同道家老、庄的思想很相似，实际上有本质的不同。因为荀况是在承认有藏、有两、有动的前提下，主张虚壹而静的。而老、庄则不然。《老子》说："致虚极，守静笃，万物并作，吾以观复。"又说："昔之得一者，天得一以清，地得一以宁，神得一以灵，谷得一以盈，侯王得一以为天下贞。"即老子主张绝对的虚壹而静。最明显的证据，是老子把为道与为学对立起来，说："为学日益，为道日损。"而荀况则把为道与为学看作是统一的东西。《庄子》说："至人之用心若镜，不将不迎，应而不藏，故能胜物而不伤。"[①]庄子主张"不藏"的认识论思想，同老子是一样的。很明显，在这里荀况是吸取了道家思想而加以改造的。他把唯心的认识论改造成唯物的认识论，无疑比道家前进了一大步。但是，他把虚壹而静叫做"大清明"，又说："人心譬如槃水"，并且把这种认识论方法形容得

① 《庄子·应帝王》。

神乎其神，说什么“万物莫形而不见，莫见而不论，莫论而失位”，简直是老子“无为而无不为”说法的翻版，则是错误的。他不了解也不可能了解认识与实践的关系以及由感性认识上升到理性认识，也不了解认识不是一次完成的。所以，荀况并没有真正解决认识论的问题。

第六，逻辑思想。

《正名》篇是荀况谈逻辑问题的专门著作。战国百家争鸣，各家为了要在辩论中获胜，无不重视逻辑。名家专门以名即以逻辑名家，不必说了。其他各家也都有自己的逻辑思想。例如墨家的《墨经》，道家庄子的《齐物论》，法家的好刑名，都是谈逻辑或与逻辑有关的问题的。

儒家“正名”这个概念是孔丘首先提出来的。《论语·子路》说：“子路曰：‘卫君待子而为政，子将奚先？’子曰：‘必也正名乎！，子路曰：‘有是哉，子之迂也！奚其正？’子曰‘野哉由也！君子于其所不知，盖阙如也。名不正则言不顺，言不顺则事不成，事不成则礼乐不兴，礼乐不兴则刑罚不中，刑罚不中则民无所错手足。故君子名之必可言也，言之必可行也。君子于其言，无所苟而已矣。’”把正名说得与政治有十分密切的关系。

外人都说孟轲好辩。孟轲说：“予岂好辩哉，予不得已也。……我亦欲正人心，息邪说，距诐行，放淫辞”。[①]孟轲好辩，用好辩来息邪说，放淫辞，这里边也涉及逻辑思想。

但是，专门的、深入的、系统的谈逻辑问题的则是荀况的《正名》篇。

现存《荀子》三十二篇有很多富于战斗性的文章。如《非十二子》《正论》，就是直接针对各家的错误观点而发起进攻的。《解蔽》《正名》两篇也是战斗性很强的作品。前者是想解决思想上的问题，后者是想解决逻辑上的问题。所以《解蔽》《正名》两篇可看成是姊妹篇。在百家争鸣中，这两篇作品，涉及到普遍性的、根本性的问题。

---

① 《孟子·滕文公下》。

《正名》之作，并不是无的放矢，它是有针对性的。它是针对当时存在的“惑于用名以乱名”“惑于用实以乱名”“惑于用名以乱实”三种情况而发的。第一种情况，他举“见侮不辱”“圣人不爱己”“杀盗非杀人”为例；第二种情况，他举“山渊平”“情欲寡”“刍豢不加甘，大钟不加乐”为例；第三种情况，他举“非而谒楹”“有牛马非马也”为例。

荀况认为，早在治世，有“明君临之以势，导之以道，申之以命，章之以论，禁之以刑”，“其民之化道也如神”，用不着辩说。“今圣王没，天下乱，奸言起，君子无势以临之，无刑以禁之，辩说就成为必要的了。正名就是为辩说服务的。

荀况认为正名需要注意的，有三点：（1）“所为有名”；（2）“所缘以同异”；（3）“制名之枢要”。

“所为有名”就是所以要有名的意思。这里包括两个内容：一个是制定名称的目的，另一个是制定名称的基本原则。荀况认为制定名称的目的是，“明贵贱，辨同异”。例如爵名就是明贵贱的，刑名、文名、散名就是辨同异的。制定名称的基本原则是“制名以指实”。就是说名是反映实的。实是第一性的，名是第二性的。无疑这是唯物论的观点。

“所缘以同异”，就是根据什么确定名称的同异。荀况认为“缘天官”，就是根据目、耳、口、鼻、形体等五个感觉器官，以及心这个思想器官来确定同异的。他说：“形体、色、理，以目异；声音清浊、调竽[①]奇声，以耳异；甘、苦、咸、淡、辛、酸、奇味，以口异；香、臭、芬、郁、腥、臊、漏、庮（“漏、庮”原作“酒、酸”，兹据王念孙校改）、奇臭，以鼻异；疾、养、沧、热、滑，铍、轻、重，以形体异；

① 按“调竽”谓乐声和谐。《韩非子·解老》说：“竽也者，五声之长者也。故竽先则钟瑟皆随，竽唱则诸乐皆和。”是其证。卢文弨说：“调竽二字，上下必有脱误，”俞樾改”调竽”为“调笑”，王先谦改“调竽”为“调节”，都谬误，不可从。

说、故[1]、喜、怒、哀、乐、爱、恶、欲，以心异。心有征知。征知，则缘耳而知声可也，缘目而知形可也。然而征知必将待天官之当簿其类然后可也。五官簿之而不知，心征之而无说，则人莫不然谓之不知，此所缘而以同异也。”也就是说荀况认为人对外界事物的认识，必须通过人的感觉器官，并经过人的思维器官的作用，然后才能辨别事物，从而制定事物同异的名称。

“制名之枢要”就是制定名称的大纲。荀况说：

同则同之，异则异之。单足以喻则单，单不足以喻则兼，单与兼无所相避则共，虽共不为害矣。知异实者之异名也，故使异实者莫不异名也，不可乱也，犹使异实者莫不同名也。

故万物虽众，有时而欲徧举之，故谓之物。物也者，大共名也。推而共之，共则有共，至于无共然后止。有时而欲徧举之，故谓之鸟兽。鸟兽也者，大别名也。推而别之，别则有别，至于无别然后止。

名无固宜，约之以命。约定俗成谓之宜，异于约则谓之不宜。名无固实，约之以命实，约定俗成谓之实名。名有固善，径易而不拂，谓之善名。

物有同状而异所者，有异状而同所者，可别也。状同而为异所者，虽可合，谓之二实。状变而实无别而为异者，谓之化；有化而无别，谓之一实。此事之所以稽实定数也。此制名之枢要也。

这就是说，荀况认为，同实的就制定相同的名称，异实的就制定不同的名称。用单字为名，可以为人了解的，就用单字名。用单字的名，不能为人所了解，就用兼，即两字名。单与兼所指的事物的某些性质相同，没

[1] 按“说、故”应依《墨子·小取》：“以说出故”作解。“说”指言论，“故”指观点。过去有人说：“说”读为“脱”，有人说：“说者，心诚说之”，有人说“说同悦，故同固”，都误。

有加以区别的必要，则用共名。

例如，万物，飞潜动植，种类繁多，有时要举它的全部，则名为物。这个物，就是大共名。大共名相当于逻辑学所说的类概念。有时要举次一级的概念，例如鸟兽。这个鸟兽，就是大别名。概念的等级不同，共还有共，别还有别。

名称的本身不能说合适不合适，决定性在“约定俗成”。取了一个名称，大家都用它，成为习俗，就叫做合适，否则就叫做不合适。用什么名称代表这个事物，也不是固定的。约定俗成，这个名称就固定了。善名，即好的名称。直截易懂，不会误解，就叫做善名。

物有形状相同而不在一个处所的，有形状不同而在同一处所的，都可以区别。形状相同而处所不同，虽然可以合而为一，应叫做两个事物（二实）。有的形状变化了而事物还是原来的事物，只是变为另外的一种形状，这叫做“化。有变化而不是另一种事物，叫做一个事物（一实）。这样做可以用来核对实际和确定数量。

以上就是制定名称的大纲。

荀况谈到辩说的时候说：“实不喻然后命，命不喻然后期，期不喻然后说，说不喻然后辩。”这就是说，客观存在的某一种事物（实）不为人所了解，就给它创造一个名称。已经有了名称还不为人所了解，就举例以明之。举例还不为人所了解，就加以说明。说明还不为人所了解，就进行辩论。

他又说：“名闻而实喻，名之用也。累而成文，名之丽也。用丽俱得，谓之知名。名也者，所以期累实也。辞也者，兼异实之名以论一意也。辩说也者，不异实名以喻动静之道也。期命也者，辩说之用也。辩说也者，心之象道也。心也者，道之工宰也。道也者，治之经理也。”这段话是对有关的一些名词概念所作的说明。“名闻而实喻，名之用也”，是说听了名就知道实是什么，这是名的功用。“累而成文，名之丽也”，这里的名，实际上指的是一个单字或单词。“累而成文”是说文章就是积累许多单字、单词而形成的。“名之丽也”是说这个累不是任意的、杂乱的积累，而是经过精心组织的。“丽”就是组合、搭配的意思。“用丽俱得，谓之知名”，是说每一个单字或单词用的得当，用一些单字或单词组成为文章也得当，就叫做“知名”，即懂得语言文字了。“名也者，所以期累实也”，是说为了累实而创造出语言文字。“辞也者，兼异实之名以论一意也”，这是对于辞的定义的说明。“兼异实之名以论一意”同“弥纶群言，研精一理”的说法是一致的。“辩说也者，不异实名以喻动静之道也”，是说辩说是对同一问题（不异实名）的是非的争论。“期命也者，辩说之用也”，是说一切命名、举例都是为辩说服务的。“辩说也者，心之象道也”，是说辩说反映一个人的思维器官对客观真理的认识。“心也者，道之工宰也”，这里的“工宰”应依《墨子·尚贤中》：“今王公大人有一衣裳不能制也，必借良工；有一牛羊不能杀也，必借良宰”的工宰作解，旧说多误。“心也者，道之工宰也”，是说真理依赖于人的思维器官去认识它。“道也者，治之经理也”，是说理论是政治的指导原则。

荀况逻辑思想的基本内容，略如上述。

总之，荀况是一个有广博知识的学者。他在很多领域都进行过深入的探讨。今人看他有唯物论的思想，就说他是“法家”，过去人们看他主张人性恶，又对他贬抑太甚。其实，这两种做法，都不是实事求是地对待历史人物。

2．墨家——墨翟

墨家的创始人为墨翟。墨翟书称“今天下好战之国，齐、晋、楚、越”①，又语及智伯之败②，则墨翟的生年应在战国之初。墨翟名翟，墨是其氏，鲁国人，尝为宋大夫。

《淮南子·要略》说：“墨子学儒者之业，受孔子之术，以为其礼烦

① 《墨子·非攻下》。

② 《墨子·非攻中》。

扰而不说，厚葬靡财而贫民，久服伤生而害事，故背周道而用夏政。”可见儒、墨两家既有区别，也有联系。墨子原也是从儒者受学，只因不同意儒家的观点，故另辟途径，自立学派。战国时期，儒、墨同号显学。《韩非子·显学》说：“世之显学，儒墨也。儒之所至，孔丘也；墨之所至，墨翟也。”《孟子·滕文公下》说：“杨朱、墨翟之言盈天下”，足见墨子学派影响之大。

其实，墨子学说并没有深厚的理论基础。他的一些主张，完全是针对现实社会的缺点问题而发。荀况说：“墨子蔽于用而不知文”[①]，实切中墨子学说的要害。《墨子·鲁问》说：“凡入国，必择务而从事焉。国家昏乱则语之尚贤、尚同，国家贫则语之节用、节葬，国家憙音湛湎，则语之非乐、非命，国家淫僻无礼则语之尊天、事鬼，国家务夺侵凌则语之兼爱、非攻。”就是证明。墨子实际上是认为有用就是真理，并不考虑他所谓的“真理”是否是真正的真理。

正因为这样；墨子的学说，很受当时人们的信从，特别是受下层人们的信从，而经过一个时期以后，即烟消云散，澌灭以尽。

墨子学说的基础是兼爱。《孟子·滕文公下》说：“墨氏兼爱”，《尸子·广泽》说；“墨子贵兼”，《吕氏春秋·不二》说：“墨翟贵廉”（孙诒让说：“廉疑兼之借字”），可为证明。

就墨子的全部思想来分析，则尚贤、尚同、非攻属于政治方面，节用、节葬、非乐属于经济方面，天志、明鬼、非命属于哲学方面。非儒则是对敌对学派的斗争。

第一，兼爱。

墨翟生当战国初期，社会的现实是一天比一天动乱。想方设法使人民从动乱中摆脱出来，这是墨翟的愿望，也是当时诸子百家的共同愿望。不过，墨翟并不是从根本上看问题，不了解这是一种社会制度向另一种社会制度转变过程中的必然现象，而是只从表面上看问题。他认为“乱起不

---

① 《荀子·解蔽》。

相爱”；“若使天下兼相爱，爱人若爱其身”，就可以解决乱的问题。当然，墨翟自己是坚信他的主张是正确的，并且苦口婆心地到处去说教。然而终究于事无补，社会上的动乱不是减少了，而是更加严重了。墨翟不了解世上决没有无缘无故的爱，也没有无缘无故的恨，所谓超阶级的爱，在阶级社会里是不可能实行的。

第二，政治思想。

首先谈尚贤。尚贤的基本思想可用《尚贤中》之数语来概括，即：“不党父兄，不偏贵富，不嬖颜色。贤者举而上之，富而贵之，以为官长；不肖者抑而废之，贫而贱之，以为徒役。”其最终目的是要求能达到“官无常贵，民无终贱”。显然这是对世官世禄制度的否定，是有进步意义的。有人把孔丘所说的“举贤才”，看作和墨翟的“尚贤”说等同，也有人认为《老子》所说的“不尚贤”是专门为反对墨翟的“尚贤”而发的，这都是对墨翟尚贤说的错误理解。应当指出，孔丘的“举贤才”是在肯定宗法制度的前提下提出来的。而《老子》所说的“不尚贤”，只是意味着消灭好与坏之间的差别，都不能和墨翟的尚贤说相提并论。

其次，谈尚同。墨翟主张尚同，其目的也是为息争、止乱。他说：“天下之所以乱者，生于无正长。”这句话的意思同说“百人无主，不散则乱”的意思一样，都是强调政权首脑的重要作用。从他的全部言论来看，包含有两个错误。一个是他说：“古者民始生未有刑政之时，盖其语人异义，是以一人则一义，二人则二义，十人则十义。其人兹众，其所谓义者亦兹众，是以人是其义，以非人之义，故交相非也。”这种说法的实质，是认为每一个人的意见都是“真理”，不承认有客观真理，不承认真理只有一个，显然是错误的。另一个是他认为有正长，亦即有政权首脑是为“一同天下之义”。所谓“一同天下之义”，就是“上之所是，必亦是之；上之所非，必亦非之”。这种理论，如果付诸实践，其结果，只能是实行君主专制，而决不会“一同天下之义”。为什么呢？因为国家在本质上都是一个阶级压迫、统治另一阶级的机器。它怎能达到“一同天下之义”呢？所以这个观点，也是错误的。

由此可见，墨翟主张尚同，尽管主观动机是好的，但实行起来，决不会得到预期的结果。因为他的论点只是出于主观空想，缺乏唯物的理论基础。

最后谈非攻。实际上墨翟的非攻是他的兼爱思想在另一个问题上的表现。兼爱既不能实行，非攻自然也不能实行。

第三，经济思想。

墨翟的经济思想可以概括为两个字，就是节用。节葬、非乐都是从节用派生出来的。他的说法是“凡足以奉给民用则止。诸加费，不加于民利者，圣王弗为”。《鲁问》说：“国家贫则语之节用、节葬。”可见节用，也是有针对性的，它是为解决贫的问题而提出来的。这样，当然是应该肯定的。但是，如果强调过分，也会产生片面性。荀况说：“墨子蔽于用而不知文”[①]，又说：“上功用，大俭约，而僈差等”[②]，就是从它的片面性来发议论的。不知文是批评他不懂得“文的作用，例如乐就属于文的范围。“僈差等”则是批评他搞平均主义。

第四，哲学思想。

墨翟的哲学思想主要表现在《天志》《明鬼》《非命》三篇的言论中。《天志》《明鬼》两篇都是根据有用即真理的指导思想提出来的。作为一种哲学思想来说，不但是荒谬的，而且是肤浅的，没有深论的必要。至于非命则不然。到底应当怎么认识？应当肯定吗？还是应当否定？大家的看法，并不一致。

墨翟所非的命，无疑是指儒家所说的命。那么，儒家所说的命，到底是什么东西呢？是不是如近年来批孔的文章所经常重复的，就是上帝意志的异名或同义语呢？如果是这样，那么，墨翟在鼓吹天志、明鬼的同时，为什么竟反起命来，这岂不是自相矛盾吗？“儒以天为不明，以

① 《荀子·解蔽》。

② 《荀子·非十二子》。

鬼为不神”[①]，而相信有命，墨尊天事鬼而非命，那么，这个命到底是什么东西呢？孟轲说：“莫之为而为者天也，莫之致而至者命也”[②]，孔丘说：“五十而知天命”[③]，以及道家《庄子》转述孔丘的话说：“死生、存亡、穷达、贫富、贤与不肖、毁誉、饥渴、寒暑，是事之变，命之行也”[④]等等，据我看，孔、孟所说的天命只能从唯物论的意义来解释，而不能从唯心论的意义来解释。当然，古人所使用的这个命的概念，含义是不明确的，不像我们今天所使用的“规律”一词这样明确，不易为人误解。但是，从其实质来说，则是一个东西。这决不是“自古以及今生民以来者，亦尝见命之物；闻命之声者乎？则未尝有也”所能否定的。墨翟非命，恰足以证明命和天、鬼是不相容的。承认了命的作用，就不会承认天和鬼的作用。所以，墨翟的非命，实际上是反对唯物论。今人为了批孔的需要，一定要说孔丘是唯心论，连孟轲说过的“莫之为而为者天也，莫之致而至者命也”也一定作为唯心论的言论去批判，全然不顾墨翟尊天事鬼而非命的事实，这不是马克思主义者应有的态度。

第五，非儒。

儒、墨相非，由于两家所持的观点和方法不同。墨家反对儒家的厚葬久丧，应该说是对的。不过，在《非儒》篇里，夹杂着不少歪曲事实和人身攻击的成分，不足为训。有人说，这是墨子后学所为，可能是事实。

墨子弟子甚多，其著者有禽滑厘和相里氏之墨，相夫氏之墨，邓陵氏之墨。孟轲说：“墨子兼爱，摩顶放踵，利天下为之。”[⑤]庄周也说：“墨子真天下之好也，将求之不得也，虽枯槁不舍也。”[⑥]在当时，墨翟

① 《墨子·公孟》。

② 《孟子·万章上》。

③ 《论语·为政》。

④ 《庄子·德充符》。

⑤ 《孟子·尽心上》。

⑥ 《庄子·天下》。

确是一个苦行救世的人物。不过，就其思想来说，则多半很肤浅，又是唯心的，贡献不大。墨翟固然不是保守派，但也不是革命派，说他是改良主义者，我看比较合适。

3．道家——庄周

战国时期道家的著名人物有杨朱、列御寇、庄周等。由于庄周遗留下来的作品比较完具，兹把庄周作为道家的代表人物论述如下。

庄周，宋人，尝为蒙（今河南商邱市东北）漆园吏。《汉书·艺文志》道家有《庄子》五十二篇，今存三十三篇。

庄周基本上是祖述老聃的思想，但也有自己的特点。大体上说，他的思想核心是相对主义，表现在政治上则为无政府主义。

庄周思想的形成，同当时的社会背景分不开。庄周对当时社会动乱的现实，极端不满，但又找不到解决的办法。于是幻想从现实中逃脱出来。就他的许多言论来看，直似游戏人间，俯视一切。其实，这乃是悲观厌世思想的另一种表现。古人有“长歌以当哭”的说法，我读庄周书，也每作如是观。

第一，哲学思想。

庄周的时空观是正确的。他说：“出无本，入无窍，有实而无乎处，有长而无乎本剽（下原有“有所出而无窍者，有实”九字，据陈寿昌《南华经正义》删）。有实而无乎处者，宇也，有长而无乎本剽者，宙也。”[①]这就是说空间是无限的，时间也是无限的。又说：“夫物量无穷，时无止，分无常，终始无故。是故大知观于远近，故小而不寡，大而不多，知量无穷；证曏今故，故遥而不闷，掇而不跂，知时无止；察乎盈虚，故得而不喜，失而不忧，知分之无常也；明乎坦途，故生而不悦，死而不祸，知终始之不可故也。”[②]“掇”是短的意思，在这里作短暂解。与上“遥”字的意思相反。“遥”应作久远解。这段话是说不但空间无

① 《庄子·庚桑楚》。

② 《庄子·秋水》。

限，时间无限，而且物质也是无限的。由于物质是不断运动、不断变化，所以“分无常”“终始无故”。这种观点也是正确的。

但是庄周在道与物的关系问题上，他认为道在物先，道可以离开物质而独立存在，则是错误的。

他说：“夫道有情有信，一无为无形，可传而不可受，可得而不可见，自本自根，未有天地自古以固存。神鬼神帝，生天生地，在太极之先而不为高，在六极之下而不为深，先天地生而不为久，长于上古而不为老。”①庄周所说的道，实际上就是今天哲学上所说的规律。“道有情有信，无为无形，可传而不可受，可得而不可见”，则是说道这种东西，尽管不能用感觉器官去认识（无形，不可受，不可见），并且是因任自然，无有作为（无为），然而它是客观存在的（有情有信，可传，可得）不同于精神性的东西。“自本自根，未有天地，自古以固存”以下数语，则是说道与天地的关系，即规律与物质的关系。他认为先有规律，后有物质，规律可以离开物质而独立存在，物质是由规律产生出来的。这个观点同老聃说：“有物混成，先天地生，寂兮寥兮，独立而不改，周行而不殆，可以为天下母，吾不知其名，字之曰道”，和“道之为物，惟恍惟惚，惚兮恍兮，其中有象，恍兮惚兮，其中有物，窈兮冥兮，其中有精，其精甚真，其中有信，自古及今，其名不去”的观点完全一致，无疑是唯心主义的。

庄周的认识论，也同老聃一样，是唯心的。这个观点，集中反映在下述一段话里。他说：“至人之用心若镜，不将不迎，应而不藏，故能胜物而不伤。”②怎么能达到用心若镜呢？《老子》说：“为学日益，为道日损，损之又损，以至于无为，无为而无不为”，可作这段话的注脚。这就是说，“为道”与“为学”的要求不同。为学要求“日益”，即一天比一天长进，所谓“日知其所亡，月无忘其所能”；而为道则与此相反，要求

① 《庄子·大宗师》。

② 《庄子·应帝王》。

“日损”，即一天要去掉一点。去掉什么东西呢？一是知识，二是技术。庄周把知识叫做“知”，把技术叫做“故”。他在《刻意》篇说：“去知与故”，在《大宗师》篇说：“离形去知”，所说的都是这个东西。只有“去知与故”，才能“循天之理”；只有“离形去知”，才能“同于大通”。“循天之理”，“同于大通”，则达到“无为”。庄周所谓“坐忘”[①]、“心斋”[②]、“若镜”，都是指已达到这种状态而言。老、庄认为达到这种状态以后，就能“无不为”、能“胜物而不伤”了。庄周之所以把有知识、技术看成是认识事物的障碍，其道理在于他认为获得某种知识、技术，这个知识、技术就会变成成见。人的思维器官一为成见所束缚，所锢蔽，认识事物就一定有片面性。井蛙不可语于海，夏虫不可语于冰，曲士不可语于道，都是这个道理。庄周把成见做“成心”。他说：“道隐于小成。”又说：“夫随其成心而师之，谁独且无师乎？奚必知代而心自取者有之，愚者与有焉。”[③]也是说明这个问题。

“不将不迎，应而不藏”是什么意思呢？“将”的意思是送。“不将不迎”就是庄周在《刻意》篇所说的“不思虑，不预谋”。意思是说，事情不论是过去的也好，将来的也好，都不去考虑它。“应而不藏”就是宋儒所说的“因物付物”，“物来而顺应”，意思是说事情来了就处理，处理过后，心里不留余迹。庄周所说的“其寝不梦，其觉无忧，其神纯粹，其魂不疲”，正是形容能做到这一点的人的心理状态。《老子》说：“不出户，知天下；不窥牖，见天道。其出弥远，其知弥少”，庄子则正是以这个认识论为根据所得出的结论。

马克思主义认为人的正确认识只能来源于实践，又要到实践中去受检验。一个闭目塞听，同客观外界根本绝缘的人是无所谓认识的。所以，庄周的这套理论，完全是欺人之谈。相信庄周的认识论，其结果只能导致愚

---

① 《庄子·大宗师》。

② 《庄子·人间世》。

③ 《庄子·齐物论》。

昧无知，毫无认识，不会是别的什么东西。

庄周的真理观是地地道道的相对主义。

庄周对于生死、大小、贵贱、是非等等差别，只承认它们的相对性，而否认它们的客观性。他认为这些概念的产生，完全是有条件的、随意的。因此，在这个问题上，他是个主观唯心主义者。

他说："民湿寝则腰疾偏死，鳝然乎哉？木处则惴慄恂惧，猿猴然乎哉？三者孰知正处？民食刍豢，麋鹿食荐，蝍且甘带，鸱鸦嗜鼠，四者孰知正味？猿，猵狙以为雌；麋，与鹿交；鳝，与鱼游；毛嫱、丽姬，人之所美也，鱼见之深入，鸟见之高飞，麋鹿见之决骤，四者孰知天下之正色哉？自我观之，仁义之端，是非之途，樊然殽乱，吾恶能知其辩？"[①]以上，庄周用处、味、色三者为例，举出许多事实，来证明真理都是相对的，而否认客观真理的存在。因此，他竟作出如此异乎常情的判断，说："天下莫大于秋毫之末，而泰山为小，莫寿于殇子，而彭祖为夭。"[②]这是毫不奇怪的。

庄周为了证明他的这个观点，还举过另外一个例子。他说："既使我与若辩矣，若胜我，我不若胜，若果是也，我果非也邪？我胜若，若不吾胜，我果是也，而果非也邪？其或是也，其或非也邪？其俱是也，其俱非也邪？我与若不能相知也，则人固受其黮闇。吾谁使正之？使同乎若者正之？既与若同矣，恶能正之？使同乎我者正之？既同乎我矣，恶能正之？使异乎我与若者正之？既异乎我与若矣，恶能正之？使同乎我与若者正之？既同乎我与若矣，恶能正之？然则我与若与人俱不能相知也。"[③]这就是说，假设彼此双方进行辩论，由于不能找到真正的第三者来作评判，所以，所谓是非就只能是主观的东西，并没有客观上的标准。他的这一观点，显然已从相对主义导致不可知论和诡辩论了。

---

① 《庄子·齐物论》。

② 《庄子·齐物论》。

③ 《庄子·齐物论》。

庄周的上述观点在《秋水》篇里，曾作过郑重的详细的阐述。他说："以道观之，物无贵贱。以物观之，自贵而相贱。以俗观之，贵贱不在己。以差观之，因其所大而大之，则万物莫不大；因其所小而小之，则万物莫不小。知天地之为稊米也，知毫末之为丘山也，则差数睹矣。以功观之，因其所有而有之，则万物莫不有；因其所无而无之，则万物莫不无。知东西之相反，而不可以相无，则功分定矣。以趣观之，因其所然而然之，则万物莫不然；因其所非而非之，则万物莫不非。知尧、桀之自然而相非，则趣操睹矣。昔者尧、舜让而帝，之、哙让而绝，汤、武争而王，白公争而灭。由此观之，争让之礼，尧、桀之行，贵贱有时，未可以为常也。梁丽可以冲城，而不可以窒穴，言殊器也；骐骥骅骝一日而驰千里，捕鼠不如狸狌，言殊技也；鸱鸺夜撮蚤，察毫末，昼出瞋目而不见丘山，言殊性也。故曰：盖师是而无非，师治而无乱乎？是未明天地之理，万物之情者也。是犹师天而无地，师阴而无阳，其不可行也明矣。然且语而不舍，非愚则诬也。"上述这一大段文字，对他的相对主义观点，发挥的可谓透辟之至，酣畅之至。具体分析，文内的"以道观之，物无贵贱"，以及"未可以为常"，"其不可行"等等，都是从相对主义立场否认真理之客观性来说的。"以物观之""以俗观之""以差观之""以功观之""以趣观之"以及"言殊器也""盲殊技也""言殊性也"等等，都是从相对主义的观点认为真理是有条件的随意的来说的。语其终极和归宿，依然是不可知论和诡辩论。

总之，庄周的真理观是主观唯心主义的。

第二，政治思想。

庄周在政治上所向往的是"至德之世"，即无政府主义。他之所以产生这种思想，是由于他目睹当时社会混乱不堪，到处都是陷阱，十分可怕。他认为人们都想方设法医治这个社会，拯救这个社会，岂知坏就坏在这个医治、拯救上，只有没有政治，没有文化，没有知识，回到太古洪荒时代，问题才能得到根本解决。

庄周在《缮性》篇说："古之人在混芒之中，与一世而得澹漠焉。当是时也，阴阳和静，鬼神不扰，四时得节，万物不伤，群生不夭，人虽有知，无所用之，此之谓至一。当是时也，莫之为而常自然。逮德下衰，及燧人、伏羲始为天下，是故顺而不一。德又下衰，及神农、黄帝始为天下，是故安而不顺。德又下衰，及唐、虞始为天下，兴治化之流，浇淳散朴，离道以善，险德以行，然后去性而从于心。心与心识知，而不足以定天下，然后附之以文，益之以博。文灭质，博溺心，然后民始惑乱，无以反其性情而复其初。"

这就是说，天下之所以乱，其病根在于治。越治越乱。只有不治，任其自然，才能得治。

在《马蹄》篇说："马蹄可以践霜雪，毛可以御风寒，龁草饮水，翘足而陆，此马之真性也，虽有义台路寝，无所用之。及至伯乐曰：'我善治马。'烧之，剔之，刻之，雒之，连之以羁馽，编之以皁栈，马之死者十二三矣；饥之，渴之，驰之，骤之，整之，齐之，前有橛饰之患，而后有鞭筴之威，而马之死者已过半矣。陶者曰：'我善治埴，圆者中规，方者中矩。'匠人曰：'我善治木，曲者中钩，直者应绳。'夫埴、木之性，岂欲中规矩钩绳哉！然且世世称之曰：伯乐善治马，而陶、匠善治埴、木。此亦治天下者之过也。"这是借马、埴、木三者为喻，证明所谓"治天下"正所以害天下。

特别是在《外物》篇，有"儒以诗礼发冢"一段话，寓意尤为深刻。原文说："大儒胪传曰：'东方作矣，事之何若？'小儒曰：'未解裙襦，口中有珠。诗固有之曰：青青之麦，生于陵陂。生不布施，死何含珠为？'接其鬓，擪其顪。儒以金椎控其颐，徐别其颊，无伤口中珠。"这是对儒家的攻击，实际也包括言治的若干家。意思是说，儒家表面上诵诗守礼，道貌岸然，究其实，所干的都是"发冢"一类的勾当，用心寻求的只在墓主人的裙襦和口中珠罢了。

庄周所向往的"至德之世"，在《马蹄》篇说："至德之世，其行填填，其视颠颠。当是时也，山无蹊隧，泽无舟梁；万物群生，连属其乡；禽兽成群，草木遂长。”同篇又说：“夫赫胥氏之时，民居不知所为，行不知所之，含哺而熙，鼓腹而游。”在《胠箧》篇说：“昔者容成氏、大庭氏、伯皇氏、中央氏、栗陆氏、骊畜氏、轩辕氏、赫胥氏、尊卢氏、祝融氏、伏羲氏、神农氏，当是时也，民结绳而用之，甘其食，美其服，乐其俗，安其居，邻国相望，鸡狗之音相闻，民至老死而不相往来。若此之时，则至治已。”则庄周所向往的“至德之世”，实际是原始社会的最初时期。

庄周之所以产生这种思想是由于他深深感到“方今之时，仅免刑焉。福轻乎羽，莫之知载；祸重乎地，莫之知避。”[①]和“今世殊死者相枕也，桁杨者相推也，刑戮者相望也。”[②]因此，他的人生哲学就选择了“为善无近名，为恶无近刑”[③]，“处乎材与不材之间”[④]。就是说他既怕名，又怕刑；既怕材，又怕不材。他觉得刑和不材固然可怕，但“直木先伐，甘井先竭”[⑤]，“桂可食，故伐之；漆可用，故割之”[⑥]，即名和材，尤其可怕。正由于庄周经常在怕中生活，所以，他不但看到曲辕的栎社树，商之丘的大木，觉得可以羡慕，即便是“牛之白颡者与豚之亢鼻者与人有痔病者”[⑦]，乃至“颐隐于齐，肩高于顶，会撮指天，五管在上，两髀为胁”的支离疏[⑧]，也觉得同样可以羡慕。其所以觉得可以羡慕，根本原因在于它们以不材得终其天年。正由于这样，所以庄周用力的先后次序

① 《庄子·人间世》。

② 《庄子·在宥》。

③ 《庄子·养生主》。

④ 《庄子·山木》。

⑤ 《庄子·山木》。

⑥ 《庄子·人间世》。

⑦ 《庄子·人间世》。

⑧ 《庄子·人间世》。

是“道之真以治身，其绪余以为国家，其土苴以治天下。”[①]

庄周的政治理论可用下述一语来概括，就是“泉涸，鱼相处于陆，相呴以湿，相濡以沫，不如相忘于江湖”[②]，或者说：“鱼相忘乎江湖，人相忘乎道术”[③]。意思是说：当人讲仁义道德的时候，正反映这时是缺乏仁义道德。好像泉涸，鱼相处于陆，才觉得相呴以湿，相濡以沫之可感。假如纵游于江湖之中，一点点湿、沫又算个什么呢？这些话就是庄周所以主张要回到“至德之世”的根本意义所在。

荀况批评庄周说：“庄子蔽于天而不知人”。关于天和人的解释，《秋水》篇说得好：“牛马四足，是谓天；落马首，穿牛鼻，是谓人。”看来荀况所说的天，就是因任自然，所说的人就是改造自然和改造社会。从庄周的全部思想来看，他确实是受了因任自然这个片面性的锢蔽，而不了解人有改造自然，改造社会的伟大力量。

4．法家——韩非

法家作为一个政治派别来说，不是自古就有，也不是继续到现在，而是我国在战国这个特定的历史时期的产物。它在当时，是新兴地主阶级在政治上的代表，在政治舞台上，是变奴隶制为封建制的开路先锋。

法家的著名人物有商鞅、申不害、慎到、韩非等，而韩非晚出，兼综商鞅、申不害、慎到三人之长，并有出较完整的著作传于后世。因此，这里把韩非作为代表，评述如下。

韩非，韩国的诸公子，为人口吃，不能谈说，而善著书，与李斯俱学于荀况，李斯自以为不如。时人有传其书至秦。秦王政见到《孤愤》《五蠹》，叹息说：“寡人得见此人与之游，死不恨矣！”李斯对秦王说：“此韩非之所著书也。”秦因急攻韩。韩王安遣非使秦，秦王见到韩非，很高兴。未信用，即被李斯姚贾等谗死狱中。

① 《庄子·让王》。

② 《庄子·大宗师》。

③ 《庄子·大宗师》。

韩非的著作，今有五十五篇，名《韩非子》。过去商鞅言法，申不害言术，慎到言势，韩非继承了三人之说，兼言法、术、势。从其总的目标来说，则都是为实行封建制的君主专制服务的。

要了解韩非的学说，首先应了解什么是法、术、势。现在说法。

韩非在《难三》说："法者，编著之图籍，设之于官府，而布之于百姓者也。"在《定法》说："法者，宪令著于官府，刑罚必于民心，赏存乎慎法，而罚加乎奸令者也，此臣之所师也。"这就是说，韩非所说的法是专指成文法而言。这个法，必须由官府制定，向百姓公布。公布之后，必须坚决地贯彻执行。因此，韩非言法总是和赏罚联系在一起，例如他说："赏莫如厚而信，使民利之；罚莫如重而必，使民畏之；法莫如一而固，使民知之。"①

韩非把法比作镜、衡、规矩、尺寸，即把法看成是一个客观上的标准。

他说："故镜执清而无事，美恶从而比焉；衡执正而无事，轻重从而载焉。夫摇镜则不得为明，摇衡则不得为正，法之谓也。"②又说："释法术而心治，尧不能正一国。去规矩而妄意度，奚仲不能成一轮。废尺寸而差短长，王尔不能半中。使中主守法术，拙匠执规矩尺寸，则万不失矣。"③

正因为这样，韩非主张"法不阿贵，绳不挠曲"，"刑过不避大臣，赏善不遗匹夫"④，"诚有功，则虽疏贱必赏；诚有过，则虽近爱必诛"⑤。不但要求臣下百姓守法，人君自己也要依法行事。他说："明主

① 《韩非子·五蠹》。

② 《韩非子·饰邪》。

③ 《韩非子·用人》。

④ 《韩非子·有度》。

⑤ 《韩非子·主道》。

使法择人，不自举也；使法量功，不自度也。”[①]所以，韩非简直把法提到绝对化的高度。他说：“国无常强，无常弱。奉法者强则国强，奉法者弱则国弱。”[②]又说：“废常上贤，则乱；舍法任智，则危。故曰：‘上法而不上贤。’”[③]

韩非“上法不上贤”的观点，不但同墨翟尚贤的主张相抵触，同荀况“有乱君，无乱国；有治人，无治法”的说法也针锋相对。其实，人治法治互有短长，不宜偏废。对于这个问题，倒是孟轲说得好：“徒善不足以为政，徒法不能以自行。”[④]尽管孟轲的政治观点不见得对，但从这句话的本意来看，则是对的，是符合辩证法的。

韩非之所以特别重视法的作用，其根据有二：第一，他认为“人情者，有好恶，故赏罚可用。”[⑤]第二，他看到君民之间的利益是矛盾的，不用法则令不行，禁不止。

关于第一点，他申述说：“凡治天下，必因人情。人情者，有好恶，故赏罚可用。赏罚可用，则禁令可立，而治道具矣。”[⑥]又说：“人不乐生则人主不尊，不重死则令不行也。”[⑦]

关于第二点，他用父母与君上作比较，说：“母之爱子也倍父，父令之行于子者十母；吏之于民无爱，令之行于民也万父。母积爱而令穷，吏用威严而民听从，严爱之筴亦可决矣。且父母之所以求于子也，动作则欲其安利也，行身则欲其远罪也；君上之于民也，有难则用其死，安平则尽其力。亲以厚爱关子于安利而不听，君以无爱利求民之死力而令行。明主

① 《韩非子·有度》。

② 《韩非子·有度》。

③ 《韩非子·忠孝》。

④ 《孟子·离娄上》。

⑤ 《韩非子·八经》。

⑥ 《韩非子·八经》。

⑦ 《韩非子·安危》。

知之，故不养恩爱之心而增威严之势。”[1]这就说明韩非了解到君所求于民的是“死”、是“力”，也就是说，君民之间的利益是矛盾的。君上不用法是达不到自己的目的的。

什么是术？韩非在《难三》说：“术者，藏之于胸中，以偶众端，而潜御群臣者也。”在《定法》说：“术者，因任而授官，循名而责实，操杀生之柄，课群臣之能者也。此人主之所执也。”韩非的这些解释无疑已经抓住问题的实质，但还不够详明。据我看，法家之所谓术，实际上是把道家老、庄的认识论应用于政治实际，即用它作为人君驾御群臣的方法。法家之所以把术作为人君驾御群臣的方法，其根据在于他认为“君臣之利异”[2]。韩非在《备内》说：“人臣之于其君，非有骨肉之亲也，缚于势而不得不事也。故为人臣者，窥觇其君心也无须臾之休”。正因为这样，人君驾御群臣，必须讲求方法，具体说，就是所谓术。这个术包括两种作用，一是预防，二是使用。

韩非在《主道》《扬权》两篇曾专门谈到术的问题。兹引《主道》篇一大段原文如下：

> 道者，万物之始，是非之纪也。是以明君守始以知万物之源，治纪以知善败之端。故虚静以待令，令名自命也，令事自定也。虚则知实之情，静则为动者正（“为”原作“知”，兹依俞樾说校改）。有言者自为名，有事者自为形，形名参同，君乃无事焉，归之其情。故曰：君无见其所欲。君见其所欲，臣将自雕琢。君无见其意。君见其意，臣将自表异。
>
> 故曰：去好去恶，臣乃见素；去旧去智，臣乃自备。故有智而不以虑，使万物知其处；有贤而不以行（原作“有行而不以贤”，兹依王先慎校改），观臣下之所因；有勇而不以怒，使群臣尽其武。是故去智而有明，去贤而有功，去勇而有强。群臣

① 《韩非子·六反》。

② 《韩非子·内储说下》。

守职，百官有常，因能而使之，是谓习常。故曰：寂乎其无位而处，漻乎莫得其所。明君无为于上，群臣竦惧乎下。

我认为，我们如果明白了上文已经阐释的《老子》所说“为学日益，为道日损，损之又损，以至于无为，无为而无不为”和《庄子·应帝王》所说“至人之用心若镜，不将不迎，应而不藏，故能胜物而不伤”这两段话，那就有助于理解韩非这里所说的精义。简要地说，《主道》篇里所说的“始”“纪”，都是指“虚静”而言。这个“虚静”，就是《老子》所说的“无为”，也就是《庄子·应帝王》所说的“若镜”。“令名自命也，令事自定也。虚则知实之情，静则为动者正”数语，也就是《老子》所说的“无为而无不为”，《庄子·应帝王》所说的“胜物而不伤”。“有言者自为名”，就是下文所说的“群臣陈其言”。“有事者自为形”，就是下文所说的“君以其言授其事，事以责其功”。“形名参同，君乃无事焉，归之其情”，就是下文所说的“功当其事，事当其言，则赏；功不当其事，事不当其言，则诛。”“君无见其所欲”和“君无见其意”，就是要求能做到虚静，亦即无为、若镜。这里边无疑包含有预防的意思。“君臣守职，百官有常，因能而使之，是谓习常”，则是从使用一方面来说的。

总的看来，韩非之所谓术，不是别的，不过是把道家的认识论应用于政治实际罢了。道家的认识论是唯心的，法家之所谓术实行起来，也不会有好的结果。《荀子·正论》反对“主道利周”的主张，实际就是反对韩非所说的术（《韩非子·八经》说：“明主其务在周密”）。这种反对，我看是正确的。

法家之所谓势，实质上就是指政权或国家机器来说的。关于势的重要性，韩非在《功名》《难势》两篇里有精辟的说明。《功名》篇说：“夫有材而无势，虽贤不能制不肖。故立尺材于高山之上，下临千仞之谿，材非长也，位高也。桀为天子能制天下，非贤也，势重也。尧为匹夫，不能正三家，非不肖也，位卑也。千钧得船则浮，锱铢失船则沉，非千钧轻而锱铢重也，有势之与无势也。”《难势》则以慎到言势的一段话作为辩论的中心内容，反复攻驳。最后得出结论说：“吾所以为言势者，中也。中者，上不及尧舜，而下亦不为桀纣。抱法处势则治，背法去势则乱。”

韩非所说的法，是取之于商鞅；所说的术，是取之于申不害；所说的势，是取之于慎到。韩非兼取三人之长，同时也指出申、商学说的缺点。他在《定法》篇有下述两大段话，主要是说申、商两家学说的缺点，兹抄录如下。

> 问者曰：“徒术而无法，徒法而无术，其不可何哉？”对曰：“申不害，韩昭侯之佐也。韩者，晋之别国也。晋之故法未息，而韩之新法又生；先君之令未收，而后君之令又下。申不害不擅其法，不一其宪令，则奸多。故利在故法前令则道之，利在新法后令则道之，利在故新相反，前后相悖，则申不害虽十使昭侯用术，而奸臣犹有所谲其辞矣。故托万乘之劲韩，七十年[①]而不至于霸王者，虽用术于上，法不勤饰于官之患也。公孙鞅之治秦也，设告相坐而责其实，连什伍而同其罪，赏厚而信，刑重而必，是以其民用力劳而不休，逐敌危而不却，故其国富而兵强。然而无术以知奸，则以其富强也资人臣而已矣。及孝公、商君死，惠王即位，秦法未败也，而张仪以秦殉韩、魏。惠王死，武王即位，甘茂以秦殉周。武王死，昭襄王即位，穰侯越韩、魏而东攻齐，五年而秦不益一尺之地，乃成其陶邑之封。应侯攻韩八年，成其汝南之封。自是以来，诸用秦者，皆应、穰之类也。故战胜则大臣尊，益地则私封立，主无术以知奸也。商君虽十饰其法，人臣反用其资。故乘强秦之资，数十年而不至于帝王者，法（法下疑脱非字）不勤饰于官，主无术于上之患也。”
>
> 问者曰：“主用申子之术，而官行商君之法，可乎？”对曰：“申子未尽于术，商君未尽于法也（原作“申子未尽于

① 顾广圻曰：“‘七十’有误，或当作‘十七’。”

法”，兹依顾广圻说校改）。申子言：‘治不踰官，虽知弗言。’治不踰官，谓之守职也可。知而弗言，是谓过也。人主以一国目视，故视莫明焉；以一国耳听，故听莫聪焉。今知而弗言，则人主尚安假借矣？商君之法曰：‘斩一首者爵一级，欲为官者为五十石之官；斩二首者爵二级，欲为官者为百石之官。’官爵之迁与斩首之功相称也。今有法曰：斩首者令为医、匠，则屋不成而病不已。夫匠者，手巧也；而医者，齐药也；而以斩首之功为之，则不当其能。今治官者，智能也；今斩首者，勇力之所加也。以勇力之所加，而治智能之官，是以斩首之功为医、匠也。故曰：二子之于法术，皆未尽善也。”

总的说来，韩非的政治理论是以势即政权为后盾，用术来对待群臣，用法来对待人民，他所实行的是真正的君主专制。

韩非在《八经》篇说：“知臣主之异利者王，以为同者劫，与共事者杀。故明主审公私之分，审利害之地，奸乃无所乘。乱之所生六也：主母、后姬、子姓、弟兄、大臣、显贤。”在《备内》篇说：“人主之患在于信人，信人则制于人。人臣之于其君，非有骨肉之亲也，缚于势而不得不事也。故为人臣者，窥觇其君心也无须臾之休，而人主怠慠处其上，此世所以有劫君弑主也。为人主而大信其子，则奸臣得乘于子以成其私，故李兑傅赵王而饿主父。为人主而大信其妻，则奸臣得乘于妻以成其私，故优施傅丽姬，杀申生而立奚齐。夫以妻之近与子之亲而犹不可信，则其余无可信者矣。”在《和氏》篇说：“主用术，则大臣不得擅断，近习不敢卖重。官行法则浮萌趋于耕农，而游士危于战阵。则法术者，乃群臣士民之所祸也。”从上述三段引文可以清楚地看到，韩非的政治理论认为，第一，臣主之间的利益是矛盾的。第二，人主对任何人，包括妻子在内，都不能相信，亦即对任何人都要防备。第三，人君与群臣士民的利益通通是矛盾的。正因为这样，才得出“法术者，乃群臣士民之所祸也”的结论。综上三点，韩非岂不是把人君个人以外的所有一切的人，都看成是可怕的敌人吗？韩非教人君这样看，这样做，其结果自然是把自己完全孤立起来了。

韩非不仅有上述论点，还在《六反》篇称：贵生之士为降北之民，文学之士为离法之民，有能之士为牟食之民，辩智之士为伪诈之民，磏勇之士为暴憿之民，任誉之士为当死之民。在《五蠹》篇把“学者”“言古者”“带剑者”“串御者”“商工之民”总称为“五蠹”。在《八说》篇说：“博习辩智如孔、墨，孔、墨不耕耨，则国何得焉？修孝寡欲如曾、史，曾、史不战攻，则国何利焉？”在《五蠹》篇说：“故明主之国，无书简之文，以法为教；无先王之语，以吏为师；无私剑之捍，以斩首为勇。”也就是说，按照韩非的理论去做，人君只要法术势，其余什么都不要；人君只相信自己，自己以外的人都不相信；人民应从事的，只有耕战，其余什么也不要做。韩非的这套政治理论，秦始皇确实把它付诸实践了。实践的结果怎样呢？实践的结果，据我看，有成功的经验，也有失败的经验。成功的经验是并吞六国，实现中国统一；失败的经验是只历二世十四载而亡。

具有秦国的种种有利条件，而实行严刑峻法，并力耕战，结果吞灭六国，实现中国的统一，是不奇怪的，是合理的。统一后，继续实行韩非的政治主张，即第一，最高的统治者——皇帝，与全体人民（包括亲属、大臣、左右）为敌；第二，这个社会，不要贤良，不要信义，不要文化，不要工商业，只要赏罚，只要耕战。这样的统治怎能长期维持下去呢？这样的社会怎能长期存在下去呢？然而秦二世却正是这样干的。试翻开《史记》看一下，秦二世“不坐朝廷见大臣，居禁中”①，这不就是实行韩非的所谓术吗？杀大臣蒙毅、李斯等，“公子十二人僇死咸阳市，十公主矺死于杜，财物入于县官，相连坐者不可胜数”②，这不就是实行韩非的所谓法吗？其结果怎样呢？赵高指鹿为马，二世不能辨其非；阎乐入宫，二世愿

① 《史记·李斯列传》。

② 《史记·李斯列传》。

与妻子为黔首而不可得。一个以六合为家，殽函为宫的庞大的秦王朝，竟然不旋踵而亡。当然，具体执行政策的人不能不负责任，而作为这个政治理论的提倡者韩非，能够不负责任吗？

当然，韩非思想除了在政治上宣扬法术势之外，还有一些积极的东西，例如他认为历史是发展的。在《五蠹》篇说："上古之世，人民少而禽兽众，人民不胜禽兽虫蛇，有圣人作，构木为巢以避群害，而民悦之，使王天下，号之曰有巢氏。民食果蓏蜯蛤，腥臊恶臭而伤害肠胃，民多疾病，有圣人作，钻燧取火以化腥臊，而民悦之，使王天下，号之曰燧人氏。中古之世，天下大水，而鲧、禹决渎。近古之世，桀、纣暴乱，而汤、武征伐。今有构木钻燧于夏后氏之世者，必为鲧、禹笑矣。有决渎于殷、周之世者，必为汤、武笑矣。然则今有美尧、舜、汤、武、禹之道于当今之世者，必为新圣笑矣。是以圣人不期修古，不法常可，论世之事，因为之备。"这个观点，无疑是正确的。又，他凡事都注重实践。在《六反》篇说："人皆寐，则盲者不知，皆嘿，则喑者不知。觉而使之视，问而使之对，则喑盲者穷矣。"在《显学》篇说："夫视锻锡而察青黄，区冶不能以必剑；水击鹄雁，陆断驹马，则臧获不疑钝利。发齿吻形容，伯乐不能以必马；授车就驾，而观其末涂，则臧获不疑驽良。观容服，听辞言，仲尼不能以必士；试之官职，课其功伐，则庸人不疑于愚智。故明主之吏，宰相必起于州部，猛将必发于卒伍。"这种说法也是对的。特别是当时在中国由奴隶社会向封建社会转变时期，他反对宗法关系，反对分散主义，为创建一个专制主义中央集权的封建国家制造舆论，这都是有积极意义的。

但是，韩非主张太过，走了极端，以为无教化，去仁爱，专任刑法，可以为治，终于走到了反面。

5．阴阳家——驺衍

阴阳家，《汉书·艺文志》说："盖出于羲和之官。"司马谈《论六家要指》说："阴阳之术，大祥而众忌讳，使人拘而多所畏，然其序四时之大顺，不可失也。”可见阴阳家原为礼家明堂月令之属，本意在观察天象，制定历书，以为施政的依据，但由于重视祭祀，里边也夹杂着宗教迷信的东西，其末流遂发展为“大祥而众忌讳”。“大祥”的“大”，同《公羊传》说“大一统”，“大居正”，《荀子》说“大俭约”一例。“大”，有贵重的意思。有人释为大、小的大，殊误。“大祥”就是重吉祥，“忌讳”就是避凶煞。

战国时期的阴阳家称“谈天衍，雕龙奭”。“衍”即驺衍，“奭”即驺奭（驺字亦作邹）。兹以驺衍为阴阳家代表人物，论述如下。

驺衍，齐人，后孟轲。在齐居稷下（今山东临淄），号谈天衍，至燕，为燕昭王师。著有《邹子》四十九篇，《邹子终始》五十六篇，已亡。其遗说详见《史记·孟子荀卿列传》。兹移录如下。

> 驺衍睹有国者益淫侈，不能尚德，若《大雅》整之于身，施及黎庶矣。乃深观阴阳消息而作怪迂之变，《终始》《大圣》之篇十余万言。其语闳大不经，必先验小物，推而大之，至于无垠。先序今以上至黄帝，学者所共术，大并世盛衰，因载其机祥度制，推而远之，至天地未生，窈冥不可考而原也。先列中国名山大川通谷，禽兽水土所殖，物类所珍，因而推之，及海外人之所不能睹。称引天地剖判以来，五德转移，治各有宜，而符应若兹。以为儒者所谓中国者，于天下乃八十一分居其一分耳。中国名曰赤县神州。赤县神州内自有九州，禹之序九州是也，不得为州数。中国外如赤县神州者九，乃所谓九州也。于是有裨海环之，人民禽兽莫能相通者，如一区中者，乃为一州。如此者九，乃有大瀛海环其外，天地之际焉。其术皆此类也。然要其归，必止乎仁义节俭，君臣上下六亲之施，始也滥耳。

就上述文字加以分析，大体上说，驺衍之说是以“深观阴阳消息”为出发点。正是由于这一点，所以他得名为阴阳家。他把所观察的阴阳消息作为理论基础，进而向两个方面推广。一是向纵的方面推广，这就涉及到历史学的范围；二是向横的方面推广，这就涉及到地理学的范围。

他在历史学范围内，是把五行相胜说作为一个公式，上推至远古，下推至现今，在这个历史中间，所有一切变化发展，都用这个固定的公式来套。刘歆《七略》说：“邹子有终始五德，从所不胜，土德后木德继之，金德次之，火德次之，水德次之。”《史记·封禅书》说：“驺衍以阴阳主运显于诸侯。”就是关于这个问题的具体说明。

在地理学范围内，驺衍先给州字下一个定义，说：“人民禽兽莫能相通者，如一区中者，乃为一州。”他同样把禹序九州作为一个公式，他说：“中国名曰赤县神州。……中国外如赤县神州者九，乃所谓九州也。于是有裨海环之。”就是以禹九州作为公式推论出来的大九州。

自今天看来，无论从理论和方法来说，驺衍之说，都是荒诞的，没有科学根据的。无怪司马迁称他的说法为“怪迂”，为“闳大不经”。但是，从思想解放这一点来看，驺衍第一敢于冲破传统的狭窄圈子，想要开辟一个新天地；第二，他猜想到世界是极其广阔的，并且是有规律的，从而努力去探索。这两点精神，则是可取的，应当肯定。

6．名家——惠施、公孙龙

惠施、公孙龙等人所以称名家，由于他们以名辩见重于世。他们所争辩的，主要为“坚白”“同异”，是名词概念上的问题，属于逻辑学范围。当时各家都注意名辩，但对于名家坚白同异的见解，则群起反对。例如《庄子·骈拇》说：“骈于辩者，累瓦结绳、窜句游心于坚白同异之间，而敝跬誉无用之言”。《天地》说：“辩者有言曰：‘离坚白，若县寓。’……老聃曰：‘是胥易技系，劳形怵心者也’。”《秋水》说：“公孙龙问于魏牟曰：‘龙少学先王之道，长而明仁义之行，合同异，离坚白，然不然，可不可，困百家之知，穷众口之辩，吾自以为至达已。今吾闻庄子之言，汒焉异之。不知论之不及与？知之弗若与？今吾无所开吾喙，敢问其方？’”是道家反对名家坚白同异见解的证据。《荀子·修身》说：“夫坚白同异、有厚无厚之察，非不察也，然而君子不辩，止之也。”是儒家反对名家坚白同异见解的证据。《韩非子·问辩》说：“坚白无厚之词章，而宪令之法息。”是法家反对名家坚白同异见解的证据。《庄子·天下》说：“相里勤之弟子，五侯之徒，南方之墨者，苦获、已齿、邓陵子之属，俱诵《墨经》，而倍谲不同，相谓别墨，以竖白同异之辩相訾”。证明墨家也有反对名家坚白同异的见解的。《史记·孟子荀卿列传》说：“而赵亦有公孙龙为坚白同异之辩”。《平原君虞卿列传》也说：“公孙龙善为坚白之辩”。是名家对于坚白同异确有崭新的见解。

那么，名家所谓“坚白同异之辩”，其中心内容是什么？儒、墨、道、法诸家为什么都反对它呢？

据我看，名家所谓“坚白同异之辩”其中心内容，就辩坚白来说，则是区别概念中的一般与个别、抽象与具体的问题；就辩同异来说，则是指出事物的大小、今昔、有无等对立的概念都是有条件的、相对的，目的在于破除人们认识的绝对化。

先说辩坚白。《公孙龙子·坚白论》说：“物白焉，不定其所白；物坚焉，不定其所坚。不定者兼，恶乎石也？”这里的“不定其所白”的“白”，“不定其所坚”的“坚，显然是一般的白，一般的坚，而不是个别的白，个别的坚，是抽象的白，抽象的坚，而不是具体的白，具体的坚。正因为这样，所以说“不定者兼”。“兼”就说明它是共性，而石之白，石之坚，则是白、坚的个性，不是白、坚的共性，所以说“恶乎石也？”不过，他们有缺点，缺点在于只看到一般与个别，抽象与具体之间的区别，而没有看到一般与个别、抽象与具体之间的联系。例如《坚白论》说：“天下无白，不可以视石；天下无坚，不可以谓石”，就是认为一般的白、一般的坚，先于个别的白、个别的坚而存在；抽象的白、抽象的坚，先于具体的白、具体的坚而存在。毫无疑问，这是错误的。又如《公孙龙子·通变论》说：“谓鸡足一，数足二，二而一，故三。谓牛羊足一，数足四，四而一，故五。”这是把一般与个别、抽象与具体，看成是等同的。毫无疑问，这也是错误的。正因为名家有这些缺点、错误，所以遭到儒、墨、道、法诸家的反对。然而，连名家正确的东西也反对掉，就不对了。平心而论，名家对于逻辑学是有新的贡献的。

现在来谈辩同异。《庄子·天下》提到惠施《历物》之意，说："至大无外，谓之大一；至小无内，谓之小一。无厚不可积也，其大千里。天与地卑，山与泽平。日方中方睨，物方生方死。大同而与小同异，此之谓小同异；万物毕同毕异，此之谓大同异。南方无穷而有穷。今日适越而昔来。连环可解也。我知天下之中央，燕之北、越之南是也。氾爱万物，天地一体也。"上述惠施的十个命题，包括空间和时间两个方面。归结到一点，都是说明事物的大小、今昔、有无等一些对立的概念，是有条件的、相对的。正因为它与常识相反，所以儒、墨、道、法诸家都反对它。其实，这里边也包含有辩证法的因素。假如没有变成相对主义，是应当肯定的。

总之，名家所争辩的问题中心，就是《庄子·秋水》所说的"离坚白，合同异"。尽管还包含某些缺点错误，但从其基本方面来看，已接触到辩证法的重要问题，是难能可贵的。一概加以否定，是不对的。

惠施，宋人，公孙龙，赵人。今存的战国名家书，只有《公孙龙子》和《庄子·天下》及《墨经》中的一部分，可以信据。《邓析子》《尹文子》都是后人伪作，不可不辨。

7．兵家——吴起、孙膑

由于战国长时期进行战争，这个时期不但出现了很多军事家，同时也出现了很多军事理论家。如果说春秋时的《孙子》十三篇的出现，标志着我国军事科学理论已经建立，那么，在战国时，经过长期的军事实践，我国军事科学理论又有了相当大的发展。

贾谊作《过秦论》说："吴起、孙膑、带佗、儿良、王廖、田忌、廉颇、赵奢之朋制其兵。"《吕氏春秋·不二》说："孙膑贵势，王廖贵先，儿良贵后。二文所述，其中有很多是军事家兼军事理论家。

首先说是吴起。《汉书·艺文志》有《吴起》四十八篇，今传世有《吴子》六篇。

其次说孙膑。《汉书·艺文志》有《齐孙子》八十九篇，其书早亡。今从银雀山汉墓中得见三十篇，惜多残缺。

《史记·廉颇蔺相如列传》称赵奢子赵括读父书，是赵奢也著有兵书。

《吕氏春秋·不二》说："王廖贵先，儿良贵后"，与"孙膑贵势"并列，证明王廖、儿良二人也是军事理论家。"王廖贵先"，当是主张"先发制人"，"儿良贵后"，当是与王廖相反，主张"后发制人"。毛泽东同志曾说过"后发制人"，可见"后发制人"也能成为一种军事理论。

《史记·白起王翦列传》说，"白起料敌合变，出奇无穷，声振天下"，则白起不仅是军事家，也是军事理论家。

可惜，年代悠久，许多著作今皆不传。可考见的，只有《吴子》六篇和新出土《孙膑兵法》三十篇。另，《荀子·议兵》颇多精义，已详前。《尉缭子》二十四篇，内《天官》篇称"梁惠王问尉缭子"，则尉缭子是战国时人。其书语多平庸，无甚新意。现在只把吴起、孙膑二人的著作简要地介绍如下。

（1）吴起

《吴子·图国》说：

> 昔之图国家者，必先教百姓而亲万民。有四不和：不和于国，不可以出军；不和于军，不可以出阵；不和于阵，不可以进战；不和于战，不可以决胜。是以有道之主，将用其民，先和而造大事。

这也和《孙子·计篇》一样，把政治问题看作是决定战争胜败的主要的根本性的问题。

《料敌》说：

> 用兵必须审敌虚实而趋其危。敌人远来新至，行列未定，可击。既食，未设备，可击。奔走，可击。勤劳，可击。未得地利，可击。失时不从，可击。涉长道后行未息，可击。涉水半

渡，可击。险道狭路，可击。旌旗乱动，可击。阵数移动，可击。将离士卒，可击。心怖，可击。凡若此者，选锐冲之，分兵继之，急击勿疑。

《论将》又说：

凡战之要，必先占其将而察其才，因形用权，则不劳而功举。

其将愚而信人，可诈而诱。贪而忽名，可货而赂。轻变无谋，可劳而困。上富而骄，下贫而怨，可离而间。进退多疑，其众无依，可震而走。士轻其将而有归志，塞易开险，可邀而取。进道易，退道难，可来而前。进道险，退道易，可薄而击。居军下湿，水无所通，霖雨数至，可灌而沈。居军荒泽，草楚幽秽，风飙数至，可焚而灭。停久不移，将士懈怠，其军不备，可潜而袭。

《料敌》列举十三种可以发动进攻的情况，总的在说明用兵必须审敌虚实而趋其危。《论将》篇列举十一种因敌取胜的方法，总的说，是为“凡战之要，必先占其将而察其才，因形用权，则不劳而功举”一句作注脚。《孙子·计篇》提倡“因利而制权”，吴起上述言论实际上就是孙武“因利而制权”理论的具体运用，也可以说在孙武的军事科学理论基础上有了一定的发展。

《图国》说：

凡制国治军，必教之以礼，励之以义，使有耻也。

这一点，是孙武所不讲的。史称吴起“尝学于曾子”。又本篇篇首说：“吴起儒服，以兵机见魏文侯”，则吴起这一观点当是受了儒家学说的影响。

《论将》说：

故将之所慎者五：一曰理，二曰备，三曰果，四曰戒，五曰约。理者，治众如治寡；备者，出门如见敌；果者，临敌不怀生；戒者，虽克如始战；约者，法令省而不烦。

这种说法，与孙武所说“将者，智信仁勇严也”不同。但也只是看问题的着眼点不同，不是根本性的不同。

《治兵》说：

所谓治者，居则有礼，动则有威，进不可当，退不可追，前却有节，左右应麾，虽绝成阵，虽散成行。与之安，与之危，其众可合而不可离，可用而不可疲。投之所往，天下莫当。名曰父子之兵。

又说：

用兵之法，教戒为先。一人学战，教成十人。十人学战，教成百人。百人学战，教成千人。千人学战，教成万人。万人学战，教成三军。以近待远，以逸待劳，以饱待饥。圆而方之，坐而起之，行而止之，左而右之，前而后之，分而合之，结而解之。每变皆习，乃授其兵，是谓将事。

又说：

教战之令，短者持矛戟，长者持弓弩，强者持旌旗，勇者持金鼓，弱者给厮养，智者为谋主。乡里相比，什伍相保。一鼓整兵，二鼓习阵，三鼓趋食，四鼓严辨，五鼓就行。闻鼓声合，然后举旗。

吴起特别注意治兵。上述三段所说治兵之要领，既详细又具体，可补《孙子》十三篇之不足。

（2）孙膑

《吕氏春秋·不二》说：

孙膑贵势。

今观《史记·孙子吴起列传》述孙膑败庞涓说：

孙子谓田忌曰：“彼三晋之兵素悍勇而轻齐，齐号为怯。善战者因其势而利导之。”

这个“因其势而利导之”可为孙膑贵势的证明。

《孙膑兵法·见威王》说：

> 战胜，则所以存亡国而继绝世也。战不胜，则所以削地而危社稷也。是故兵者不可不察。

这一观点同《孙子·计篇》所说的“兵者国之大事，死生之地，存亡之道，不可不察也”的观点是一致的。《史记·廉颇蔺相如列传》记赵奢的话说：“兵，死地也，而括易言之。使赵不将括则已，若必将之，破赵军者，必括也。”足见只有不知兵的，才易言兵。真知兵的，没有不把战争看作最重大事情的。《司马法·仁本》说：“国虽大，好战必亡；天下虽安，忘战必危。”这是经过血的教训而得出的至理名言，有国者不能不注意这一点。

又《威王问》篇两次提到“攻其无备，出其不意”，显然这是《孙子·计篇》的用语。证明《孙膑兵法》与《孙子》十三篇之间，有继承关系。

《将义》说：

> 义者，兵之首也……仁者，兵之腹也……德者，兵之手也……信者，兵之足也……决者，兵之尾也。

这种说法和孙武、吴起都不同，应为孙膑的新意。

《奇正》说：

> 天地之理，至则反，盈则败，□□是也。代兴代废，四时是也。有胜有不胜，五行是也。有生有死，万物是也。有能有不能，万生是也。有所有余，有所不足，形势是也。
>
> 故有形之徒，莫不可名。有名之徒，莫不可胜。故圣人以万物之胜胜万物，故其胜不屈。
>
> 战者，以形相胜者也。形莫不可以胜，而莫知其所以胜之形。形胜之变，与天地相敝而不穷。形胜，以楚越之竹书之而不足。形者，皆以其胜胜者也。以一形之胜胜万形，不可。所以制

形壹也，所以胜不可壹也。

故善战者，见敌之所长，则知其所短；见敌之所不足，则知其所有余。见胜如见日月。其错胜也，如以水胜火。

形以应形，正也；无形而制形，奇也。奇正无穷，分也……同不足以相胜也，故以异为奇。是以静为动奇，佚为劳奇，饱为饥奇，治为乱奇，众为寡奇。发而为正，其未发者奇也。奇发而不报，则胜矣。有余奇者，过胜者也。故一节痛，百节不用，同体也。前败而后不用，同形也。

篇首二字缺文，当为“日月”。《孙子·势篇》说：“终而复始，日月是也，死而复生，四时是也。”应是本篇篇首两句所本。

本篇所使用的“形名”“分数”“奇正”等概念，亦见于《孙子·势篇》。但是，本篇从理论方面作了深入的详尽的阐发，则是《孙子·势篇》所没有的。可见，孙膑的军事科学理论，在《孙子》十三篇的基础上，又向前发展了。

8．杂家

《汉书·艺文志》说，杂家“兼儒墨、合名法”。今观《吕氏春秋》一书，不只儒、墨、名、法，兼存阴阳、道、兵、农数家之说。这是由于此书为秦相吕不韦宾客所作，成于众人之手，无怪其杂。然杂也有好处，有很多古人遗说，借此以传。对于我们研究古史，是有极其重要的参考价值的。

二、战国时期灿烂的文化艺术

战国时期，与百家争鸣的局面相适应，史学、文学、艺术和科学技术空前地发展起来，构成了我国古代文化史上光辉灿烂的一页。

1．史学

这个时期，除出现了一大批具有重要史料价值的诸子私家著述如《孟子》《荀子》《墨子》《庄子》《韩非子》《商君书》《吕氏春秋》等以外，有晋代出土的魏国史记《竹书纪年》和《世本》以及汉人根据战国史料辑录的《战国策》等。

《战国策》，分国记载春秋后至秦二百四十五年之事。内有西周一篇，东周一篇，秦五篇，齐六篇，楚、赵、魏各四篇，韩、燕各三篇，宋、卫合一篇，中山一篇，共三十三篇。内容主要是记载各国关系上的重大事件和纵横家游说之辞。原书为西汉刘向依据当时皇家库藏的名为《国策》《国事》《短长》《事语》《长书》《修书》六种书所辑录，东汉高诱作注。至北宋有所散失，后由曾巩校补，仍为三十三篇。此书如果同近年长沙马王堆三号汉墓出土的帛书战国纵横家书参照使用，不失为一部有一定史料价值的好书。

西晋太康年间，汲郡人不准盗掘魏襄王墓，得竹书数十车，其中有《纪年》十三篇，是战国时期魏国的史记。其体裁、内容与《春秋左氏传》相似。这书至宋代也已亡佚。现在能看到的《古本竹书纪年辑校》，是清人朱右曾辑录，近人王国维校补的，只是原书的一个梗概。

《世本》原书十五篇，大部分已于宋代亡佚。现在能看到的有《帝系篇》《氏姓篇》《居篇》《作篇》，又有《世家》，有《传》，有《谱》。《帝系篇》《氏姓篇》和《世家》记录帝王公侯卿大夫世系。《居篇》《作篇》记述王侯都邑及各类人物的制作活动，体裁类似后来史书中的“志”。司马迁作《史记》，受《世本》的影响很大，不但采用了《世本》的某些内容，就是体裁、体例和写作方法可能也有所借鉴。

2. 文学

战国时期，由于思想的活跃，史学的发展，语言的演进以及书写工具的进步，文学方面有惊人的成就，从散文和诗歌两个方面奠定了我国两千多年文学发展的基础。就散文来说，战国还没有专门的文学作品，但出现了具有文学意义的大量的散文著作。《尚书》诸篇及钟鼎铭文那种简古、呆板的文章形式和缺乏生气的语言风格已被突破。这时出现的历史著作和诸子著作，吸收民间口语，采用也、矣、乎、焉等语助词，借用神话寓言故事表达思想观点；记事生动细腻，婉转曲折，绘声绘色，富于形象性；议论善用比喻、讽刺，深入浅出，精确尖锐，有说服力、感染力。其中有些既是记实史书、哲理论文，又是优美的文学作品。从文学的角度看，《战国策》《孟子》和《庄子》尤为出色。《战国策》议论危辞妙喻，纵横反复；《孟子》以事喻理，轻快流畅，运用比喻、故事，好似信手拈来，而无不贴切精当；《庄子》的文字，洸洋恣纵，最为精妙。

在诗歌方面，这时发生一次革命性变化，拘泥的四言诗格式被打破，较为灵活的民间歌谣兴盛起来。在南方楚国民歌基础上，产生了后来被汉代人称之为“楚辞”的骚体诗。楚辞皆“书楚语，作楚声，纪楚地；名楚物”[①]，运用方言土语，句式错落多变，音调铿锵有力。它接近于七言诗，适合表现比较复杂的内容，是我国四言诗过渡到七言诗的桥梁。楚辞的作者除屈原外，还有宋玉、景差、唐勒等，而以屈原为杰出的代表。屈原的作品，利用民歌体的形式，吸取民间文学的丰富养料，深邃的思想表现于富有鲜明个性的艺术形象之中，尤其《离骚》《九歌》，构思谨严而奇特，感情深挚而奔放，对后世文学影响极深。鲁迅说：“《离骚》逸响伟辞，卓绝一世……其影响于后来之文章，乃甚或在《三百篇》以上。”[②]

屈原（公元前340年—公元前278年）名平，出身于楚国宗室三大姓之一的贵族家庭。受过贵族家庭的文化教养，史称其“博闻强志，明于治乱，娴于辞令”[③]，二十几岁担任左徒，“入则与王图议国事，以出号令；出则接遇宾客，应对诸侯”[④]，颇受楚怀王信任。屈原对内主张“明法审度”、实行改革，对外主张采取联齐抗秦的正确的外交方针，遭到南后郑袖等人的反对和诬陷，而被楚怀王疏远，屡遭放逐。怀王受张仪欺骗，客死于秦。顷襄王时，楚益弱。公元前278年，秦将白起率军攻楚，郢都陷

---

① 黄伯思：《翼骚序》。

② 鲁迅：《汉文学史纲要》。

③ 《史记·屈原贾生列传》。

④ 《史记·屈原贾生列传》。

落，楚君臣东保陈城。就在这一年，屈原面对国破家亡的悲惨景象，在无限忧愤中自沉汨罗江而死。

屈原是一位伟大的爱国诗人，他留下的诗篇是中华民族的宝贵文化遗产。屈原的作品，据《汉书·艺文志》记载，有二十五篇。王逸的《楚辞章句》和《汉书·艺文志》的说法一致，认为《离骚》、《九歌》（十一篇）、《天问》、《九章》（九篇）、《远游》、《卜居》、《渔父》等二十五篇，都是屈原的作品。屈原的忧国忧民的思想感情，强烈地表现在这些作品之中。

《九歌》十一篇，是经过屈原改作的民间祭歌。《九歌》中创造的云中君、湘君、湘夫人、大司命、少司命、东君、河伯等艺术形象，都是男神和女神。他们乘龙驾雾，来去飘忽，但都和现实世界的人一样，有爱有恨，有欢乐，有悲伤。《国殇》是《九歌》中具有特殊风格的一篇。它没有神话传说和爱情描写，它描写的是激烈的战斗场面和战士们为国牺牲的爱国主义精神。

《离骚》是一篇第一人称的长篇抒情叙事诗，是屈原最伟大的作品。作品中，作者以丰富的想象，绚丽的色彩，把自己的政治理想和悲剧性格淋漓尽致地表现出来。诗人把理想比做美女，不惜代价地去追求。地上求不得，便御龙驾凤，飞向天国。天国和人间一样使他希望幻灭，理想落空。最后欲去楚远游，却又思念故乡。诗人就是这样把高尚的爱国主义情操和不可避免的悲剧结局交织在一起，深刻入微地展示在读者面前。

屈原的爱国主义思想，在他后来被流放时所写的《九章》诸篇中得到进一步的表现。《抽思》写他放逐在外时，思念郢都，一夜之间，魂灵来去数次的心境。《哀郢》抒发他在被迫离开已沦陷的郢都的路上，一步一回头，一步一落泪的悲伤心情。屈原在他的另一作品《招魂》中呼喊出“魂兮归来”的声音，表达出他对祖国强烈的爱已达肝胆欲裂的程度。

屈原的作品是我国战国时期文化高度发达的重要标志，它不但属于中华民族，也是全人类的珍贵的文化遗产。

3．艺术

战国时期的艺术高度发达，达到了商周以来的最高峰。表现在青铜器制作上的雕塑艺术和装饰艺术，精妙极致，绚丽多彩，出现了许多精品、绝品。单就器物的装饰花纹来说，过去那种几何形图案和鸟兽形图案的粗枝大叶的对称形和极其单调的屈曲蟠绕的线条，现在变成栩栩如生的生动形象了。在金银丝镶嵌的花纹中，还出现了描绘现实生活的图像。1935年河南汲县山彪镇战国墓葬中出土的水陆攻战纹铜鉴，一器刻画了四十组图像，二百九十二人，描绘出格斗、射杀、划船、击鼓、犒赏、送别等各种生活画面。1951年河南辉县赵固镇战国墓葬中出土的宴乐射猎纹铜鉴，全图以一大建筑物为中心，匀称地安排了三十七人，三十八只鸟兽，六十六件器物。人有打钟、击磬、跳舞、送食、射猎、划船、洗马等诸多动作，极为壮观。

更能反映战国青铜器艺术水平的，是此时器物的形制一反过去那种粗犷笨拙的倾向，形成了精巧适用、灵活多变的风格。特别是一些大型的器物，构思新颖，造型完美，把写实的人物、动物雕塑同华丽多变的纹饰结合在一起，而以人物、动物的立体雕塑为主要装饰，达到艺术表现的高度和谐，形成复杂而统一的艺术整体。1978年先后在湖北随县曾侯乙墓和河北平山三汲公社战国中山王墓出土的数以千计的铜器中的几件大型器物，就是杰出的代表作。把两地出土的器物加以对比，可以看出战国时期表现在青铜器制作上的艺术，普遍达到了相当可观的水平。无论南方北方，都具有把人物、动物的立体雕塑作为器物主要装饰的共同特征，而且都出现了一些精美绝伦的杰作。

随县曾侯乙墓出土的一套编钟，支撑中下两层梁架的是六具铜人。铜人着长袍，束腰带，佩剑，以头和手承托横梁。它们端庄恭肃的神态，与饰以蟠螭纹的横梁相辉映，显得整个钟架更加雄伟多姿。平山战国中山王墓出土的银首人俑灯与曾侯乙墓编钟的钟虡铜人有异曲同工之妙。灯体由三螭连接三支灯盏，灯柱饰有错银蟠螭纹，附有夔龙戏猴。下灯兼为底座。由下灯的外沿通过中灯的中心达到上灯的中心，形成一直线，使全器构成一个规整的直角三角形。而身着长袍，两臂张开，手握双螭的人俑位于正中，形成灯体最突出的装饰因素。人俑的塑造使用了不同质料对比的方法：服饰上的卷云纹错以黑漆红漆，青铜躯体上安装银制人头，又嵌上黑宝石眼珠，收到了极其生动的艺术效果。由于时代稍后和器物特点不同的缘故，使得后器比前器更为精彩。

战国青铜器中，有不少以生动逼真的动物立体雕塑做为主要装饰而引人注目。曾侯乙墓出土的青铜建鼓座和中山王墓出土的龙凤纠结方案，就是这一类型器物中的佼佼者。建鼓座的座体之上，蟠绕着穿插纠结、对称分布的八对主龙。主龙的头、身、尾都攀附着小龙，构成繁复生动的立体形象。四龙四凤纠结方案是由四龙四凤组成的案座支撑，四龙分处四角，龙头前探，每龙双身三尾，肩出双翼。龙身纠结，形成敞杯形的外层，与由龙翼、龙尾纠结而成的覆杯形的内层相结合，又有四只凤鸟穿插其中，构成了方案的无比精美的装饰结构。

如果说上述二器是战国铜器中的精品，那么中山王墓出土的十五连盏灯和虎噬鹿器便是精品中的精品。十五连盏灯不像银首人俑灯那样讲究富丽的纹饰，而在装饰内容的情趣上引人入胜。全器为一灯树，树上有群猴、金鸟、神龙；树下有二赤膊短裙的男人向树间抛食；小猴单臂攀树，向人乞食。树上树下一呼一应，构成一幅生趣盎然的画面。虎噬鹿器通体为一猛虎正在吞食一幼鹿，是一幅可供人围观的立体造型。虎与鹿的形体比例极为准确。虎背上的脊柱、皮毛，肩胯处的关节，都通过不同形状的金银镶嵌线条表现出来，花纹已不再是单纯为了装饰，而是形成了立体雕塑不可缺少的组成部分。

这些战国青铜器物上所表现出的器物与形象结合，雕塑与纹饰结合的特征，其实是商、周以来的传统方法：以人物、动物为主体雕塑作为器物的主要装饰，也是历来就存在的。战国时期青铜器艺术的突出之处，是出现了诸如生动的戏剧性的情节，不同质料的对比，雕塑与纹饰的有机统一，人物表情和形体动态的生动刻划，精巧的造型以及多种多样的工艺美术方法等新因素，从而使传统的方法，固有的特点，发展到炉火纯青的程度。

战国时期，第一次出现了脱离建筑和工艺品而独立存在的绘画。解放后出土的两幅战国帛画就是最好的实物例证。一幅是1949年长沙近郊陈家大山楚墓中出土的《凤夔人物帛画》，用墨线画出一人一凤一夔。人是一细腰女子，广袖长裳，纹冠绣衣，侧身合掌，上体略前倾，脸部神情寅恭而沉静。凤，展翅长鸣，两脚一前攫一后伸，两只长翎卷向头部，表现出坚强有力的战斗姿态。夔，两角一足，直首屈身，局促一侧，呈现挣扎、颓丧的样子。另一幅是1973年长沙东南郊子弹库楚墓中出土的《人物御龙帛画》。画长37.5厘米，宽28厘米。画的正中为一身材修长而有胡须的男子，危冠深衣，腰佩长剑，手执缰绳，侧身立龙上，神态潇洒自若。龙昂首翘尾，躯身平伏。龙下有鲤，龙尾一鹤。鹤圆目长喙，昂首仰天。前一幅为黑白两色，后一幅人物略施采色。两幅帛画都以人物为主，都有明确的主题。前一幅主题是吉祥战胜邪恶，后一幅主题是成仙。整个画面围绕主题形成统一的整体。人体部位比例和人物神态的表现，都把握得相当准确。线条的运用、已达相当高的水平，尤其后一幅，在敷彩和用线上，已形成中国画的某些因素。这两件出土的珍品，在我县绘画史上有划时代的意义建筑艺术比起西周和春秋来，也有显著进步。战国兴起了筑台风，至今，燕下都易县尚存留燕台台基五十多座，邯郸赵王城尚存留赵台台基十六座。战国各诸侯宫室已普遍用瓦复顶。在晋城侯马、齐城临淄、鲁城曲阜、赵城邯郸、燕城易县等战国遗址中，都有板瓦、筒瓦、瓦当以及印纹瓦当出土。斗栱也是战国建筑艺术上的一项新事物。辉县赵固镇战国墓出土的燕乐射猎铜鉴上，中心刻有建筑物一座，十六根立柱的顶端，都有一明显的肥大部分。这肥大部分其实就是斗栱。战国时期，特别是楚国，用丹漆彩绘装饰宫室屋宇已成为较普遍的现象。战国时期，出于战争的需要，各国竞相筑城。城中规划一般是宫庭台榭居中，左为宗庙，右为社稷，后面是商市。据统计，春秋时各国共有城大约七十多座。至战国乐毅伐齐时，只齐一国就有城七十二座。以齐为例，则备国有城的总数当不下数百座。

音乐艺术也有相当的发展。我国古代很重视音乐，常常把音乐同政治联系到一起，有所谓“审乐以知政，而治道备矣”[①]的说法。早在商、西周时期，就已有钟、磬、鼓、瑟、埙这些乐器了。不过那时的乐器，如铜钟，一般一组只有三四个，皆三音。埙亦多为三孔三音。到春秋战国时期，所出土的编钟编磬，一套少则八、九、十个，多则二十多个，而且皆大小相次，音律完备。从1978年湖北随县曾侯乙墓出土的战国初期的编钟、编磬、鼓、瑟、琴、笙、排箫、横吹竹笛八种一百二十四件乐器及其大约四千多字的铭文来看，战国时期的音乐，无论理论还是实践，都达到了相当高的水平。曾侯乙墓的每一套编钟上齐备可供旋宫转调的十二个半音。这些编钟已不是单纯的节奏乐器，具备了演奏采用和声、复调以及转调手法的乐曲的条件。根据研究曾侯乙墓乐器铭文得知，我国早在春秋时期就创立了三分损益法和由它而产生的十二律名。战国时期已有精确的绝对音高概念、七声音阶及其标音方法。近代乐理中的所有大、小、增、减各种音程概念和八度位置的概念，这时都用自己的、民族的方法表达出来。

4．科学技术

战国时期，由于生产的发展，战争的推动和人民群众实践经验的不断积累，科学技术空前地、普遍地发展起来，取得了辉煌的成就，许多方面在当时世界上居于领先地位，为我国秦汉以后科学技术的发展奠定了基础。

农学知识已相当丰富，出现了专门的农学著作。据《汉书·艺文志》记载，当时有《神农》《野老》两种专门农，现已失传。上面第五节提到的《吕氏春秋》一书中的《上农》《任地》《辩土》《审时》四篇，虽不

① 《礼记·乐记》

是专门的农书，但也是自成体系的农学论文。它阐述的农业科学原理，比与它差不多同时的古罗马农学家伽图写的农书要深刻得多。《管子》的《地员》篇实际上是土壤学的专著。它把九州土地按肥瘠和地下水位高低分成三等十八种，在土壤分类的基础上提出因土种植的思想。在其他先秦著作中也有不少农学知识的反映。例如，《禹贡》里面，给九州各地不同的土壤定下诸如“黄壤”“白壤”“垆”“涂泥”“斥”等不同名称。《荀子·富国》里提到“多粪肥田，是农夫众庶之事也”。《韩非子》里有“积力于田畴，必且粪灌”的话。此外，有些书还记载了与农业有关的气象知识。《吕氏春秋》把云分成“山云、水云、旱云、雨云”四种。《管子·侈靡》说“云平而雨不甚，无委云，雨则遬已。”《黄帝内经·素问》甚至提出了地气上升成云，天气下降为雨，雨水供应地气的水分循环和云雨形成的理论。不是专门的农书，竟能讲出如此在行的话，说明当时这些农学知识一定是很普及的。

天文学成就尤为突出。出现了专门观测天体运行的占星家和天文学著作。著名的有齐国的甘德，著有《天文星占》八卷，魏国的石申，著有《天文》八卷。两书大约写成于公元前四世纪初至公元前三世纪初，比希腊著名的天文学家喜帕恰斯的活动年代早两个世纪。可惜这两部书均已于宋代亡佚，现在只能从唐人辑录的《开元占经》中看出它们的大概内容。石申的《天文》八卷有很高的价值，被后人称为石氏星经，是世界著名的中国古星表。它用“距度”“入极度”和“入宿表”的表达方式纪录了包括二十八宿距星在内的一百十五颗恒星的赤道座标位置。它所取得的数据，成为后世许多天体测量工作的基础。石氏星经中包含有二十八宿体系。1978年湖北随县曾乙墓出土的一件漆箱盖上，写有二十八宿的具体名称，画有青龙白虎图像，这说明创立于春秋时期的二十八宿体系，到公元前五世纪末已成为相当普及的知识了。①

至战国晚期，对天体的观测达到相当精确的程度。1973年长沙马王

---

① 随县曾侯乙墓的年代已断在公元前五世纪末。

堆三号汉墓出土的帛书中有《五星占》，约八千字共九章。其占文保存了甘德和石申天文书的一部分。它第一次全面地使用了水（辰星）、金（太白）、火（荧惑）、木（岁星）、土（镇星）五大行星的名称，表明当时对五星的知识已很丰富。尤其末尾三部分列出从秦始皇元年（公元前246年）到汉文帝三年（公元前177年）凡七十年间木、土、金三星的位置和它们在一个会合周期内的动态。[①]它纪录的金星会合周期为584.4日，比今测值583.92日只大0.48日；金星的五个会合周期恰好等于8年，比今测值只大2日又10小时，土星的会合周期为377日，比今测值378.09日只小1.09日，其恒星周期[②]为30年，比今测值29.46年只大0.56年；木星的会合周期为395.44日，比今测值小3.44日。距今两千多年前，对行星观测已这样精确，是世界上罕见的。这些数据显然不可能用肉眼直接测得，必须有仪器。据考证，至迟在公元前四世纪初我国已有测角仪器——浑仪，而到秦始皇元年之前，肯定已有精度很高的浑仪了。

从春秋末年起，我国开始使用阴阳合历的古四分历。它规定岁实（相当于现代的回归年）是365.25日。一个朔望月是29.5308日，和真值比较，大约三百多年差一日。这是当时世界上最精密的数值。由于回归年、朔望月和日之间不是整倍数关系，十二个朔望月此一个回归年少十一天左右，十九个回归年正好有二百三十五个朔望月，所以当时的四分历规定十九年置七个闰月。十九年七闰的方法是我国首先发明的，比西方大约早两个世纪。春秋时期已有冬至、夏至、春分、秋分的概念，为了避免因闰月而造成季节混乱，战国又逐渐创立了二十四节气，以便能够准确地反映季节的变化。战国末期成书的《吕氏春秋》记载了二十四节气的大部分名称。

① 太阳、地球和一颗行星的相对位置循环一次所需要的时间称作“会合周期”。对于行星，会合周期就是行星相继两次“合”或“冲”所经历的时间。从地球上看来，当行星和太阳黄经相等时，叫做“合”；太阳和外行星黄经相差180°，那时行星在子夜中天，叫做“冲”。

② 行星在自己的轨道上绕太阳运行一周所需时间，叫恒星周期，也即行星的公转周期。

二十四节气是我国的独创。

关于纪年方法，春秋以前用帝或王的年号纪年，这种纪年方法极易引起混乱，因而周初的年代至今弄不清楚。到公元前四世纪初，我国出现了岁星纪年法。这种纪年方法，根据木星的恒星周期为12年（实际是11.86年）的规律，把它运行的轨道由西向东平均划为十二个区域，称做十二次。十二次各有一定的名称。[①]木星每年行经一个次，就以木星所居星次纪年。木星因此也叫岁星。战国中期以后，人们又假想出一个天体叫太阴（或称岁阴、太岁）。太阴由东向西顺着十二辰[②]方向运行，以之纪年，叫太岁纪年。人们给太阴（太岁）所经之十二辰分别取了固定的名称[③]，如太阴在寅之岁就叫摄提格，在卯之岁，就叫单阏。秦以后逐渐发展为单纯的干支纪年。

战国时期我国产生了进步的宇宙——浑天说的萌芽。浑天说的基本思想是认为大地是球形的，一个球形的大地位于一个浑圆的天球中央。创立浑天说的先驱者是名家惠施。惠施在他的辩论中表达了浑天说的基本思想。惠施没有留下著作，只能从《庄子·天下篇》中找到他的一些言论。例如他说过“南方无穷而有穷”“我知天下之中央，燕之北越之南是也”。这些话只有在承认大地是个球体的前提下，才有确定的含义。可见，惠施已具有初步的地圆思想。到了东汉时期，张衡把这种思想发展成为完备的浑天说。

不但天文学有发展，地理知识也空前丰富起来。记有黄河、长江两大流域的山川湖泊土壤物产以及人事情况的我国两部最古的地理学著作——《山海经》和《禹贡》，大约就是成书于战国时期。根据古文献记载和出

---

① 十二次的名称是：星纪、玄枵、娵訾、降娄、大梁、实沈、鹑首、鹑火、鹑尾、寿星大火、析木。

② 十二辰，秦以后叫十二支。

③ 十二岁名是：摄提格、单阏、执徐、大荒落、敦牂，协洽、涒滩、作鄂、阉茂、大渊献、困敦，赤奋若。

土实物，可以肯定，战国时期已有了地图。《周礼·地官·大司徒》说“大司徒之职，掌建邦之土地之图与其人民之数，以佐王安扰邦国。以天下土地之图，周知九州之地域广轮之数，辨其山林、川泽、丘陵、坟衍、原隰之名物，而辨其邦国都鄙之数，制其畿疆而沟封之。”这是说国家应该有地图和掌管地图的职官。《史记》上有“召有司案图”①，“巨窃以天下之地图案之”②，“挟天子，案图籍”，“据九鼎，案图籍”③及“献燕督亢之地图”④的记载，说明战国时期各诸侯国确实有了各自的地图。长沙马王堆三号汉墓出土两幅地图，其中“西汉初长沙国深平防区图”，图中有统一的图例，其主区部分的精确程度甚至可以同现代的地图相媲美。西汉初期能绘出如此精确的地图来，则战国时期地图的绘制，必然已达到了相当高的水平。

战国时期地图的绘制水平如此之高，和战争有关。《孙子兵法》《孙膑兵法》都强调地形地势。《孙子兵法》专有《九地》一篇。《孙膑兵法》要求将帅必须“上知天之道，下知地之理”。《管子》一书专有《地图篇》。《地图篇》说：“凡兵主者，必先审知地图。轘辕之险，滥车之水，名山、通谷、经川、陵陆、丘阜之所在，苴草、林木、蒲苇之所茂，道里之远近，城郭之大小，名邑、废邑，困殖之地，必尽知之。地形之出入相错者，尽藏之。然后可以行军袭邑，举措知先后，不失地利，此地图之常也。”说明当时各国将帅为了打仗取胜，手中都有地图，而且上面都标有方位、距离、比例尺和地形地物。可惜这些地图没有留传下来。

战国时医学有许多突破性的进展。春秋和春秋以前的医学发展情况，长期以来无文献可考，所以战国虽有一部医学专著《黄帝内经》流传下来，但因无从与前代比较，究竟医学上有哪些发展，便不得而知。1973年

① 《史记·廉颇蔺相如列传》。

② 《史记·苏秦列传》。

③ 《史记·张仪列传》。

④ 《史记·刺客列传》。

长沙马王堆三号汉墓出土的《足臂十一脉灸经》《阴阳十一脉灸经》《阴阳脉死候》《五十二病方》等数种专门医学著作，填补了春秋医学这一段空白，并使得我们可以从这些古老医书同成书于战国中晚期的《黄帝内经》的比较中，清楚地看出战国医学的长足发展。在上面第四章中我们曾提到，帛书医学著作中看不到五行学说的痕迹，阴阳学说也极少反映，在医学理论和医学实践方面，具有更为原始的朴素的特色。同帛书医学著作相比，《黄帝内经》无疑是一部比较完整，比较成熟的医学著作。它包括《素问》和《针经》（唐以后改称为《灵枢经》）两部分，共十八卷。它第一次把阴阳学说运用到医学理论和诊断、治疗上。阴阳学说是我国古代自发唯物论和朴素辩证法思想。根据这个学说，人体阴阳的相对平衡和协调，是维持正常生理活动的必备条件，如果失掉人体阴阳这种相对的平衡和协调，就会生病。所以，医生诊病要根据主要症候结合全身症状进行全面分析。这种基于阴阳学说的整体观念，是中医理论的主要思想基础之一。

经络学说这一中医基本理论也是在战国时期确立的。帛书医学著作提到人体有十一条经脉，但脉与脉互不连接，亦不见“经脉”或“经络”的名称，说明战国以前经络学说尚处于幼稚阶段。《黄帝内经》中已出现“经络”一词，经脉由十一条变成十二条，脉与脉依次相连接，构成“如环无端”“周而复始”的全身经脉系统。自此，由十二条经脉所组成的经脉系统，开始被公认而定型。尽管后来经脉理论又不断有所发展，但由《黄帝内经》确定的十二经脉学说，却始终是中医理论的一个重要部分。

战国时期对人体解剖构造开始有一定的认识。帛书医学著作中未见脏腑名称。《黄帝内经》已出现人体解剖的萌芽。它说：“若夫八尺之士，皮肉在此，外可度量切循而得之。其死可解剖而视之，其脏之坚脆；府之大小，谷之多少，脉之长短，血之清浊……皆有大数。”它提到了内脏的名称并往往同病名联系起来。它甚至有了初步的血液循环概念。它还采取分段累计的办法，度量了自咽以下至直肠的整个消化道的长度；数据同近代的大体一致。帛书医学著作不知道人体的穴位，以灸法治病时，只能指出体表部位，而《黄帝内经》对经络腧穴有了系统的记述。

在医疗方法方面。战国时期开始使用针法。帛书医学著作提到的外治法较多，有药浴法，烟熏或汽熏法，有熨法，砭法，灸法，还有按摩法，角法，唯独没有针法。《黄帝内经》首次讲到针法治疗。它提到的形制和用途不同的医针就有九种。它还注意到针、灸、药的综合治疗。有了辨证施治的新观念。关于外科手术，帛书《五十二病方》只提到用灸灼拔疣，用刀割痔，而《黄帝内经》则已有用腹腔穿刺术治疗腹水病症的较大手术的详细记录。

春秋战国之际有个叫秦越人的民间医生，号扁鹊。据《史记》记载，他能治疗内、妇、儿、五官诸科疾病。在他的医疗方面的言论中，充满着阴阳学说。他把切脉与望诊结合起来诊病，每诊必验；他用针、砭、熨、药诸法综合治疗，手到病除。如果我们抛开《史记》在叙述上的传奇色彩不计，单看扁鹊在医疗实践上的基本做法和效果，那么正好和《黄帝内经》相互印证。由此，我们更加可以肯定地说，战国医学确实达到了很高的水平。

自然科学知识的其他方面，也有显著发展。在数学方面，根据先秦诸子书中多次出现“筹”和“算”二字和战国刀布币上出现筹算数字，可以肯定，在元代出现珠算计算法之前，在我国应用了大约两千年的筹算计算法，是在春秋战国时期创立的。筹算的工具是算筹。算筹是十多公分长的圆形或方形竹棍。用算筹可以摆成𝍠𝍡𝍢𝍣𝍤𝍥𝍦𝍧𝍨和𝍩𝍪𝍫𝍬𝍭𝍮𝍯𝍰𝍱纵横两种数字，按照纵横相间的原则表示任何自然数（零用空位表示），从而进行加、减、乘、除、开方以及代数运算。九以上的数就进一位。同一个数字，在个位表示几个，在百位表示几百，在万位表示几万。这样，就使十进位制记数法从此也确定下来。除计算以外，当时还有了关于方、圆、直线、垂直线等类似几何学的概念，能够计算面积和体积。同数学的发展相联系，战国度量衡也有相当的进步。商鞅变法实行“平斗桶、权衡。丈尺”之法，颁发标准量器——商鞅方升。商鞅方升铭文规定，十六又五分之一立方寸（当时一寸约为2.31—2.35厘米）。方升的严密的科学性，反映我国当时的度量衡技术已达到较高水平。

在物理学方面，《墨经》中对于力和力矩、浮力、运动的分类、运动与时空关系、圆球运动及其随意平衡、轮轴和斜面的受力等力学概念已有记述。在《墨经》《荀子》《列子》等书中出现了固体材料的形变以及应力等概念。《墨子·备穴》中甚至记述了如何运用共鸣现象为战争服务的情况。它说，在城墙根下每隔几尺挖一深坑，坑内置一大陶瓮，瓮口蒙上皮革，就成为地下共鸣箱。人伏在瓮口上，可以听到敌人挖地道攻城的响声。墨子和他的学生做了世界上第一个小孔成倒像的实验，指出小孔成倒像的原因，在于光是直线行进的。他还根据光的直线传播这一特性，解释了物和影的关系，做出了“景不徙”，即在某一个特定瞬间影不动的科学结论。

战国青铜冶铸技术已发展到十分成熟的地步。1978年湖北随县曾侯乙墓出土的青铜器群最能反映战国初期青铜冶铸的生产能力和技术水平。曾侯乙墓青铜器的总重量达十吨之多，其中最大的是两件铜缶，一重320公斤，一重361.5公斤，仅轻于著名的司母戊大方鼎。曾国是个小国，它居然早在战国初期能生产出这么多这么大的青铜器，说明当时青铜冶铸业的生产能力已经普遍提高。夏、商以来青铜器制造主要是单一的范铸法。曾侯乙墓的青铜器制造在古老的浑铸法、分铸法的基础上，使用了分范合铸、焊接、失腊法等新技术，同时发展了金银错镶嵌和各类机械连接等工艺方法，反映战国青铜冶铸术有了一个很大的变化。

在铁器冶铸方面，战国时期除继续使用陶范以外，还出现了铁范。1953年在河北兴隆县寿王坟村战国冶炼遗址中，共发现生铁铸的铁范十副八十七件，总重一百九十多公斤，说明战国时期已经能够冶炼出大量的生铁，能够冶炼出生铁进行浇铸，必然能够掌握熔化生铁的温度1350℃。这标志着当时铁的冶铸技术已达到相当高的水平。为了达到这样的温度，他们使用了大量的木炭和皮囊式的大型鼓风设备。1974年湖北大冶铜绿山古矿井出土耙、钻、锤、斧、锄等十多件铁制工具，其中有铸件也有锻件，进一步证明我国战国时期不但发明了生铁冶铸技术，而且生铁冶铸和毛铁锻造两种工艺同时存在，并行发展。生铁铸件在战国中晚期已普遍用于工农业生产。

在新器械的制造方面，根据古文献记载和出土实物，我们知道战国时期出现了计时的仪器——悬壶，指示方向的仪器——司南，农田灌溉用的桔槔，起重用的滑车，攻城用的云梯，舟战用的钩拒，以及大型武器连弩之车等。另外，战国已能制造蓝、绿、翠绿、黑等单色玻璃和多色的琉璃珠。据《论衡》说，战国时期有了一种叫做“阳燧”的器物，据认为，可能就是能够聚光取火的凹面镜。

战国时期出现了竹简、毛笔之类的新式书写工具。据《左传》襄公二十五年记载，春秋时期已开始用竹简写字，不过不普遍。到了战国，竹简木牍便取代甲骨和钟鼎，而成为主要的书写工具了。解放后，在长沙五里牌战国墓葬、长沙仰天湖工地、长沙杨家湾以及湖北随县曾侯乙墓等地先后出土书写有文字的战国竹简，少则几十片，多则二百多片。加上早在西晋时代汲郡因盗出土的写有各种先秦著作的数十车竹简，完全可以证明，战国时期人们已普遍用竹简著述了。当然，同时还有缣帛做书写工具，唯缣帛太昂贵，人们不能不主要地使用竹简写作。关于毛笔，旧有蒙恬造笔之说。实际上秦以前早已有毛笔。唐人徐坚等著的《初学记》早就指出：“秦以前已有笔矣，恬更为损益耳。”解放后出土的几支毛笔，证明《初学记》的说法完全正确。1954年在长沙左家公山战国墓，1957年，在信阳长台关战国墓，各出土一支毛笔，构造极简陋，笔毛用线缠在笔杆头上，笔管是一节未经修饰的竹筒。1975年，在江陵凤凰山汉墓出土一支汉文帝时的毛笔。笔杆光滑，笔管经过刮削且有采绘，笔毛插在下端镂空的笔腔内。整个笔杆、笔管制作相当精巧。战国有笔但简陋，西汉有笔且精巧，其间自然要有一个发展过程。

战国时期出现了竹简、毛笔等文具取代先前的甲骨、钟鼎而成为主要的书写工具，在我国文化发展史上实在是一大进步。战国百家争鸣，思想活跃，宏篇巨制，迭出不穷，除社会发展的原因外，书写工具的改进，无疑也是一个重要因素。

总之，战国时期的文化，由于经济发展和思想解放的原因，发展到了我国有史以后的高峰，它不仅成为我国后来两千多年封建文化发展的基础，在古代世界文化宝库中也是光辉灿烂的一部分。

第八节　诸侯割据称雄局面的结束和秦的统一的封建的专制主义中央集权国家的建立

自韩、赵、魏三家灭智伯而分其地至秦始皇统一中国共二百三十二年为战国时期。战国时期一个突出的特点，就是这个“战”字。当时大者七国，互争雄长，连年攻战，无有休止，都想统一中国，称帝称王，因而形成了长期的诸侯割据称雄的局面。如果说春秋时期的主要内容是五霸迭兴，政权下移，即中国奴隶社会的衰落时期，那么，战国时期的主要内容为“上无天子，下无方伯，力功争强，胜者为右”，即中国由奴隶社会向封建社会转变的时期。战争正是这个时期经济关系阶级关系以及其他种种关系发生急剧变化的反映。由于各个国家都长期处于战争之中，有的力图扩张，有的深怕灭亡，因此，总的说来，都招揽贤俊，立志改革。然而由于各国在政治、经济、文化以及地理条件各方面的差别，尤其是由于政策有得失，人员有贤否，发展起来，不能不出现不平衡。洪迈在《容斋随笔》卷十，有论战国兴亡的一段话，很值得参考，现转录如下：“秦以关中之地，日夜东猎六国，百有余年，悉禽灭之。虽云得地利，善为兵，故百战百胜，以予考之，实六国自有以致之也。韩、燕弱小，置不足论。彼四国者，魏以惠王而衰，齐以闵王而衰，楚以怀王而衰，赵以孝成王而衰，皆本于好兵贪地之故。魏承文侯、武侯之后，表里山河，大于三晋，诸侯莫能与之争。而惠王数伐韩、赵，志吞邯郸，挫败于齐，军覆子死，卒之为秦所困，国且以蹙，失河西七百里，去安色而都大梁，数世不振，讫于殄国。闵王承威、宣之后，山东之建国莫强焉。而狃于代宋之利，南侵楚，西侵三晋，欲并二周为天子，遂为燕所屠。虽赖田单之力，得复亡城，子孙沮气，孑孑自保，终堕秦计，束手为虏。怀王贪商於六百里，受诈张仪，失其名都，丧其甲士，不能取偿。身遭囚辱以死。赵以上党之地，代韩受兵，利令智昏，轻用民死，同日坑于长平者过四十万，几于社稷为墟，幸不即亡，终以不免。此四国之君，苟为保境睦邻，畏天自守，秦虽强大，岂能加我哉？”洪迈是站在六国的立场上说话。其实，六国亡不足惜，秦灭六国不足责。这是历史发展的必然结果，虽然它不能不通过某一个国家、某一个人来实现，但总的说来，是不以人们的意志为转移的。

秦所以能并吞六国，当然原因很多，但是起关键作用的，则是商鞅变法。商鞅变法的最大优点，就在于它符合历史的要求。当时中国历史是由奴隶社会向封建社会转变的时期。在土地制度上要求废除井田制，变为土地个人私有；在政治制度上，要求废除宗法分封制，变为官吏可随时任免的郡县制。适应时代的需要，必须统一度量衡，全力以赴地搞耕战。而这些改革，正是商鞅变法的主要内容，并由他在变法过程中一一实现。所以，秦的统一中国，在商鞅变法时，已打下牢固的基础。而山东六国，虽然也有不同程度的改革，然而无此规模，无此彻底。荀况在《议兵》篇、《强国》篇一再说秦“四世有胜，非幸也，数也。”这个四世，正是从秦孝公开始算起，亦即从商鞅变法开始算起。韩非说“忠劝邪止而地广主尊者，秦是也；群臣朋党比周以隐正道，行私曲而地削主卑者，山东是也。”[①]又说：“木之折也必通蠹，墙之坏也必通隙。然木虽蠹，无疾风不折；墙虽隙，无大雨不坏。万乘之主有能服术行法以为亡征之君风雨者，其兼天下不难矣。”[②]韩非所说，恰是当日的实际情况。山东六国已经有木蠹墙隙之势，而秦又加之以风雨，则六国的灭亡，必然无疑了。

秦始皇统一中国，使黔首自实田，分天下以为三十六郡，郡置守尉监，统一度量衡。诸侯割据称雄的局面到此结束，中国由奴隶社会向封建社会的转变到此完成。商鞅变法的宏愿到此也全部实现。

当然，商鞅变法也是有缺点的。商鞅变法的缺点是怎样暴露出来的呢？这是后来的事，不属于本篇讨论范围，因此，就不在此罗缕了。

（后附战国年表）

① 《韩非子·饰邪》。

② 《韩非子·亡征》。

战国年表

公元	干支	周	秦	魏	韩	赵	楚	燕	（田）齐	鲁	宋	卫	郑	越	其他
—452	己丑	贞定王 17 年	厉共公 25 年	（桓子）	（康子）	襄子 6 年	惠王 37 年	孝公 13 年	宣公 4 年	悼公 15 年	景公	悼公黔 4 年	哀公 11 年	越王不寿 7 年	
—450	辛卯										昭公	敬公			
—449	壬辰							成公							
—448	癸巳													越王朱勾	
—445	丙甲			文侯											
—442	己亥		躁公												
—441	庚子	哀王 思王													
—440	辛丑	考王													
—437	甲辰														晋幽公
—433	戊申							湣公							
—431	庚戌						简王					昭公			
—428	癸丑		怀公							元公					

（续上表）

公元	干支	周	秦	魏	韩	赵	楚	燕	（田）齐	鲁	宋	卫	郑	越	其他
—425	丙辰	威烈王										怀公亹			
—424	丁巳		灵公		武子	桓子									
—423	戊午					献侯							幽公		
—422	己未												繻公		
—419	壬戌														晋烈侯
—414	丁卯		简公									慎公			
—411	庚午													越王翳	
—408	癸酉				景侯	烈侯									
—407	甲戌						声王			穆公					
—404	丁丑														齐康公
—403	戊寅										悼公				韩赵魏初为侯
—402	己卯							釐公							
—401	庚辰	安王					悼王								

（续上表）

公元	干支	周	秦	魏	韩	赵	楚	燕	（田）齐	鲁	宋	卫	郑	越	其他
—399	壬午		惠公		列侯										
—395	丙戌			武侯							休公		康公		
—392	己丑														晋孝公
—386	乙未		出子			敬侯			太公						
—384	丁酉		献公						齐侯剡						
—380	辛丑						肃王								
—379	壬寅														田氏并齐
—377	甲辰														晋静公
—376	乙巳				哀侯					共公				越王诸咎	韩魏赵分晋
—375	丙午	烈王							桓公				韩灭郑	越王错枝	韩灭郑
—374	丁未				懿侯	成侯								越王吴余之	
—372	己酉											声公			
—369	壬子			惠王			宣王	桓公			剔成				
—368	癸丑	显王													

（续上表）

公元	干支	周	秦	魏	韩	赵	楚	燕	（田）齐	鲁	宋	卫	郑	越	其他
—362	己未				昭侯									越王无颛	
—361	庚申		孝公					文公				成侯			
—356	乙丑								威王						
—355	丙寅													楚灭越	楚灭越
—352	己巳									康公					
—349	壬巳					肃侯									
—343	戊寅									景公					
—339	壬午						威王								
—337	甲申		惠文王												
—334	丁亥			惠王后元											
—332	己丑				宣王			易王				平侯			
—328	癸巳						怀王				宋君偃				
—325	丙申					武灵王									

（续上表）

公元	干支	周	秦	魏	韩	赵	楚	燕	（田）齐	鲁	宋	卫	郑	越	其他
—324	丁酉		惠文王后元									嗣君			
—320	辛丑	慎靓王						燕王哙							
—319	壬寅								宣王						
—318	癸卯			襄王											
—314	丁未	赧王								平公					
—311	庚戌				襄王			昭王							
—310	辛亥		武王												
—306	乙卯		昭襄王												
—300	辛酉								湣王						
—298	癸亥					惠文王	顷襄王								
—295	丙寅			昭王	釐王					文侯					
—286	乙亥										齐灭宋				齐灭宋
—283	戊寅								襄王						
—282	己卯											怀君			

（续上表）

公元	干支	周	秦	魏	韩	赵	楚	燕	（田）齐	鲁	宋	卫	郑	越	其他
—278	癸未							惠王							
—276	乙酉			安釐王											
—272	己丑				桓惠王					顷公					
—271	庚寅							武成王							
—265	丙申					孝成王									
—264	丁酉								齐王建						
—262	己亥						考烈王								
—257	甲辰							孝王							
—256	乙巳	秦灭周													秦灭周
—254	丁未							燕王喜							
—252	己酉											元君			
—250	辛亥		孝文王												
—249	壬子		庄襄王							楚灭鲁					楚灭鲁

（续上表）

公元	干支	周	秦	魏	韩	赵	楚	燕	（田）齐	鲁	宋	卫	郑	越	其他
—246	乙卯		秦王政												
—244	丁巳					悼襄王									
—242	己未			景湣王											
—238	癸亥				韩王安										
—237	甲子						幽王								
—235	丙寅					赵王迁									
—230	辛未				秦灭韩										秦灭韩
—229	壬申											卫君角			
—228	癸酉						哀王								
—227	甲戌			魏王假		代王嘉	楚王负刍								
—225	丙子			秦灭魏											秦灭魏
—223	戊寅						秦灭楚								秦灭楚
—222	己卯					秦灭赵		秦灭燕							秦灭赵 秦灭燕
—221	庚辰								秦灭齐						秦灭齐

《中国奴隶社会史》再版后记

先师金景芳先生没有读过大学。初级师范学校毕业后即失学，从担任家庭教师开始，然后教小学、教初中、教高中，直到教大学，从讲师、副教授一直晋升为教授，成为著名的历史学家，被国务院评聘为首批博士生导师，先生完全依靠刻苦自学而成名。先生早年曾对经学下过大功夫，因而对儒家的经典极为精熟。在东北大学任教时，曾为该校中文系学生开设经学史和经学概论等课程，并先后撰写了《易通》《春秋释要》《研治经学之方法》《尚书戈春》《尚书八论》等经学论著。1954年先生调入东北人民大学（后更名为吉林大学）历史系工作后，才真正开始了历史学的教学和研究工作。清人张之洞曾这样说过："由小学入经学者，其经学可信；由经学入史学者，其史学可信。"[①]先生的治学之路，走的正是"由经学入史学"之路。先生凭借深厚的经学功底，甫一登上史学研究的舞台，便以一系列重量级的学术研究成果引起了学术界的广泛关注。二十世纪五十年代，先生刚刚来到东北人民大学不久，便在《东北人民大学人文科学学报》等刊物上发表了《易论》（上、下）《论宗法制度》《老子的年代和思想》《论孔子思想》等重要论文。这些论文涉及了中国古代的思想史、文化史、社会制度史、先秦诸子研究、古代典籍、史学方法论等

① 张之洞：《书目答问·国朝著述诸家姓名略》。

方方面面，表明先生治史的路子很宽。1959年，先生应邀参加了中国科学院社会科学学部召开的郭沫若主编的《中国史稿》学术研讨会。先生对《中国史稿》中先秦史部分的许多学术观点提出了尖锐的批评意见。从那时起，先生就萌生了这样一个想法：要写一部史学著作，系统地阐述自己对这些重要问题的见解。1960年先生撰写了约10万字的《中国奴隶社会的几个问题》一书，并于1962年2月在中华书局出版。先生在这部书中主要论述了三个问题：分别是中国奴隶社会的特点问题；中国奴隶社会的下限问题；中国奴隶社会的上限问题。先生主张中国的奴隶社会从夏启杀益夺权、建立夏朝开始，历经夏、商、西周、春秋、战国几个历史阶段，至秦始皇统一中国结束。这一观点后来被史学界称为"秦统一封建说"，先生遂成为中国古代史分期问题大讨论中"秦统一封建说"的代表人物。紧接着，先生又发表了《关于井田制的若干问题》和《井田制的发生和发展》等文章。有关井田制等问题先生还有一系列研究成果准备陆续发表，这些研究成果其实都是先生为完成酝酿中的史学著作而进行的前期准备。可惜因"文化大革命"的暴发使先生的研究进程被迫中断。

"文化大革命"结束后，先生陆续发表了《中国古代史分期商榷》（上、下）、《商文化起源于我国北方说》《马克思主义关于奴隶制社会的科学概念与中国古代史分期》《论儒法》《经学与史学》《六经与中国文化》《战国四家五子思想论略》以及有关先秦诸子研究和井田制度研究的系列论文。这一系列学术研究成果多数都与《中国奴隶社会史》一书的写作有关，有的就是在这部书某些章节的基础上改写加工而成。

《中国奴隶社会史》一书是先师金景芳先生的代表作，也是先师一生中从开始酝酿到完成写作花费时间最长和消耗精力最多的一部学术著作。先生曾说过："这部书里面实凝结着我的半生心血。"[①]这的确是先生的肺腑之言。先生在1979年8月为该书所写的《序》中说："早在六七年前，我就有志于写这部《中国奴隶社会史》，而其时'四人帮'横行，环

① 见《中国奴隶社会史·序》，上海人民出版社1980年版。

境不允许。”1972年5月，先生的学生、前不久刚刚去世的著名红学家胡文彬先生从北京致信先生，关切地询问先生关于《中国奴隶社会史》一书的写作进展。当时先生的许多同行朋友和学生都知道先生正在酝酿、写作一问新的史学著作。是年5月12日，先生在写给胡文彬的回信中说：“拙著编写工作正在进行中，已完成第一章《中国奴隶社会的产生》，内分六节，共两万多字。由于日间常常还要做别的工作，不能把全部精力都用在这上面，脱稿时间可能要拖长。”①先生在这封信中的答复可与前引先生在《中国奴隶社会史》一书写的《序》所表述内容相互印证。这表明先生在“文化大革命”尚未结束的二十世纪七十年代初就已着手这部书的写作了，至于为撰写此书而进行的大量资料准备工作则可能开始得更早些。众所周知，“文化大革命”期间正当的学术研究受到严重干扰，有时只能“偷偷摸摸”地暗中进行。由此可知，当时《中国奴隶社会史》一书的写作阻力重重，举步唯艰，时写时停，进展非常缓慢。所以先生无可奈何地感叹此书“脱稿时间可能要拖长。”直到“四人帮”垮台后，各种干扰被排除了，这部书的写作才加快了速度。终于在1979年暑假期间完成了这部书初稿的写作。之后又经先生反复修改、润色，终于在1983年由上海人民出版社正式出版。这部书出版后受到了广大读者的热烈欢迎，出版社连续多次加印，一时间成为图书市场的热销书。学术界普遍认为《中国奴隶社会史》一书是一部自成体系，又有鲜明特色的中国古代史著作。出版后不久，就被国家教委推荐为高等院校文科选用教材，并荣获国家教委首次社会科学科研成果二等奖和吉林省社会科学优秀科研成果特别奖。

学术研究总是随着时代的发展在不断进步，不断深入，不断有所突破。史学研究尤其如此。众所周知，二十世纪八十年代是思想界、学术界开放、活跃的时期，也是先生发表学术论文、出版学术著作最多的时期。先生对先秦史研究领域的一些学术问题不断有新的思考。到了二十世纪九十年代中期，《中国奴隶社会史》出版已经十几年了。特别是随着当时

① 见拙著《金景芳先生编年事辑》，中华书局2018年4月第一版，第163—164页。

考古学的快速发展，大批重要文物和简帛文献不断涌现，开拓了广大史学研究者的视野，为史学研究提供了许多新的珍贵史料，极大地推动了史学研究的深入发展。因而先生对这部书中的部分章节，特别是书中完稿于七十年代初期的部分章节的一些提法感到有必要进行修改、补充和加工。于是先生曾一度萌生了要停下手中的其他工作，集中精力修订《中国奴隶社会史》的想法。先生曾把这一想法告诉了研究室的各位，并征求我们对此事的意见。当时我们吉大古籍研究所先秦史研究室虽然包括先生在内有六七个人，但当时我们大家都各有自己繁重的教学和科研任务，有的还正在攻读博士学位。先生的助手吕绍纲教授当时正面临评聘博导的压力，必须尽快地拿出属于自己的学术成果。先生当时已经年过九旬，虽然身体还算硬朗，头脑也还清晰，但要把一部近四十万字的史学著作从头修订一遍，其工作量和难度可想而知。因而先生修订《中国奴隶社会史》的这一愿望最终未能实现。

据我所知，先生当时对《中国奴隶社会史》一书想要重点修订的主要有以下几个问题：

第一个问题是关于“五帝”时代的社会形态问题。

《中国奴隶社会史》一书的开篇第一章第一节就是“从五帝说起”。司马迁的史学巨著《史记》的第一篇为《五帝本纪》[①]，也是从五帝开始说起。先生在《中国奴隶社会史》一书中把黄帝、炎帝、尧、舜、禹等都称为部落联盟的首领。后来经过深入研究，先生认识到，中国的五帝时代其实早已超越了氏族社会的部落和部落联盟时代，而进入到部族和部族联合体的时代。这反映了中国古代国家产生的途径和古希腊、古罗马国家产生的途径是有很大差异的。古希腊、古罗马由野蛮进入文明的发展途径是：氏族——（胞族——）部落——部落联盟——城邦国家；而中国古代由野

① 唐以后的一些《史记》版本中在《五帝本纪》之前增加了一篇《三皇本纪》，乃唐朝史学家、《史记索隐》一书的作者、被称作"小司马"的司马贞所补写，并非司马迁之原著。

蛮进入文明的途径则是：氏族——部落——部落联盟——部族——部族联合体——领土国家。中国古代的部族是由若干相邻或相近的部落和部落联盟进一步联合而形成的跨区域的社会族群。为了适应生存、发展以及与其他部族抗争的迫切需要，许多部族又进一步联合而形成部族联合体。部族联合体的最高领导者要从众多的部族首领中推举最具实力、最有威望的部族首领来担任。如尧时代被推举为部族联合体最高首领的尧又称唐尧，他曾是唐部族的首领；尧的接班人舜又称虞舜，是虞部族的首领；负责治水的鲧又称崇伯鲧，他是崇部族的首领；舜担任部族联合体首领后经“四岳”推举，任命弃为掌管农业生产的后稷，弃又称周弃，他是周人的祖先，也是周部族的首领；又任命契为司徒，负责掌管土地和人事，弃为殷人祖先，又称殷弃，也是殷部族的首领，舜还任命皋陶掌管刑罚，皋陶又称嬴繇，他是嬴部族的首领；等等。这些都见载于《尚书·尧典》。值得注意的是，当时各部族首领所在的部族，绝大多数都是以所在地的地名来命名的，如唐、虞、崇、嬴、周、商等等。这表明当时的各个部族不是按照血缘来划分，而是按照地域来划分的。同一个部族的全体成员并非都有共同的血缘关系，但他们却都承认部族首领是他们共同的领导者。氏族社会的部落和部落联盟都是血缘群体，这些血缘群体都只能活动于非常狭小的区域内。而到了部族和部族联合体时代，人们的眼界更加宽阔，活动的范围也更加广大。部族联合体是为了共同的利益由若干个部族联合而成的规模更大的族群。恩格斯在《家庭、私有制和国家的起源》一书中特别强调指出：

> 氏族制度的前提，是一个氏族或部落的成员共同生活在纯粹由他们居住的同一区域中。[①]

也就是说，在氏族社会里，氏族和部落的成员，包括部落和部落联盟的首领在内，都只能在本氏族和本部落居住的狭小区域中活动，他们不可能也没有权力到其他氏族和部落生活的区域里去活动。如果我们把五帝时

① 见《马克思恩格斯选集》第 4 卷，人民出版社 1972 年版第 164 页。

代看作是部落和部落联盟，那就无法理解“五帝”何以能够在如此广大的领域里实施政令、修筑道路，兴建水利工程、甚至发动大规模战争等等。从黄帝到尧舜，这些被后世称为“五帝”者实质上都是部族联合体时代的最高领导者。部族联合体的规模和活动范围已经远非部落或部落联盟所能比拟。司马迁在《史记·五帝本纪》中有这样的记述：

> 轩辕之时，神农氏世衰，诸侯相侵伐，暴虐百姓，而神农氏弗能征。于是轩辕乃习用干戈，以征不享，诸侯咸来宾从。而蚩尤最为暴，莫能伐。炎帝欲侵陵诸侯，诸侯咸归轩辕。轩辕乃修德振兵，治五气，艺五种，抚万民，度四方。教熊罴貔貅貙虎，以与炎帝战于阪泉之野。三战然后得其志。蚩尤作乱，不用帝命。于是黄帝乃征师诸侯，与蚩尤战于涿鹿之野。遂禽杀蚩尤。而诸侯咸尊轩辕为天子，代神农氏，是为黄帝。天下有不顺者，黄帝从而征之，平者去之。披山通道，未尝宁居。东至于海，登丸山，及岱宗。西至于空桐，登鸡头。南至于江，登熊、湘。北逐荤粥，合符釜山，而邑于涿鹿之阿。迁徙往来无常处，以师兵为营卫。

引文中的“轩辕”即黄帝之名。所谓“诸侯”“帝”“天子”乃是太史公司马迁用后世习用的概念来称谓彼时的部族首领和部族联合体的最高首领。黄帝原本是华夏一个部族的首领，他在“炎帝侵陵诸侯”“蚩尤为暴”之时，敢于“与炎帝战于阪泉之野”，结果大败炎帝；“与蚩尤战于涿鹿之野”，终于“禽杀蚩尤”。阪泉在今河北保定，涿鹿在今河北省张家口一带。最终黄帝的势力“东至于海，登丸山，及岱宗。西至于空桐，登鸡头。南至于江，登熊、湘。”丸山在今山东琅邪，岱宗指东岳泰山。空桐山在今甘肃省平凉市，登鸡头在今湖北省荆门市北。熊、湘即熊耳山和湘山，熊耳山在河南省卢氏县，湘山又称君山，位于湖南省岳阳市西南洞庭湖中。荤粥又称猃狁，汉代称匈奴，是北方的少数民族。釜山位于今河北省涞水县县城西北。“邑于涿鹿之阿”即指黄帝选择涿鹿一带的平坦之地为部族联合体的都城。从《五帝本纪》的这段记载中，我们可知作为华夏人文始祖的黄帝当时所统辖的范围已大体包括了华夏的主要区域。黄帝死后，帝颛顼继位，成为部族联合体新的最高首领，他的统治区域进一步扩大。《五帝本纪》这样记载颛顼的特长和他所开拓的疆域：

> 静渊以有谋，疏通而知事，养材以任地，载时以象天，依鬼神以制义，治气以教化，絜诚以祭祀。北至于幽陵，南至于交趾，西至于流沙，东至于蟠木。

颛顼继任后的疆域比黄帝在位时又扩大了许多：北方扩展到幽燕一带，南方到达今天的越南北部，西部则扩展到张掖、居延一带，东部则到达东海扶桑。

我们仔细地研究《五帝本纪》中的记述，就不难发现：中国古代的“五帝”与古希腊、古罗马的那些部落和部落联盟首领的巨大差别。试问：能够发动如此大规模的战争、征服如此强大的敌对势力、开拓如此辽阔的疆域，建立如此显赫的丰功伟绩，这岂能是区区几个部落联盟的首长所敢梦想？

读了司马迁的《五帝本纪》，我们还可以得到这样的启发：希腊和罗马的国家是在部落联盟基础上产生的城邦国家，而古代中国的国家是在部族联合体的基础上产生的领土国家。城邦国家基本上都是以一个城市（镇）为中心、包括周围的一片农村而形成的规模有限、机构比较简单的小型国家，而领土国家则往往是疆域非常辽阔、机构相对复杂的大型国家。正是由于国家产生的途径不同，故历史上民族的认同感也就存在着很大的差异。欧洲在历史上长期存在许多小国并存的局面，而中国在历史上虽然也曾出现过短时期的分裂、对立或少数民族入主中原情况，但华夏一统的观念始终根深蒂固，这种民族认同感可以说在五帝时期就已基本确立，并非周秦以后才逐渐形成。

司马迁是个非常审慎的史学家。他撰写《史记·五帝本纪》时，因为时代久远，缺少更多确凿、可信的史料，他自己已经感到难于下笔。因而发出了这样的感叹：

> 学者多称：五帝尚矣！然《尚书》独载尧以来。而百家言黄帝，其文不雅训，缙绅先生难言之。孔子所传宰予问《五帝德》及《帝系姓》，儒者或不传。余尝西至空峒，北过涿鹿，东渐于海，南浮江淮矣。至，长老皆各往往称黄帝、尧、舜之处，风教固殊焉，总之不离古文者近是。予观《春秋》《国语》，其发明《五帝德》《帝系姓》章矣，顾弟弗深考，其所表见皆不虚。《书》缺有间矣！其轶乃时时见于他说。非好学深思，心知其意，固难为浅见寡闻道也。余并论次，择其言尤雅者，故著为本纪书首。

可见，司马迁为了还原五帝时代的历史，不惜跋山涉水，亲自去踏查那些与五帝相关的历史遗迹，倾听民间那些长老的传说和指点，并结合相关的文献记载，尽可能把那些“缙绅先生难言之”的“不雅训”之言通通摒弃，而选择了那些较为可信的“尤雅”之言，表现了历史学家司马迁严肃认真的求实态度。司马迁在《五帝本纪》中的记载虽然不可避免的有一些传说的成分，不能全部视为确凿的历史事实，但其基本内容应当说大体上还是可信的。因此我们应当重视司马迁在《五帝本纪》中传递的这些重要信息，这对我们正确地认识五帝时代的社会形态有非常重大意义。

记得二十世纪末，黑龙江省社会科学院主办的学术刊物《学习与探索》编辑部致函先生，为庆祝该刊创刊二十周年，向先生约稿。适逢先生当时眼疾发作，写作困难，先生就约我代笔，以我们两人合作的名义写了一篇题目为《论尧舜禹时代是由原始社会向国家过渡的中间环节》的文章，刊载于该刊1999年第3期。这篇文章的正是先生晚年思考修订《中国奴隶社会史》一书的产物，反映了先生晚年对该书相关内容的新思考、新观点。先生在这篇文章的开头亲自加上了这样一段话：

> 在撰写《中国奴隶社会史》时，由于误信《史记·三代世表》，因而断定尧舜禹时代的社会组织为部落联盟，后来经过仔

细研究，始了解这种说法是不正确的。

这篇文章发表后，我似乎感到意犹未尽，就在这篇文章的基础上又写了一篇题目为《论尧舜禹时代的部族联合体》的文章，发表于《社会科学战线》杂志1999年第三期。这也算是对先生新观点的进一步阐发。

先生要修订《中国奴隶社会史》的第二个重要问题是如何回应“无奴学派”的学术主张。

二十世纪七十年代末和八十年代初，中国史学界崛起了一个颇有影响的新学派，后来被学术界称为“无奴学派”。这个学派的代表人物是黄现璠先生。黄先生是中国现代著名的历史学家、民族学家、人类学家和教育家，是中国现代民族学奠基人之一。他的主要观点是否认中国古代存在奴隶社会。他早年在日本留学时与当时旅居日本的历史学家郭沫若多有交往。二十世纪五十年代他担任全国人大代表，也常与郭沫若先生在一起开会，一起探讨中国古史研究问题。有一次恰好谈到了他对中国古代是否有奴隶社会问题的一些看法，郭沫若当然是不赞同他的看法，便送给黄先生一本他1930年出版的《中国古代社会研究》一书。黄现璠认真地阅读了此书，他并没有接受郭沫若的观点，反而对郭沫若在书中阐述的学术观点越发表示怀疑。众所周知，郭沫若是中国“有奴派”的领军者和主要代表人物。于是黄现璠便开始系统地研究这一问题。他逐渐坚定了自己的“无奴”思想。1957年，黄现璠成了中国史学界最大的右派，从此被完全剥夺了学术研究和发表学术成果的权力。1962年他虽摘掉右派帽子，被允许重返教学岗位，但实际上仍被视为“摘帽右派”。直到改革开放后，才被改正。黄现璠把一篇题为《我国民族历史没有奴隶社会的探讨》的旧稿略加修改补充，托旧友费孝通教授和同乡吴西将军在北京代为推荐，但迟迟没有回音。黄先生自己又先后把稿子寄给多家刊物，结果都被一一退回，没有一家刊物敢于发表。最后，时任广西师院的一位副院长覃宏裕出面为黄现璠担保，说如果出了政治问题由他负责，这篇文章才在《广西师范学院学报》1979年第2期、第3期连续发表。巧合的是：先师金景芳教授的《中国古代史分期商榷》一文分上、下两篇，也历经磨难，最终在《历史研究》杂志1979年第2期、第3期连续刊出。两篇重量级史学论文一南一北，都分上下两篇，都把批判的矛头指向了史学界的权威人物郭沫若，又酷似事先约定的一样同时推出，同样在学术界产生了巨大的轰动效应。有人戏称这两篇文章的发表，无异于史学界在南北两地同时发生的一场“大地震”[①]。其实，这两篇文章的发表标志着当时中国思想界、学术界的改革开放真正地拉开了序幕，预示着学术界、思想界的春天已经到来。先师金景芳先生曾在一篇文章中这样写到：

> 长期以来，郭沫若古史分期说被当作“钦定”的学术观点加以尊崇，各种历史教科书和史学论著几乎都按郭沫若的古史分期说来编写，于是古史分期问题一度成了禁区，无人再敢问津。我的文章批评的虽然是郭沫若的分期说，实际上是向史学禁区发动的一次猛烈攻击。如果没有改革开放的春风，这样的文章是无法问世的。这篇文章在当时之所以能够产生轰动效应，是因为文章反映了广大理论工作者对学术民主和自由争鸣的学术氛围的渴求。[②]

黄现璠先生在《我国民族历史没有奴隶社会的探讨》这篇文章中非常明确地指出：

> 我坚决主张我国历史上没有奴隶社会，汉族没有，少数民族绝大多数也没有。希腊罗马奴隶制社会乃是人类历史发展中的特例，不是通例。

黄先生的这篇文章发表之后，很快得到了张广志、胡钟达、黄增庆、黄

① 因为当时距1976年7月28日发生的唐山大地震刚刚过去不久，人们对那场大地震记忆犹新。

② 金景芳：《在我的历史科学研究作品中所反映的史学观》，原载《史学家自述》，武汉出版社1994年版。另见《知止老人论学》，东北师范大学出版社1998年版，第67—96页。

伟城、张一民、韦文宣、王时阶、沈长云、晁福林等许多学者的热烈响应。他们纷纷发表文章，支持黄现璠先生的学术观点。很快在全国形成了一个颇有影响力的“无奴学派”。稍后，“无奴学派”的主要干将张广志先生把他几年来发表的十余篇“无奴论”的文章汇为一编，书名为《奴隶社会并非人类历史发展必经阶段研究》，于1988年在青海人民出版社出版。很多学者通过深入研究指出：马克思主义经典作家在他们的著作中只把人类社会的发展划分为前资本主义、资本主义和社会主义这三种形态，所谓“五种生产方式”或“五种社会形态”理论是苏联学者提出的。他们认为这“五种生产方式”或“五种社会形态”是人类社会发展必经的共同规律。这种所谓“理论”完全不符合人类社会历史发展的实际。黄现璠先生并不否认中国古代（包括许多少数民族在内）存在奴隶和奴隶制度。但他认为有奴隶和奴隶制度的存在与这个社会是否为奴隶社会是两个完全不同的概念。只有像古希腊、古罗马那样，社会最重要的生产部门如农牧业和手工业的广大生产者主要都是由奴隶来充当，这种社会才可以称之为奴隶社会。而这样的社会在中国古代是从来不存在的。这种认识几乎成为“无奴学派”的共识。由于“无奴学派”的共同努力，他们的主张被越来越多的学者所接受。许多原来坚持“有奴论”的学者如白寿彝、杨宽、吴大琨、田昌五等都纷纷转变立场，放弃原来的“有奴论”主张，转而赞同“无奴论”。足见“无奴学派”在当时学术界的重大影响。

先师金老晚年因视力较差，虽然仍很关心学术界的动态，但自已阅读报刊上的文章则比较吃力了。我们每次去金老家时，常向金老介绍相关的学术动态。关于“无奴学派”主要有哪些代表人物，他们发表过什么文章，主要的学术观点是什么，我们常向金老介绍，金老对这些信息都很关注。金老并不因为自己写了一部《中国奴隶社会史》，就对“无奴学派”的观点一概排斥。恰恰相反，金老对“无奴学派”的一些学术观点表示理解和赞赏，甚至认为有些观点对自己是很有启发的。他认为“无奴学派”的出现是学术界改革开放的新气象，这对于推动中国古代历史研究的深入发展大有好处。先生认为人类历史上曾经存在多种不同的奴隶制度。古希腊、古罗马的奴隶制度只是多种奴隶制度中的一种。中国古代的奴隶制度虽然不同于古希腊、古罗马的奴隶制度，但同属于充分发展的奴隶制度。先生认为：只要在一个社会中存在着充分发展的奴隶制度，那么这个社会就可以称之为奴隶社会。先生在《中国奴隶社会史》一书中曾详细地论证了中国的奴隶社会不同于西方奴隶社会的许多特点。先生认为，中国古代的奴隶制度被马克思称之为“亚细亚生产方式”。但是如何理解“亚细亚生产方式”，在学界存在着很大分歧。关于中国古代是否存在奴隶社会这一问题，与正确理解“亚细亚生产方式”密切相关。先生认为“无奴学派”的崛起也给自己提出了新的课题，我们不能回避，而应当积极面对。这也是先生要修订《中国奴隶社会史》的一个重要的动因。

先生要修订《中国奴隶社会史》的第三个重要问题是准备增加书中春秋史的分量。

先生是研究先秦史的专家。在先秦史研究中，春秋这一段历史的史料相对而言比较充分，值得深入探讨的问题也比较多。加之先生对这段历史的史料又非常熟悉，完全可以在春秋这一段历史的研究中发挥自己的特长，把这一段历史写得更加丰满。可是后来因为急于赶进度，春秋这一段历史原来设想的一些内容未能充分展开来写，因而为这部书留下了一些遗憾。先生打算在此书修订再版时把未能展开来写的内容尽可能补足。由于这部书出版后发行一直不错，因此当时上海人民出版社并不急于在短时间内出修订版。于是先生曾一度想单独撰写一部《春秋史》。因为前人专门研究春秋历史的著作当时只有童书业先生的《春秋史》，这是一本不足十万字的小册子，先生认为这本书太简略，又缺少特色。可是当时先生受教育部委托先是举办先秦文献进修班，紧接着又举办《周易》研讨班，同时还要给博士生讲授专业课，已经八十几岁的老先生整天忙得团团转，编纂《春秋史》的愿望一直无法实现。我们在编纂《金景芳全集》时，曾发现了先生的部分遗稿，其中有一篇题目是《春秋人物志略》，从管仲、百里奚开始，至盗跖为止，共写了春秋时代历史人物三十五个，每人名下都有一篇小传。这部分内容后来被我们编入《金景芳全集》第九卷中。还有几页残稿，列举的也都是春秋时代各阶层的人名，共约一百四五十个，也应都是准备为之立传的人物。只是这些人物的传记部分我们没有发现。这些遗稿、残稿都是先生为补充《中国奴隶社会史》春秋部分而作的准备工作的遗存。

以上就是我所了解的先师金景芳先生生前对《中国奴隶社会史》一书拟作修订的一些遗愿。作为先生的弟子，能够在先生遗著再版之际提供些许信息，或许能对广大读者了解此书稍有助益。当然，先生生前对这部著作已经发现的某些细节问题也曾讲过修改意见，表现了先师对学术问题一贯的严谨态度。我们在为先生编纂全集时凡是能够处理的都尽可能地进行了处理。

今年是先师金景芳先生逝世二十周年，明年是先师诞辰一百二十周年。吉林人民出版社当此之际隆重推出包括先师遗著在内的这套丛书，也算是对先师的一种纪念，谨此致谢！

吕文郁

2021年1月30日

读者须知

本书已接入版权链正版图书查证溯源交易平台，“一本一码、一码一证”。扫描上方二维码，您将可以：

1. 查验此书是否为正版图书，完成图书记名，领取正版图书证书。

2. 领取吉林人民出版社赠送的购书券，可用于在版权链书城购买吉林人民出版社其他书籍。

3. 领取数字会员卡，成为吉林人民出版社读者俱乐部会员。

4. 加入本书读者社群，有机会和本书作者、责任编辑进行交流。还有机会受邀参加本社举办的读书活动，以书会友。

5. 享受吉林人民出版社赠予的其他权益（通过读者俱乐部进行公示）。